사활 모르고
바둑 두지 마라

바둑과 컴퓨터 지음

전원문화사

머리말

사활을 대부분의 애기가(愛棋家)들은 묘수 풀이로 이해하고 있습니다. 그 이유는 그 동안 사활에 대한 근본적인 연구가 이론적이고 체계적으로 분석되어 통합적인 구조로 확립되지 못했기 때문이라고 할 수 있습니다. 그러나 바둑에 있어 죽음과 삶은 바둑의 규칙에 가장 근접한 분야로 보여지며, 따라서 사람마다 다른 견해가 있을 수 없는 엄격함이 있습니다.

중국의 고대 기서인 《현현기경》도 기경편의 초반 전술은 현대에는 거의 사용되지 않지만 **진롱**(珍瓏, 사활 묘수 풀이)편은 지금도 여전히 바이블(Bible)로 읽혀지고 있으며, 일본의 경우도 **힐기**(詰碁, 묘수 풀이의 일본말) 분야인 기경중묘, 발양론 등도 현대 바둑인들의 필독서로 읽혀지고 있다는 것이 이를 설득력 있게 뒷받침해 주고 있는 것입니다.

사실상 **사활은 단수부터 시작이며, 이는 바둑의 규칙이 변하지 않는 한 불변**일 것입니다. 또한 사활은 바둑판 위에 놓여진 돌이 많아짐에 따라 문제되지 않는 적이 없을 정도로 바둑에서 사활이 차지하는 비중은 실로 막중한 것이라 하겠습니다. 그럼에도 불구하고 사활의 구조적인 이해가 부족해 자포자기하게 되는 많은 애기가들의 고충은 어제 오늘의 이야기나 남의 이야기가 아닙니다. 바둑이 학문적인 체계를 확립하기 위해 상아탑으로 들어가고 있는 시대적 요청으로 보아도 이제는 그 이론도 실용적이고 체계적이며 통합적으로 환골탈태할 때가 도래한 것입니다.

바둑이 어려운 이유가 수학적으로 도달할 수 없는 천변만화의 변화를 가지고 있고, 명인들의 눈으로도 저마다 가치 판단이

다른 불확정성을 가지고 있기 때문이라는 주장도 심심치 않게 거론되고 있어, 배우는 분들 중에는 당혹스러운 분들도 있으리라 생각됩니다. 그러나 그러한 분들에게 희망을 주고 싶습니다.

그것은 **바둑은 생각만큼 불확정적이지만은 않다**는 것이며, 적어도 **사활만큼은 결코 불확정적이지 않다**는 것입니다. 바둑의 규칙이 변하지 않는 이상 이 말도 불변일 것입니다.

또한 사활은 단수부터 시작하여 두 집의 사활을 거쳐 실전의 사활로 발전하는 과정을 체계적으로 분석해 보면 그 구성이 대단히 명쾌하여 과정과정마다 튼튼한 연결 고리로 통합되어 있음을 알 수 있습니다. 개인의 창작 묘수 풀이도 결국은 이 속에서 아이디어를 추출하여 조합한 노력의 산물인 셈입니다. 그렇다면 이제 사활을 대할 자신이 생기셨습니까?

아무쪼록 이 책을 통해 사활이 어디서 시작하여 어떻게 발전하며, 그 속성이 무엇인가를 파악하게 되었으면 하는 것이 지은이들의 작은 바람입니다.

끝으로 한국형 바둑 시리즈를 보급할 수 있도록 물심양면으로 도와주신 전원문화사의 김철영 사장님과 임직원 여러분께 깊은 감사를 드립니다.

제1장 사활이란?

제2장 사활의 기본 형태

제1장

사활이란?

1. 사활이란 무엇인가 ?

많은 사람들이 사활은 어렵고 골치 아픈 것이라고 생각하고 있다. 하지만 사활이란, 글자 그대로 죽음과 삶일 뿐이다. 조금 더 구체적으로 이야기하면, 사활은 포위한 돌과 포위된 돌이 죽느냐 사느냐를 다투는 것이다. 본래 **단수라는 것 자체가 사활의 시작**이며, 거기서 더 발전하면 살 수 있는 돌인가 없는 돌인가를 판단하게 되는데, 바로 이 과정 안에 두 집 만들기부터 궁도에 관한 사활, 맥에 관한 사활, 수상전, 자충 등에 관한 사활의 수법이 적용되는 것이다.

그런데 이러한 모든 형태들을 분석해 보면 결국 기초적인 몇 개의 형태로 환원되는 것을 알 수 있다. 따라서 초급자들의 눈에는 오묘하겠지만 모든 죽음과 삶의 형태는 사실상 자신이 배웠던 기초 사활의 범주 안에 있음을 알게 된다.

다시 말해 '**묘수는 없다.**'라는 것이다.

예를 들면 그림 1의 ❶과 같은 묘수는 그림 2와 같은 기초 사활에서 발생한 것이다.

[그림 1]

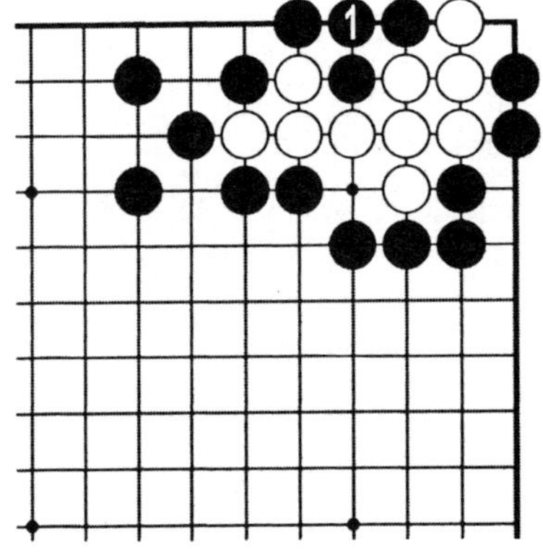

[그림 2]

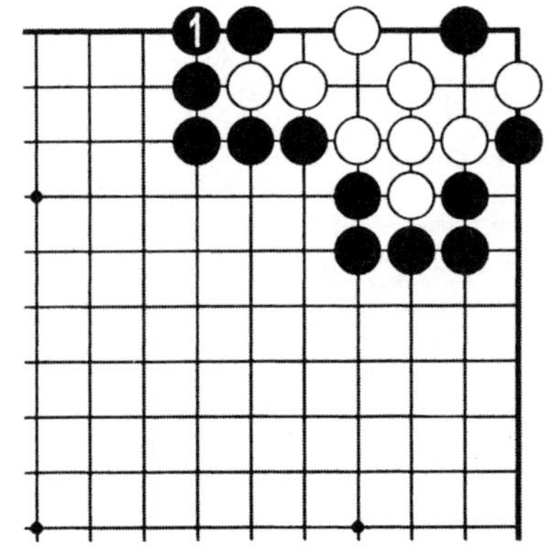

2. 사활에도 원리가 있는가?

과연 사활에도 원리 같은 것이 있을까 하고 의아하게 생각하는 애기가(愛棋家)들이 많을 줄로 안다. 하지만 바둑의 규칙이 존재하는 한, 정해 준 그 규칙 안에서 만큼은 죽음과 삶은 불변이며, 따라서 동일한 구조를 가질 수밖에 없는 것이다.

같은 것들이 조금씩 달라 보이는 사실상의 이유는 공간 지각(空間知覺 : 지능검사 분류 방법 중의 하나로, 한 개의 도형을 여러 각도에서 보았을 때에 같은 것인지 다른 것인지를 느끼는 것) 상의 차이일 뿐, 하나의 형태가 귀에 있든, 변에 있든, 중앙에 있든, 세워져 있든, 누워 있든, 그들의 죽음과 삶은 결국 동일할 수밖에 없는 것이다.

다만 기력이 약할수록 시각적인 착각이 많이 일어나는 현상은 어쩔 도리가 없다. 본래 바둑도 사람의 일이라 검은 돌의 세력은 단단하게 보이며, 흰 돌의 세력은 넓고 화려하게 보인다. 하물며 같은 형태에서 돌 몇 개가 더 있고 없고의 시각적 차이란 것은 얼마나 큰 것이겠는가?

그러나 사활의 수법이란 흑이든 백이든 죽고 삶의 관계가 극명하여 어떤 형태로 바뀌어 있든 그 구조가 같다면, 나머지 돌의 수와 관계없이 같은 수법으로 죽고 사는 극단적인 결론이 날 수밖에는 없는 것이다. **과연 무엇이 같고 무엇이 다른가**를 먼저 아는 것이 중요한 관건이 될 것이다.

【예】 다음 4개의 그림은 같은 구조를 가지고 있다.
모두 A의 곳에 착수가 필요한 그림들이다.

[그림 1]

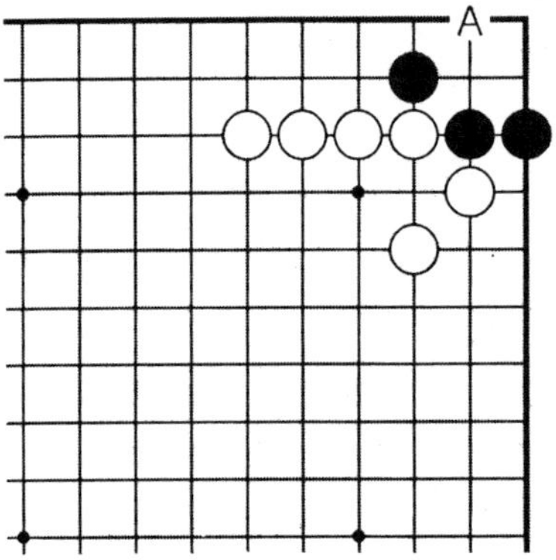

A

[그림 2]

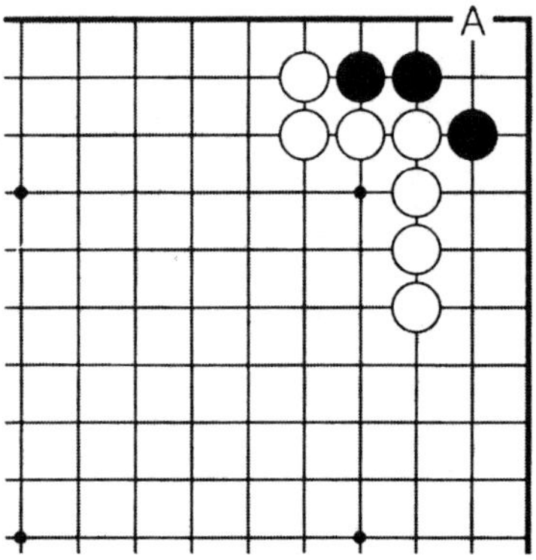

A

[그림 3]

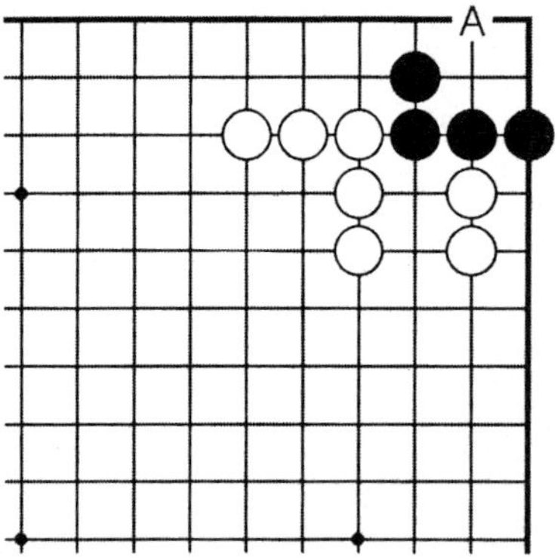

A

[그림 4]

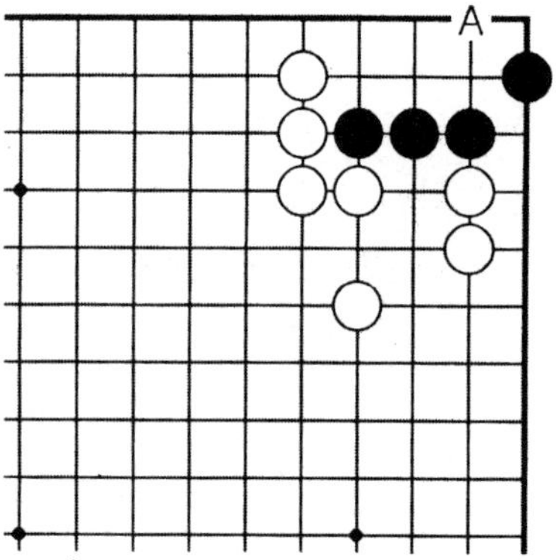

A

3. 사활은 왜 중요한가?

사활의 중요성은 먼저 사활의 종류를 나누어 보면 알 수 있다.

◉ 단수 : 달아날 수 있는가, 없는가
◉ 눌러잡기 : 착수 금지(이을 수 없는 단수)
◉ 축과 장문, 회두리 축과 빈 축
◉ 먹여치기와 촉촉수
◉ 환격과 후절수
◉ 빅부터 두 집 만들기와 매화 6궁까지(궁도 사활)
◉ 수상전
◉ 패와 맥 등의 구사(복잡하고 난해)

여기에 빼놓을 수 없는 원리 하나를 더한다면 **자충(自充)**이라는 것이다. 그러나 알고 보면 **자충은 복잡한 구조를 가진 호구**라고도 볼 수 있다.

사활이 이와 같은 구조로 만들어져 있다고 생각해 보면 '**사활을 모르고는 바둑을 둘 수 없다.**'라는 결론이 나오게 되는 것은 필연이라고 할 수밖에 없다.

그리고 사활이 포위한 돌과 포위된 돌의 공방이라고 볼 때에는 더욱 중요한 점이 나타난다. 그것은 사활의 결과를 먼저 예측한 쪽이 전투의 주도권을 가지게 된다는 것인데, 예를 들어 살아 있는 돌을 포위한다거나 잡힐 돌을 탈출시키는 따위의 전투는 하지 않게 되는 것이다. 따라서 이러한 사활 연습의 효과는 수읽는 힘의 증대를 가져오게 되어, 결국 기력의 향상으로 직결되는 것이다.

4. 사활은 어떻게 공부하는 것이 좋은가?

결론을 먼저 말하자면, **체계적인 이해와 꾸준한 반복 연습이 전부**라고 보아도 좋다. 연습량이 적은 이해는 공리공론에 그치게 마련이고, 분석적 고찰이 없는 연습은 양에 비해 턱없이 비능률적이 되어 의욕마저 떨어진다. 그러므로 이러한 두 가지의 방법이 동시에 이루어지는 것이 합리적일 것이다.

그러나 굳이 "둘 중에서 무엇이 먼저냐?"라고 묻는다면 원리적인 이해가 먼저라고 말하고 싶다.

명인들의 이야기를 들어 보면 한결같이 "**바둑은 어렵다.**"이다. 그러나 이 말을 착각하지 말기 바란다. 명인의 경지에서 본 어려움과 초보자의 입장에서 본 어려움은 전혀 다른 것이다. 배우는 것이 어려운 것이 아니고, 명인처럼 두는 것이 어려운 것이다.

경험적 사고가 토대가 되어 익힌 지식과 이론적 사고가 토대가 되어 익힌 지식은 서로 극단적인 이질감을 보이지만, 그것은 동전의 양면성일 뿐 결국 한 개의 동전에 불과하다. 이것이 바둑의 물성(物性)인 것이다.

바둑을 배운다는 것은 규칙을 배운다는 뜻이고, 바둑을 잘 둔다는 것은 물성을 깨우쳤다는 뜻이다. 그러므로 명인들의 바둑을 보면서 느끼는 감상을 자기의 바둑에 함부로 사용하는 오만은 어린아이들이 인기 연예인의 행동을 모방하는 것과 다를 바 없다.

아무쪼록 필수적인 양의 기본기만큼은 명인의 입장에서 판단하지 말고 무지(無知)의 입장에서 판단하기 바란다. **바둑에도 왕도는 없다.**

사활과 묘수 풀이의 다른 점

사활과 묘수 풀이가 같은 것으로 생각하는 사람들이 많다. 그러나 이 부분은 다음과 같이 생각하는 것이 좋다. 사활이란 기본적으로 자주 발생하거나 발생할 수 있는 형태의 기초적이고 실전적인 것을 의미하며, 묘수 풀이란 대개의 경우 개인의 창작품이어서 그 풀이의 과정 안에 기발한 수와 함정수 등을 매복시켜 흥미를 더욱 높게 만든 점이 다르다고 할 수 있다. 따라서 **사활이 기초 연습 문제라면 묘수 풀이는 응용 문제**라고 할 수 있다.

〔사활〕의 그림이 발전하여 다른 수법이 첨가되면 〔묘수 풀이〕처럼 난이도가 높아지게 된다.

[사활]

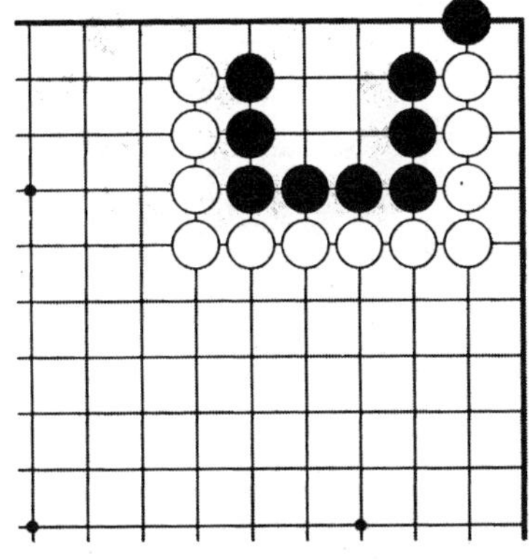

[묘수 풀이]

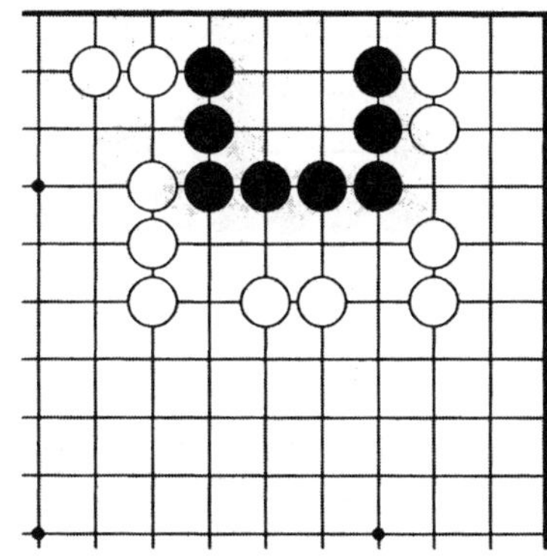

[사활] 1선에 젖혀져 있는 점을 이용하여 살게 되는데, 이 그림에 착안하여,

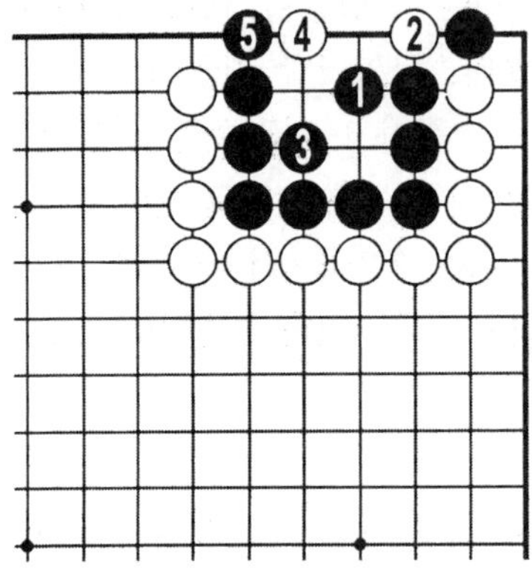

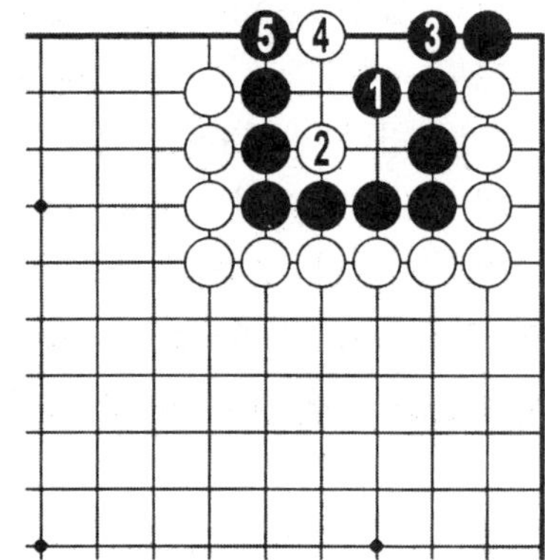

[묘수 풀이] 다음과 같은 수순을 찾아내면 묘수 풀이가 된다.

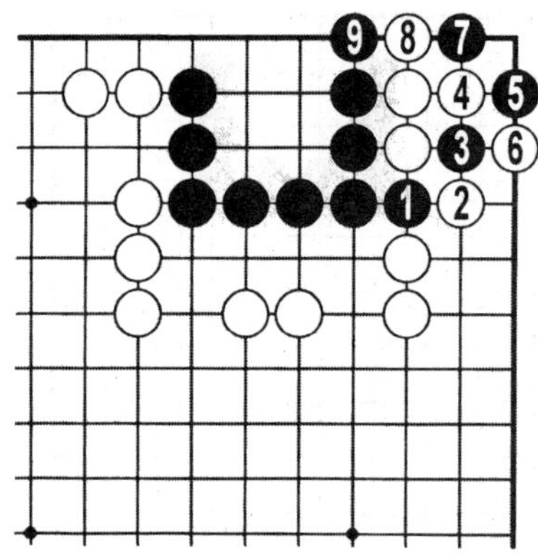

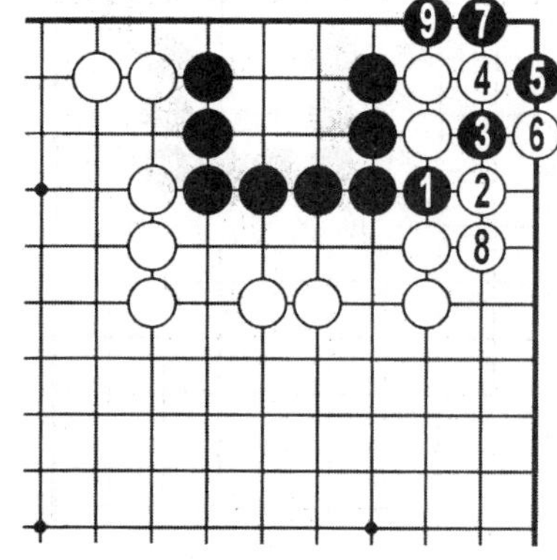

제2장

사활의 기본 형태

1. 빅

'빅'이란 삶의 형태 중 가장 기초적인 것이다. 두 집이 나지 않고도 살기 때문이다. 지금부터 실전에서 생기는 빅의 형태가 몇 가지나 되는지 알아보기로 한다.

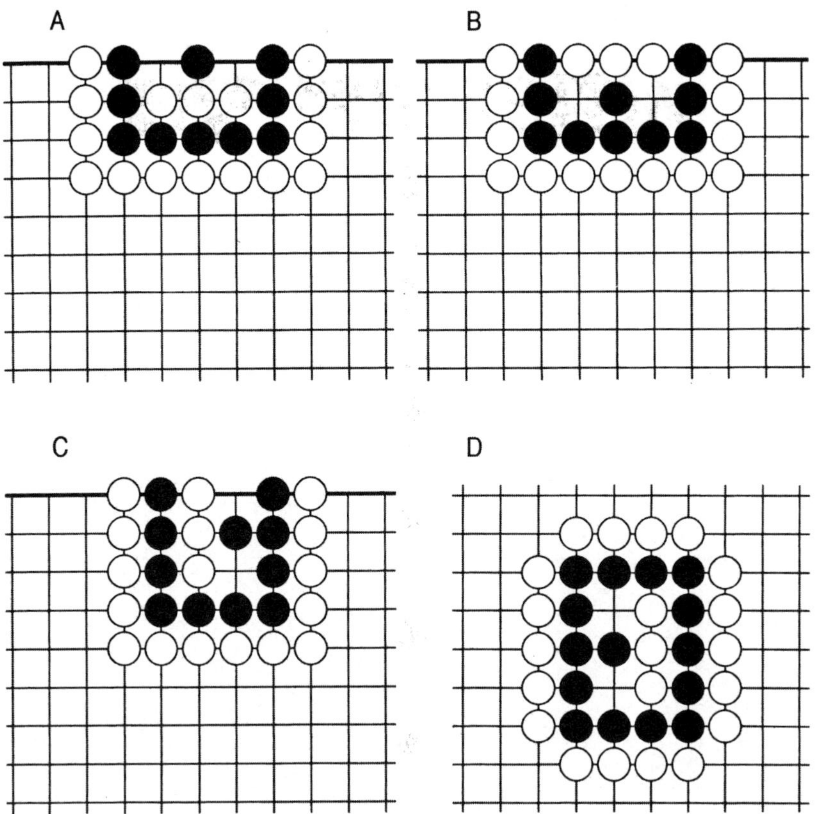

A의 그림과 B의 그림을 비교하면, 빅을 만든 검은 돌이 1선에 있거나 2선에 있는 차이를 보인다. 그러나 이 형태가 C의 그림처럼 세워져 있다면 그 돌이 어느쪽에 작용하든 똑같게 된다. D의 그림처럼

중앙에 있다면 더 확실해진다. 편의상 앞으로 이 네 가지의 그림을 **빗끌**(빗처럼 생겼다) **6궁의 빅**이라 한다.

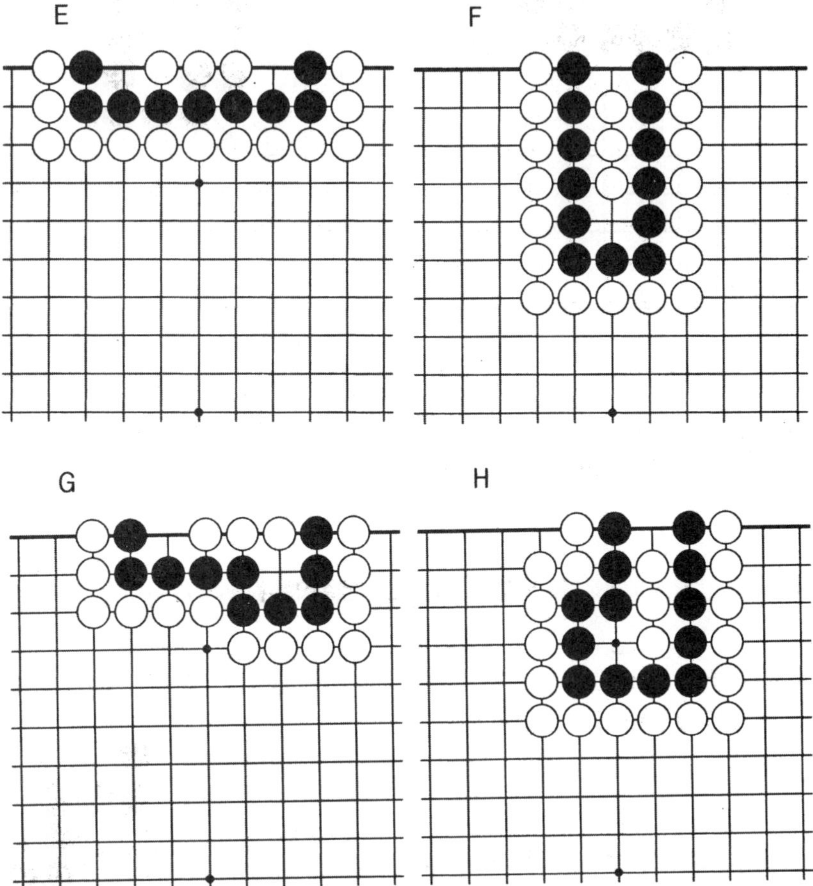

E의 그림을 세우게 되면 F의 그림이 된다. 이 그림이 중앙에 있다면 어떠한 그림이 되는지는 직접 만들어 보기 바란다. 이 그림들의 이름을 **직 4궁의 빅**이라 한다.

또 G의 그림을 세우게 되면 H의 그림이 되는데, **중앙에 생기는 그림은 직접 만들어 보라.** 이 그림들의 이름을 **곡 4궁의 빅**이라 한다.

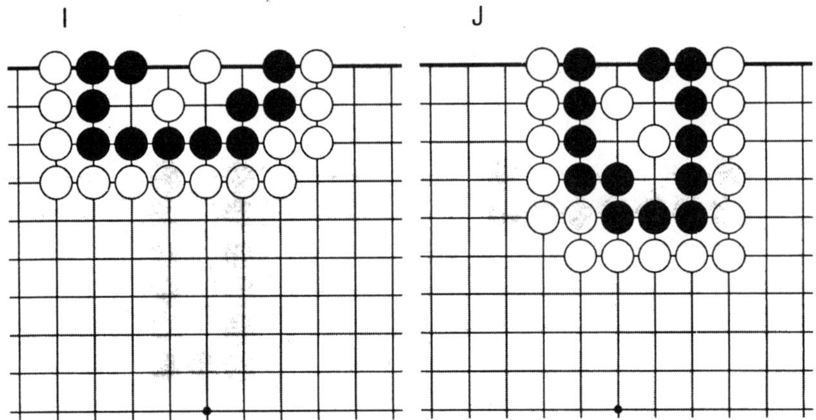

빗꼴 6궁의 긴 쪽 한 끝이 1칸 이동하면 이러한 그림이 되는데, 그림 I를 세우면 그림 J가 된다. **중앙 쪽의 그림은 직접 만들어 보라.** 이 그림들의 이름도 **곡 4궁의 빅**이라고 한다.

귀의 곡 4궁은 죽음이다

지금까지 설명한 그림들이 가장 기초적인 형태의 빅이다. 그러나 반드시 알아두어야 할 사항이 있다.

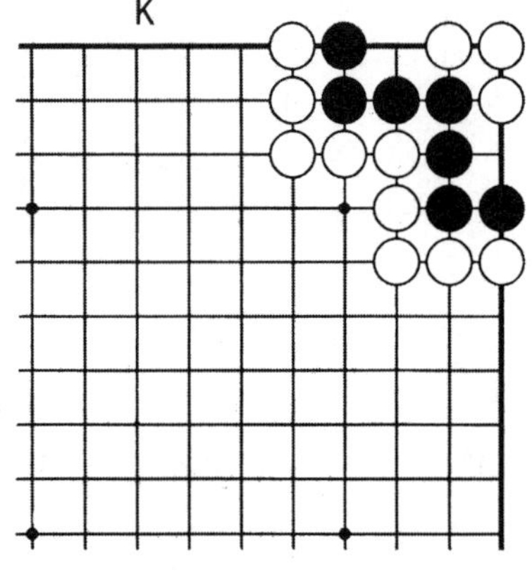

그것은 이 규칙이 귀의 끝에서는 통용되지 않는다는 것이다.

이런 예외의 규칙을 가리켜 **귀곡사라고 하며, 귀의 곡 4궁은 무조건 죽는 것**으로 정하고 있다. 귀곡사는 모두 3개의 형태로 국한되는데, 다음의 그림들이 바로 그것이다.

L

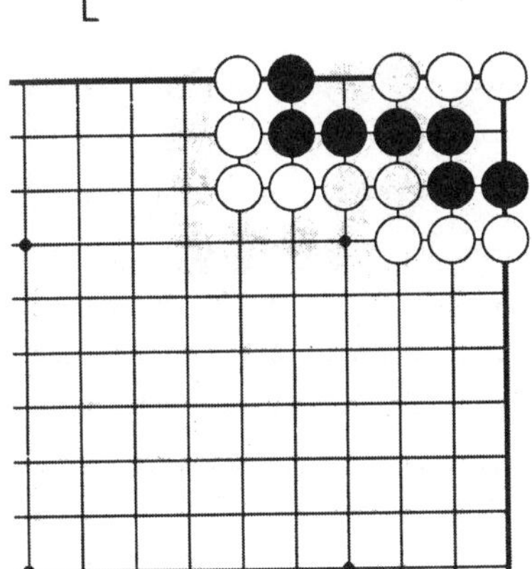

M

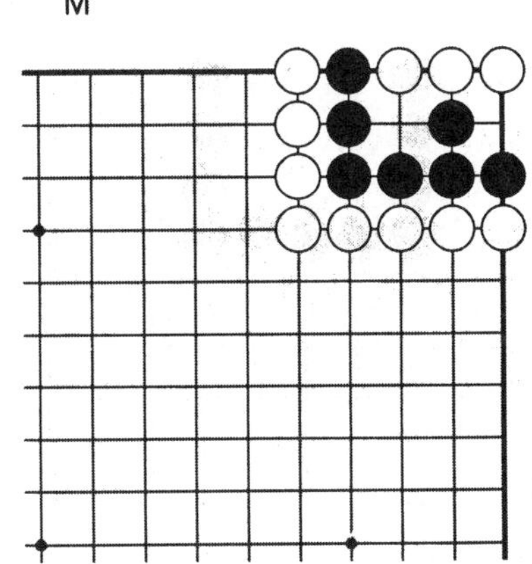

이제부터 7집 이상의 큰 궁도가 빅으로 사는 모습을 그림으로 나타내었다.

그림 A, B, C는 모두 빅으로 살고 있다.

그림 D를 자세히 보기 바란다. 나중에 설명하겠지만, 그림 A처럼 7궁도이지만 이 경우는 **매화 6궁**이라는 죽음의 형태이다. 이처럼 착각해서는 안 될 큰 궁도의 죽음이 있는데, 이 부분은 **죽음의 궁도편**에서 자세히 설명할 것이다.

A

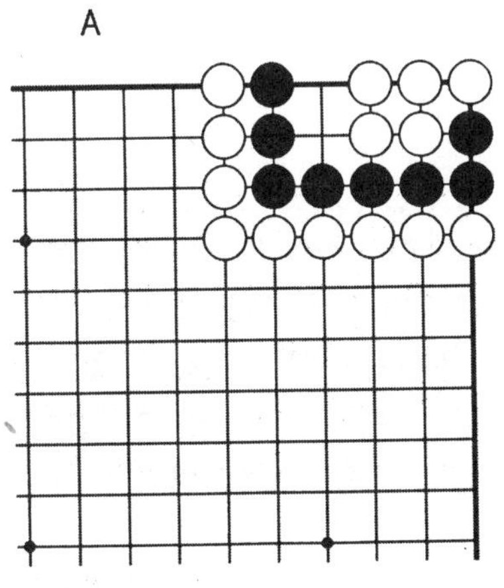

B

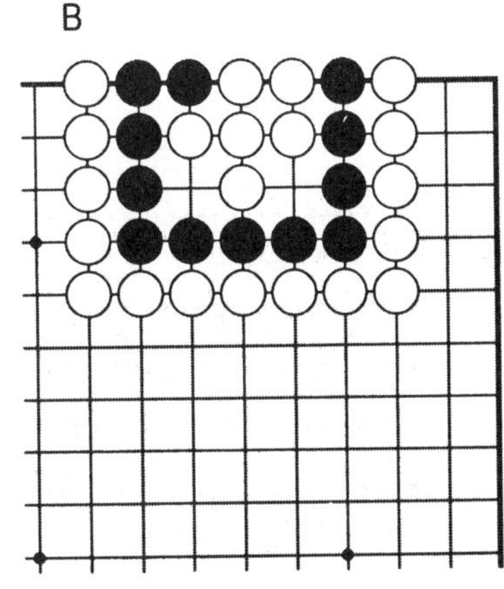

C

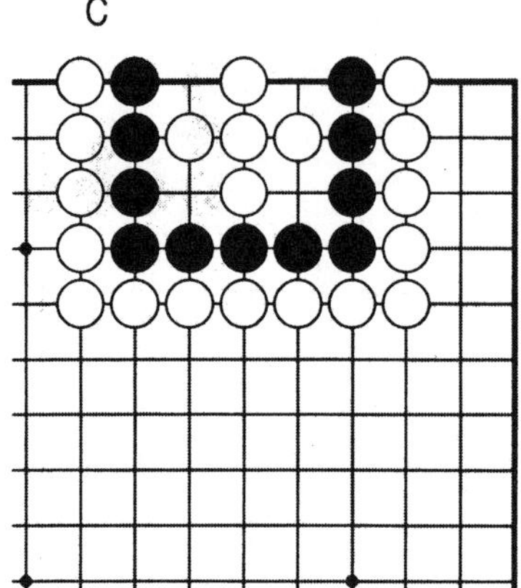

D

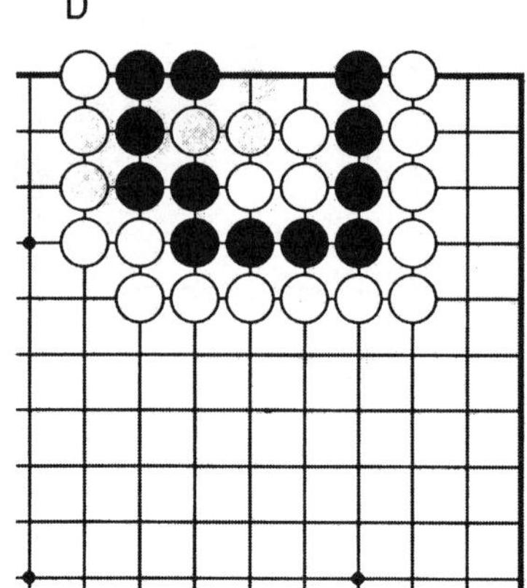

♠ 컴퓨터가 인류문화에 혁명을 일으킨 것은 주지의 사실이다. 인간은 이제 어차피 컴퓨터를 통하지 않고는 커뮤니케이션이 불가능해질 것이다. 바둑도 이제는 컴퓨터라는 문명의 이기 앞에서 공존을 모색하지 않을 수 없다. 모든 것은 변화한다. 혼자 변화의 물결 속에서 표류한다는 것은 쓸데없는 고집일 뿐이다. 전문기사도 예외일 수는 없다. 셈틀을 멀리하면 멀리 할수록 도태하는 수밖에 없다.

바둑과 컴퓨터

2. 죽음의 궁도

죽음의 궁도라는 말은 빅의 형태를 피하여 만든 6궁 이하의 궁도를 말한다. 그리고 죽음의 궁도를 치중하여 잡는 수는 3궁도의 한가운데와 동일한 곳이다.

이 궁도들의 명칭을 편의상 각각 붙여 보자.

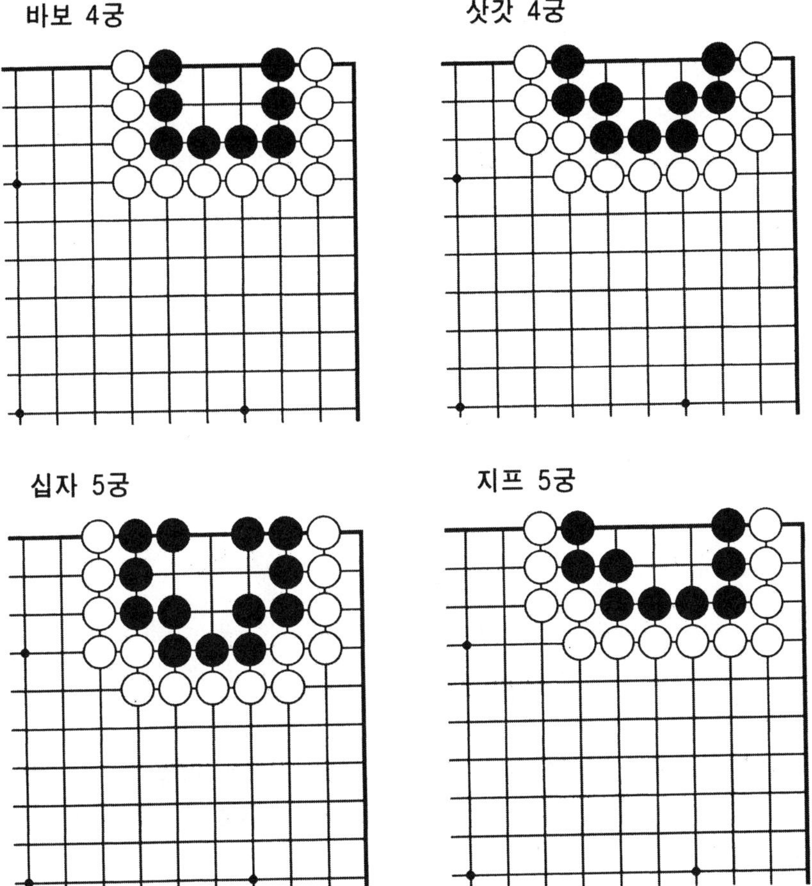

매화 6궁

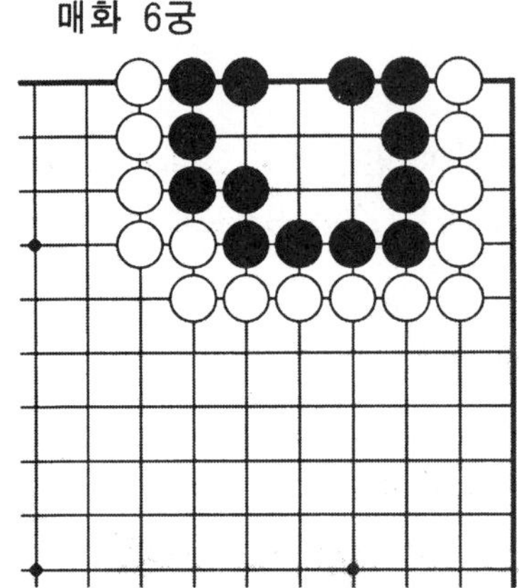

이상 5가지의 그림이 죽음의 궁도라는 것이다.

모든 죽음의 궁도는 이 5가지로 만들어지게 되는데, 만들어지기까지의 과정이 형태에 따라 약간의 수순을 고려해야 한다는 차이는 있게 된다.

이제부터 이 형태들이 만들어지기까지의 과정을 설명한다.
먼저 이 궁도들의 관계를 도표로 살펴보기 바란다.

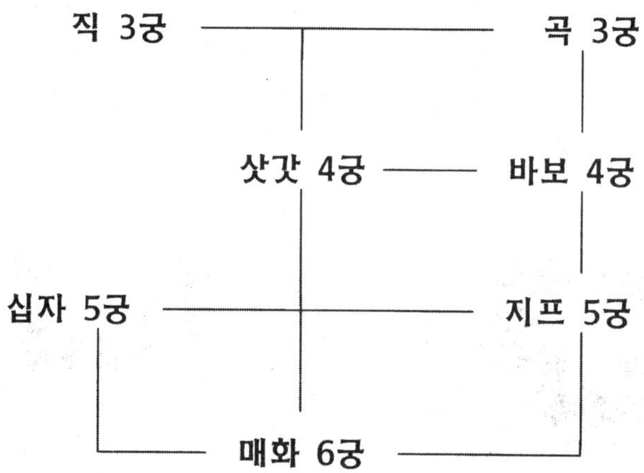

위의 도표에서 보면, 작은 궁도에서 큰 궁도로 변해 가는 과정이 아주 단순함을 알 수 있다. 결국 같은 곳의 급소를 가지게 되는 이유도 여기에 있다.

아래 3개의 그림은 5궁이 4궁을 거쳐 3궁으로 변화하는 과정을 보여 주고 있다. 6궁도 마찬가지의 원리이다.

[그림 1]

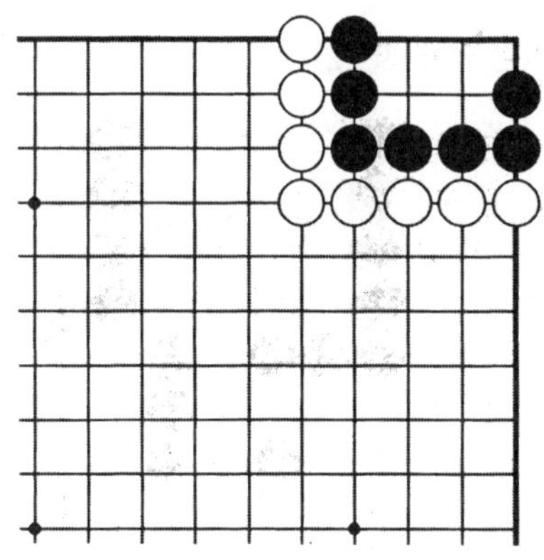

[그림 2]

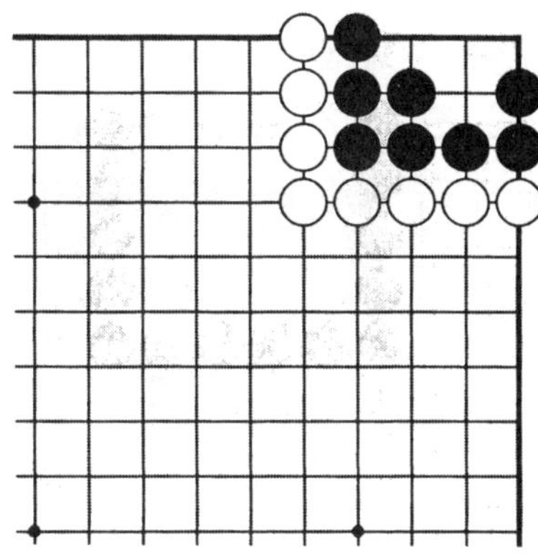

[그림 3]

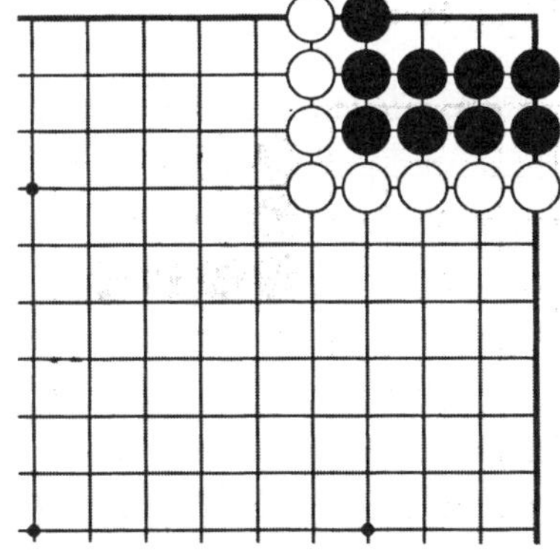

지금부터 이 궁도들이 만들어지는 과정과 원리를 문제를 풀면서 알아보겠다.

아래 4개의 문제를 죽음의 궁도로 잡아 보라(흑이 둘 차례).

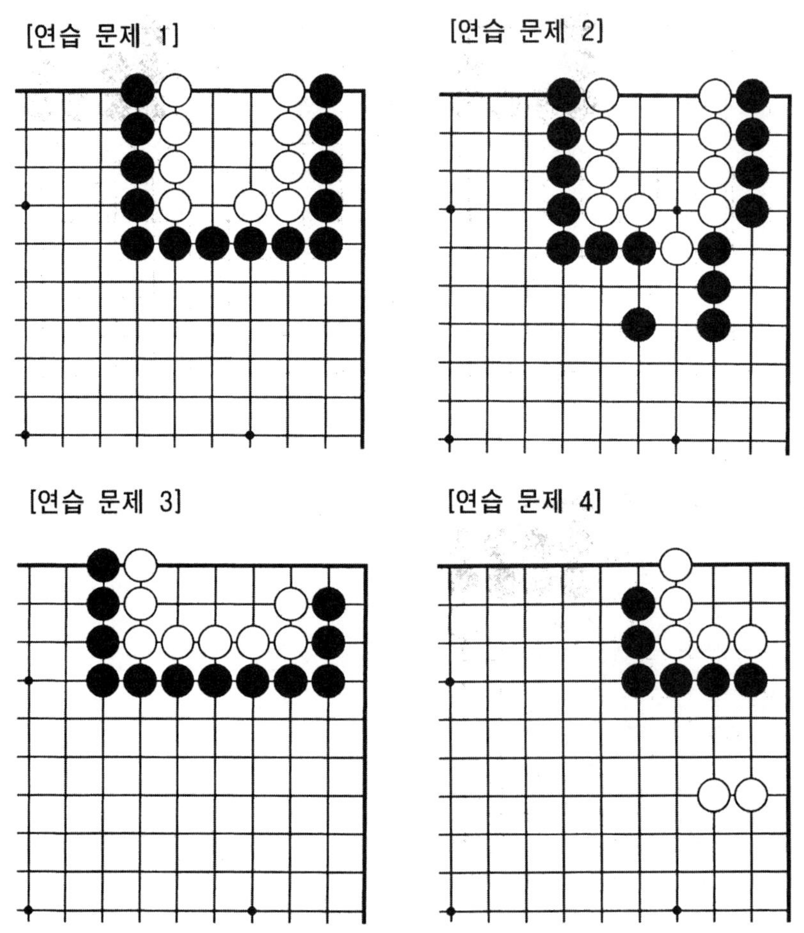

【힌트】 모두 지프 5궁으로 유도하는 것이 요령이다.

[연습 문제 1]

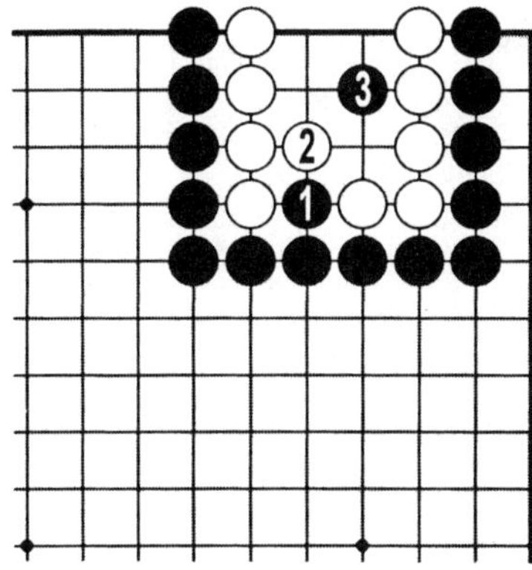

[연습 문제 1] (정해)

❶이 수순이다.

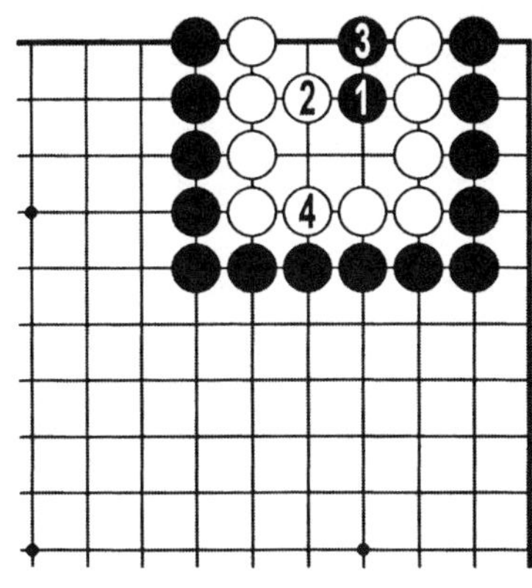

(실격 1)

빅이 된다.

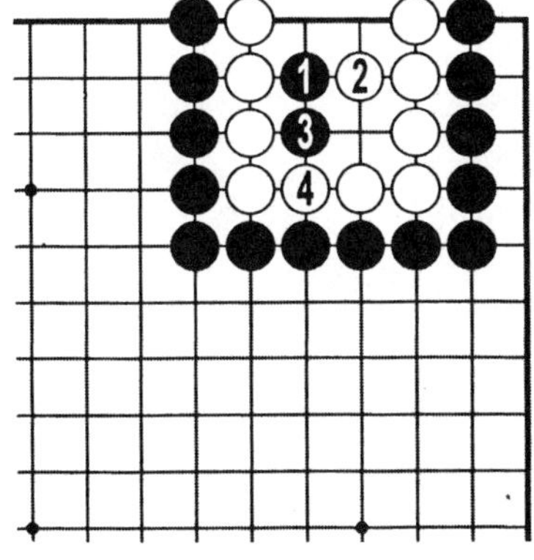

(실격 2)

역시 빅이다.

[연습 문제 2]

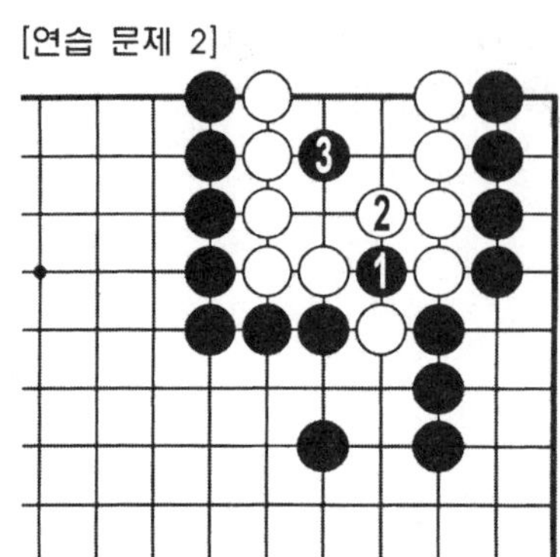

[연습 문제 2] (정해)

❶이 중요한 수순이다.

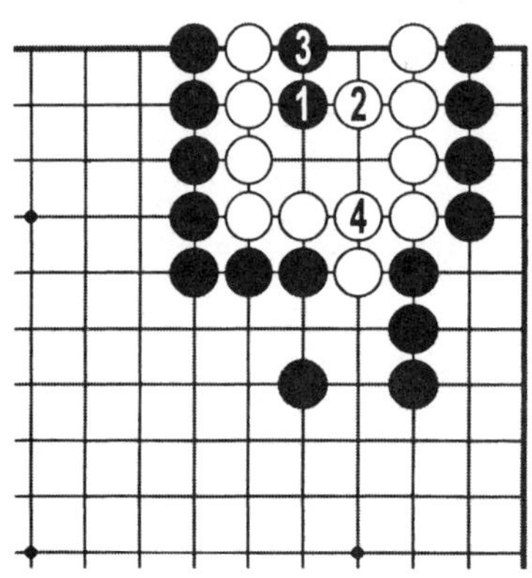

(실격 1)

빅이 된다.

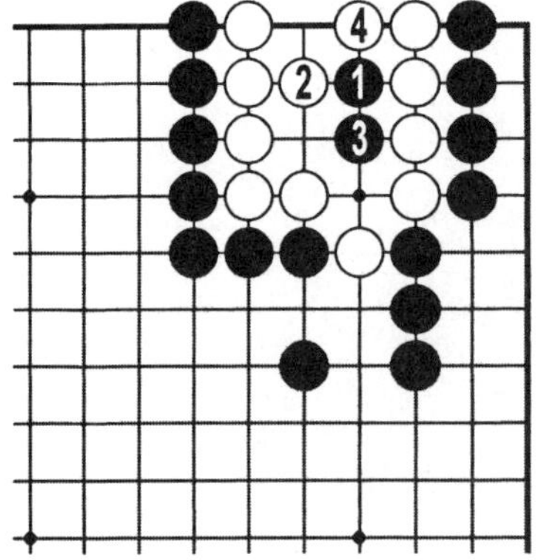

(실격 2)

산다.

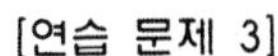
[연습 문제 3]

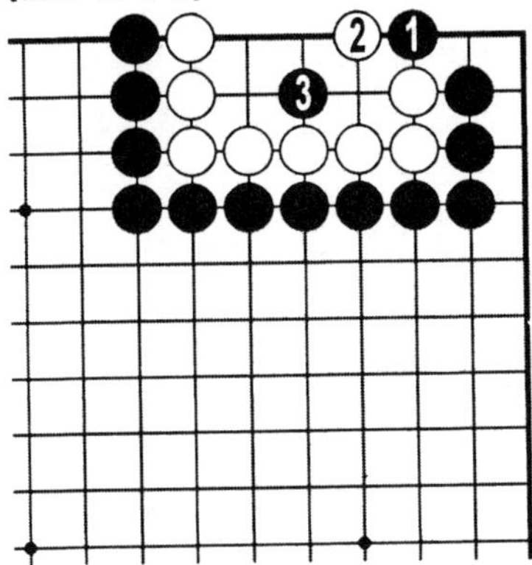

[연습 문제 3] (정해)

젖힘이 수순이다.

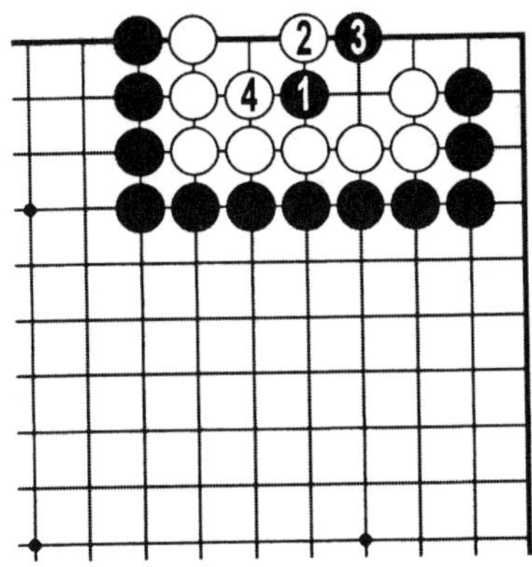

(실격 1)

패가 된다.

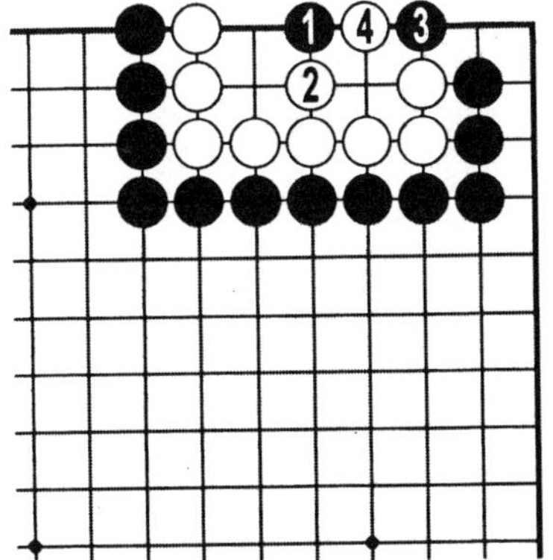

(실격 2)

패를 피하면 빅이다.

[연습 문제 4]

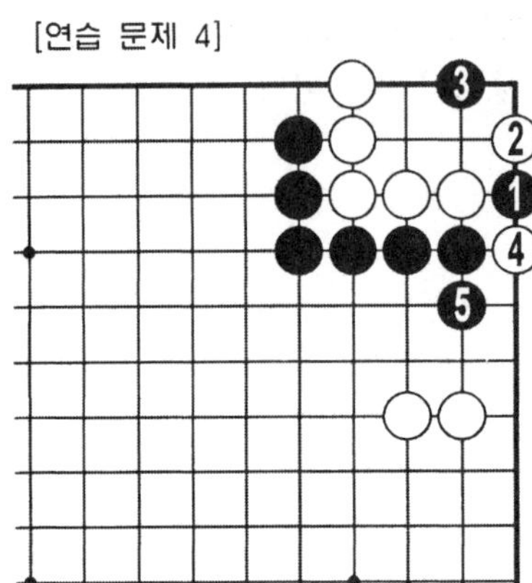

[연습 문제 4] (정해)

외부와의 차단이 중요하다.

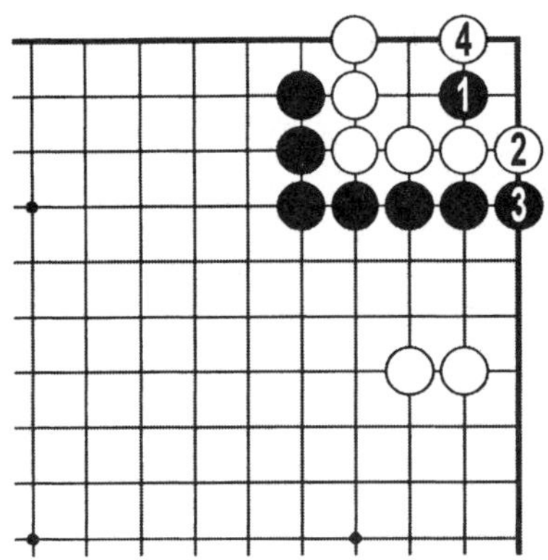

(실격 1)

산다. 백에게 ②를 허락하면 안 된다.

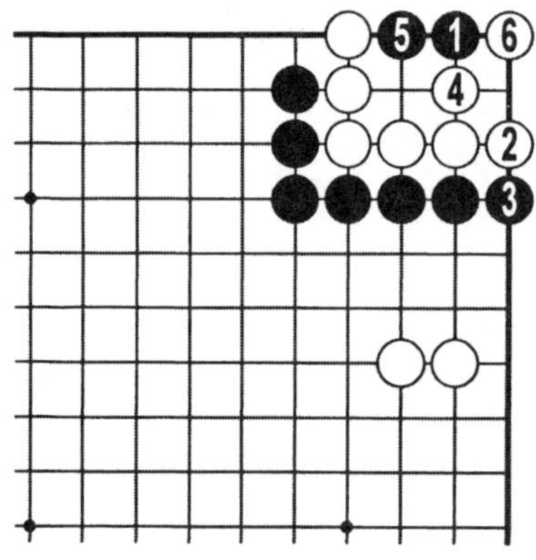

(실격 2)

패가 된다.

연습 문제와 같은 요령으로 풀어 보라(흑이 둘 차례).

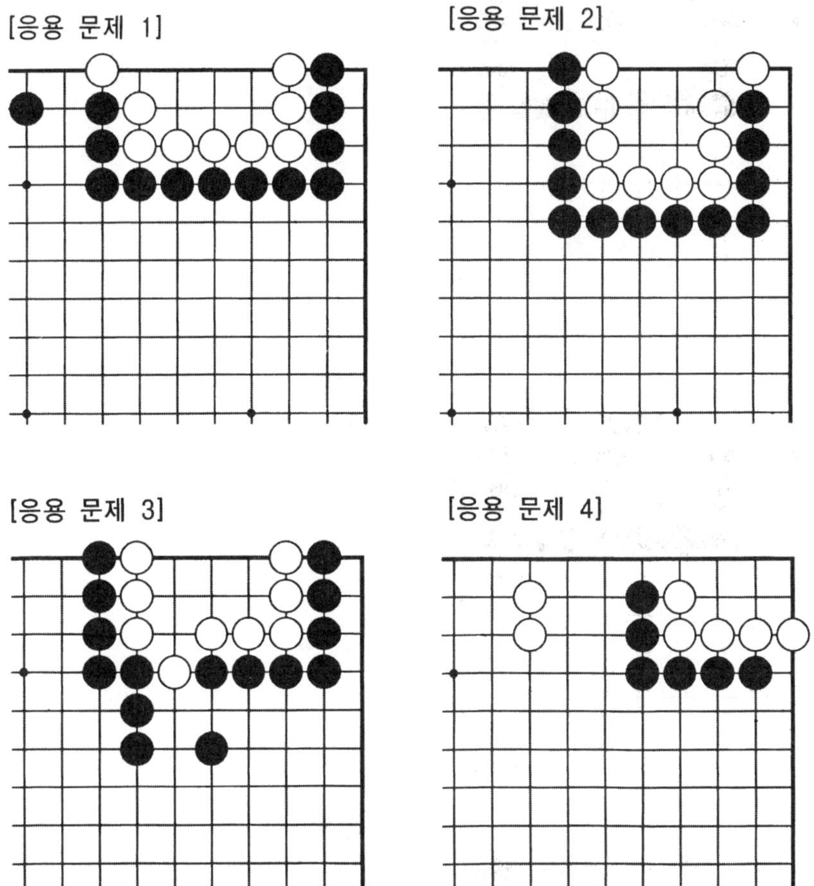
[응용 문제 1]
[응용 문제 2]
[응용 문제 3]
[응용 문제 4]

지프형 5궁은 삿갓형 4궁과 더불어 사활의 중요한 부분을 차지하고 있다. 그러므로 이 형태가 만들어지는 원리를 지금 파악해 놓지 않으면 이와 관련된 사활을 풀어 가는 데 지장이 많다.

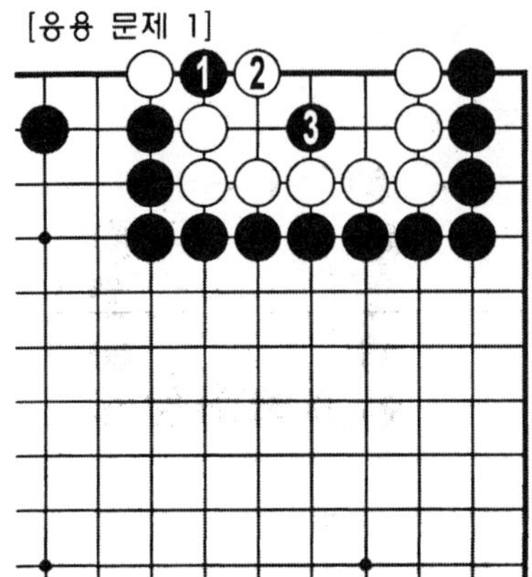

[응용 문제 1] (정해)

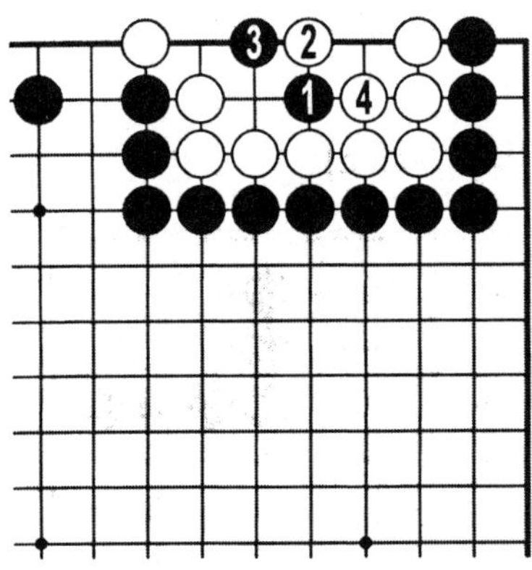

(실격)

패가 된다.

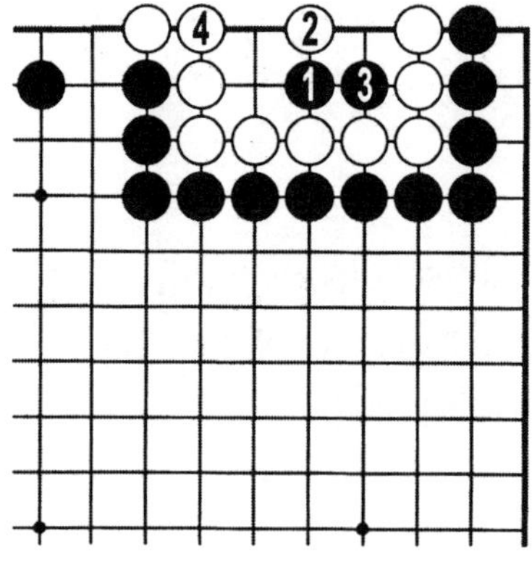

(실격)

빅이 된다.

[응용 문제 2]

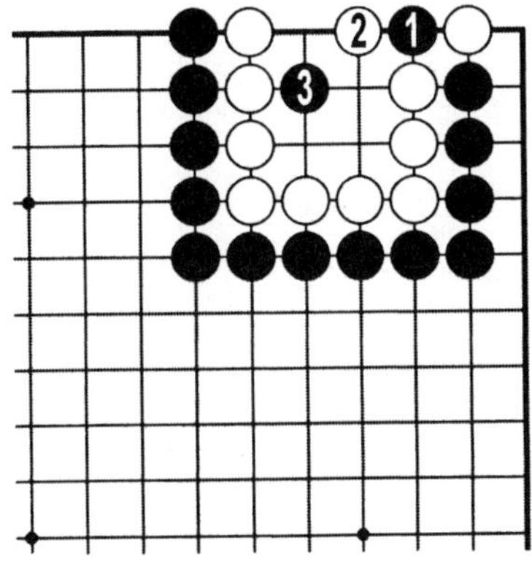

[응용 문제 2] (정해)

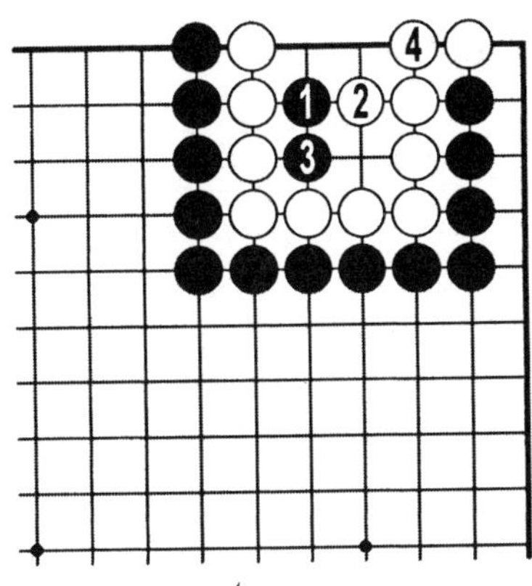

(실격)

빅이 된다.

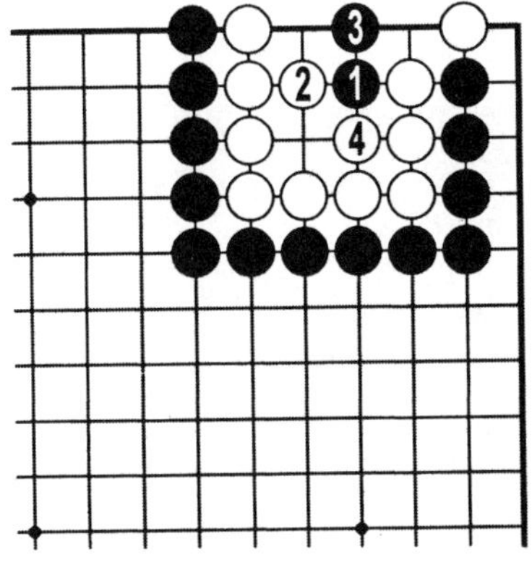

(실격)

산다.

[응용 문제 3]

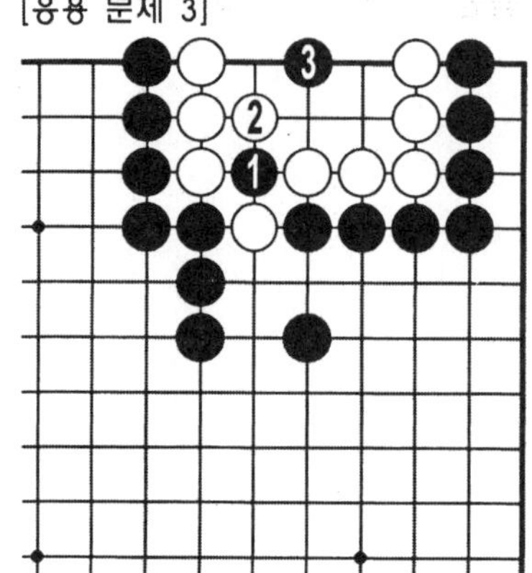

[응용 문제 3] (정해)

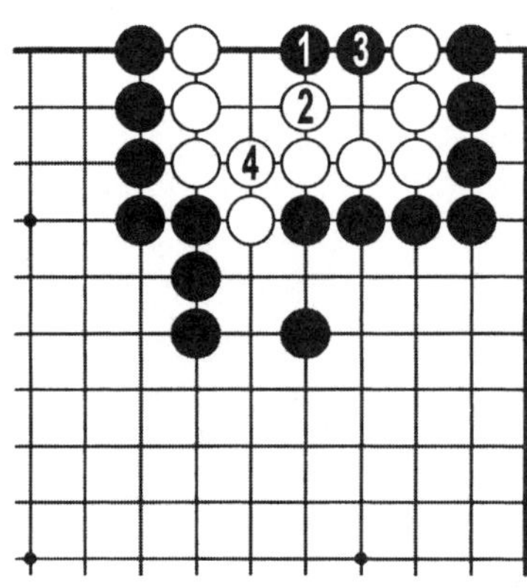

(실격)
빅이 된다.

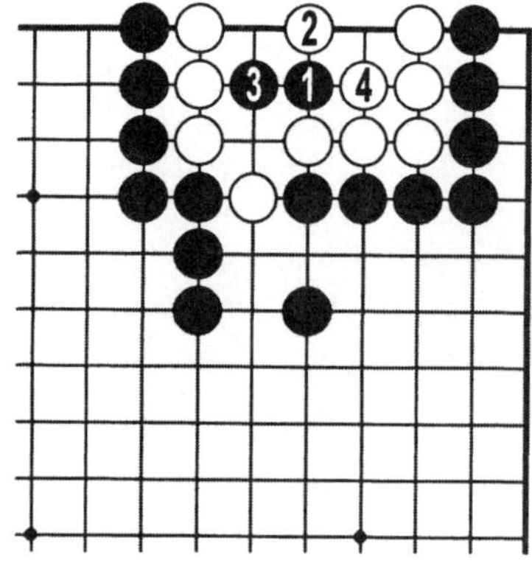

(실격)
산다.

[응용 문제 4]

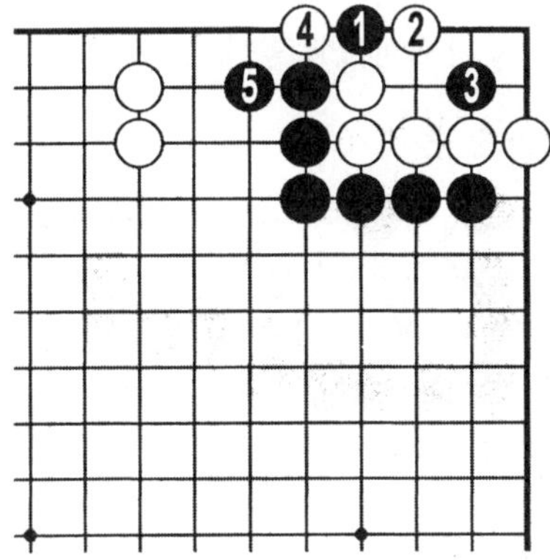

[응용 문제 4] (정해)

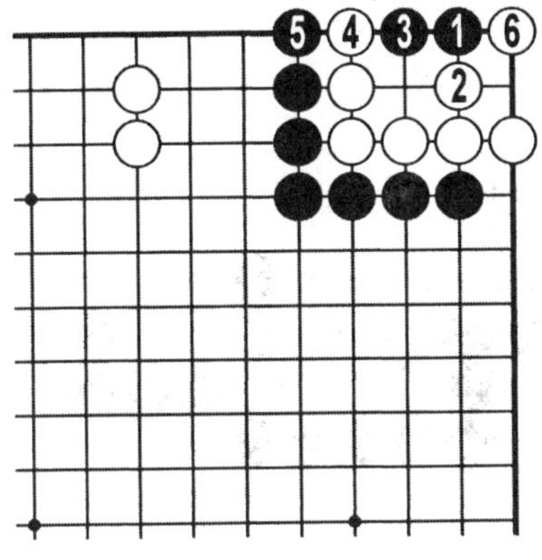

(실격)

패가 된다.

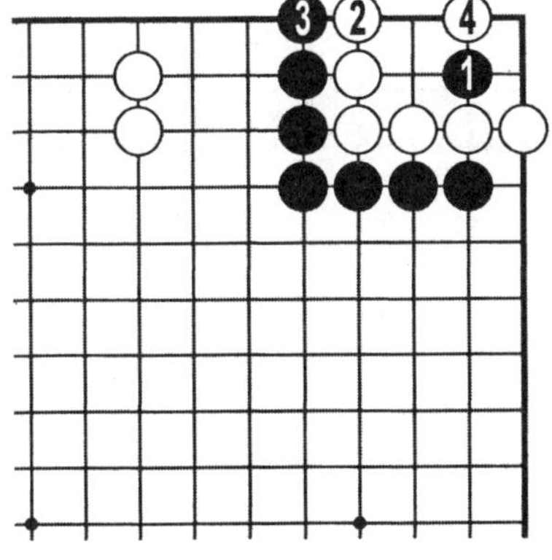

(실격)

산다.

이번에는 죽음의 궁도를 만들어 보는 문제이다.
어떠한 수순으로 유도해야 하는지 잘 생각해 보라(흑이 둘 차례).

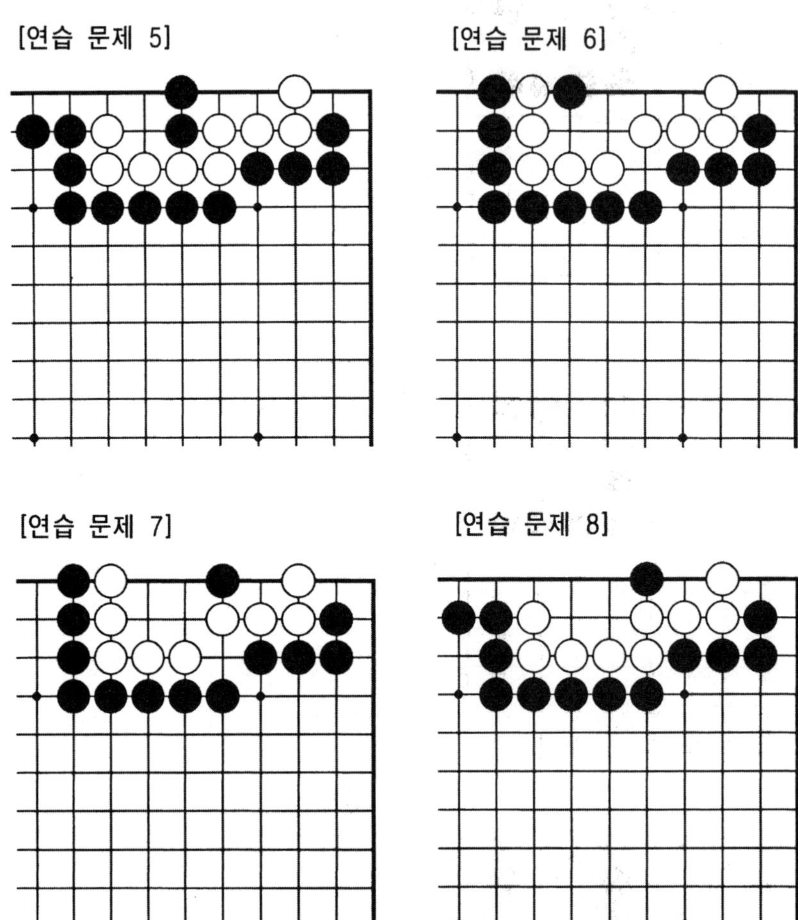

【힌트】 수순이 바뀌면 빅이 되는 수가 있다.

[연습 문제 5]

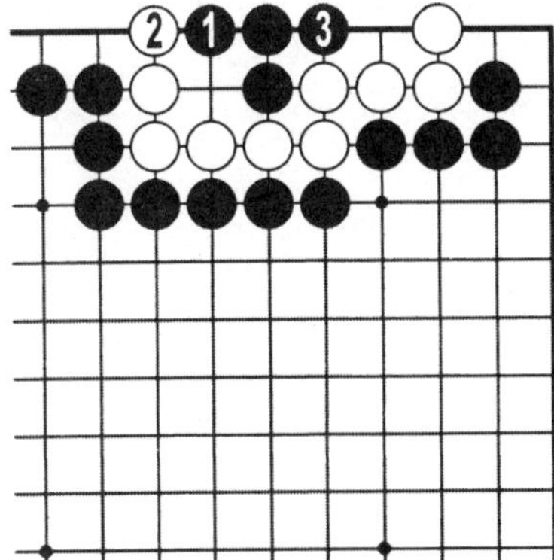

[연습 문제 5] (정해)

❶, ❸이 유일한 수순이다.

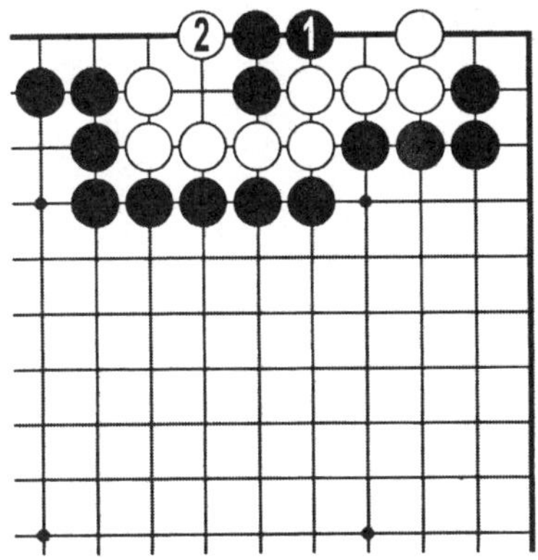

(실격 1)

수순이 바뀌면 이처럼 빅이거나 산다.

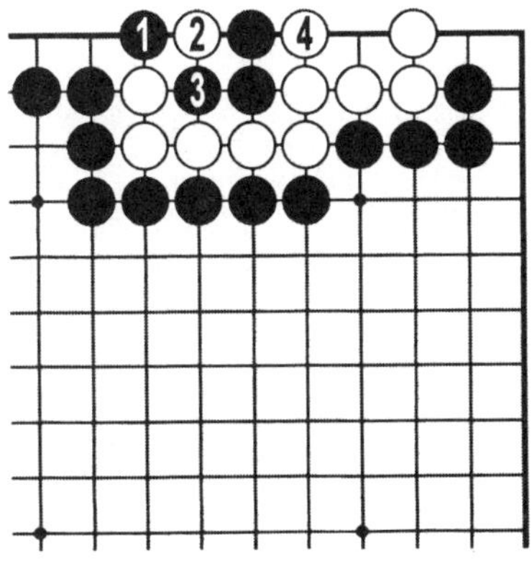

(실격 2)

수순이 바뀌면 이처럼 빅이거나 산다.

[연습 문제 6]

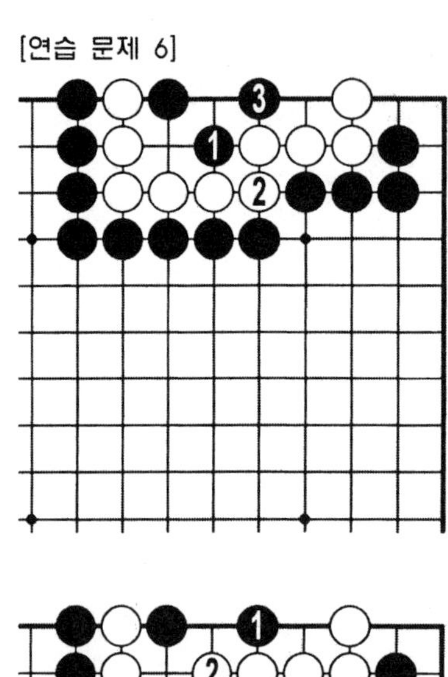

[연습 문제 6] (정해)

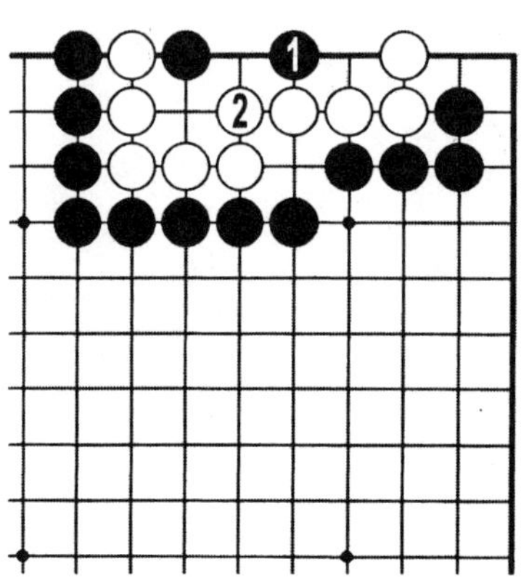

(실격 1)

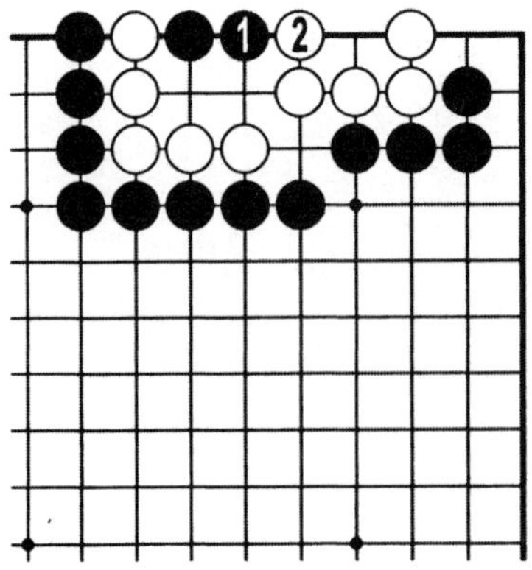

(실격 2)

[연습 문제 7] (정해)

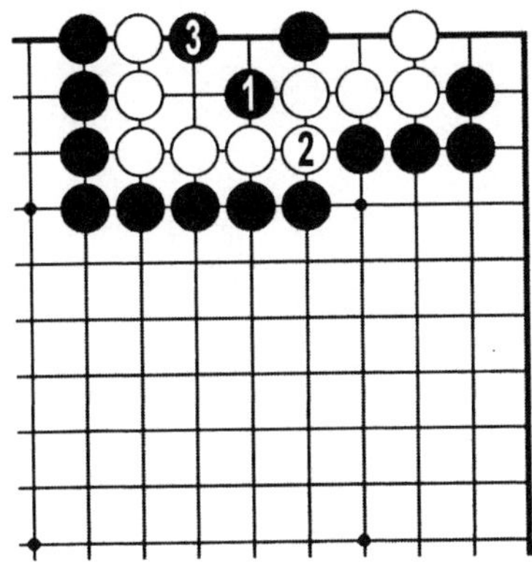

(실격 1)

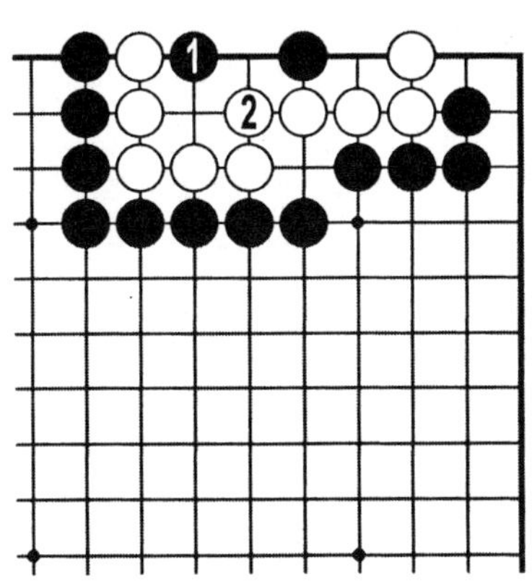

(실격 2)

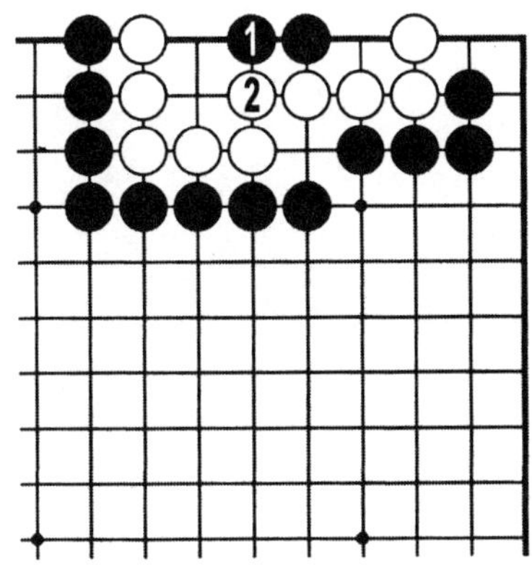

[연습 문제 8]

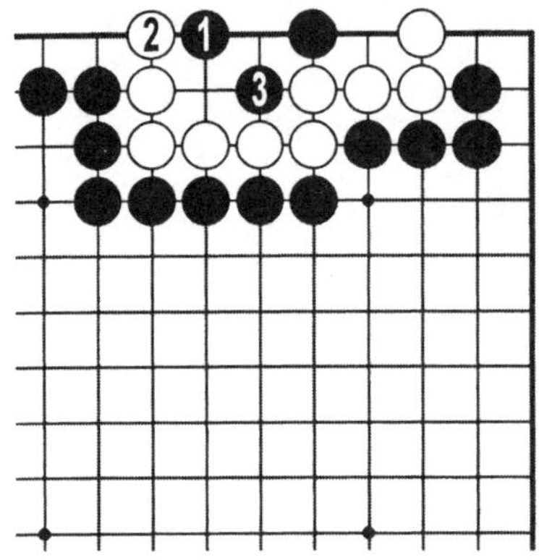

[연습 문제 8] (정해)

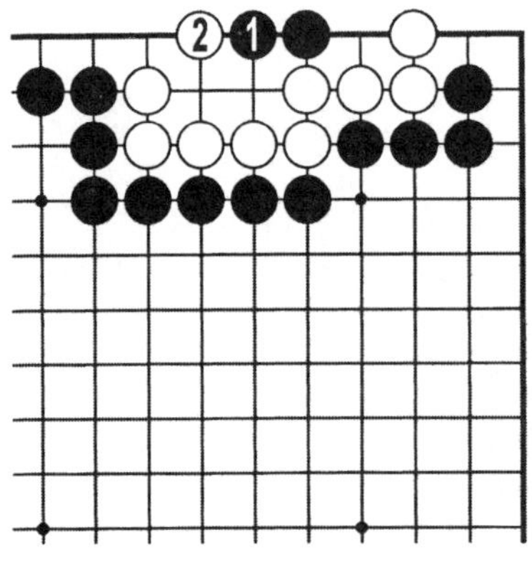

(실격 1)

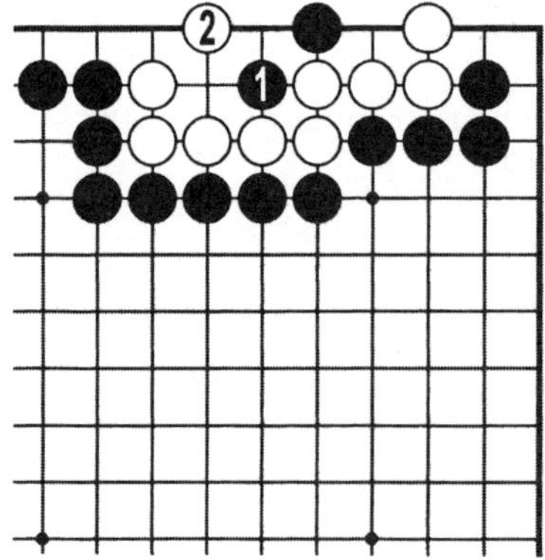

(실격 2)

앞의 형태들을 살펴보면 지프 5궁으로 유도하는 과정에서 수순이 매우 중요함을 알 수 있다. 그리고 그 수순이 또한 단순하다는 것도 알 수 있다. **3개의 돌이 지프 5궁을 구성**하고 있기 때문이다.

연습 문제와 같은 요령으로 풀어 보라(흑이 둘 차례).

[응용 문제 5]

[응용 문제 6]

[응용 문제 7]

[응용 문제 8]

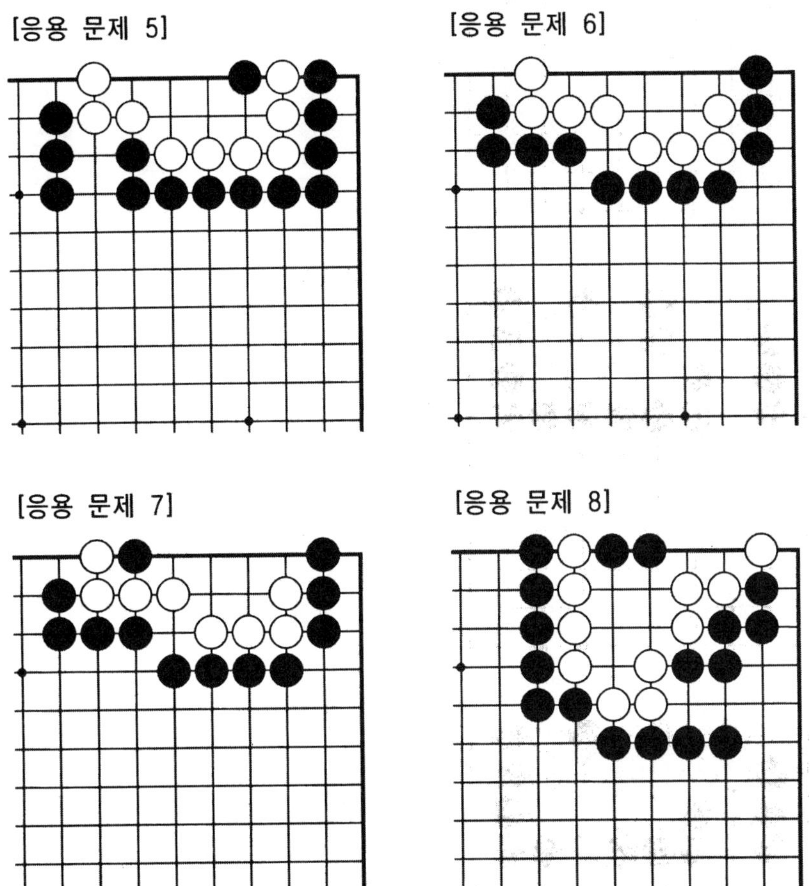

【주의】 패가 나거나 빅이 나서는 실격이 된다.

[응용 문제 5]

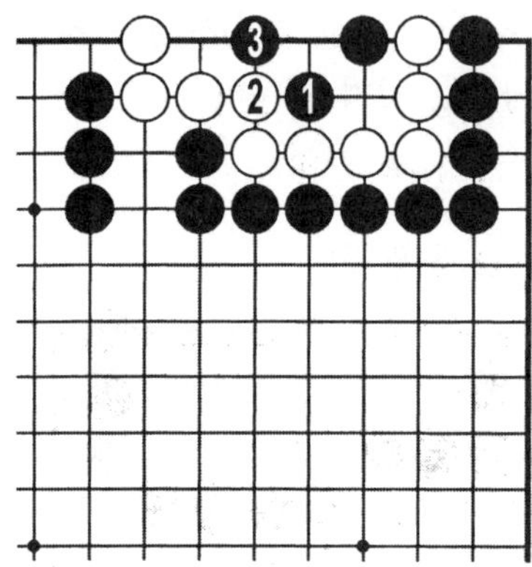

[응용 문제 5] (정해)

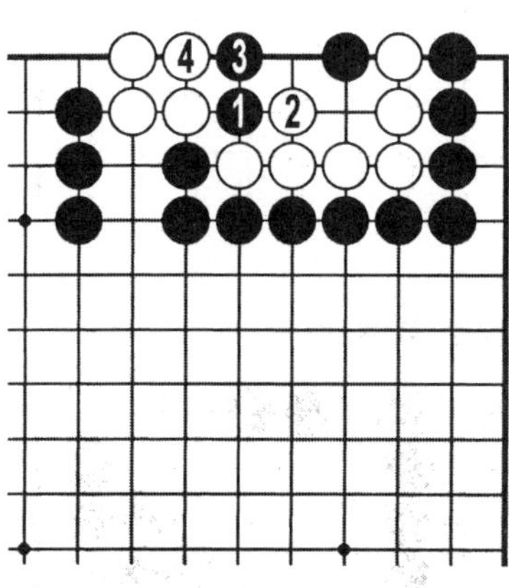

(실격 1)

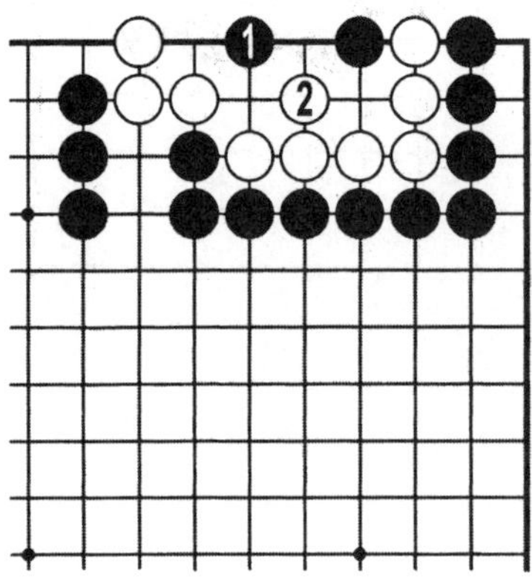

(실격 2)

[응용 문제 6]

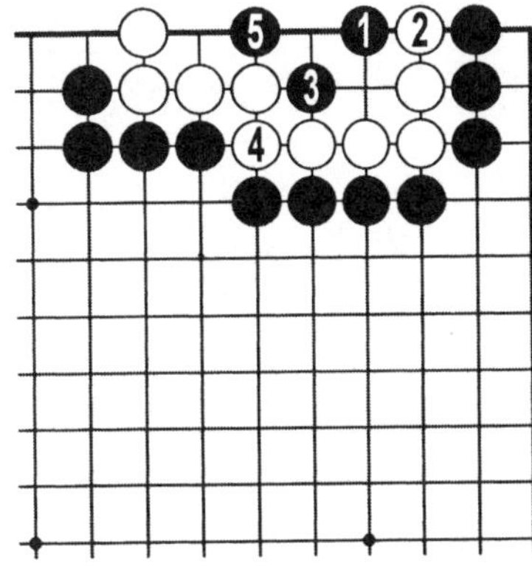

[응용 문제 6] (정해)

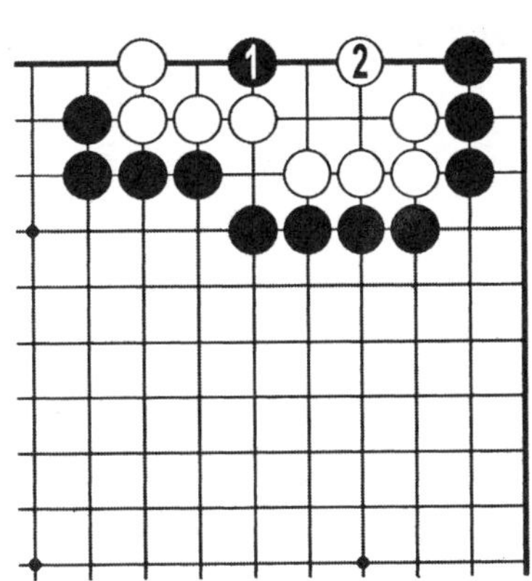

(실격 1)

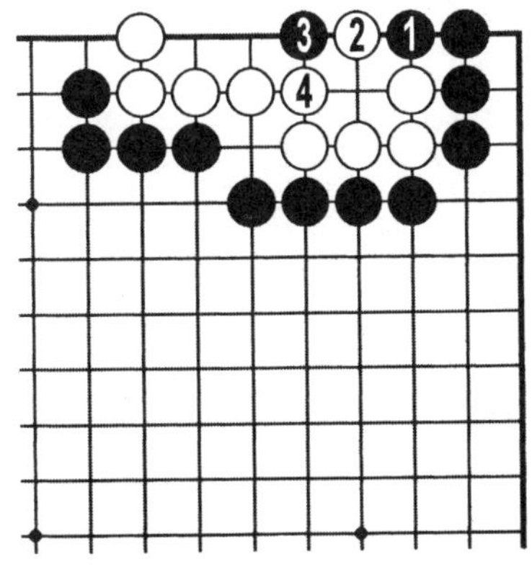

(실격 2)

[응용 문제 7]

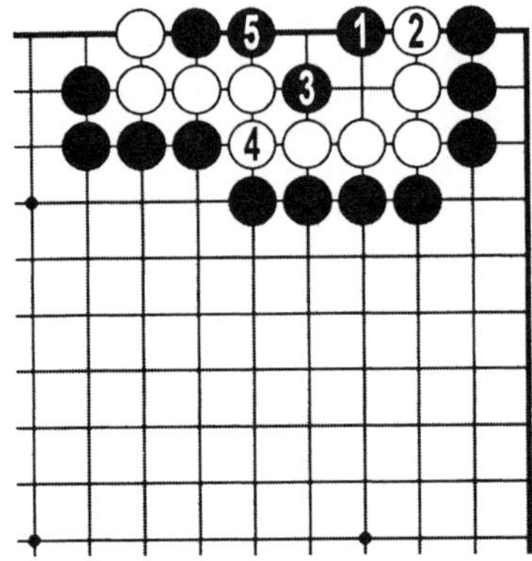

[응용 문제 7] (정해)

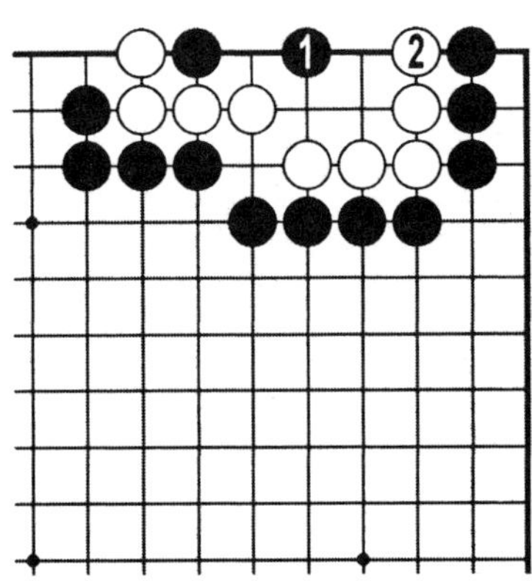

(실격 1)

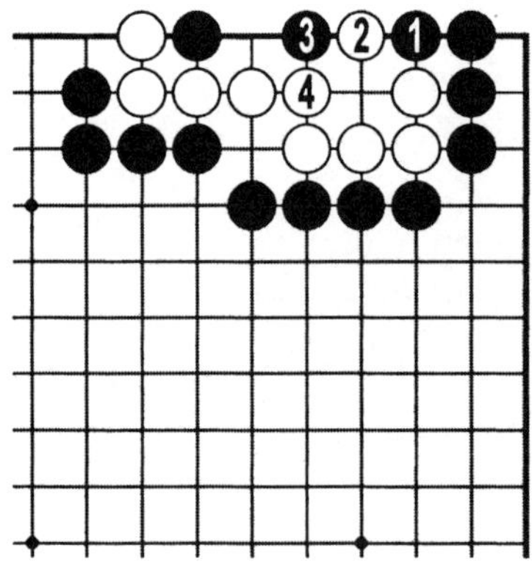

(실격 2)

[응용 문제 8]

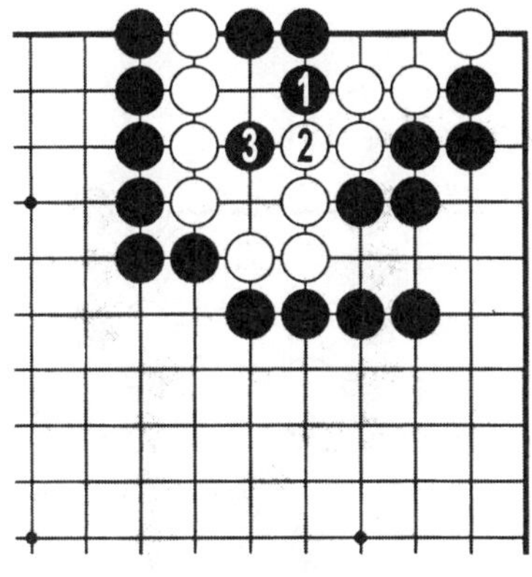

[응용 문제 8] (정해)

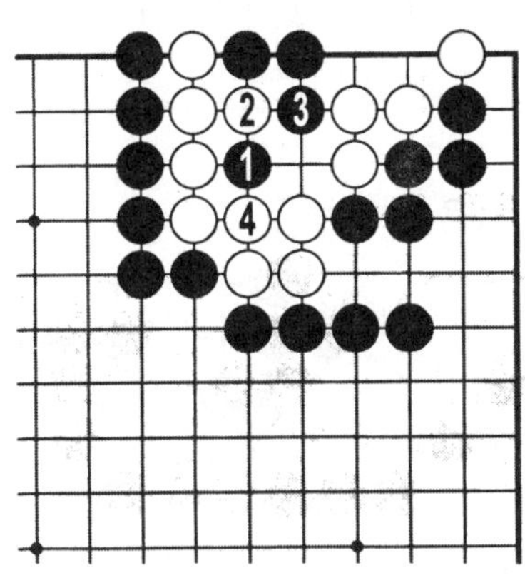

(실격 1)

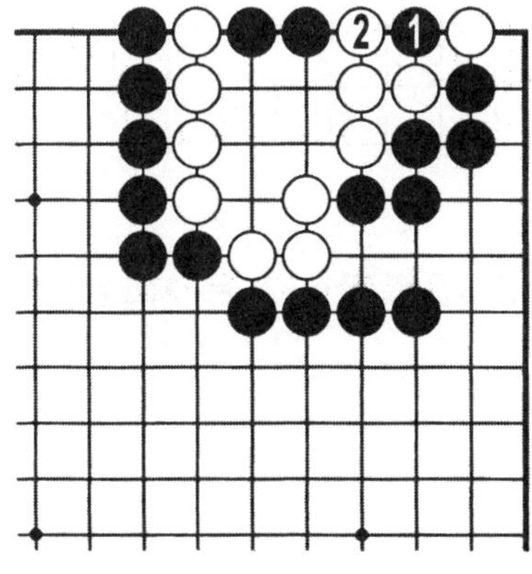

(실격 2)

지금까지 풀어 본 문제들을 참고하여 4개의 응용 문제를 **눈으로 풀어 보라**(흑이 둘 차례).

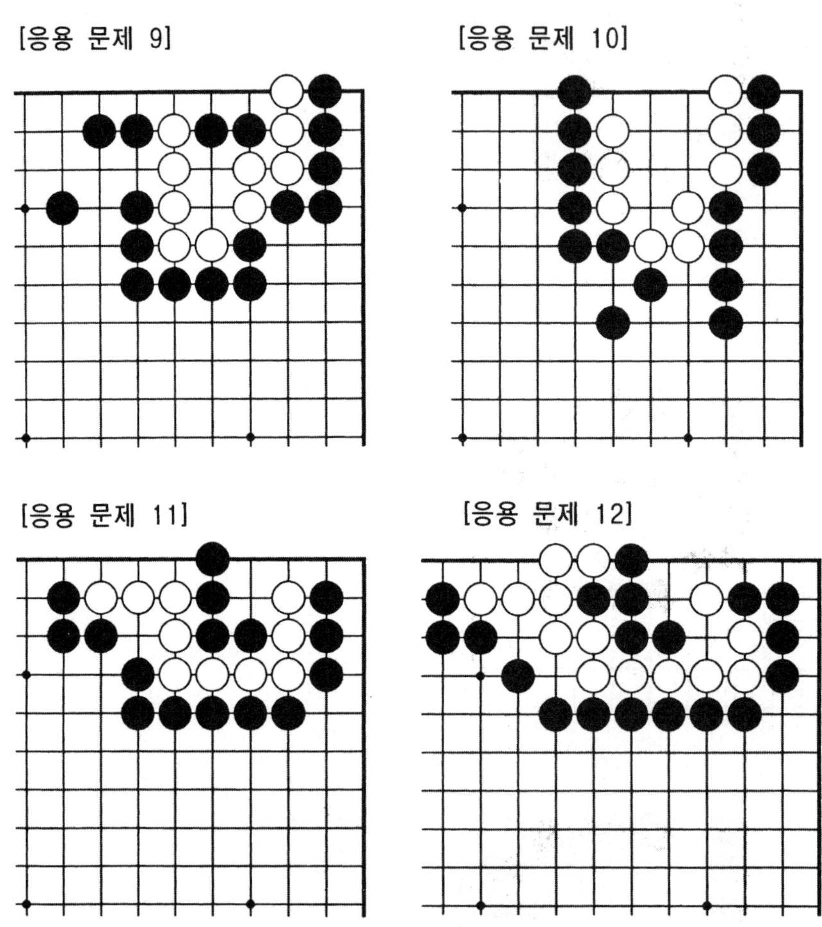

【힌트】 응용 문제 9와 10은 삿갓형 4궁이고, 응용 문제 11은 지프형 5궁, 응용 문제 12는 매화 6궁이 된다.

[응용 문제 9]

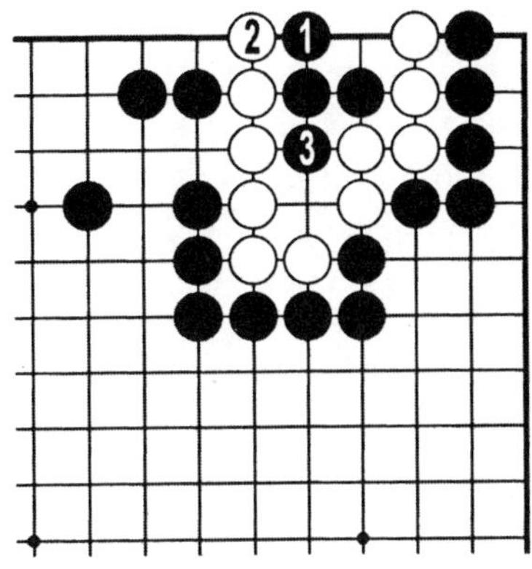

[응용 문제 9] (정해)

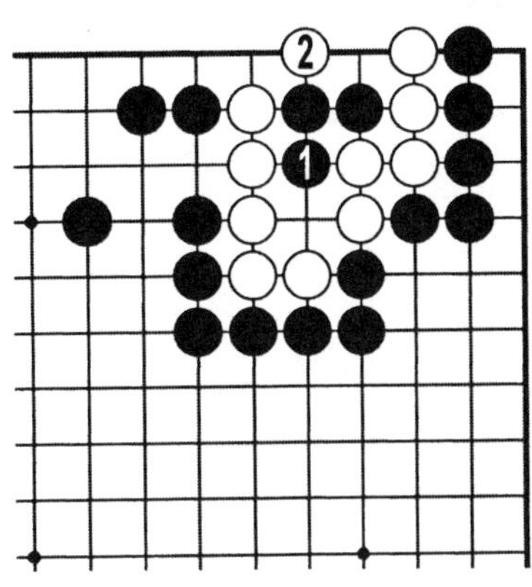

(실격 1)

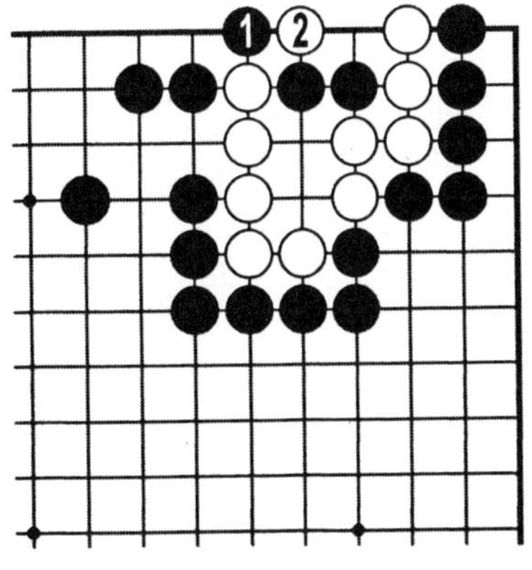

(실격 2)

[응용 문제 10]

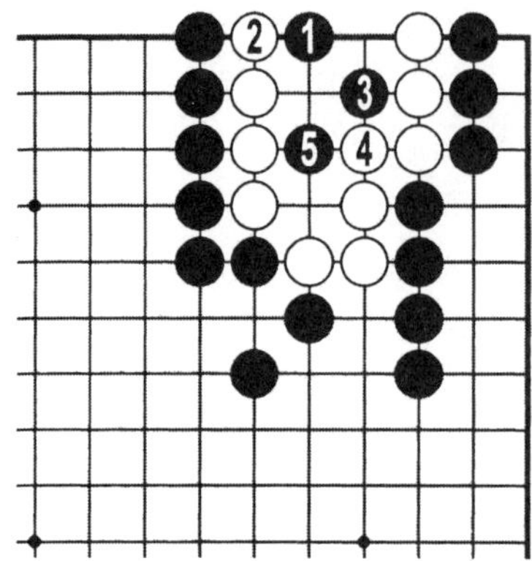

[응용 문제 10] (정해)

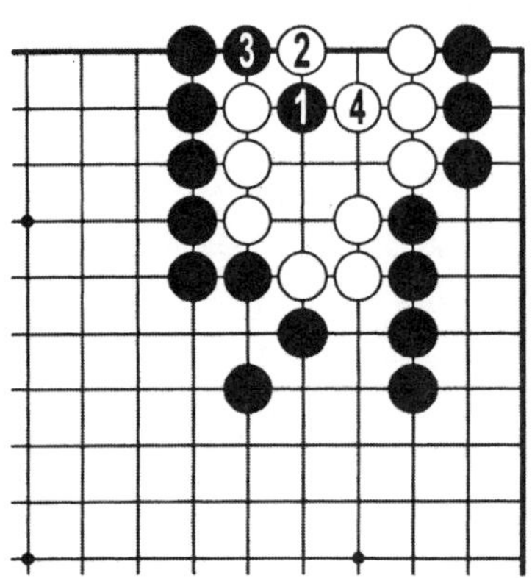

(실격 1)

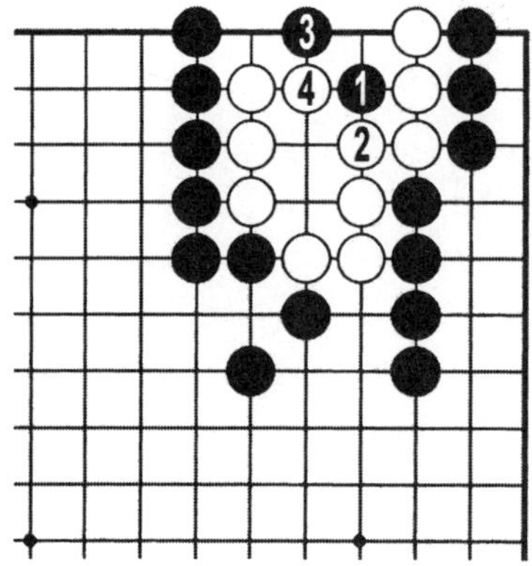

(실격 2)

[응용 문제 11]

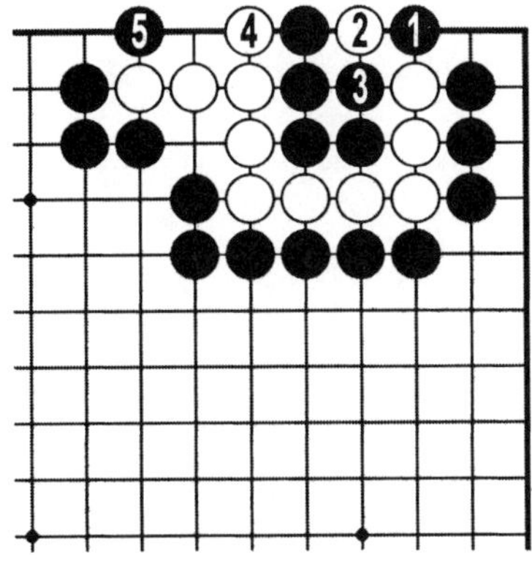

[응용 문제 11] (정해)

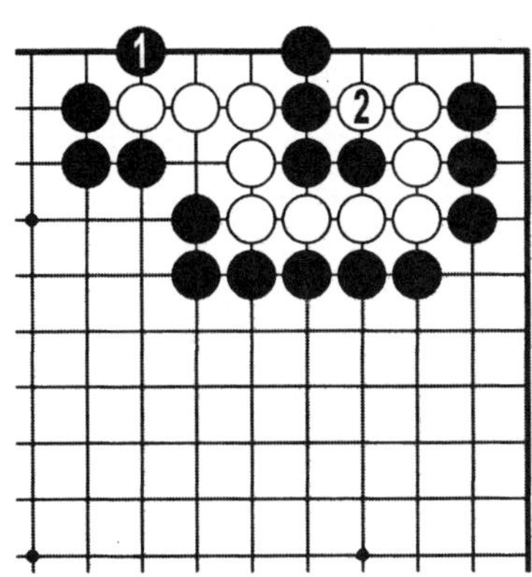

(실격 1)

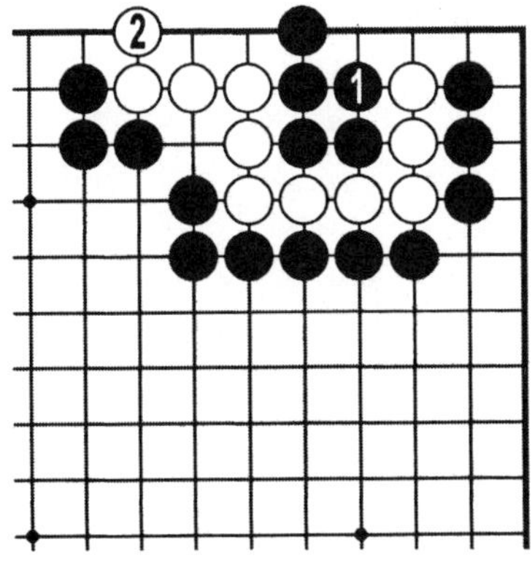

(실격 2)

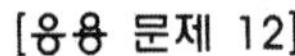
[응용 문제 12]

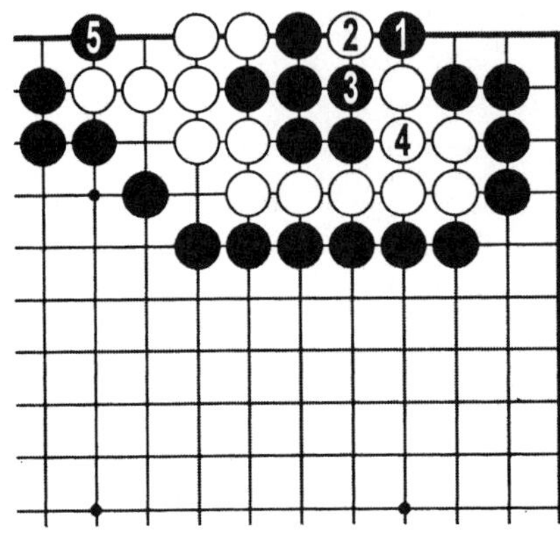

[응용 문제 12] (정해)

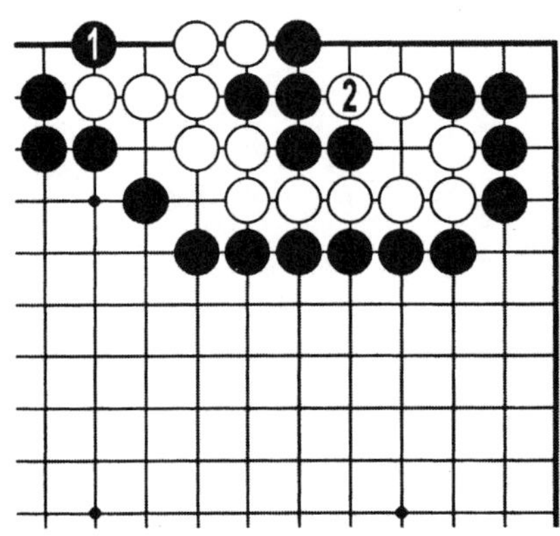

(실격 1)

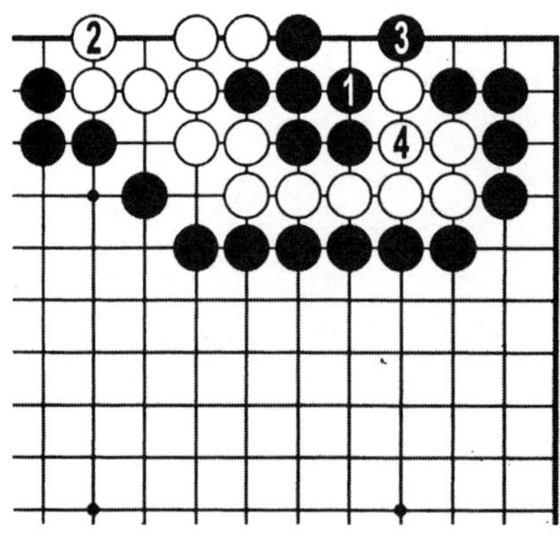

(실격 2)

지금부터는 난이도가 높아진다. 그러나 기본형은 여기까지가 전부이다. 아래 4개의 그림이 지금까지 배운 죽음의 궁도와 닮았다는 느낌이 든다면, 궁도 사활에 관한 기력이 상당하다고 자부해도 좋다.

4개의 문제가 모두 **단 1수로 죽음**을 확인해 보기 바란다.

[연습 문제 9]

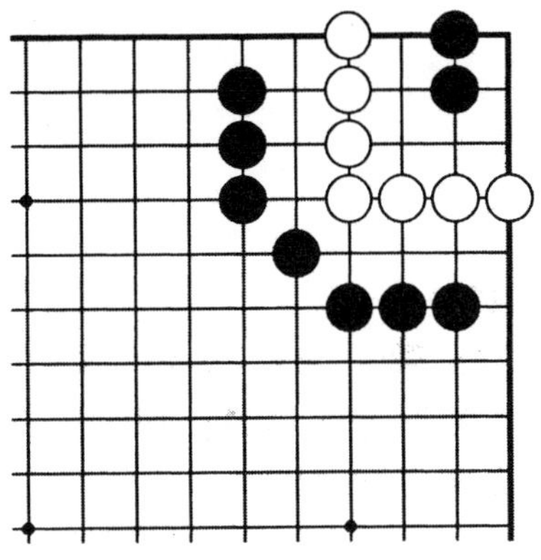

[연습 문제 10]

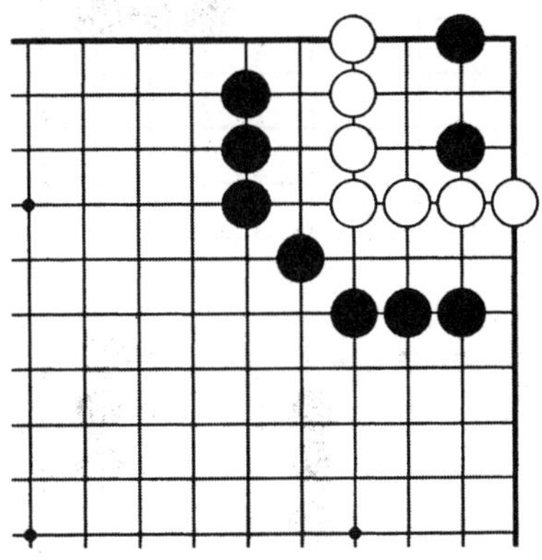

[연습 문제 11]

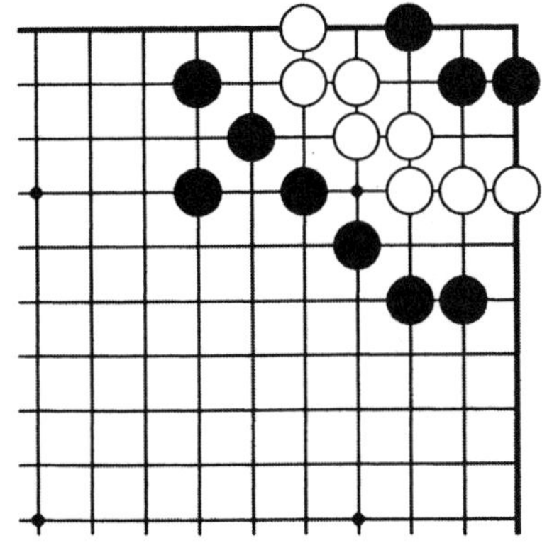

[연습 문제 12]

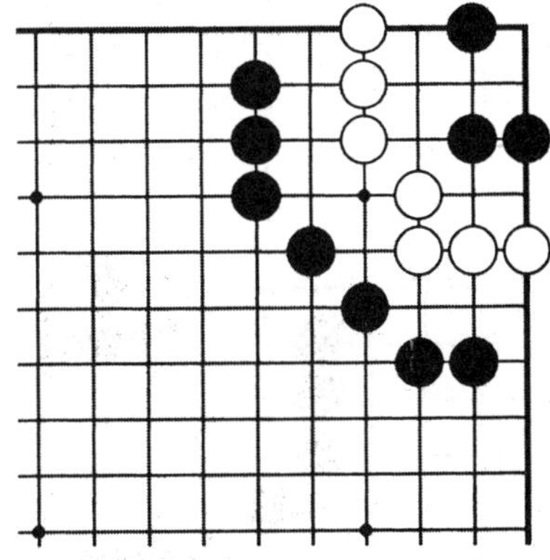

[연습 문제 9]

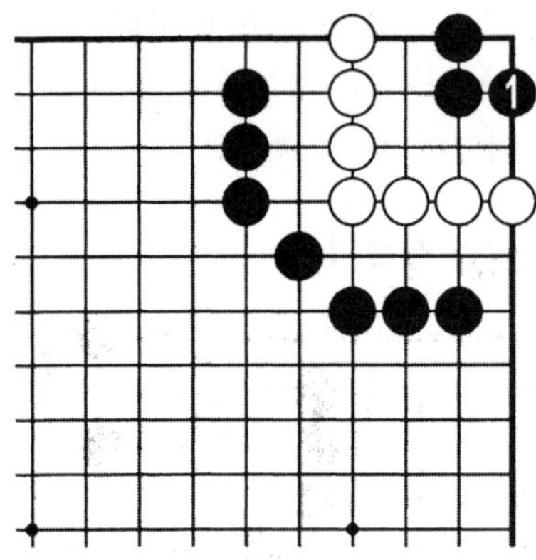

[연습 문제 9] (정해)

❶의 곳에 집을 가지게 되면, 삿갓 4궁형임을 확인하라.

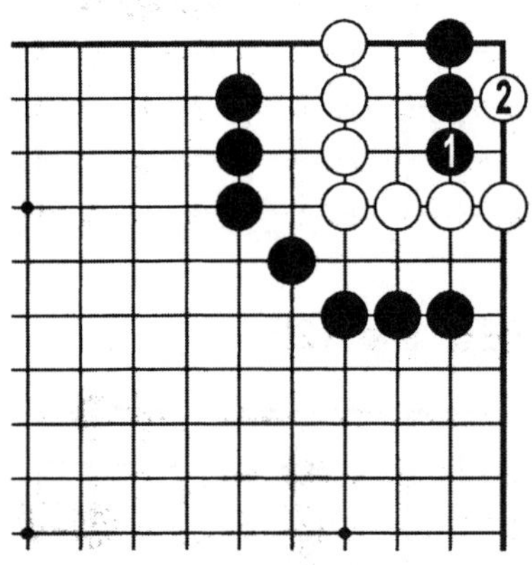

(실격 1)

정해 ❶의 곳을 놓치는 순간, 빅이 되고 만다. **7궁도 이상의 빅**에서 배운 바 있다.

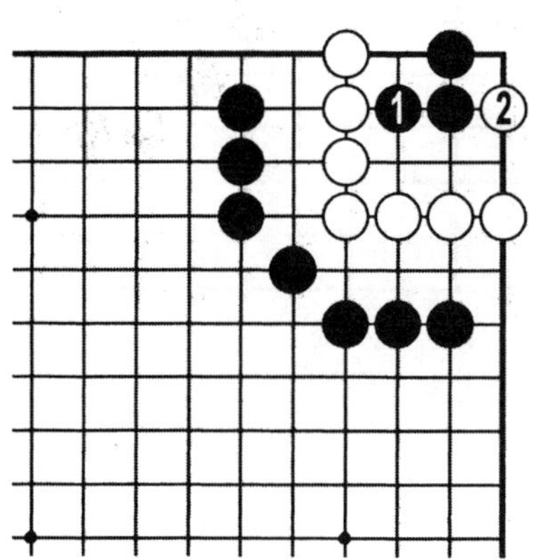

(실격 2)

[연습 문제 10]

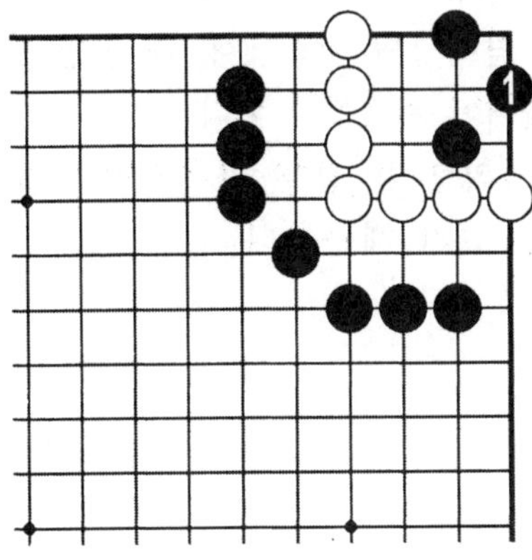

[연습 문제 10] (정해)

연습 문제 9와 같은 문제이다.

(실격 1)

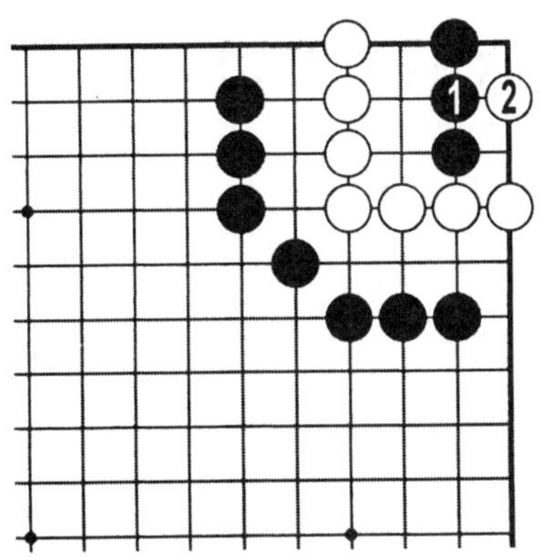

(실격 2)

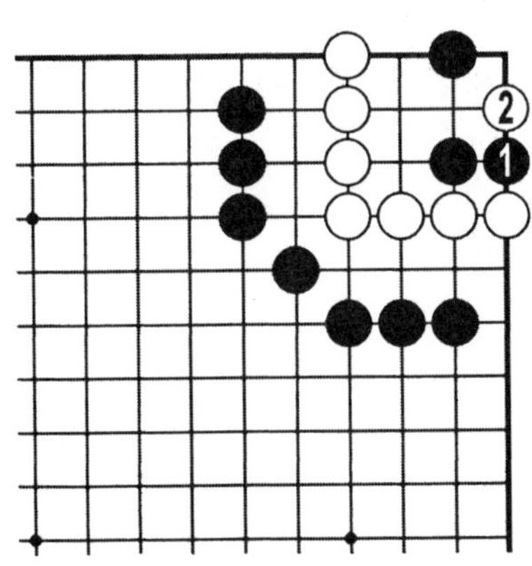

[연습 문제 11]

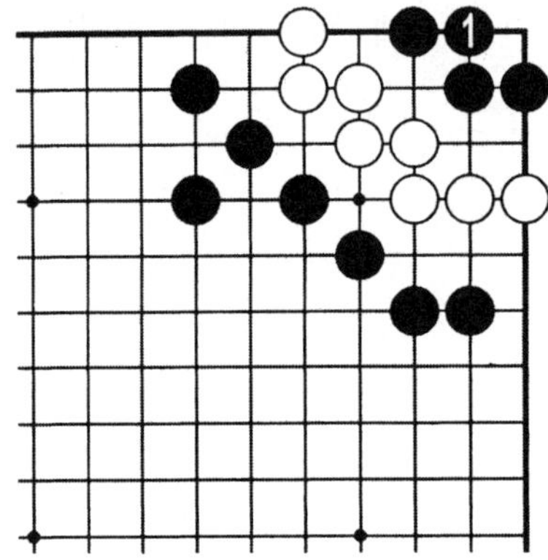

[연습 문제 11] (정해)

역시 1의 1에 곳에 한 집을 만들어야 지프형이 된다.

1의 1 한 집을 마지막에 이을 수 있기 때문이다.

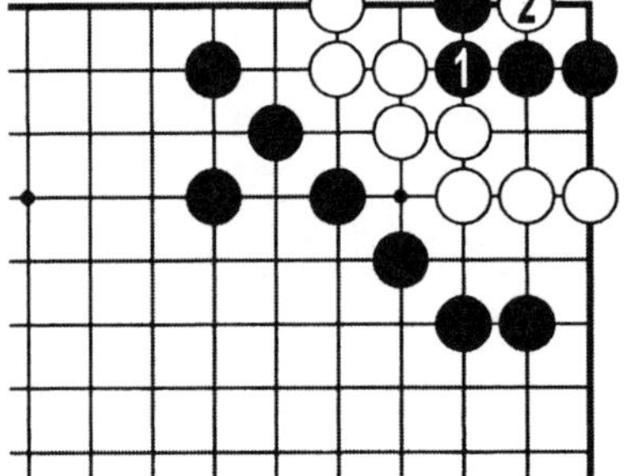

(실격 1)

곡 4궁의 삶이다.

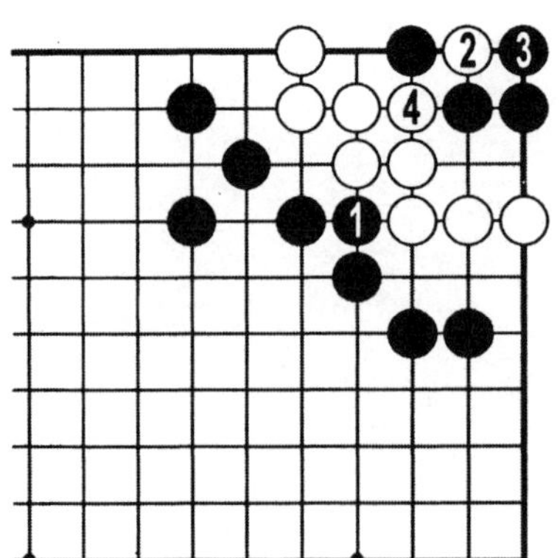

(실격 2)

대궁의 빅이다.

[연습 문제 12]

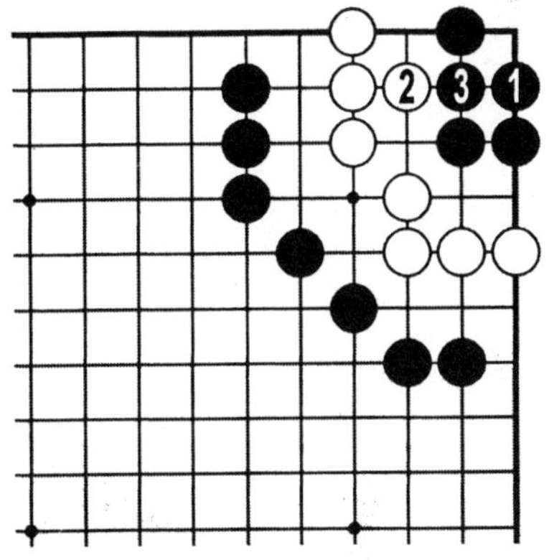

[연습 문제 12] (정해)

(실격 1)

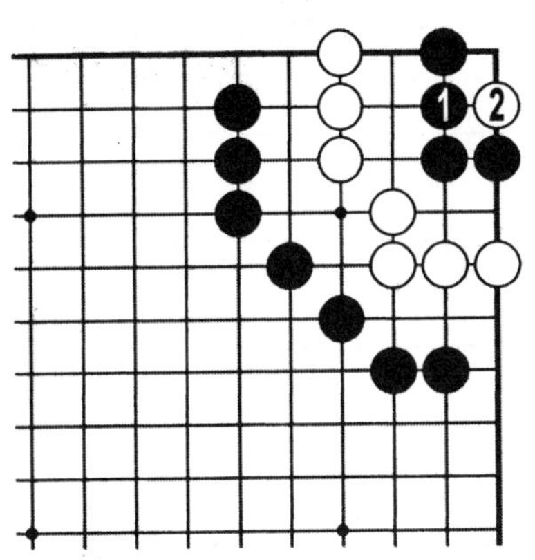

(실격 2)

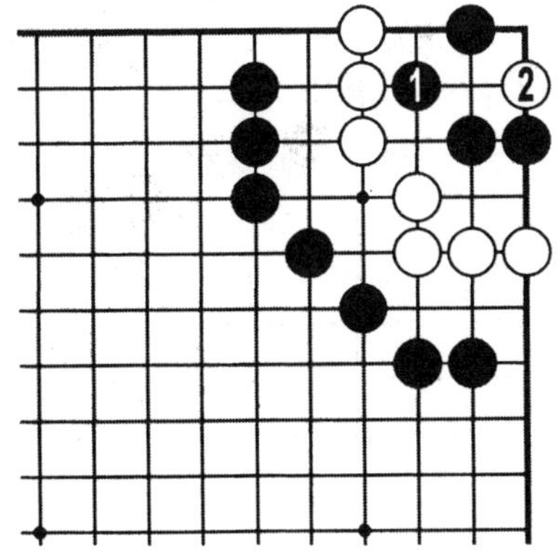

귀 끝의 9궁도는 2의 1 두 곳과 나머지 한 곳(2의 2, 2의 3, 3의 2 중 한 곳)에 의해 죽음을 확인하라.

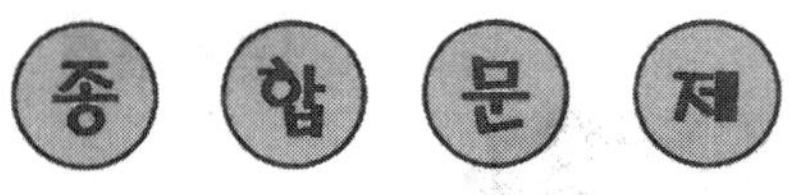

이제 마지막 단계이다. 지금까지 연습한 것을 토대로 다음의 문제들을 풀어 보라(흑이 둘 차례).

[문제 1]

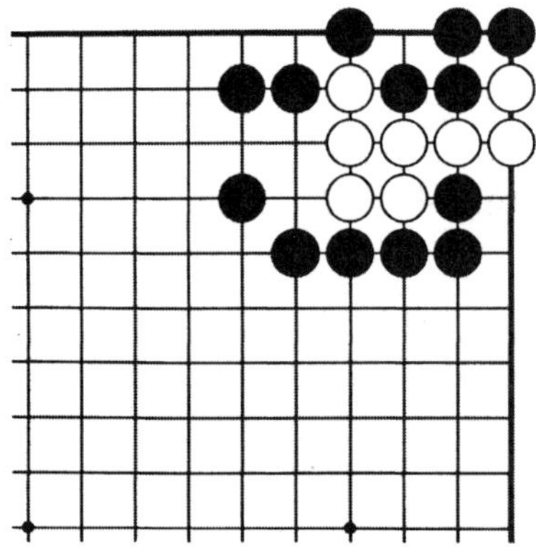

[문제 2]

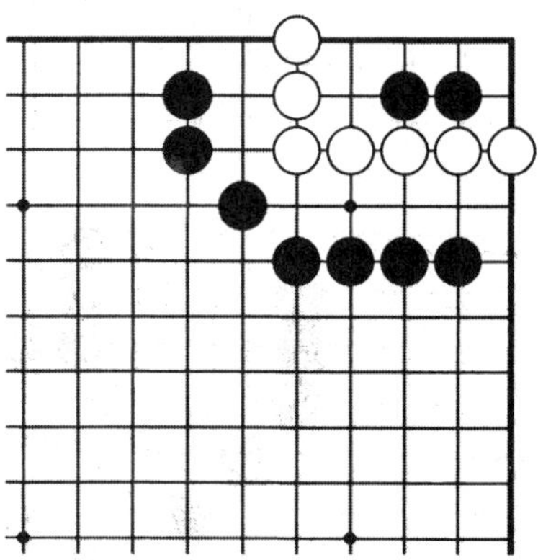

[문제 3]

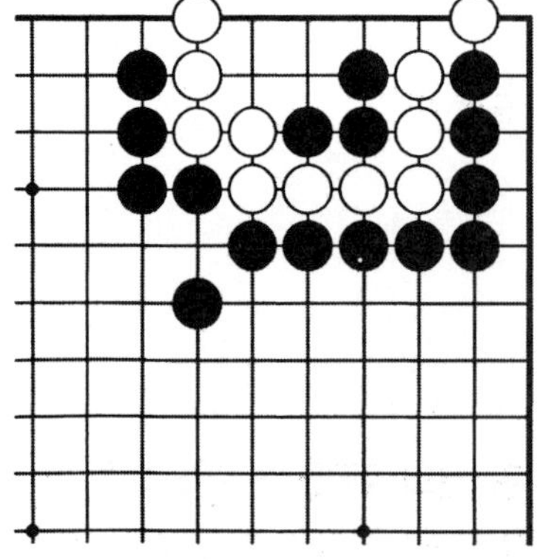

[문제 4]

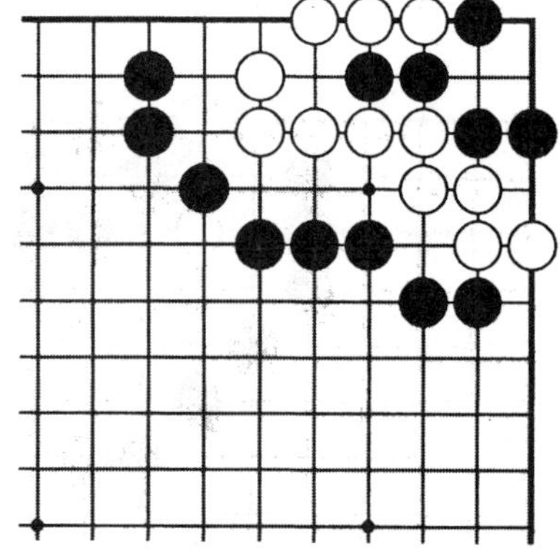

[문제 5]

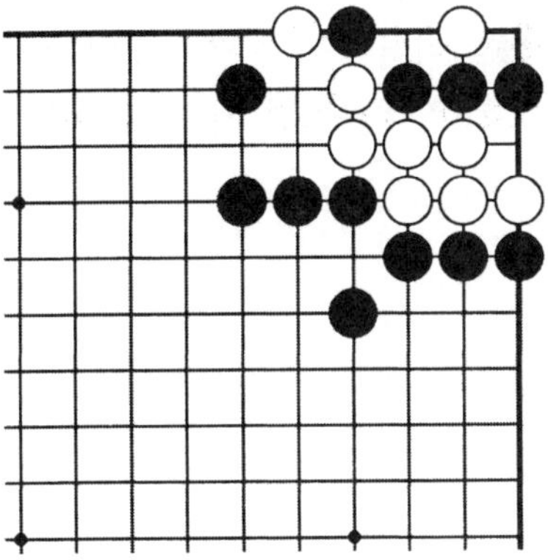

[문제 6]

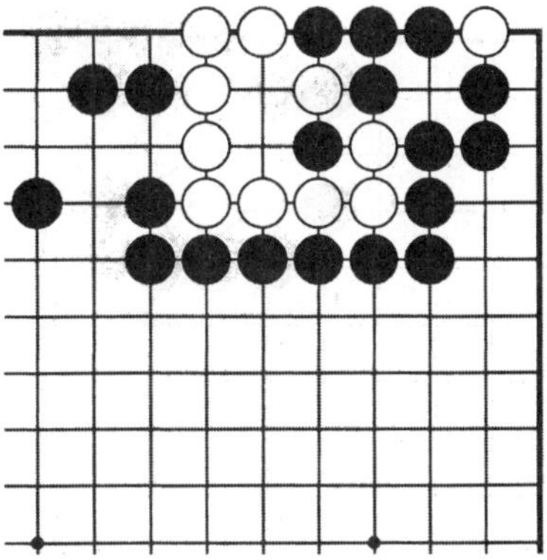

[문제 7]

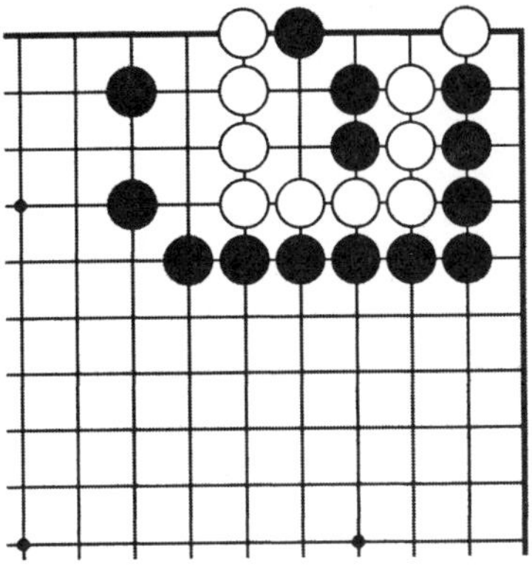

[문제 8]

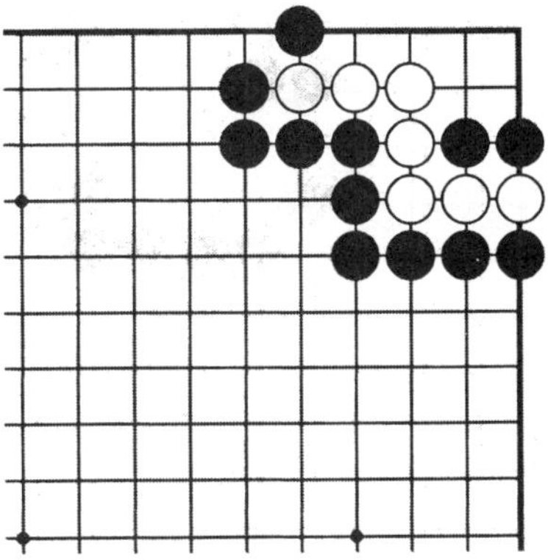

[문제 9]

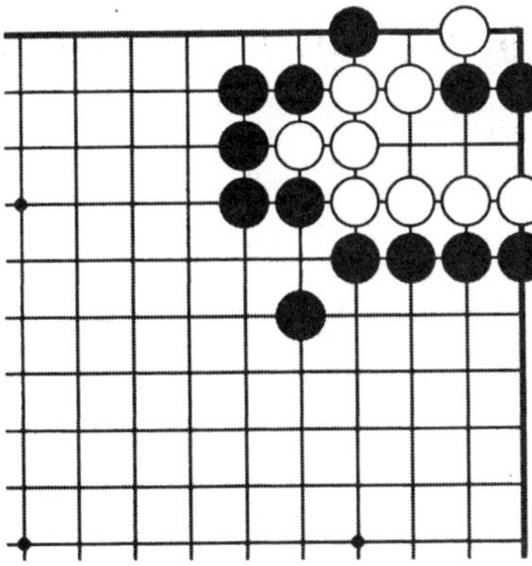

[문제 10]

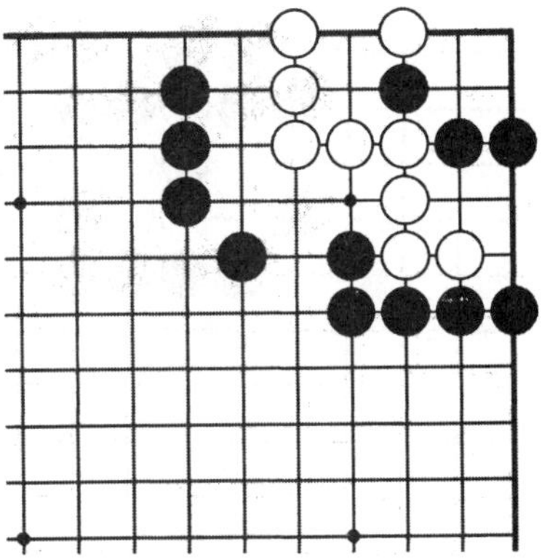

[문제 1]

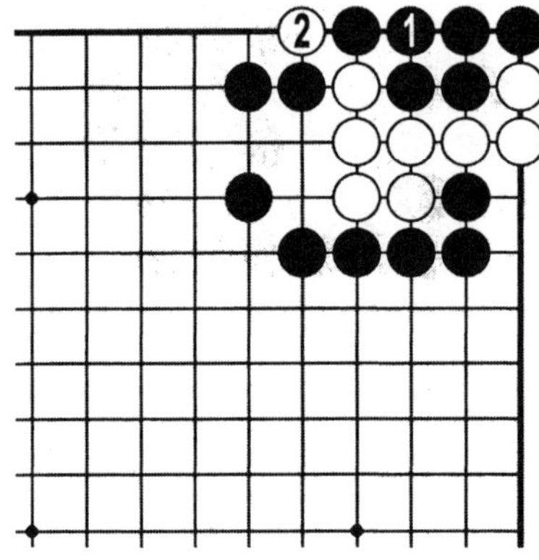

[문제 1] (정해)

❶로 이어 죽이는 것이 요령이다. 계속하여 치중하면 지프 5궁이다.

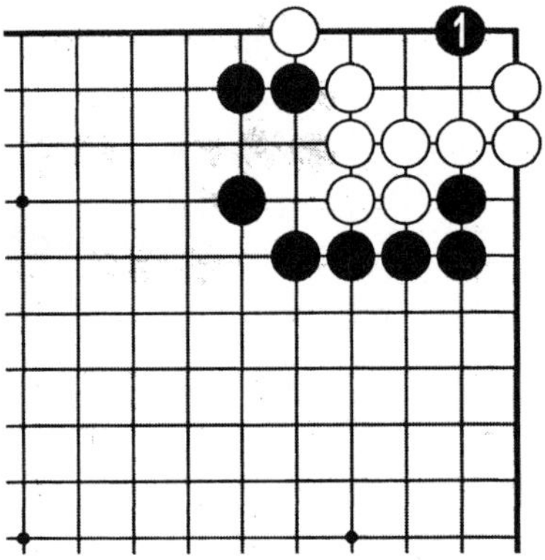

(정해 계속)

(실격)

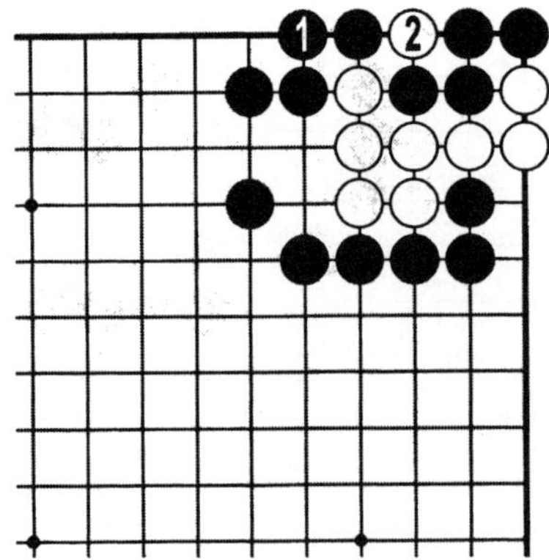

❶ 쪽을 이으면 패는 되지만, 실격이다.

(실격 계속)

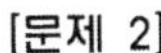

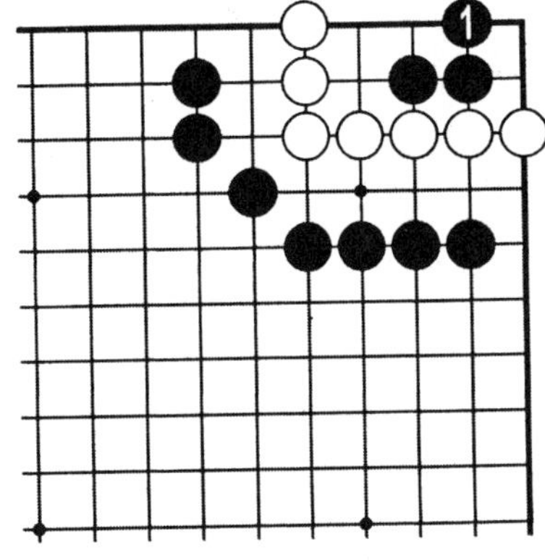

[문제 2] (정해)

❶의 곳만이 지프 5궁의 급소이다. 이 수로 끝이다.

[문제 3]

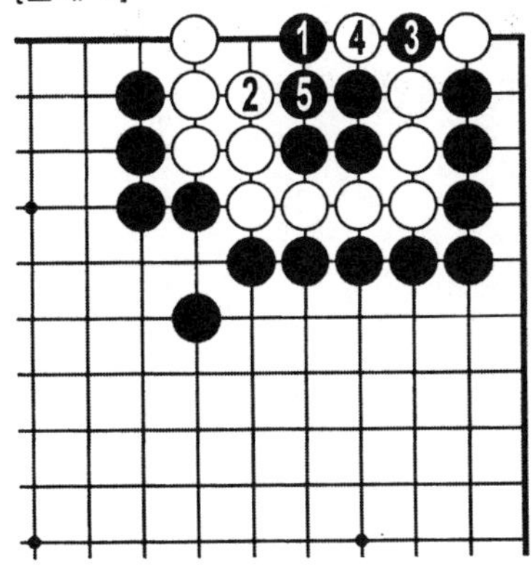

[문제 3] (정해)

❶이 급소로 지프 5궁이다.

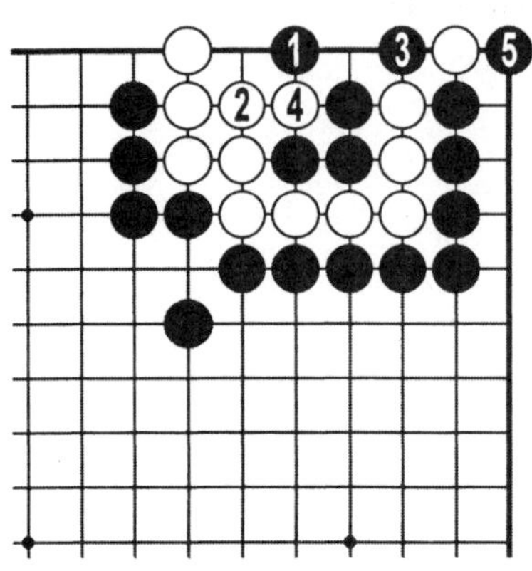

(변화)

자충이 되어 촉촉수가 없다.

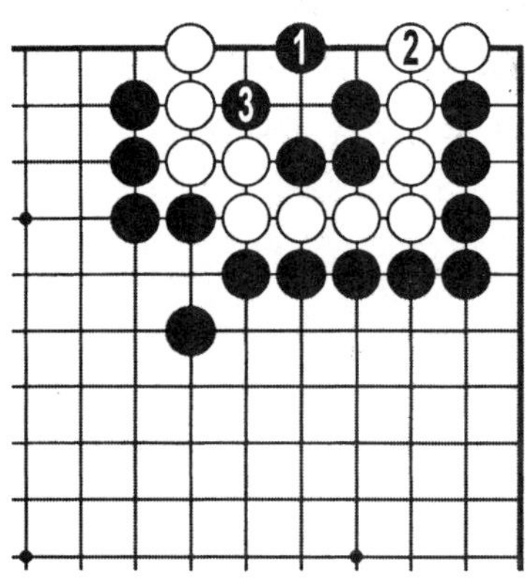

(변화)

②로 잇는다면 ❸으로 매화6궁이다.

[문제 4]

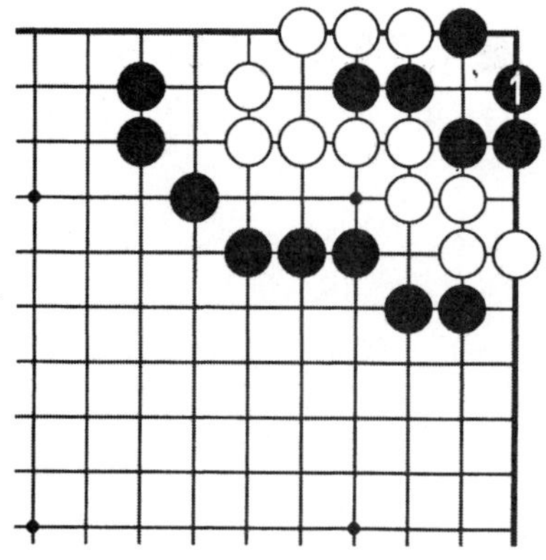

[문제 4] (정해)

❶에 두어 이 자체로 매화 6궁이다. 확인해 보라.

[문제 5]

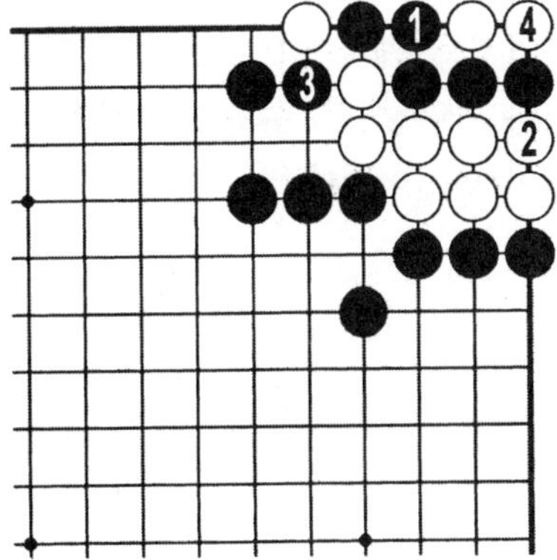

[문제 5] (정해)

크게 죽이는 것이 요령이다. 계속하여 먹여치면 3궁이 된다.

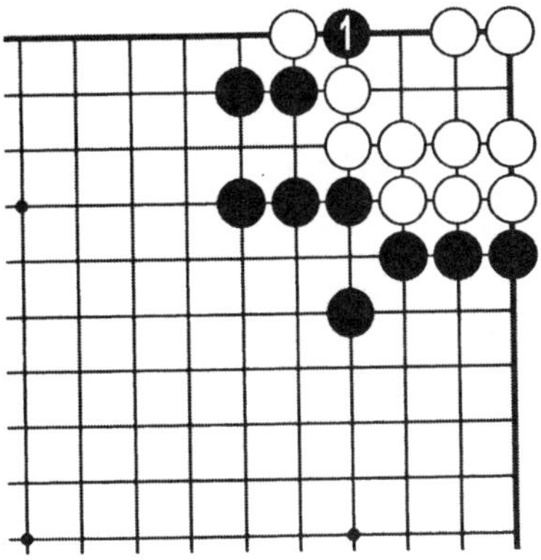

(정해 계속)

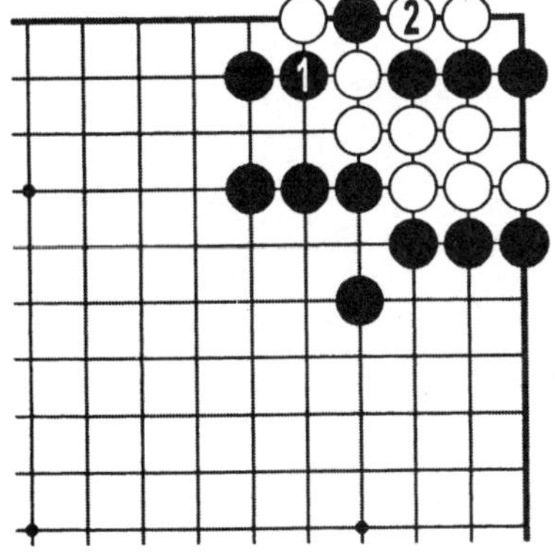

(실격)

빅이 되어 산다.

[문제 6]

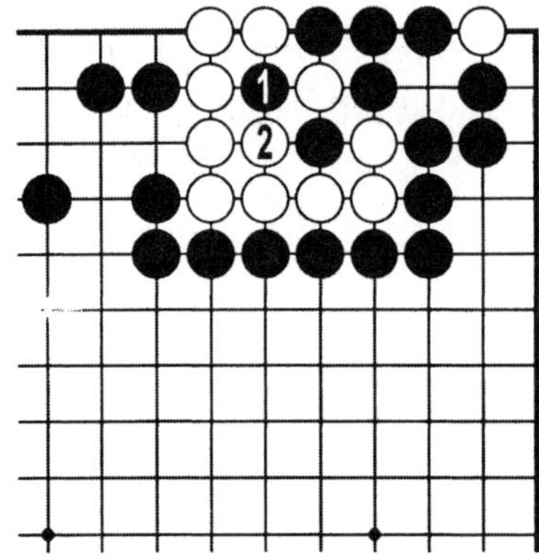

[문제 6] (정해)

역시 크게 죽이는 요령이 필요하다. 계속되는 수순으로 매화 6궁이 만들어진다.

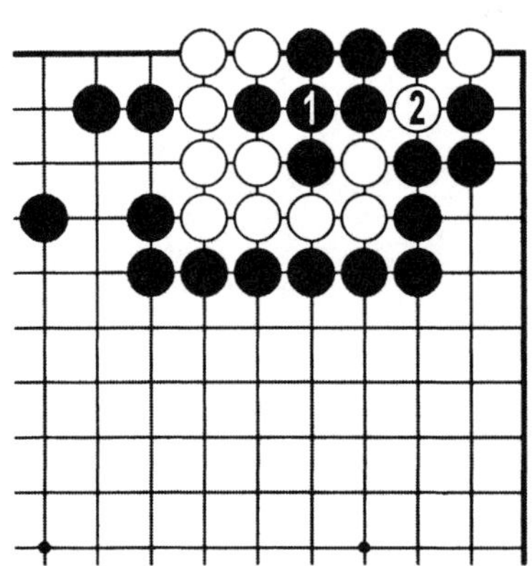

(정해 계속)

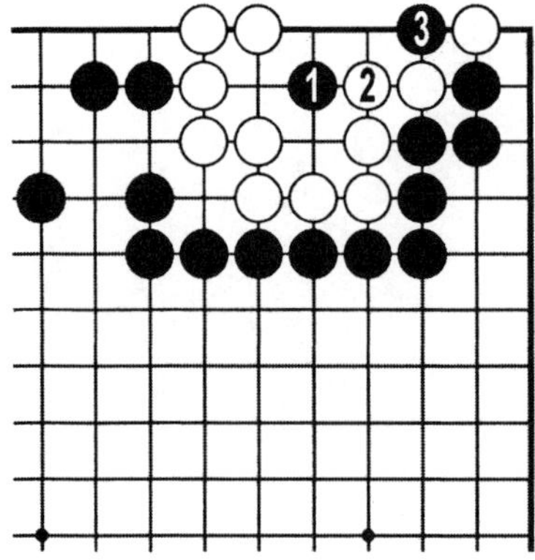

(정해 계속)

[문제 7]

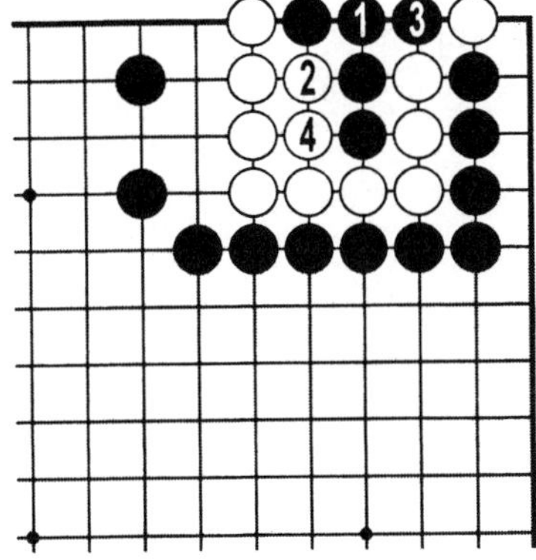

[문제 7] (정해)

이렇게 키워 죽이고,

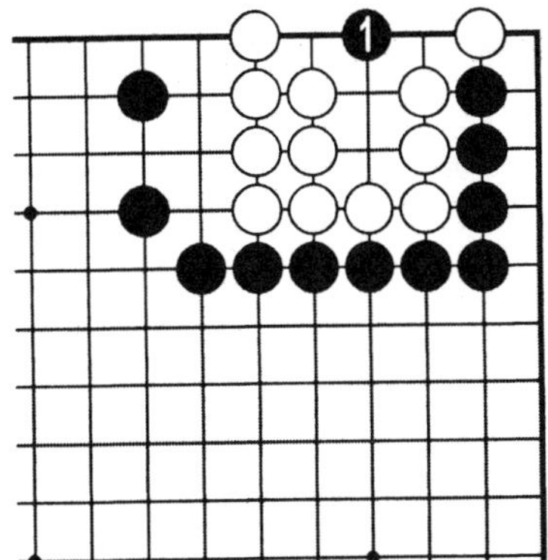

(정해 계속)

치중한다.

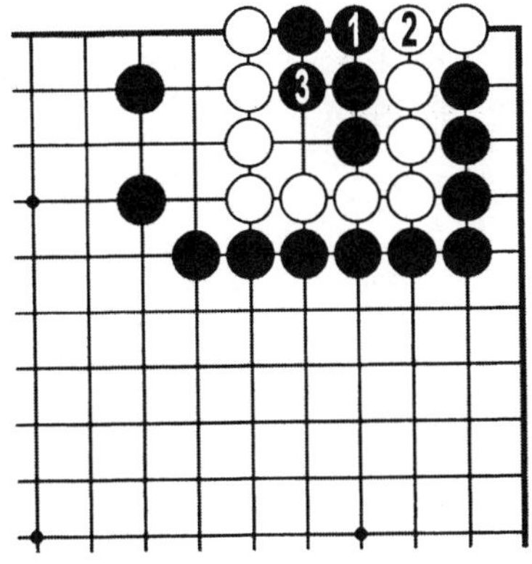

(변화)

②에는 ❸으로 지프 5궁이 된다.

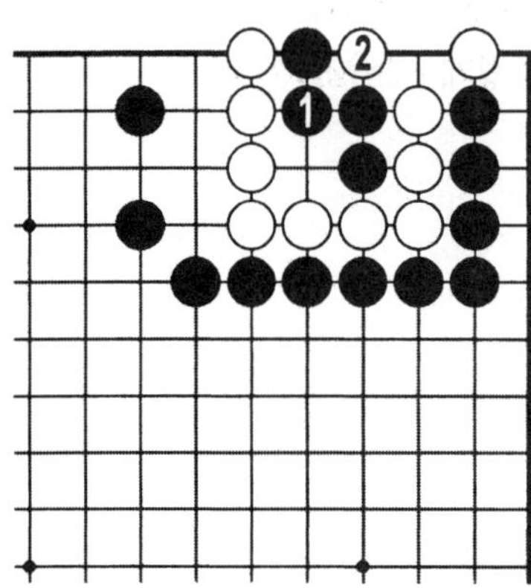

(실격)

패이다.

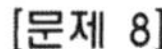

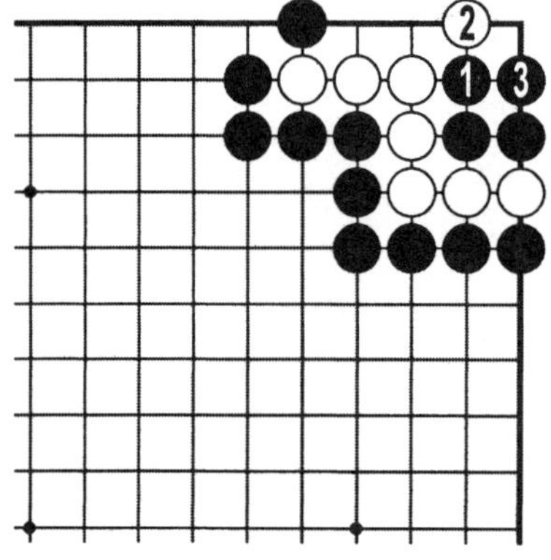

[문제 8] (정해)

바보 4궁으로 잡는다.

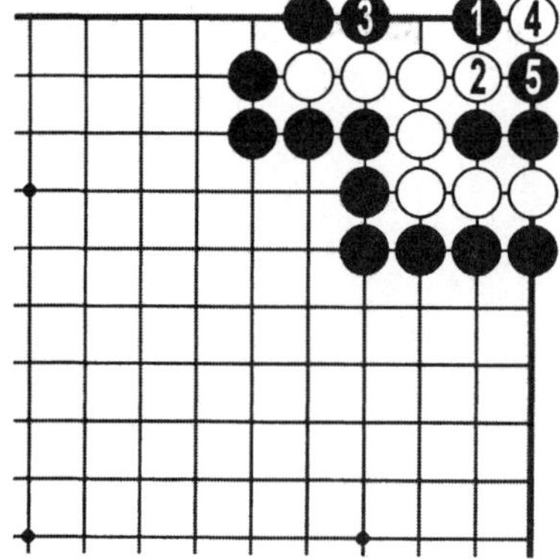

(실격)

마찬가지 같지만 ④의 반격이 있어 계속하여,

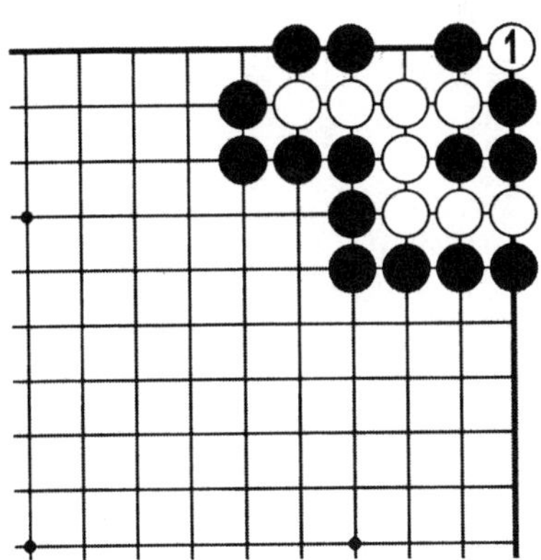

(실격 계속)

마지막에 가서 패로 결말이 난다.

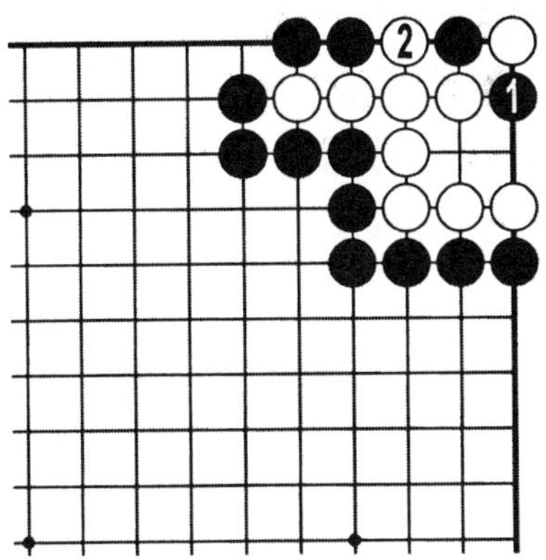

(실격 계속)

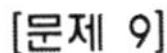

[문제 9]

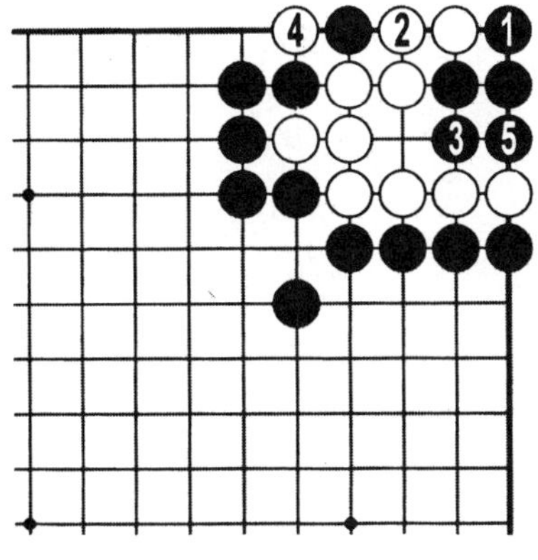

[문제 9] (정해)

자충을 이용한 지프 5궁이다.

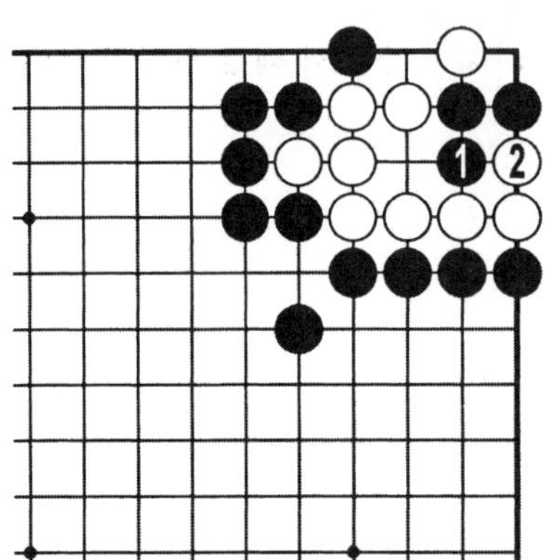

(실격)

곡 4궁의 빅이다.

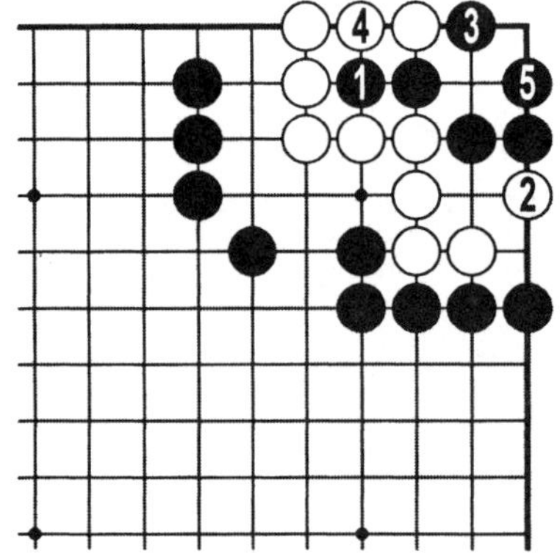

[문제 10] (정해)

❶이 죽음의 궁도로 유도하는 유일한 급소로 이 그림은 자체로 매화 6궁이다.

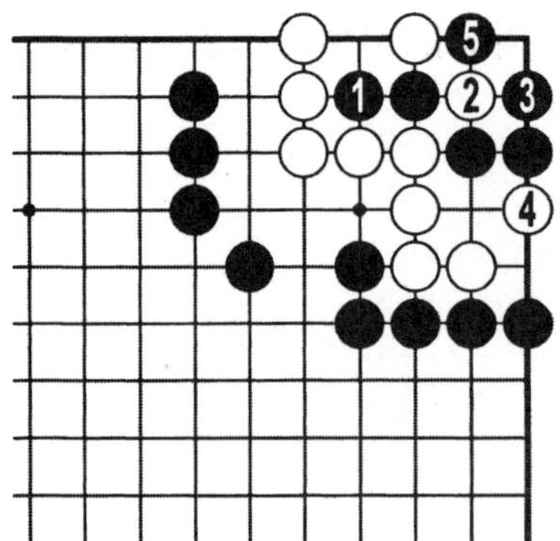

(변화)

이 그림도 역시 매화 6궁이다.

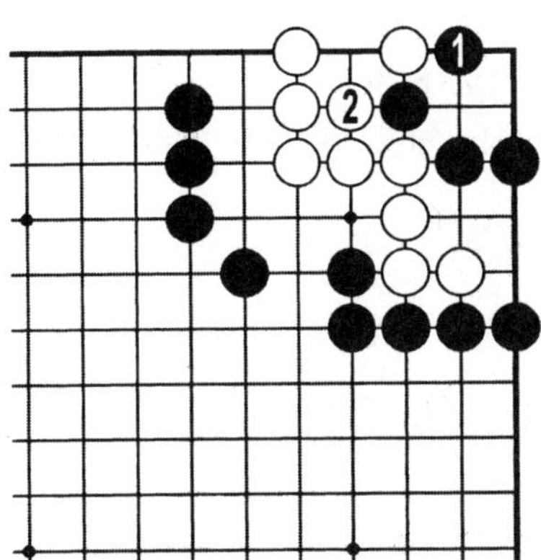

(실격)

패이다.

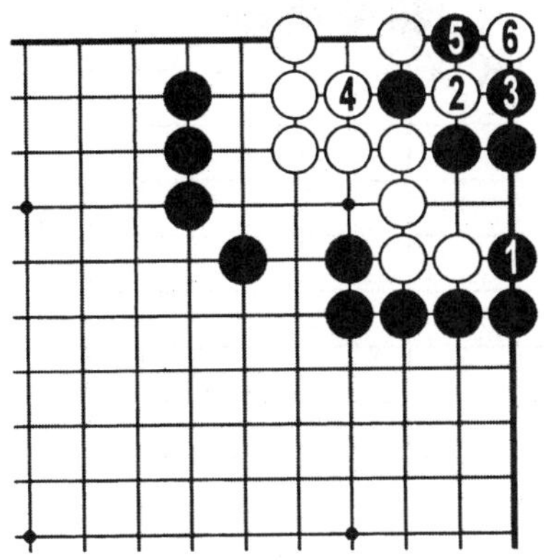

(실격)

역시 패이다.

이제 죽음의 궁도를 이해하게 되었다면, 다시 처음으로 돌아가서 빅에 대한 문제를 풀어 가며 분석해 보기로 하자.

빅은 죽음의 궁도와 반대되는 개념이라는 것을 다시 한 번 기억하라.

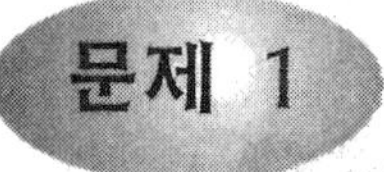

빗끌 6궁의 빅으로 만드는 기초 형태이다.

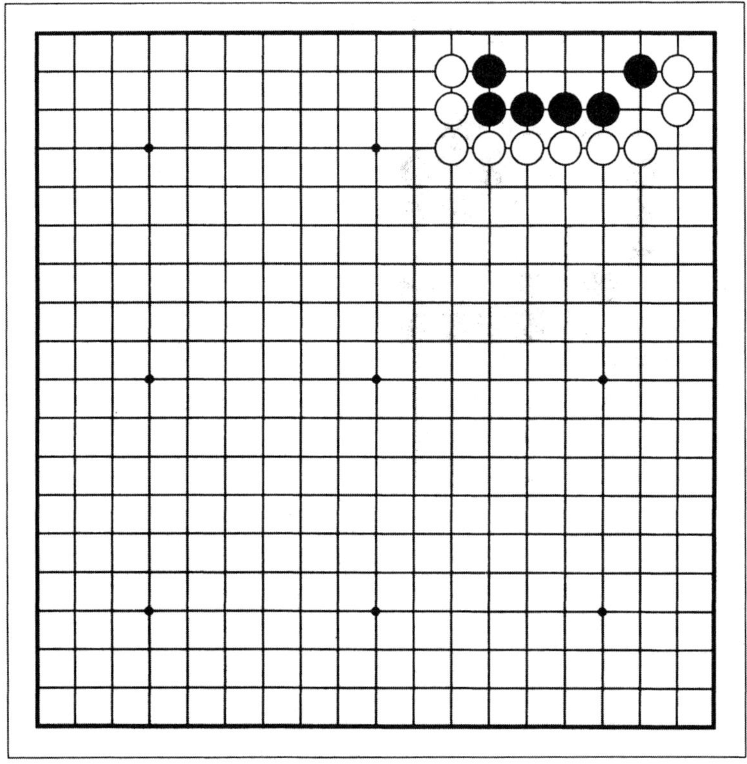

[그림 1]

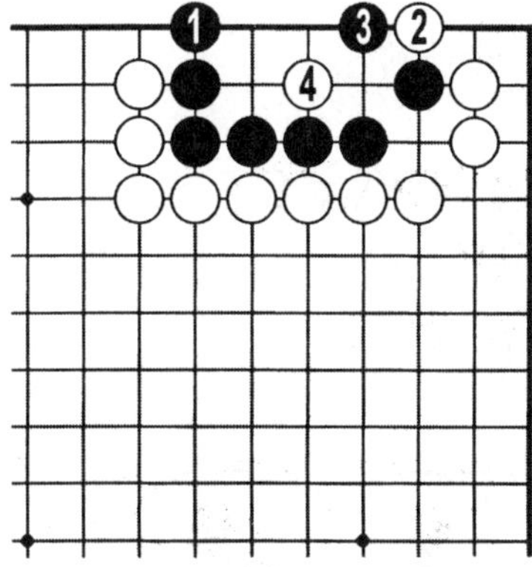

[그림 1] (실격)

그림 1과 그림 2 모두 ④의 곳에 치중당하여 지프 5궁이 되고 있음을 주의 깊게 살펴야 한다.

[그림 2]

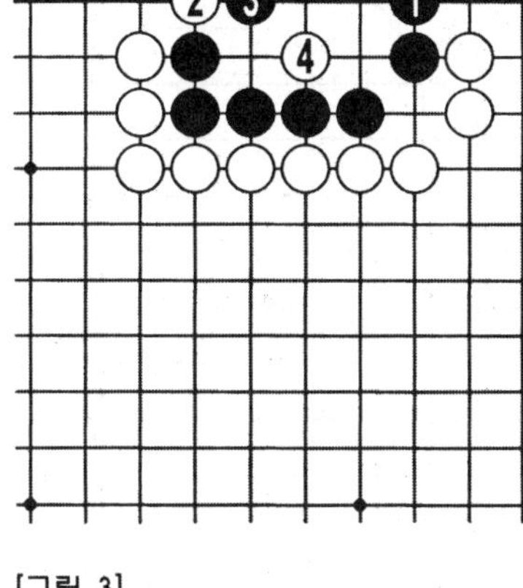

[그림 2] (실격)

[그림 3]

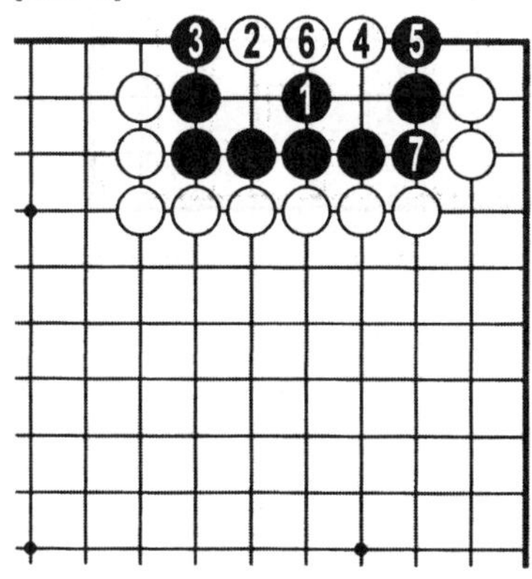

[그림 3] (정해)

❶의 곳만이 삶이 있다.

대표적인 빗꼴 6궁의 빅으로 ❼까지 살았다.

문제 2

밖의 형태보다 안의 형태를 살펴야 한다.
결국 앞의 문제와
다르지 않음을 알게 될 것이다.

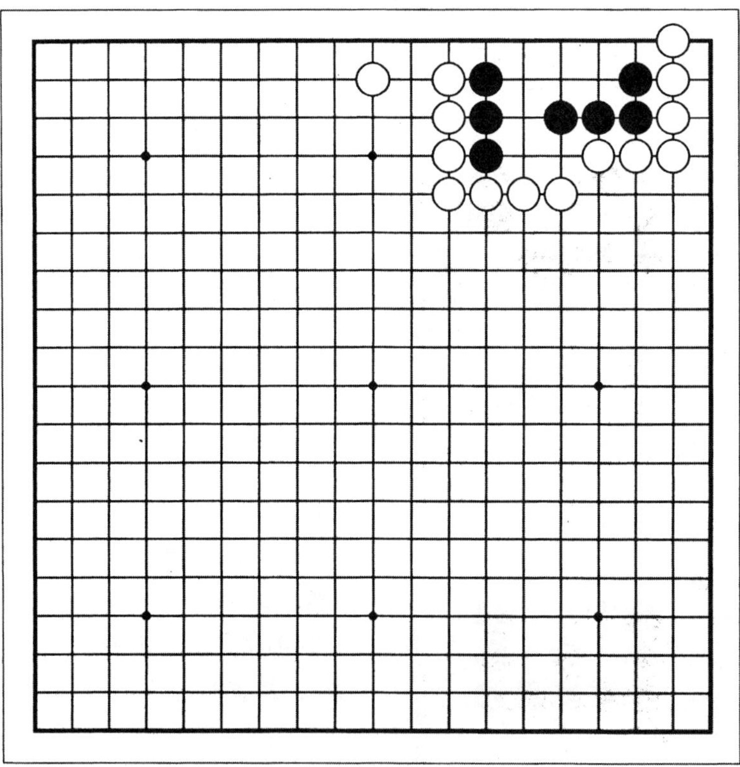

[그림 1]

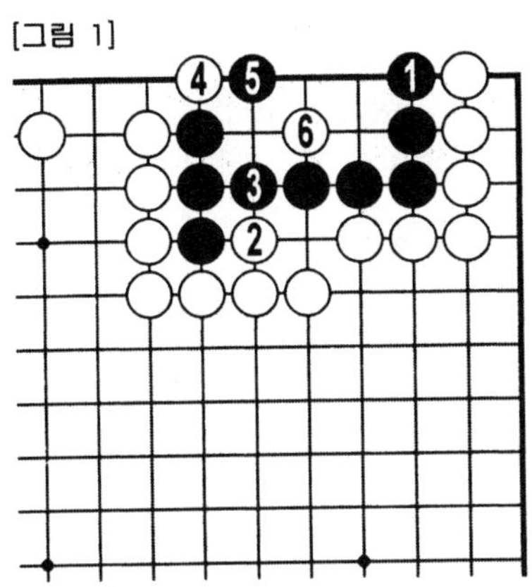

[그림 1] (실격)

[그림 2]

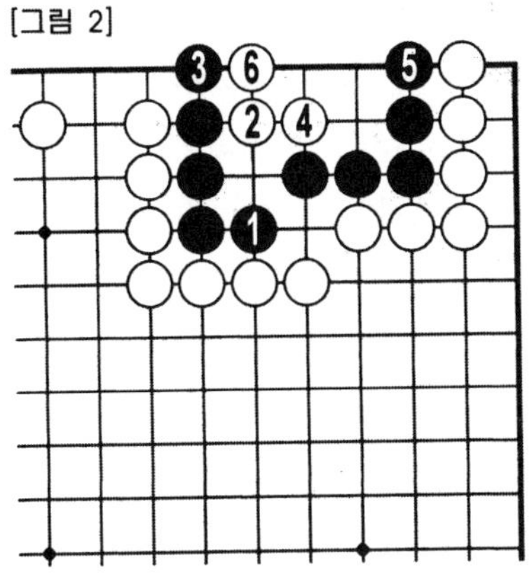

[그림 2] (실격)

[그림 3]

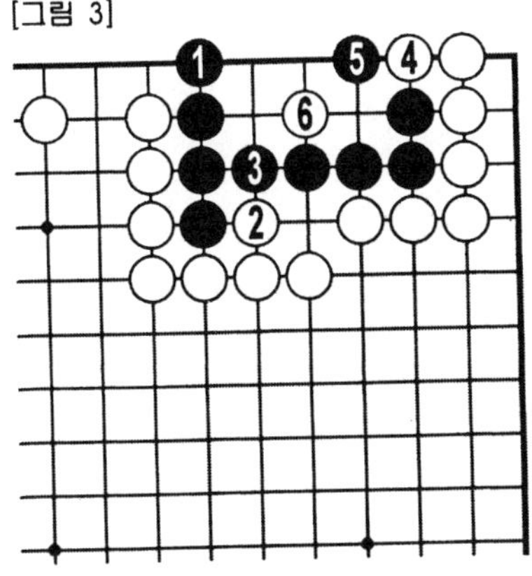

[그림 3] (실격)

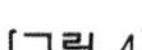

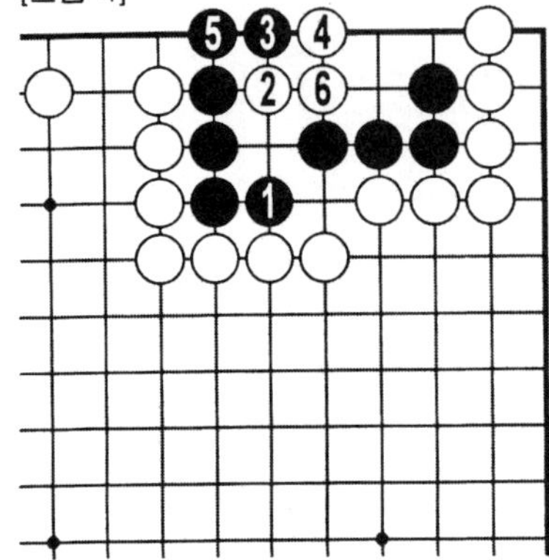

[그림 4] (실격)

단순히 궁도만을 넓히는 수로는 살 수 없음을 이 4가지 그림이 말해 주고 있다.

[그림 5]

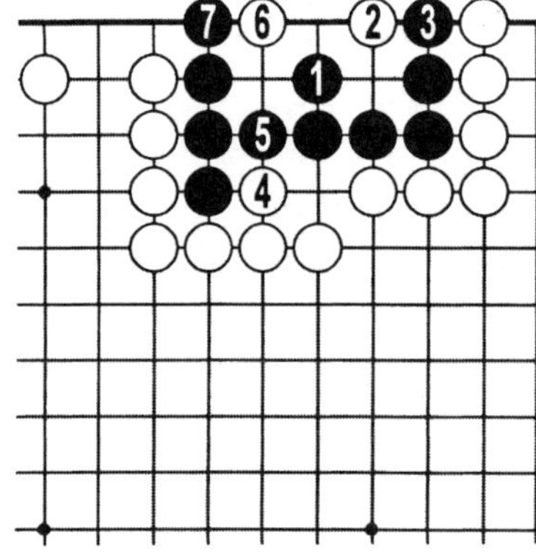

[그림 5] (정해)

❶의 한 수이다.

8까지 된 결과를 보면 결국 앞의 문제와 같은 곳에 급소가 있음을 알 수 있다.

■ 귀 끝의 궁도 사활 ■

사활이란 어떻게 기본 그림으로 만들 것인가를 추리하는 것이다. 따라서 이러한 형태의 급소가 ❶에 있음을 한눈에 알 수 있도록 눈의 연습이 필요하다(앞의 문제들 참고).

궁도 속의 급소를 정확하게 찾아내는 일은 빅과 죽음의 궁도에 대해 완벽하게 납득하지 않고서는 불가능한 일이다.

다시 말하지만, 귀 끝의 **궁도 사활이란 3개의 급소로 이루어진 사활**이라는 것을 잊지 말라(변과 중앙에서는 4곳의 급소가 필요하다. 예를 들어, 정사각형의 9집을 잡으려면 빵때림의 형태를 가져야 하므로 4개의 돌이 필요하게 되고, 그것으로 매화 6궁이 만들어진다. 그림1, 2 참고).

〔그림 1〕

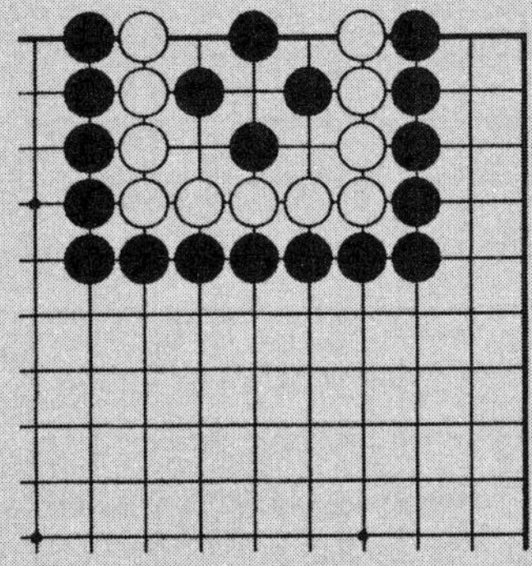

〔그림 2〕

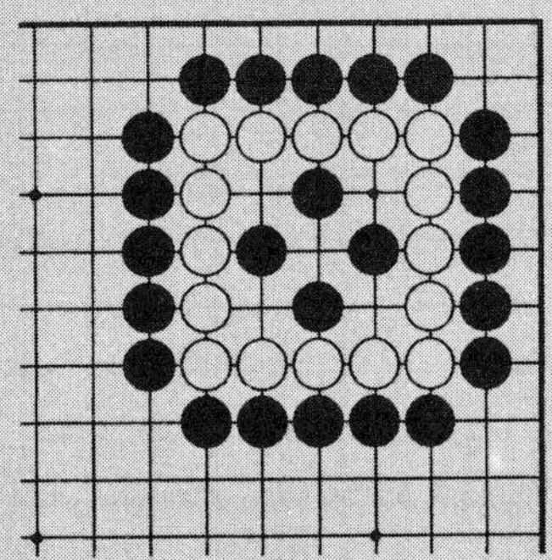

문제 3

빗꼴 6궁의 변형된 형태에서 만들어지는
빅을 기억하고 있는가?
수순이 중요하다.

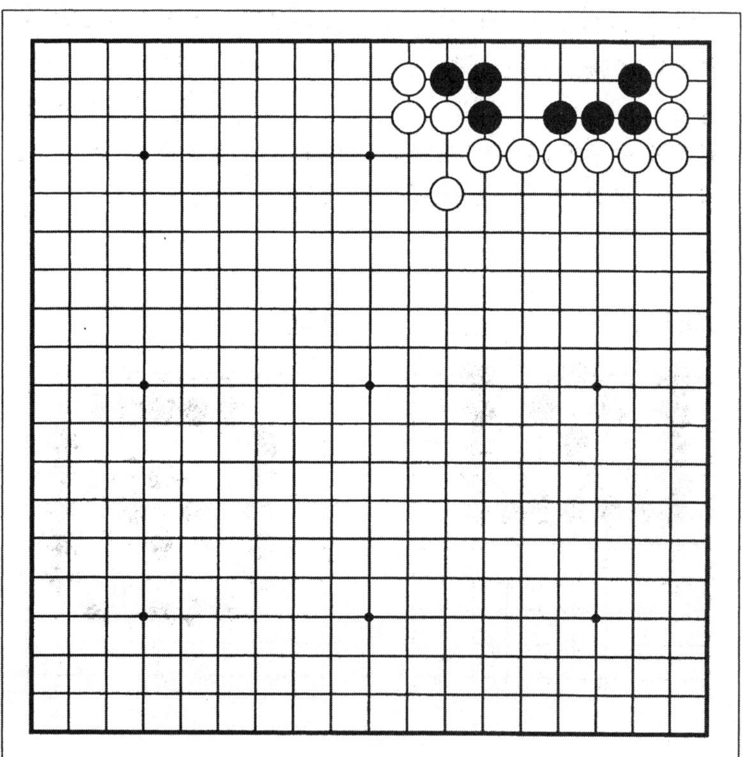

[그림 1]

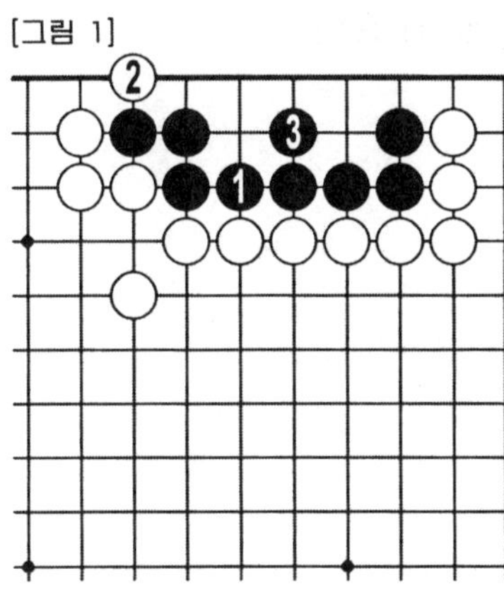

[그림 1] (실격)

흔자 생각이다. 백은 ②로 두지 않고, 그림 2, 3, 4처럼 둔다.

[그림 2]

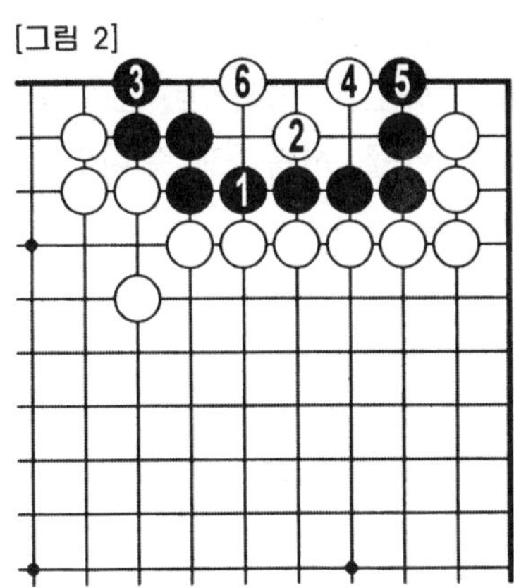

[그림 2] (실격)

[그림 3]

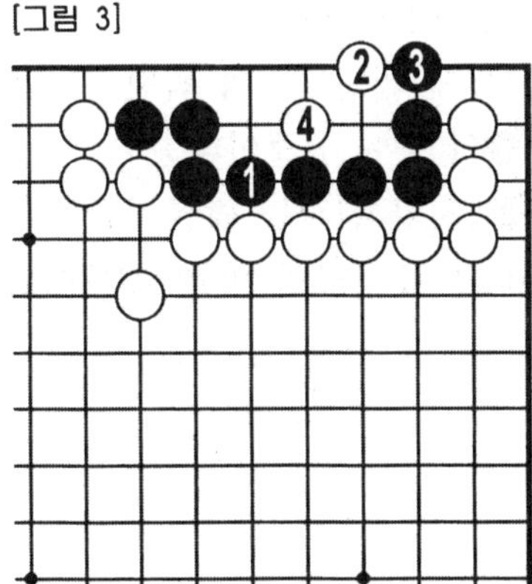

[그림 3] (실격)

[그림 4]

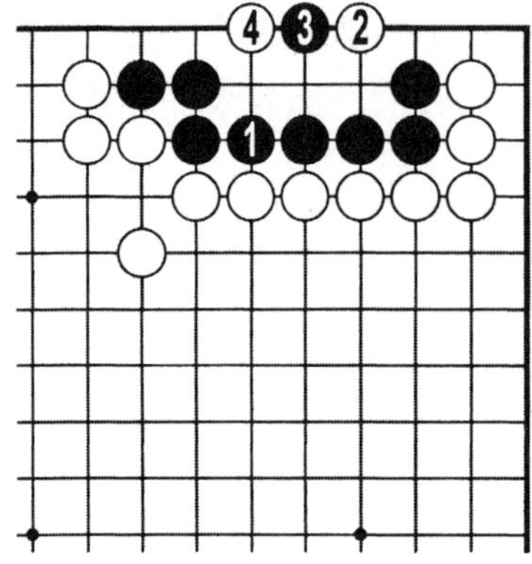

[그림 4] (실격)

[그림 5]

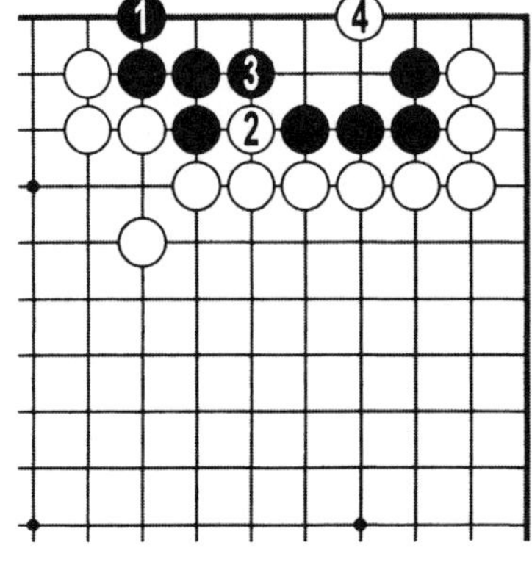

[그림 5] (실격)

❶로 궁도를 넓혀 보아도 역시 ④의 급소를 허락하게 된다면 삶이 없다.

[그림 6]

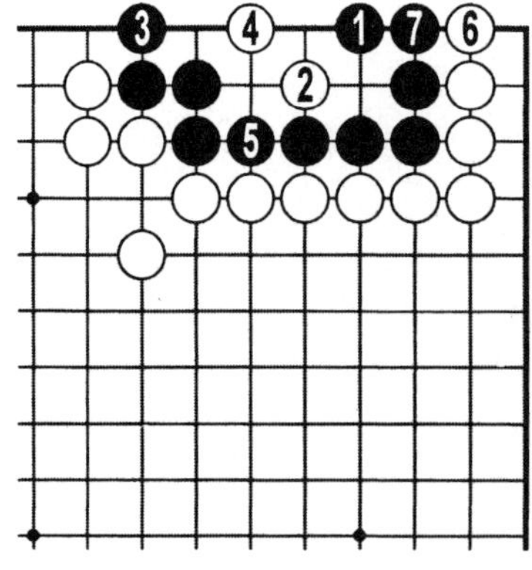

[그림 6] (정해)

백에게 치중당하여 죽던 곳, 바로 ❶의 곳이 급소이다.

❼까지의 결과는 빗꼴 6궁의 변형된 빅(곧 4궁의 빅)의 형태이다.

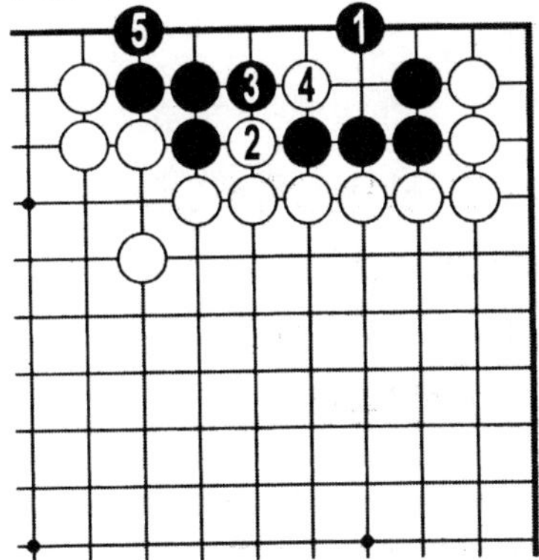

[그림 7] (변화도)

이 그림의 결과를 보면 ❶의 곳이 얼마나 중요한 곳인가를 알 수 있다.

♠ 상아탑에 바둑이 정식으로 발을 내딛게 된 데 대해 늦으나마 다행이라 생각한다. 그런데 학문이 그렇게 조급하게 서두른다고 될 일일까? 커리큘럼 만드는 일부터 교재 만드는 일까지, 어느 한 가지도 소홀히 할 수 없는 일인데, 진행은 마치 번갯불에 콩 볶아 먹을 기세다. 변변한 책 하나 없던 우리네 현실에서 준비도 없이 갑자기 어디서 교재가 생기며, 누가 가르친단 말인가, 처음 만든 학문을. 늦게 시작했으니 더 철저히 신중하게 하는 것이 옳지 않을까? 늦을수록 돌아가라는 옛말이 틀린 말은 아닐 것이다.

바둑과 컴퓨터

문제 4

이 그림은 실전의 정석 과정에서 나타나는 형태이다.
바깥의 공배가 작용하게 되어
3가지 형태의 빅이 만들어질 수가 있으나,
정답이라면 가장 유리한 결과를 말한다.

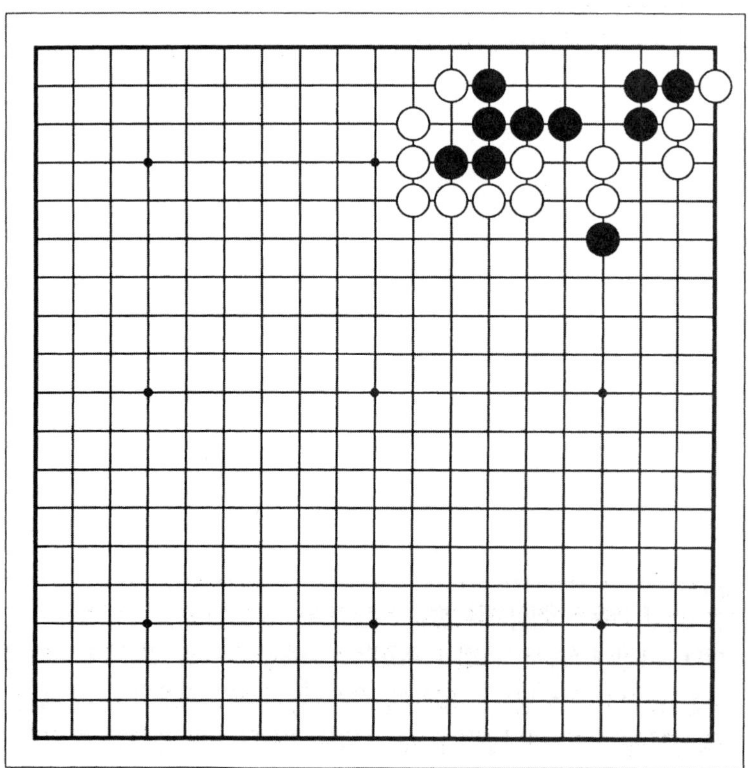

[그림 1]

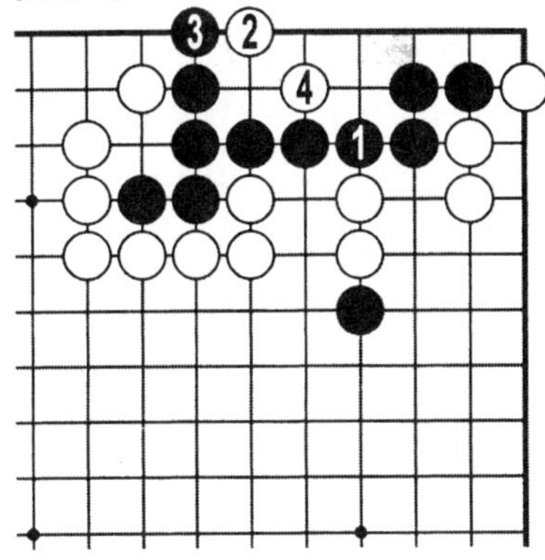

[그림 1] (실격)

②의 치중에 삶이 없다는 것은 앞서 배운 바 있다.

[그림 2]

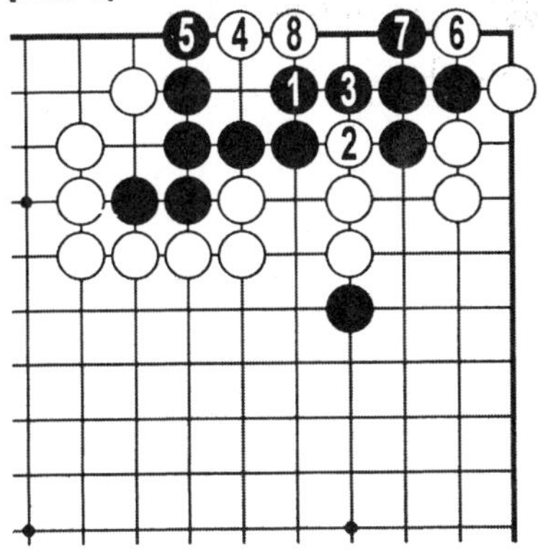

[그림 2] (실격)

패가 된다.

[그림 3]

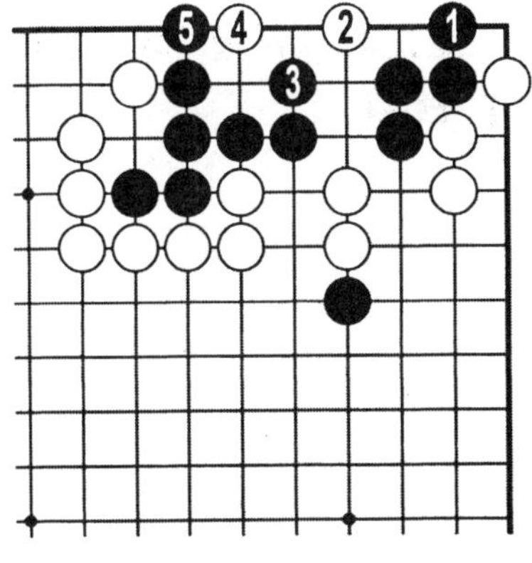

[그림 3] (정해 1)

❶의 곳이 급소이다.

❸ 이후 선수 빅이 됨을 직접 확인해 보라.

[그림 4]

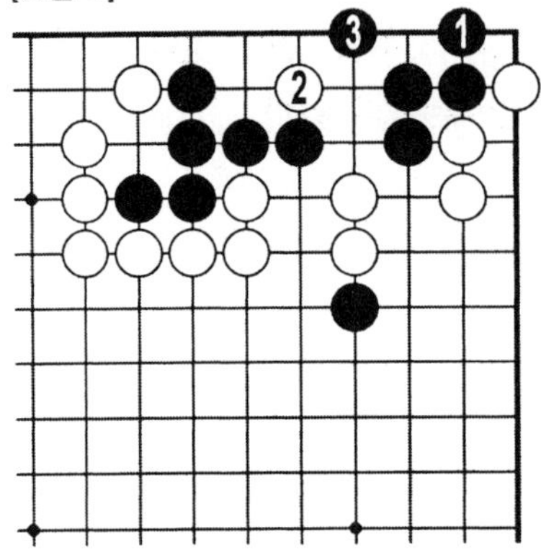

[그림 4] (변화도)

②에는 ❸으로 산다.

[그림 5]

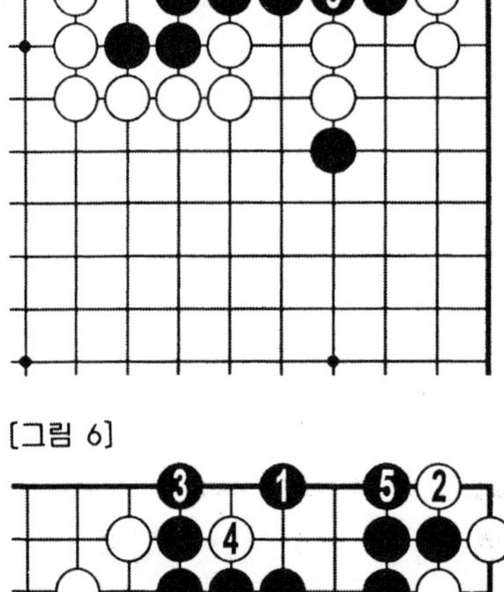

[그림 5] (실격의 빅)

❶도 급소이지만, 후수 빅이므로 실격이다.

[그림 6]

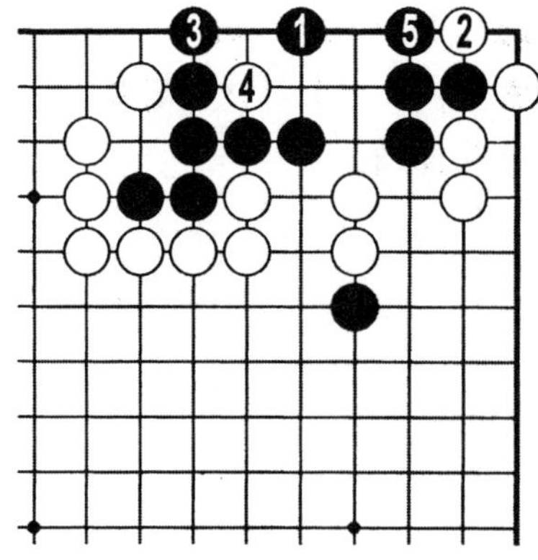

[그림 6] (정해 2)

이 그림도 선수 빅이다. 기억해 두기 바란다.

[그림 7]

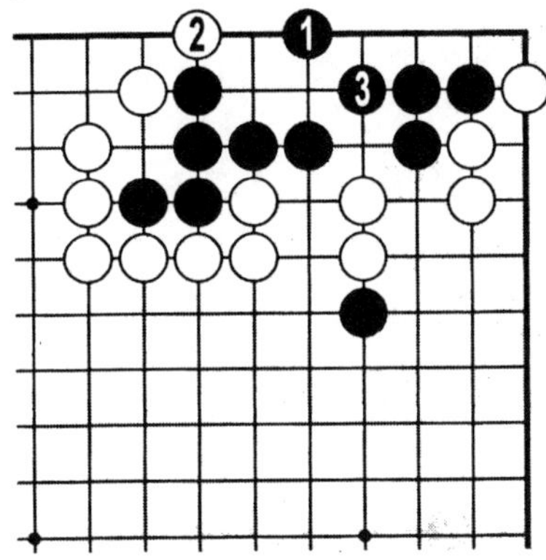

[그림 7] (변화도)

②에는 ❸이 좋은 수로, 그냥 산다.

【결론】 그림 3과 그림 6만이 선수 빅으로, 정해가 된다.

♠ 사람의 두뇌 속에도 컴퓨터처럼 디렉토리(directory)와 파일(file)이 있다. 바둑의 메모리를 어떻게 체계적으로 입력시키는가에 따라 출력하는 능력이 달라진다.

문제 5

앞의 문제를 이해하였다면
이 그림도 어려울 이유가 없다.
힌트가 있다면,
귀의 끝에는 촉촉수가 있다는 원리이다.

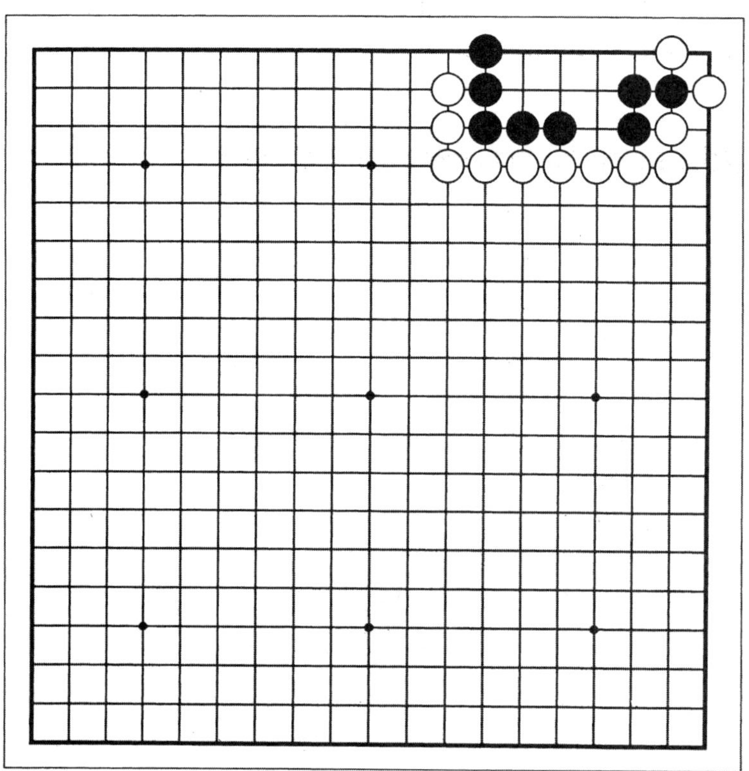

[그림 1]

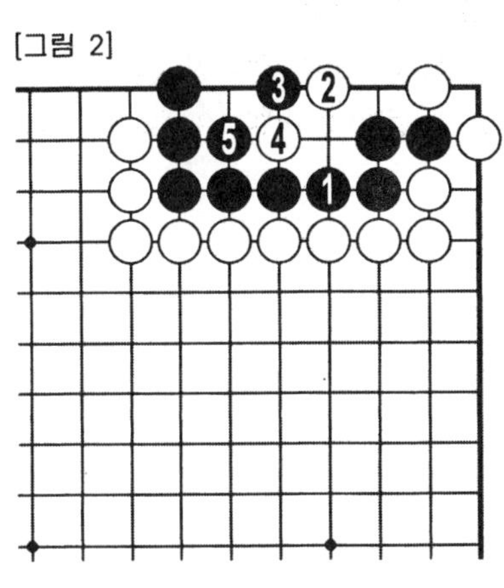

[그림 1] (실격)

궁도를 넓히는 수는 ②의 치중으로 패를 피할 수 없다.

[그림 2]

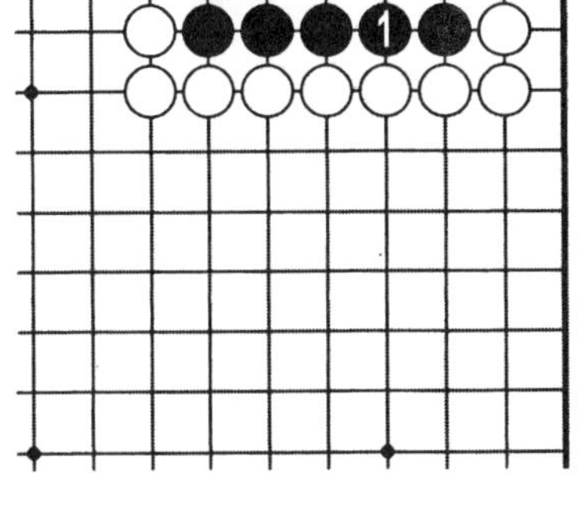

[그림 2] (실격)

②의 치중으로도 패이다.

[그림 3]

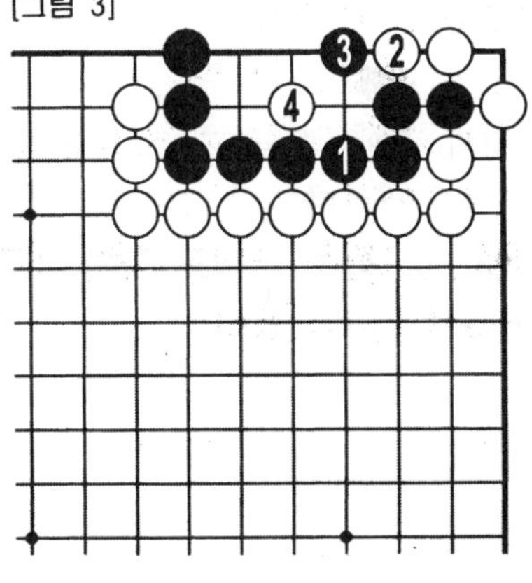

[그림 3] (백의 혼자 생각)

②의 뜻은 지프형으로 유도하려는 것이겠지만,

[그림 4]

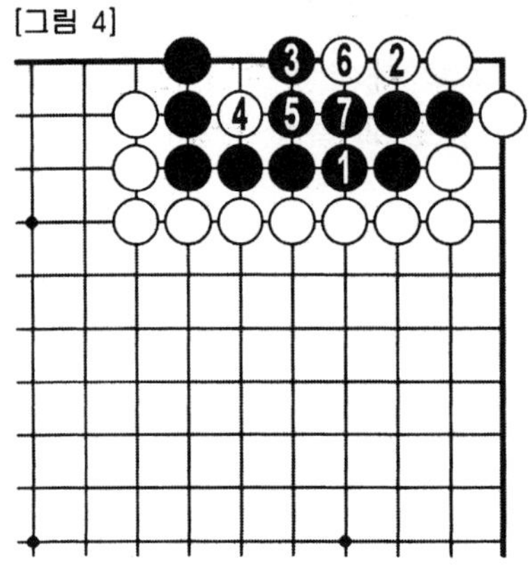

[그림 4] (백의 실격)

항상 귀의 끝에는 촉촉수가 있음을 기억하기 바란다.

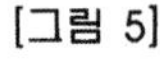
[그림 5]

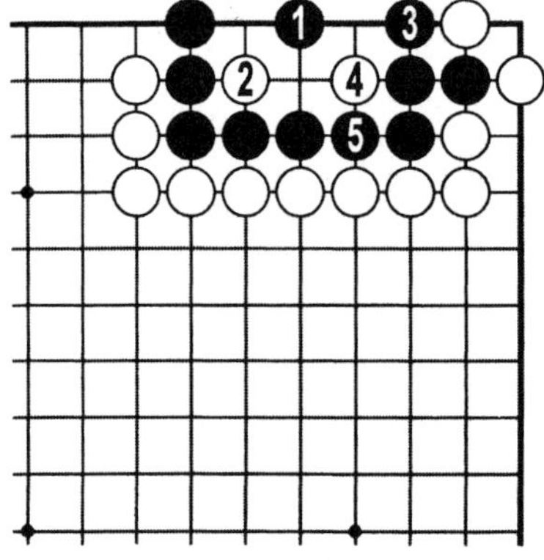

[그림 5] (정해)

①의 곳만이 유일한 삶의 급소이다. 이것으로 빗꼴 6궁의 빅이다.

[그림 6]

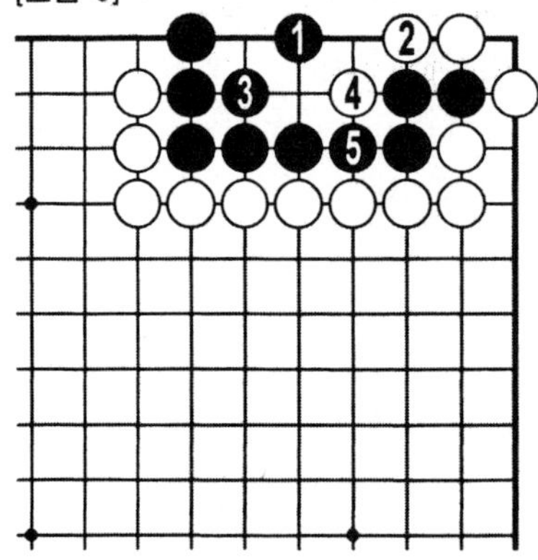

[그림 6] (변화도)

②에는 ❸으로 늦춘다.

귀의 끝에 촉촉수가 있음을 확인 하기 바란다.

❸으로 ❺에 두어도 그림 4로 환원되어 살 수 있다.

문제 6

이 그림은 빗꼴 6궁의 빅이
중앙으로 이동하여 만들어진 형태이다.

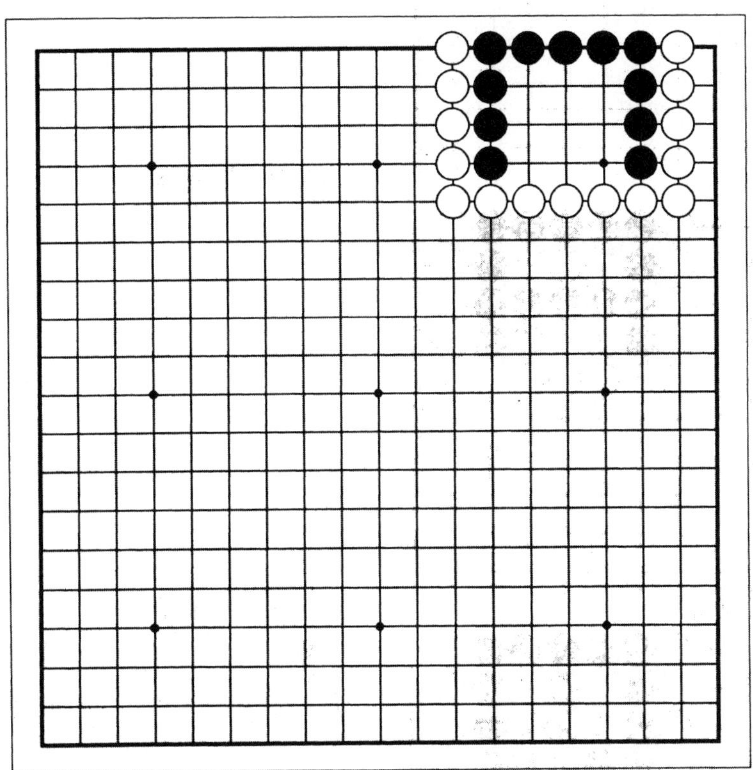

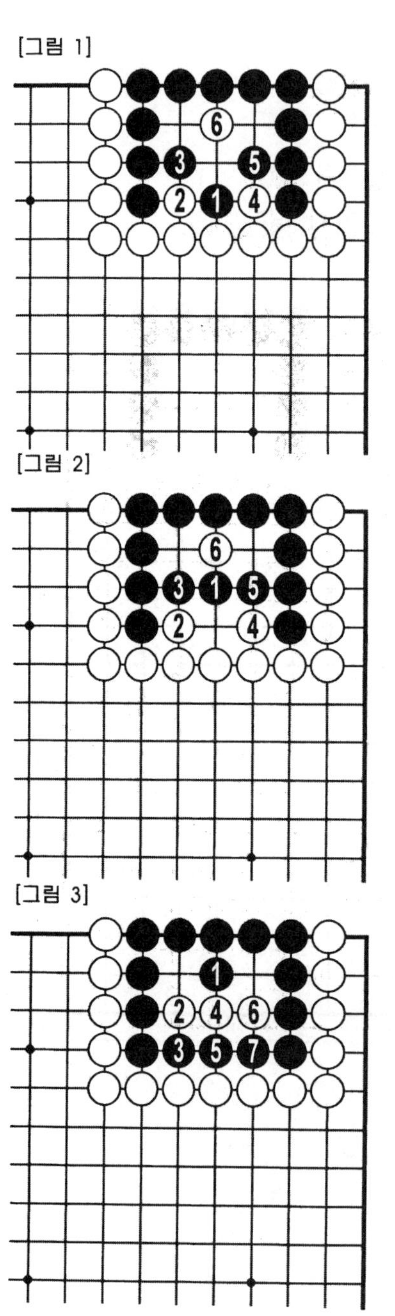

[그림 1] (실격)

좌우 동형의 중앙에도 급소는 단 1곳뿐이다. 그림 1, 2는 급소가 아니다.

[그림 2] (실격)

[그림 3] (정해)

➊의 곳이 급소이다. 이렇게 빅을 만들고 나면, 처음에 배웠던 형태가 기억날 것이다.

[그림 4]

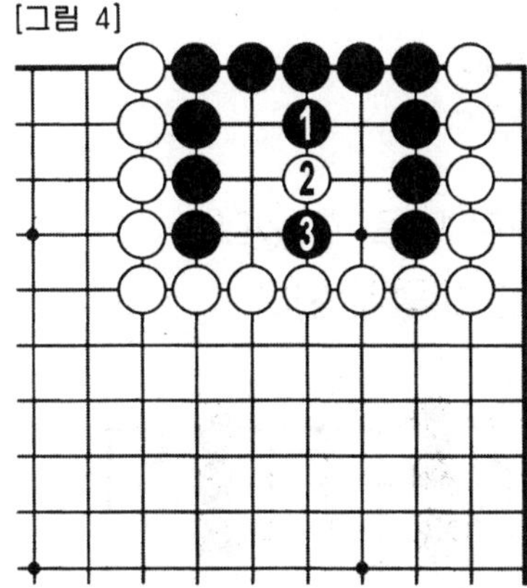

[그림 4] (변화도)

②의 추궁에는 ❸으로 두어서 산다.

♠ 바둑의 수순은 순서(order)가 아니고, 조합(combination)이다.

문제 7

이 그림도 빗꼴 6궁의 빅으로 만들 수 있다.
문제 6이 변으로 이동하면 이렇게 된다.

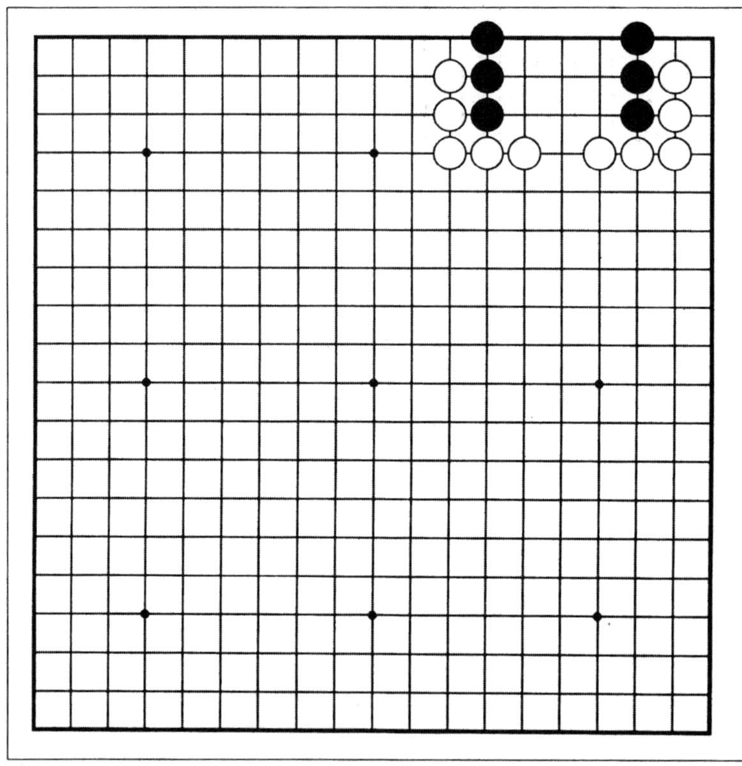

[그림 1]

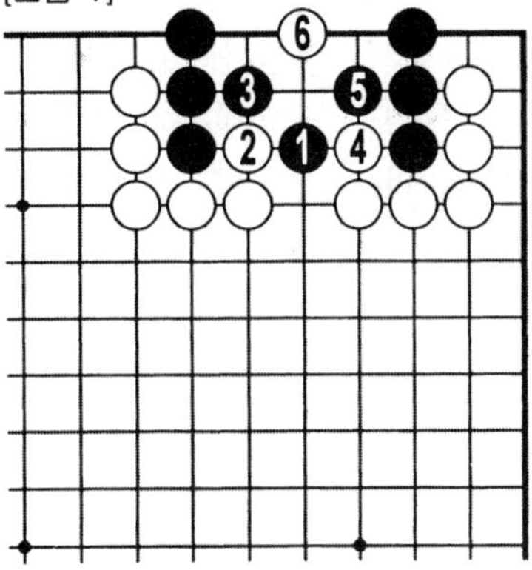

[그림 1] (실격)

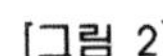

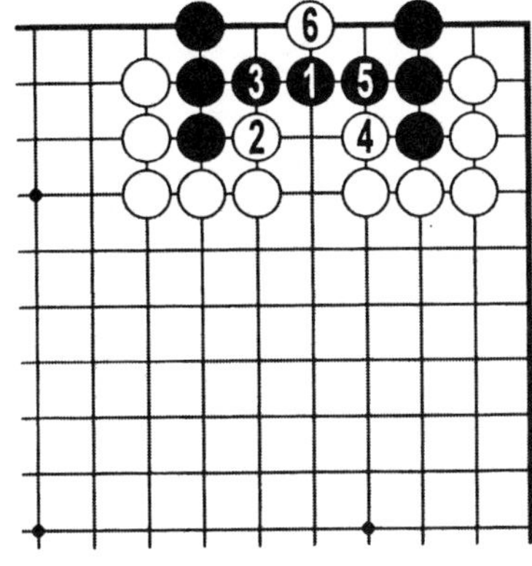

[그림 2] (실격)

[그림 3]

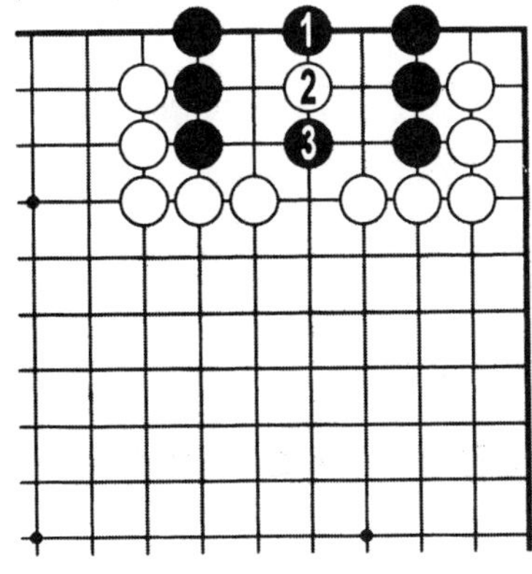

[그림 3] (정해)

문제 6과 같다고 했으므로, ❶의 곳이 급소가 된다.

[그림 4]

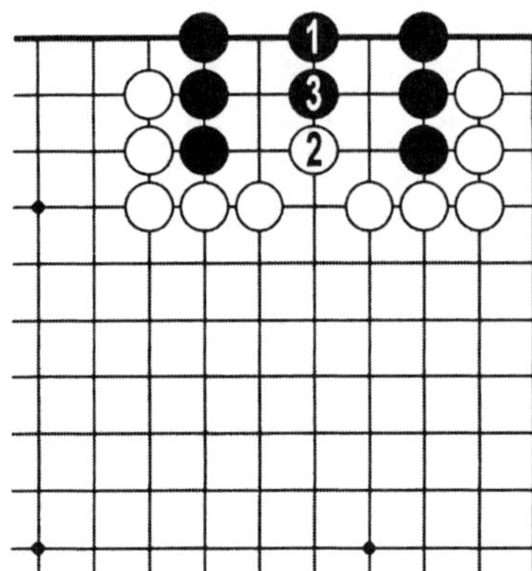

[그림 4] (변화도)

이 그림의 결과를 보고 ❶의 곳이 어째서 급소인가를 생각해 보기 바란다.

♠ 3급에서 7급까지의 기력을 가진 사람이 충실해야 할 바둑의 마인드는 관통 돌파를 두려워해야 한다는 것이다.

문제 8

이 그림은 앞의 문제에 비해
아주 열악한 조건을 가지고 있다.
그러나 급소만 안다면 끈질긴 버팀수가 있어서
패 정도는 만들 수가 있다.

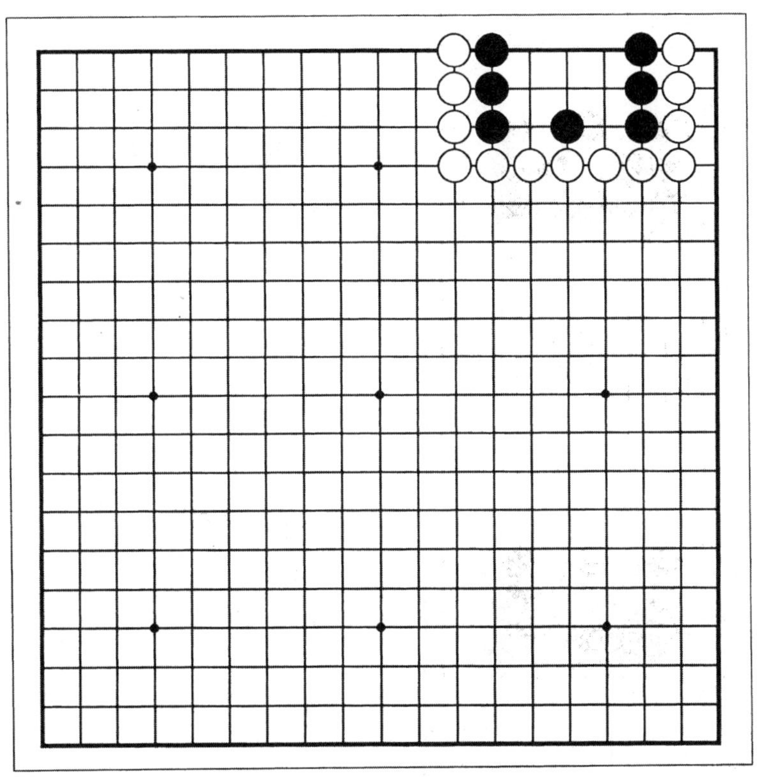

[그림 1]

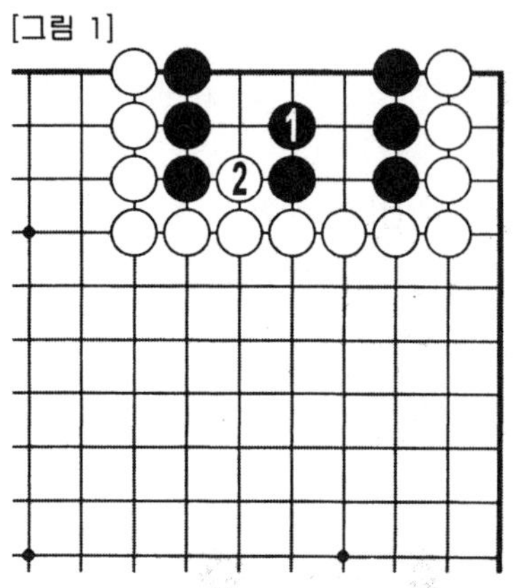

[그림 1] (실격)

❶과 같은 수가 성립되지 않는다는 것을 이제는 한눈에 알 수 있어야 한다.

설명이 필요 없을 것이다.

[그림 2]

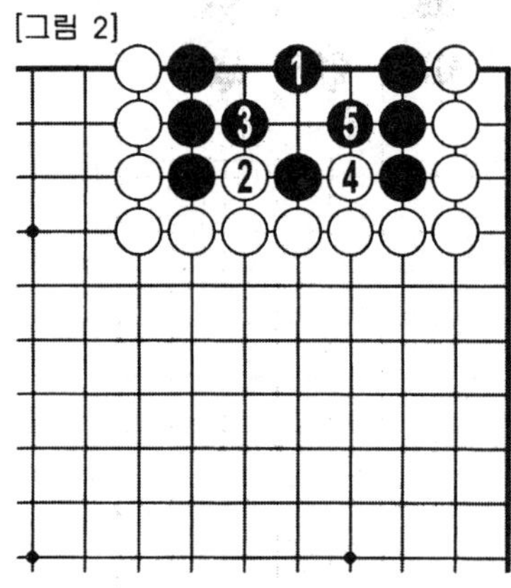

[그림 2] (정해)

역시 ❶의 곳이다.

백이 패를 피하려 하면,

[그림 3]

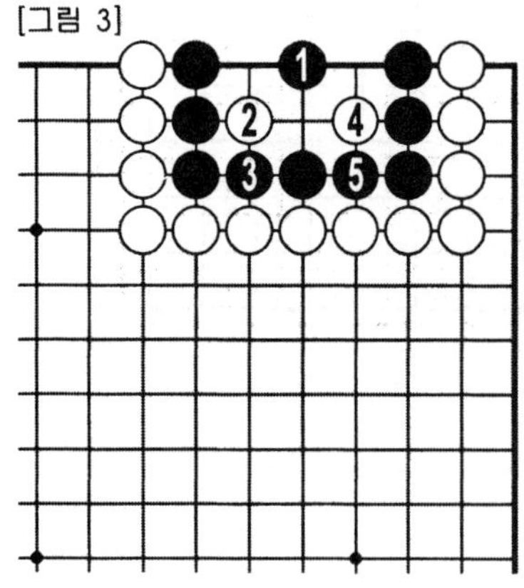

[그림 3] (변화도)

그림처럼 빅이 되어 그냥 살게 된다.

문제 9

이 그림을 앞의 문제와 비교하면
약간의 차이가 있음을 알 수 있다.
응용 문제라고 생각하고 풀어 보자.
힌트가 있다면, 좌우 동형에 상하도 동형이다.

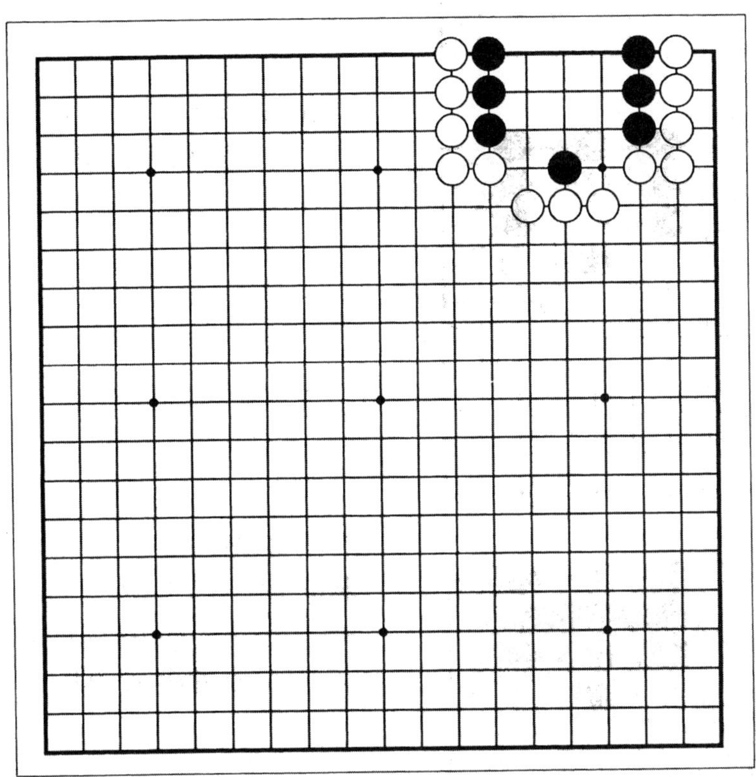

[그림 1]

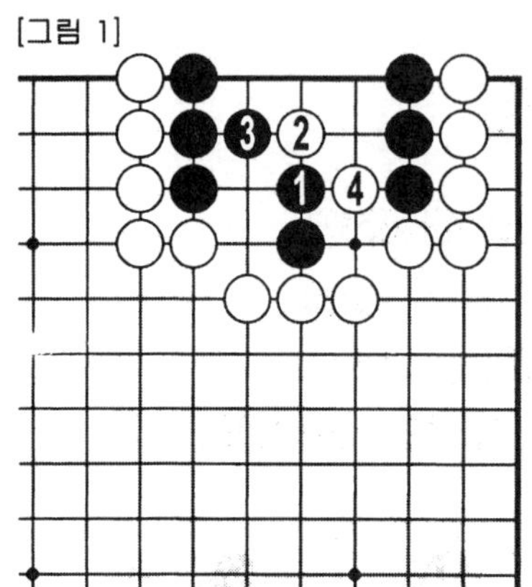

[그림 1] (실격)

②의 급소가 치명적이다.

[그림 2]

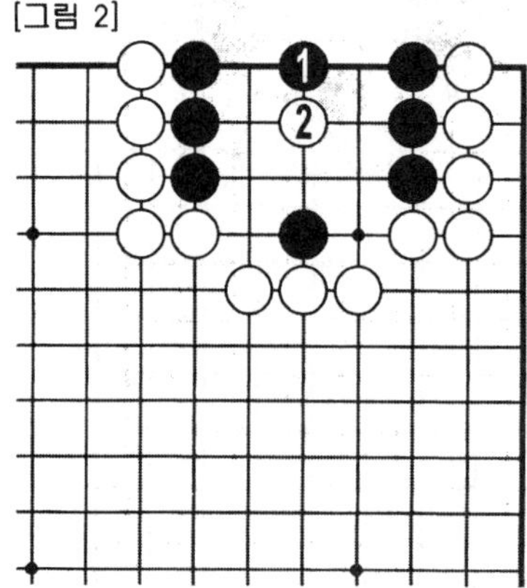

[그림 2] (실격)

앞의 문제들과 다른 점이 바로 이 그림이다.

[그림 3]

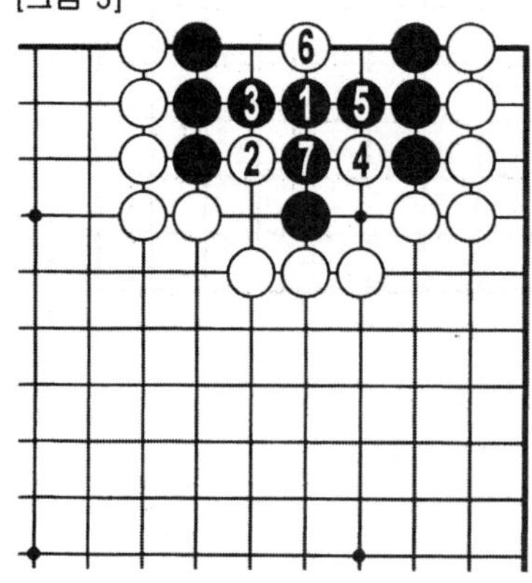

[그림 3] (변화도)

❶의 곳이 급소이다.

9개의 공간이 있다면 당연히 정중앙의 급소는 ❶의 곳이다.

문제 10

좌우 동형의 중앙에 치중당하여 위태롭다.
살 수 있는 방법은 한 가지,
직 4궁의 빅으로 만드는 길뿐이다.

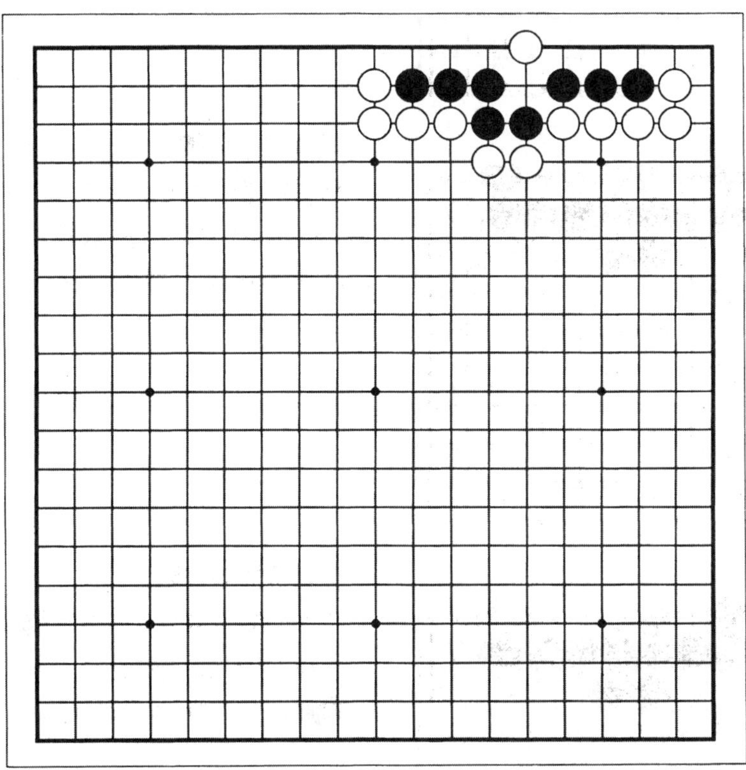

[그림 1]

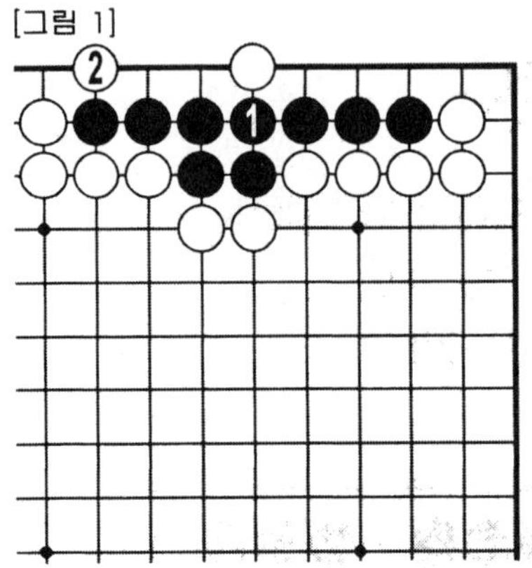

[그림 1] (실격)

❶과 같은 수는 기초가 전혀 없는 수이다.

[그림 2]

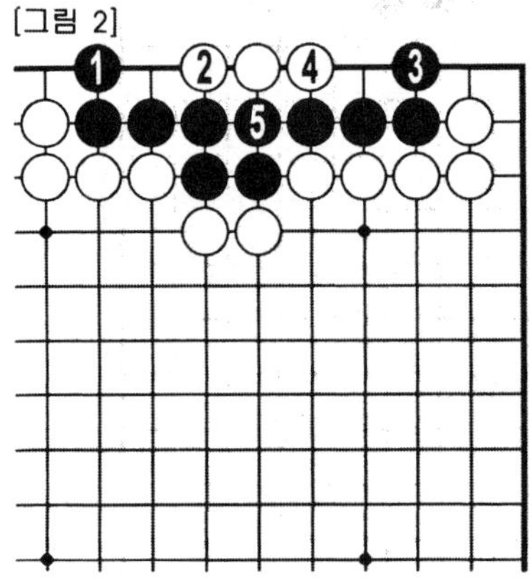

[그림 2] (정해)

이런 형태는 이미 치중을 당하여 두 집을 만들 수 없기 때문에 궁도를 넓히는 수밖에 없다.

[그림 3]

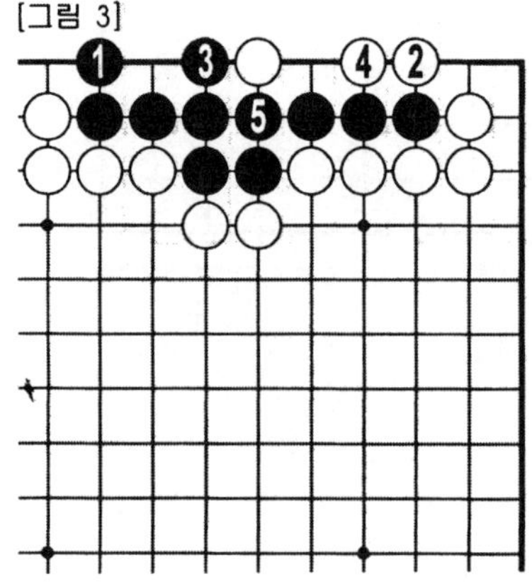

[그림 3] (변화도)

②로 집을 좁혀 온다면 ❸으로 늦추는 수가 침착하다.

❺의 촉촉수까지 확인하라.

문제 11

이 그림은 빗꼴 6궁을 세워 놓은 형태이다.

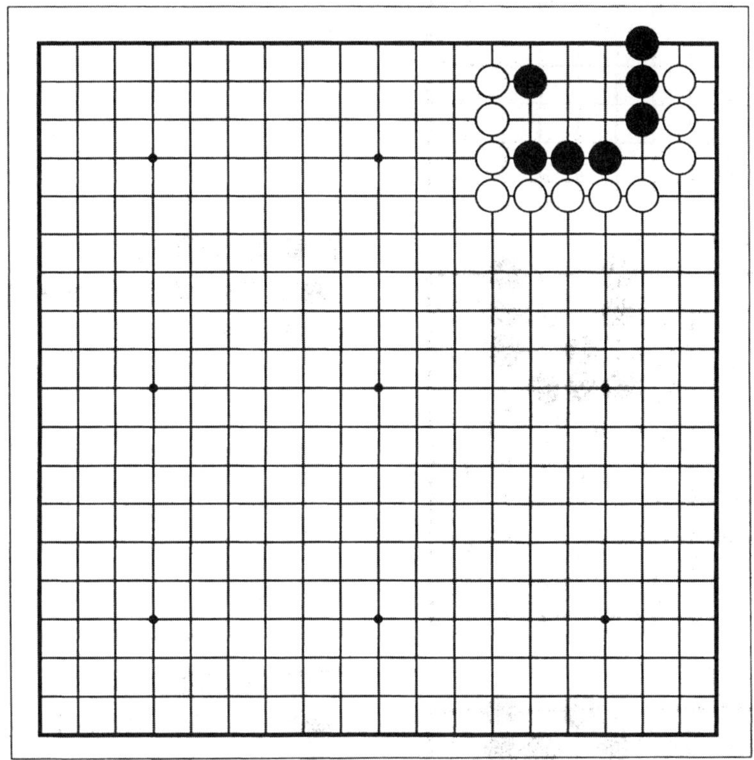

[그림 1]

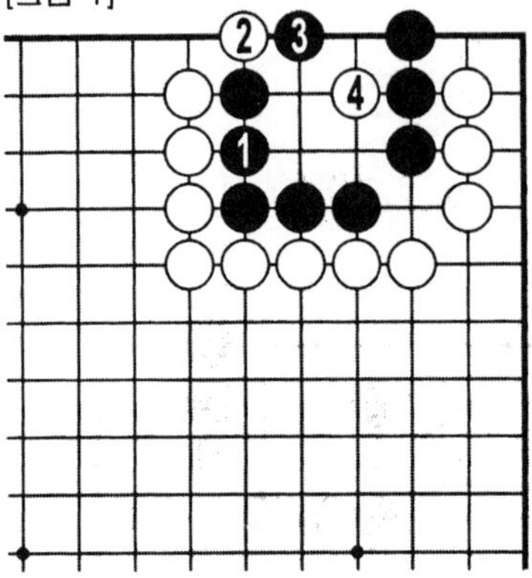

[그림 1] (실격)

❶에는 ②와 ④의 수순이 있어 죽음을 배운 바 있다.

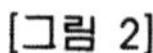

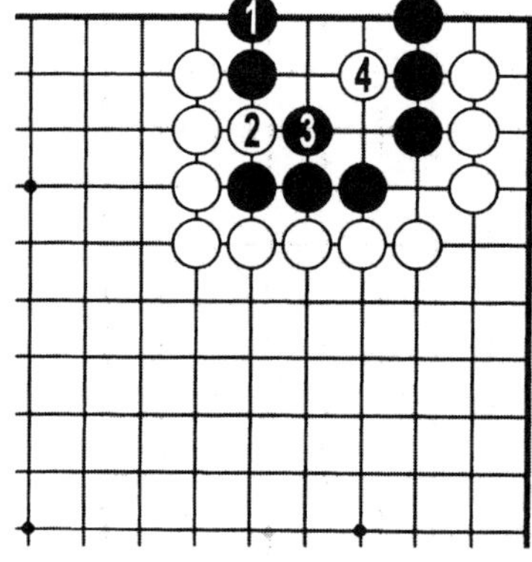

[그림 2] (실격)

❶의 쪽도 역시 마찬가지로 지프 5궁이 된다.

[그림 3]

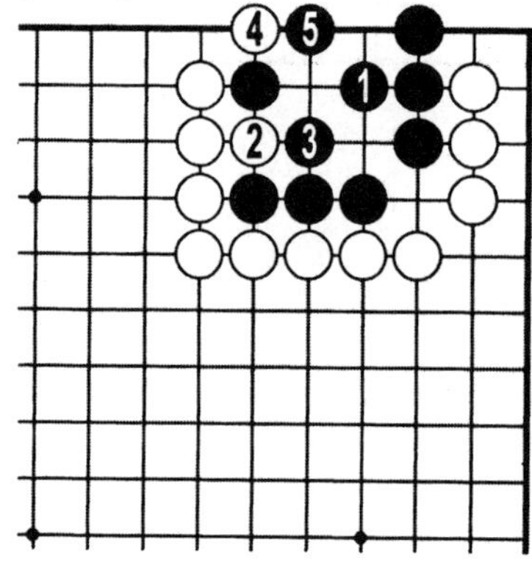

[그림 3] (정해)

❶의 곳, 바로 이 곳이 급소로써 ❺까지 패가 쌍방간 최선이다.

[그림 4]

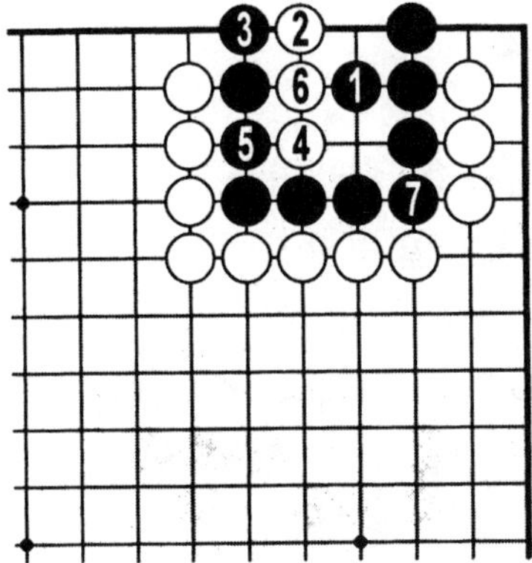

[그림 4] (변화도)

백이 무조건 잡고자 하면 ❼까지 빅이 된다.

♠ 바둑의 원리는 포위(envelopment)며, 기술은 수순(combination)이다.

문제 12

이 그림은 죽음의 궁도편에서 본 형태이다.
적의 급소는 나의 급소임이 실감난다.

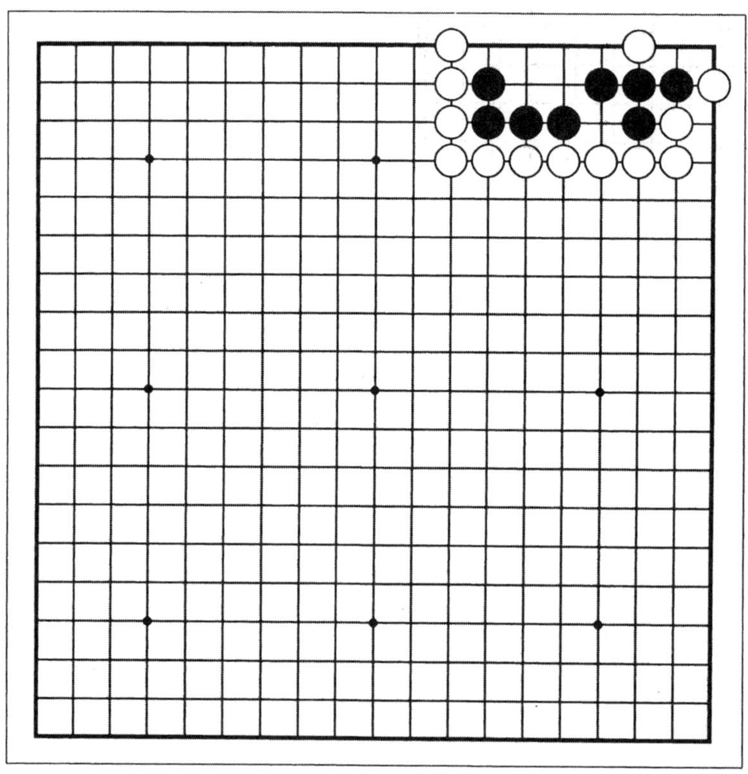

[그림 1]

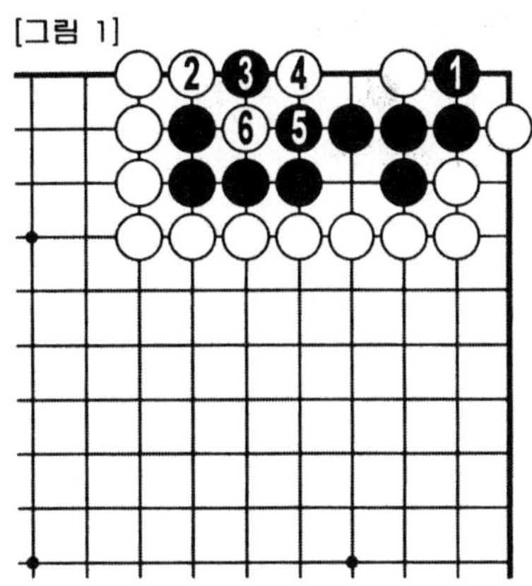

[그림 1] (실격)

❶에는 ②로 패가 된다고 혼자 생각을 할 수 있지만,

[그림 2]

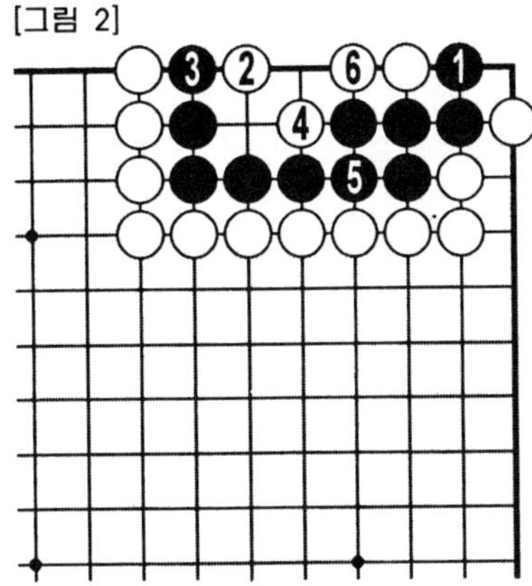

[그림 2] (실격)

②의 치중이 있어 ⑥까지 죽음을 확인하라.

[그림 3]

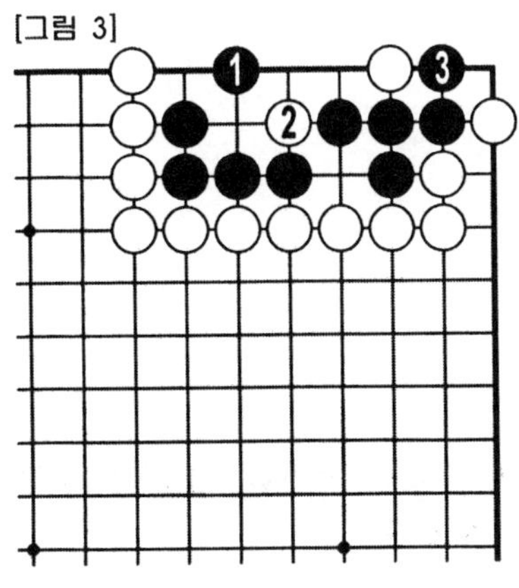

[그림 3] (정해)

쌍방 ❶의 곳이 급소이다.
②에는 ❸으로 산다.

[그림 4]

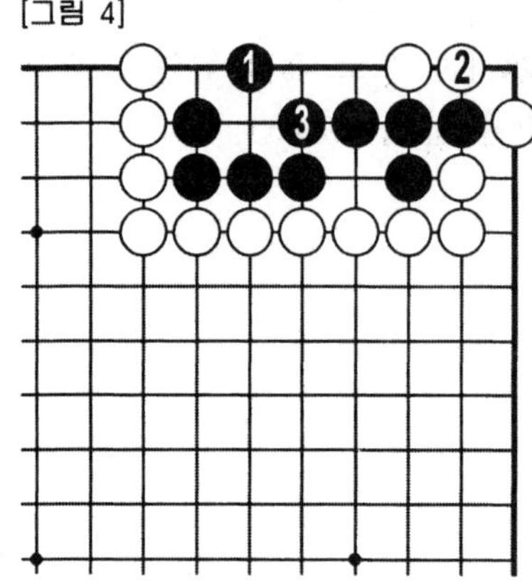

[그림 4] (변화도)

②에는 ❸으로 늦추는 수를 잇지 말기 바란다.

♠ 행마는 4가지만 알아도 3급은 된다. 쌍점, 마늘모, 한칸뜀, 날일자가 그것이다. 9단의 행마도 거의 그렇다고 생각하면 된다.

문제 13

이 그림은 빅이 아니다.
그러나 앞의 문제와 함께 귀의 끝에 생기는
촉촉수를 다시 한 번 실감해 보라.
난이도가 높은 문제이다.

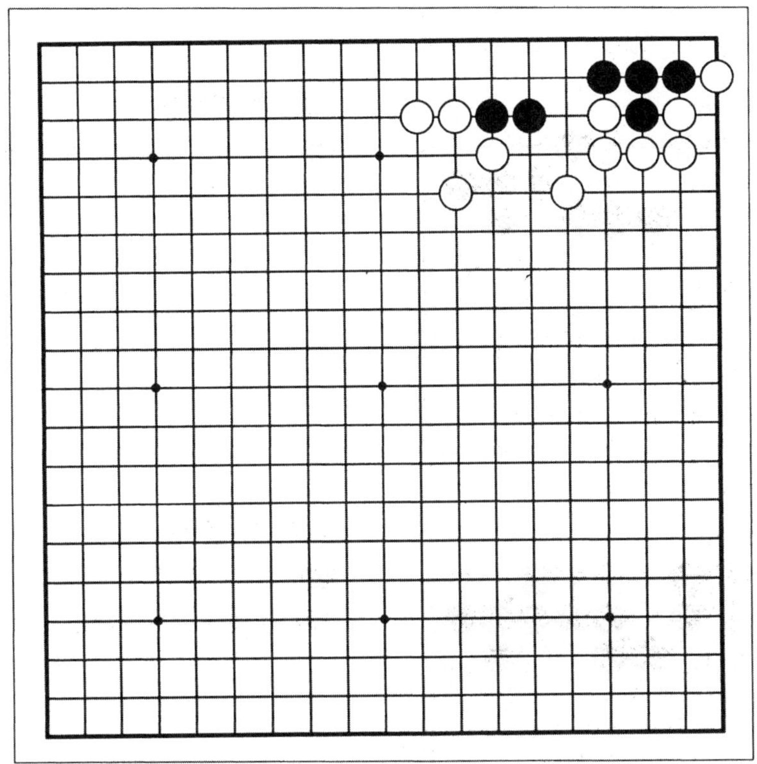

[그림 1]

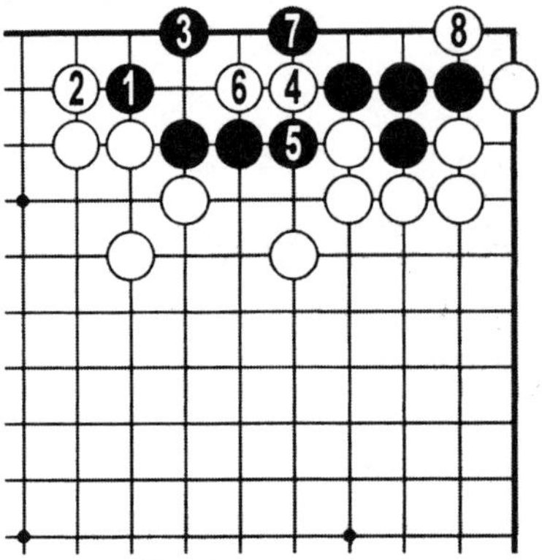

[그림 1] (실격)

❸의 지킴 수로는 ④, ⑥의 수순에 응수가 없다.

[그림 2]

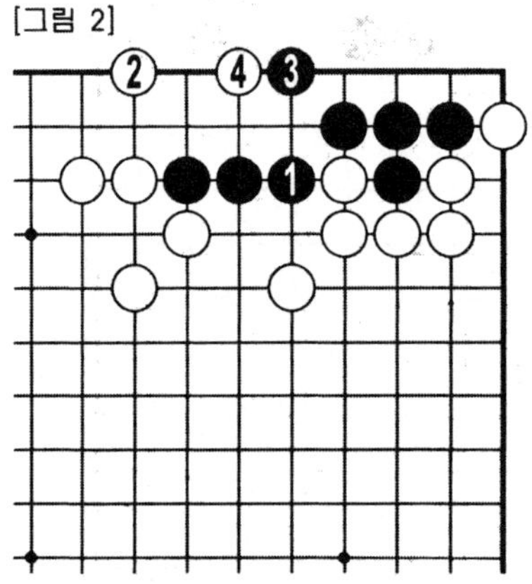

[그림 2] (실격)

❶의 지킴도 ②의 수가 좋아 삶이 없다.

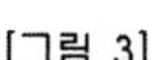

[그림 3]

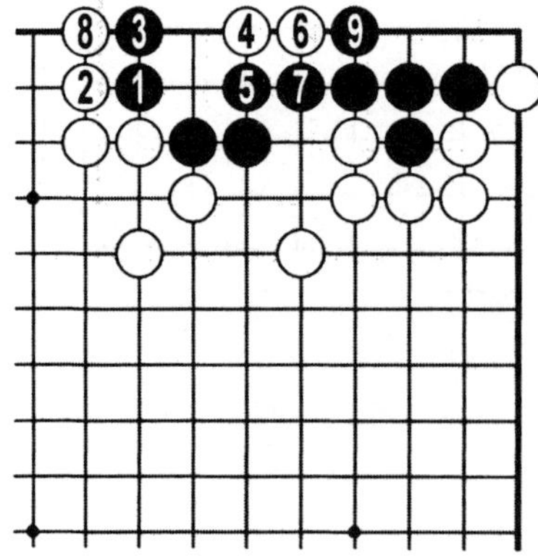

[그림 3] (정해)

❶로 뻗는 수가 중요하다.
빗꼴로 만드는 수이다.

[그림 4]

[그림 4] (변화도)

④에는 ❺의 지킴이 침착하여 귀 끝의 촉촉수를 노린다.

[그림 5]

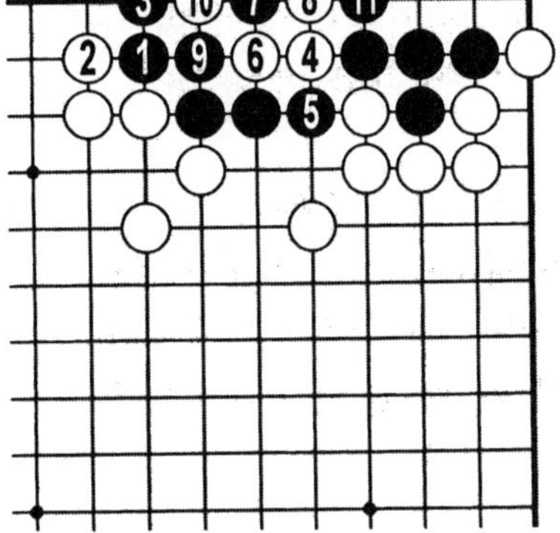

[그림 5] (변화도)

④, ⑥으로 잡으러 올 때에는 ❼의 곳이 급소로 ⓫까지의 눌러 잡기로 산다.

[그림 6]

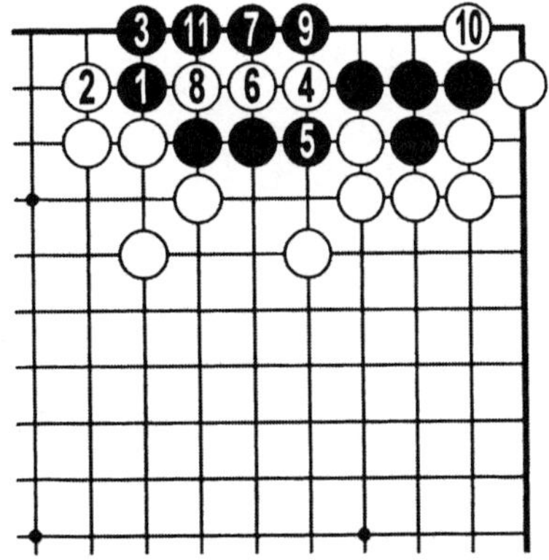

[그림 6] (변화도)

❼의 곳은 들여다보는 곳의 급소라고 하는 자리에 해당한다.

■ 급소(急所)라는 말의 뜻 ■

흔히 급소라는 말을 많이 사용하고 있다. 그러나 당신은 이 말의 뜻을 정확하게 알고 있는가?

급소란 글자 그대로 급한 곳이라는 뜻이다. 이 말을 조금 더 구체적으로 이야기하면, 사람의 인체에 있는 급소와 같은 의미를 가지고 있어 그 곳을 치중당하게 되면 치명적일 수가 있다. 그렇다면 급소는 어떻게 찾을까 하고 궁금해하겠지만 급소를 찾는 방법은 의외로 간단하다.

행마법을 배울 때에 끊기는 곳을 방비하는 방법이 과연 몇 가지나 될까? 정법의 방비수는 단 3곳뿐이다.

첫째 ; 잇는 곳, 둘째 ; 호구, 셋째 ; 끊기는 곳을 들여다보는 곳의 3곳이 그것이다. 이 3곳 중에서 잇는 곳을 뺀 2곳이 형태의 급소라고 생각하기 바란다.

사활의 급소도 결국 이 범주를 벗어나지는 못한다.

예를 들어, 귀의 끝에서 2의 1이 급소가 되는 이유는 바로 이 곳이 호구의 위치에 있기 때문이며, 1의 1은 끊기는 곳, 2의 2는 1의 1을 들여다보는 곳에 위치하고 있기 때문이다.

직접 도형을 만들어 확인해 보기 바란다.

문제 14

이 그림은 궁도가 넓어 보이지만
약점이 많아서 빅이 아니고는
살 수 없는 형태이다.

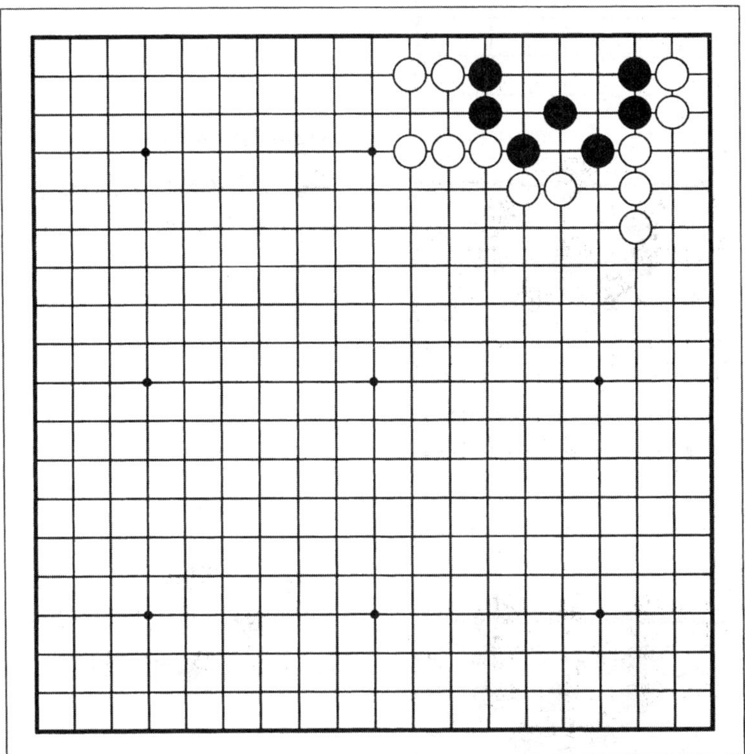

[그림 1]

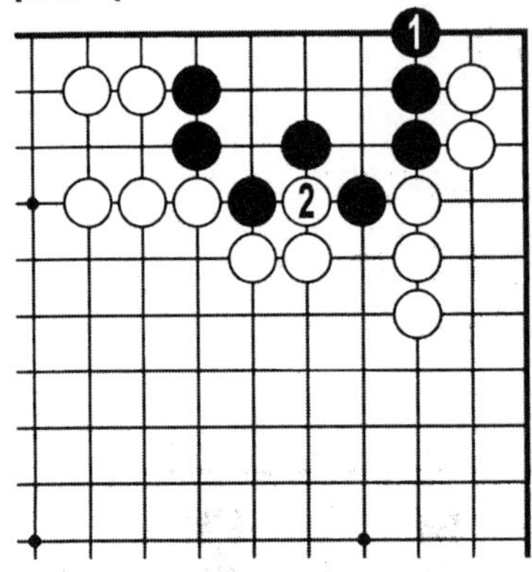

[그림 1] (실격)

②의 곳은 한 수에 2개의 옥집을 만드는 곳이다.

[그림 2]

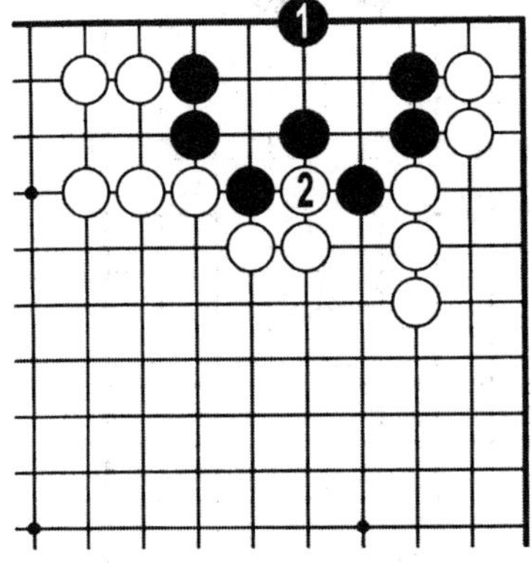

[그림 2] (실격)

❶이 급소처럼 보이지만, 역시 ②의 곳을 당하면 삶이 없다.

[그림 3]

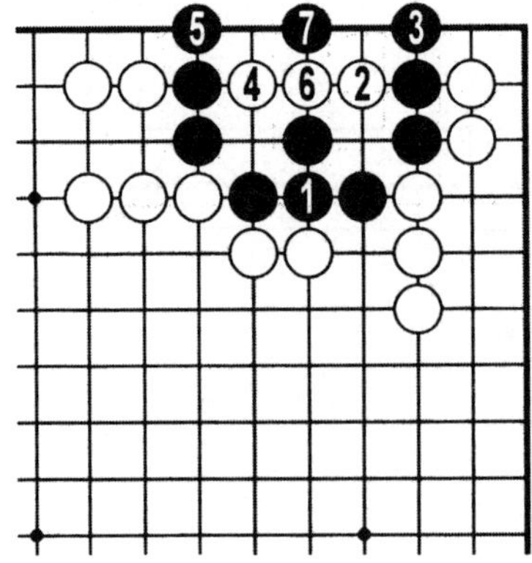

[그림 3] (정해)

일단 ❶의 곳을 막는 수가 급하다. 그리고 ❼까지 빅으로 유도한다.

[그림 4]

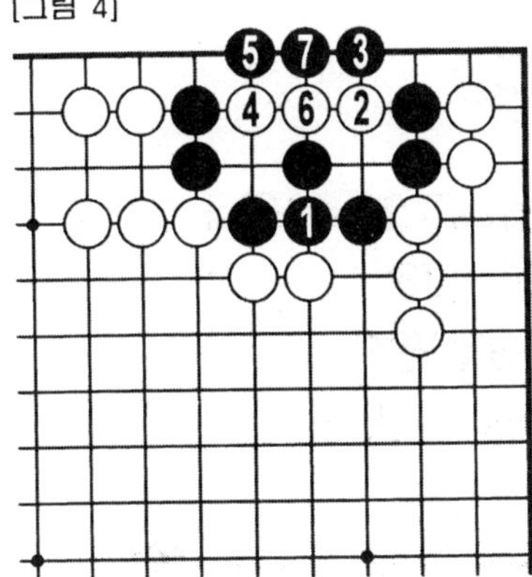

[그림 4] (다른 방법)

❶은 절대수이지만, ②에는 ❸으로 두어 살 수도 있다.

♠ 어린이가 되지 않는 포위를 하려고 끙끙대는 것에 대해 어떻게 생각하시는지? 아마도 답답할 것이다. 그러나 이 사건은 답답할 일도 웃을 일도 아니다. 지금 바둑을 두고 있는 당신도 예사로 하는 일이니까. 교호착수(交互着手)는 바둑을 처음 배울 때 누구나 배우는 것이고, 누구나 그렇게 하고 있는 것이다. 그러나 가만히 생각해 보라. 이 어린이는 자기가 한 번 둘 때 상대도 한 번 둔다는 것을 잊고 있는 것이다. 당신도 한번 손 뺀 곳에서 부당이득을 취하려 한 적이 있을 것이다. 그만큼 교호착수의 원리는 망각하기 쉽다.

바둑과 컴퓨터

문제 15

이 그림도 난이도가 매우 높다고 볼 수 있다.
그러나 급소만 찾는다면
지금까지 익힌 수순을 통해
빗꼴 6궁의 빅으로 만들 수 있다.

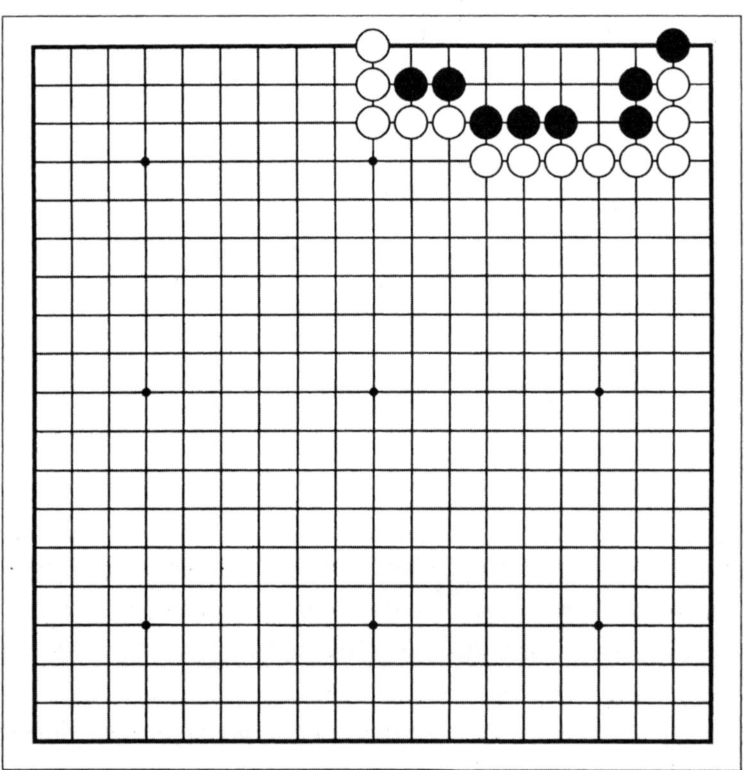

[그림 1]

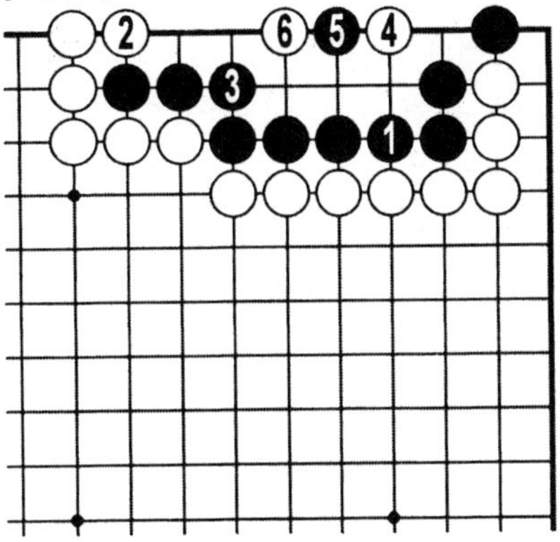

[그림 1] (실격)

궁도를 넓히는 수는 ④의 치중으로 삶이 없다.

[그림 2]

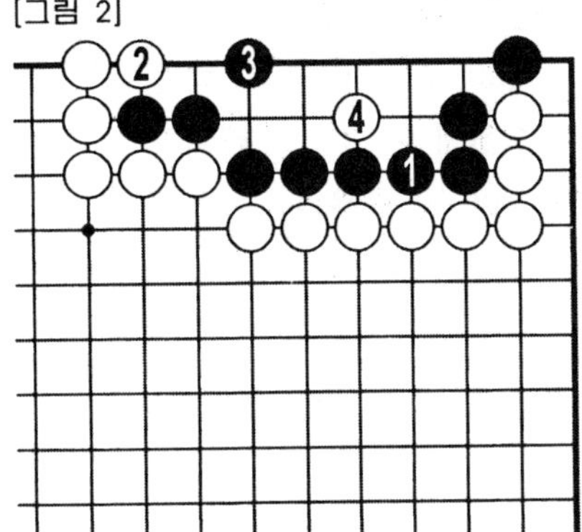

[그림 2] (실격)

❸에는 ④의 치중에 삶이 없다.

[그림 3]

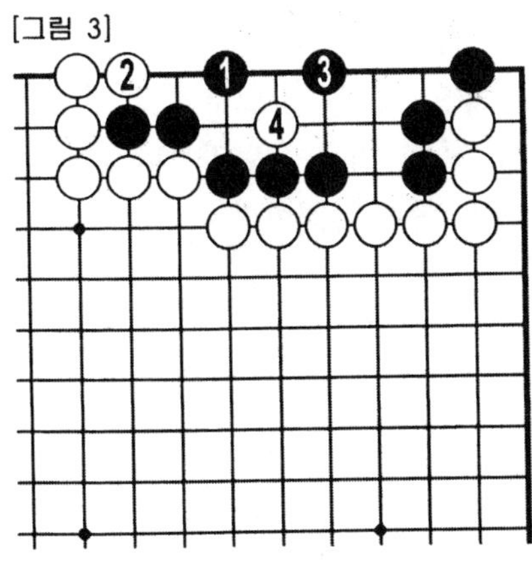

[그림 3] (실격)

❶의 호구도 ④의 치중에 삶이 없다.

[그림 4]

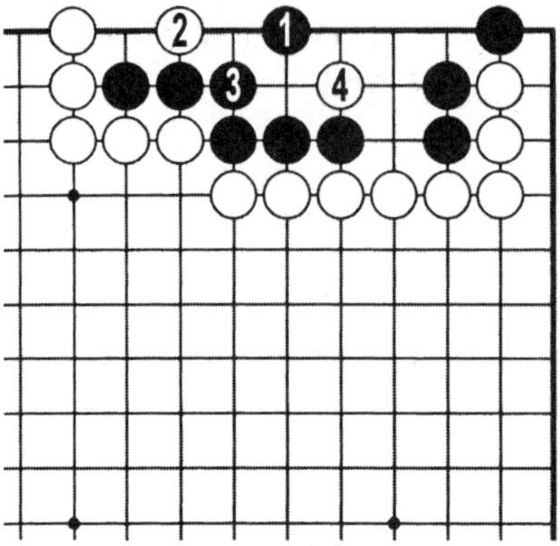

[그림 4] (실격)

이번에는 급소처럼 보이는 ❶에 두어 보지만, ②의 붙임으로 역시 삶이 없다.

[그림 5]

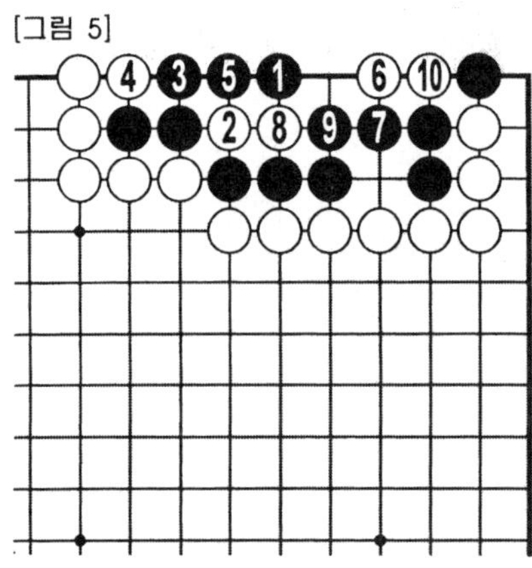

[그림 5] (참고도)

그림 4의 ②로는 다소 어려운 수순이지만, 이 그림처럼 두어도 죽는다. 참고하라.

[그림 6]

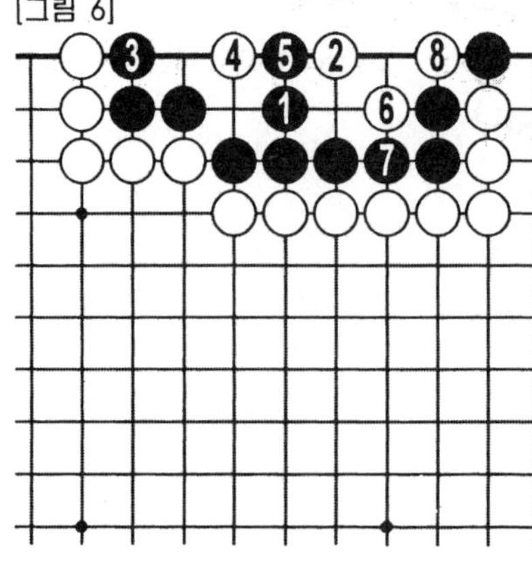

[그림 6] (실격) 패

❶도 언뜻 급소처럼 보이지만, ②, ④의 치중이 날카롭다. ⑧까지 패가 되어 실격이다.

[그림 7]

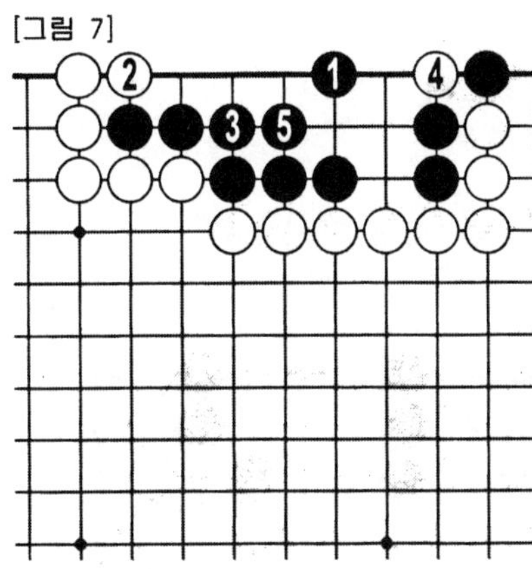

[그림 7] (정해)

❶의 곳이 급소가 된다.

❺까지 되고 나면 **문제** 5와 같음을 알 수 있다.

[그림 8]

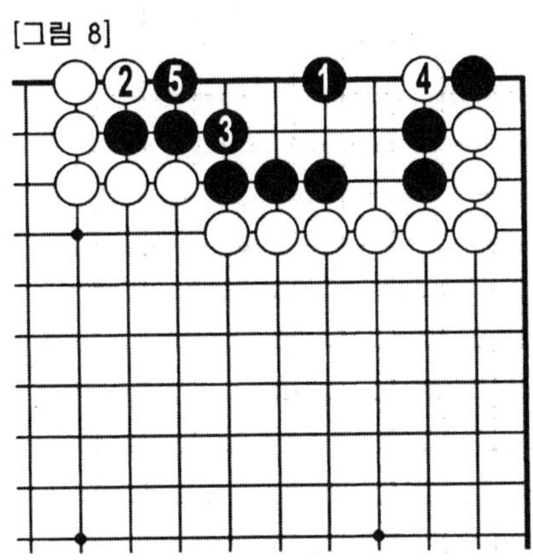

[그림 8] (변화)

❺로 두어 살 수도 있다.

[그림 9]

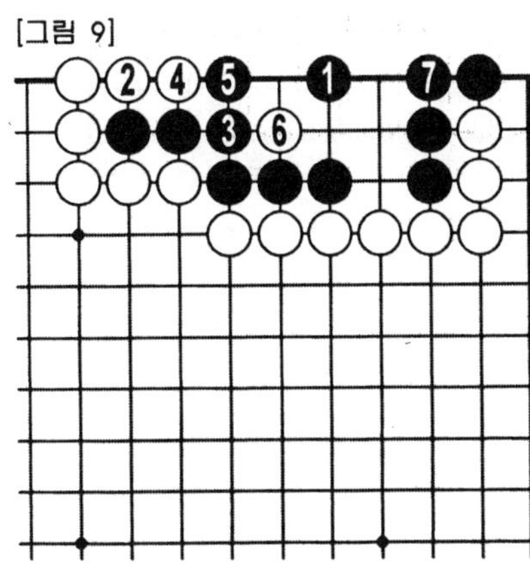

[그림 9] (변화)

이 그림은 빗꼴 6궁의 빅이다.

문제 16

이 그림도 빗끌 6궁의 빅을 만들 수 있다.

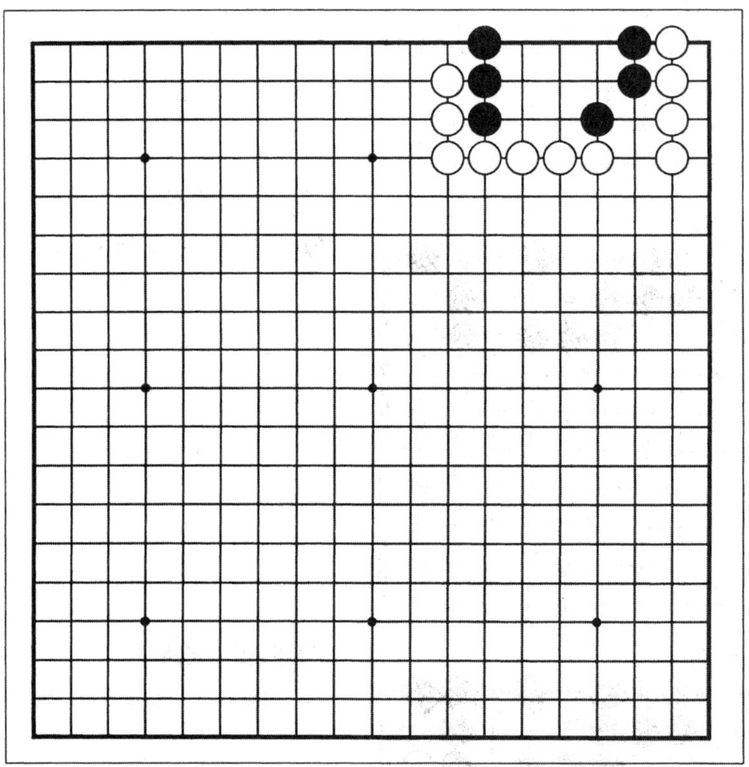

[그림 1]

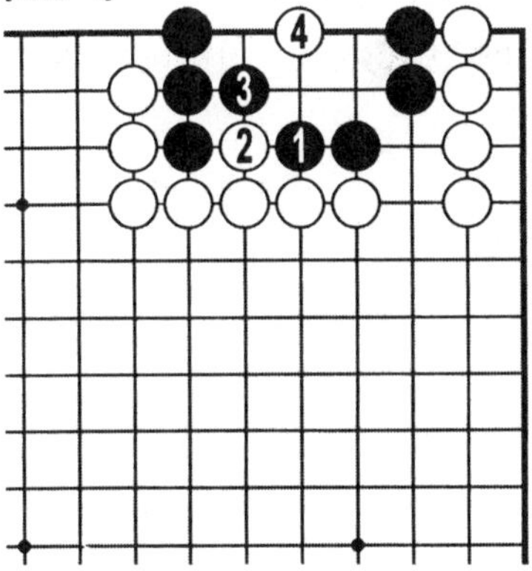

[그림 1] (실격)

이 그림은 지프형으로 유도된 그림이다.

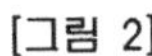

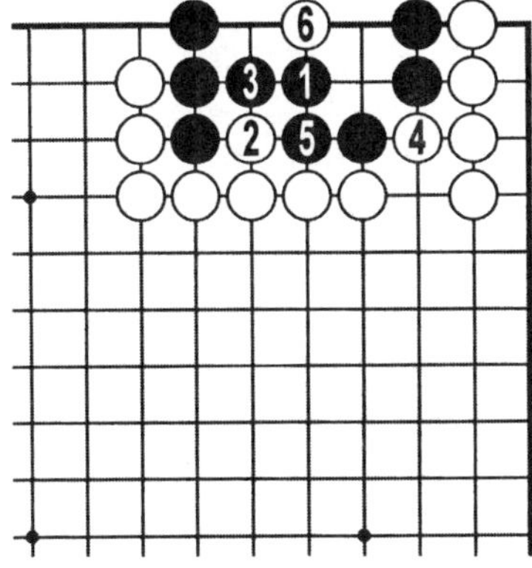

[그림 2] (실격)

❶도 급소처럼 보이지만, 결국 ⑥까지 죽는다.

[그림 3]

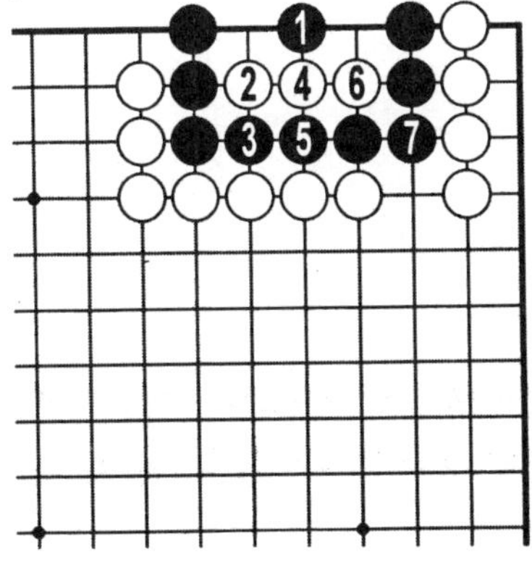

[그림 3] (정해)

❶의 곳이 급소였다. ❼까지 빗꼴 6궁의 빅이 되었다.

[그림 4]

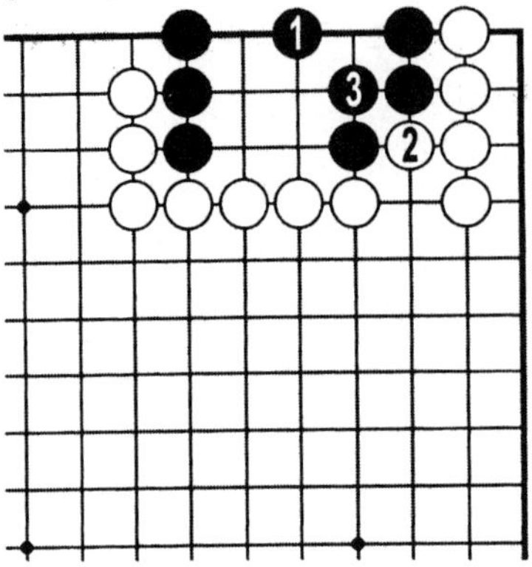

[그림 4] (변화도)

②에는 ❸으로 침착하게 이어 산다.

♠ 바둑은 면벽구년을 한다고 해서 되는 일이 아니고, 아인슈타인 같은 천재가 명인이 되는 것도 아니다. 끝없이 정진한 바둑의 천재가 명인이 될 수 있는 것이다.

문제 17

이 그림도 생각을 제법 해야 할 것 같다.
한눈에 빗끌 6궁의 변형된 빅이 보인다면,
빅의 과정을 거의 마쳤다고 보아도 좋다.

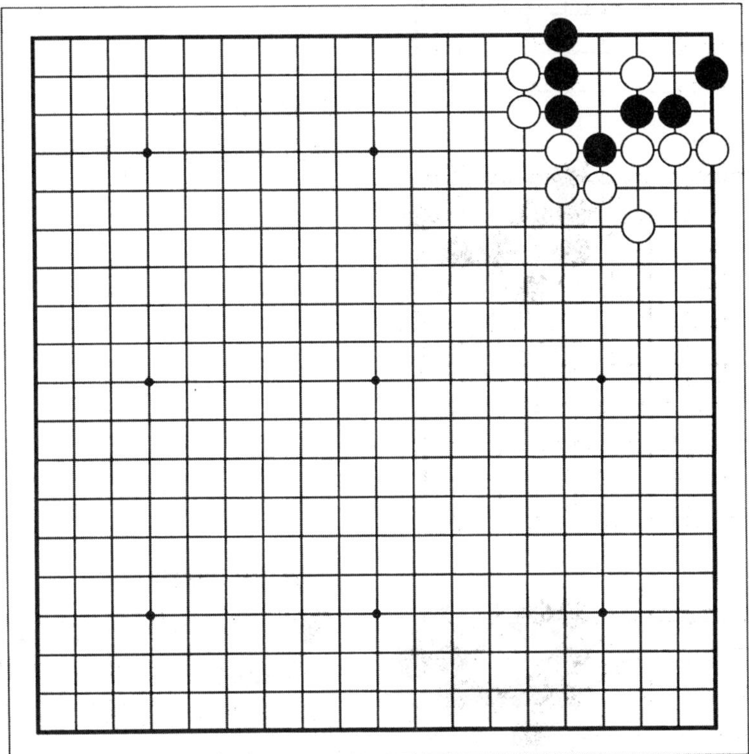

[그림 1]

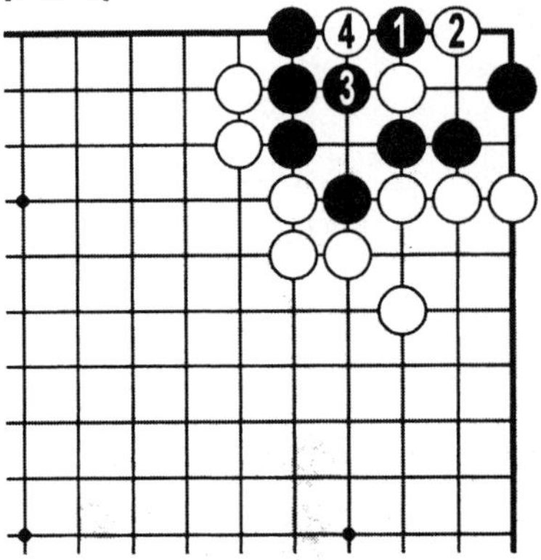

[그림 1] (실격)

패가 되면 실격이다. 간단히 두어도 패는 만들 수 있다.

[그림 2]

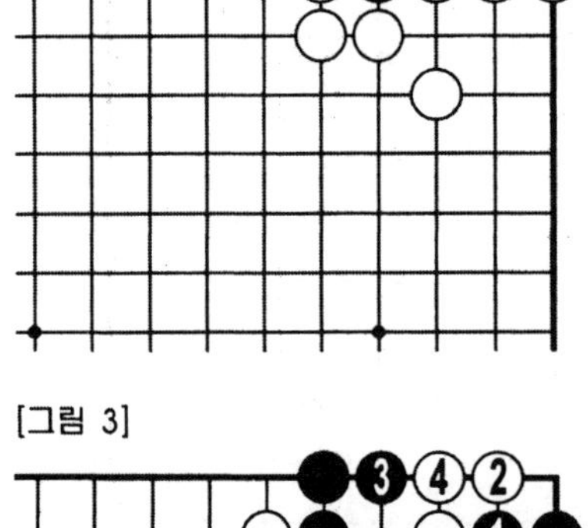

[그림 2] (실격)

역시 패를 피하지 못했다.

[그림 3]

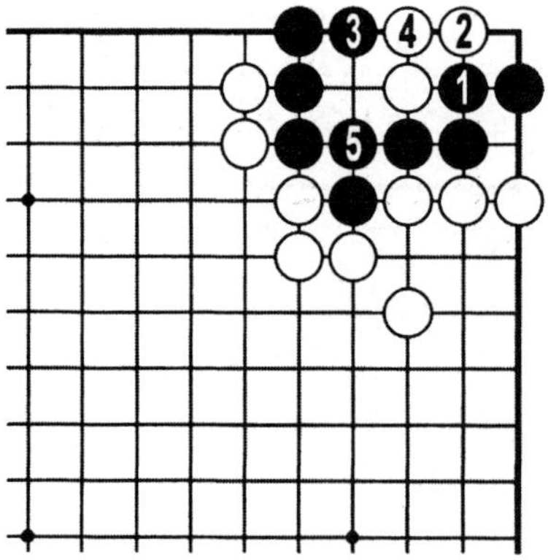

[그림 3] (정해)

❶의 둔한 듯한 꼬부림이 빅으로 유도하는 첫 수이며, 이어 ❸쪽의 꼬부림이 죽음의 궁도를 피하는 급소이다.

[그림 4]

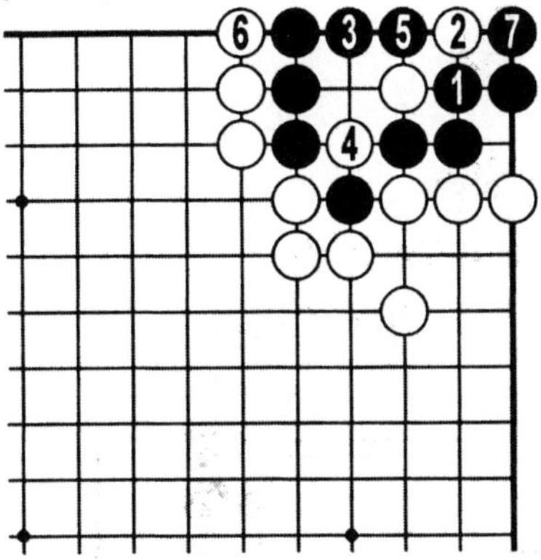

[그림 4] (변화도)

④로 잡으러 올 때에는 ❼이 침착하여 무난하게 살 수 있다.

♠ 모르면 손 빼라는 격언은 허구라고 생각하는 것이 좋다. 왜냐하면 죽음을 간과하는 바둑은 바둑이 아니기 때문이다

문제 18

결론을 이야기하면,
빗꼴 6궁의 빅이나 지프 5궁의 사활은
죽음이냐, 삶이냐의 차이일 뿐 같은 것이다.

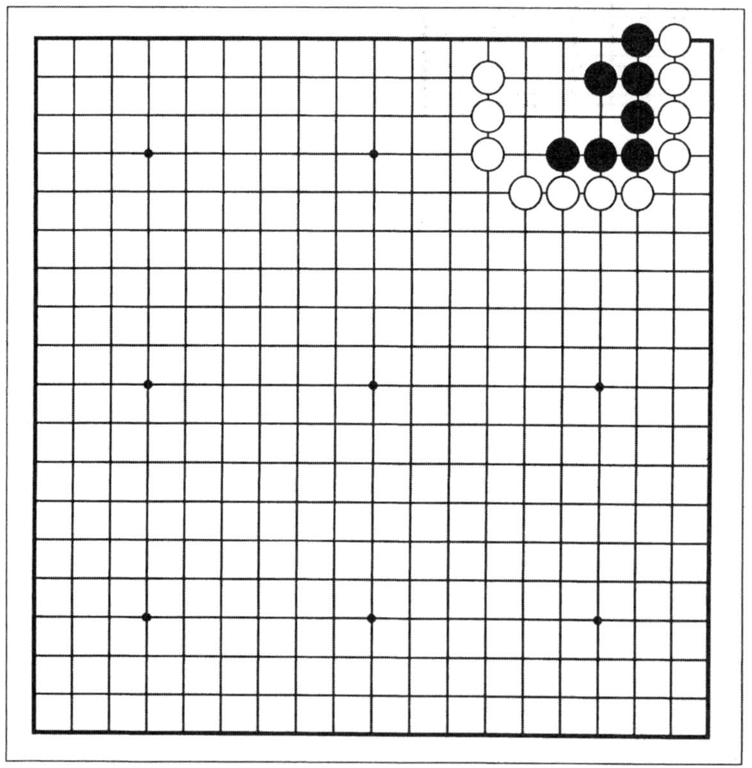

[그림 1]

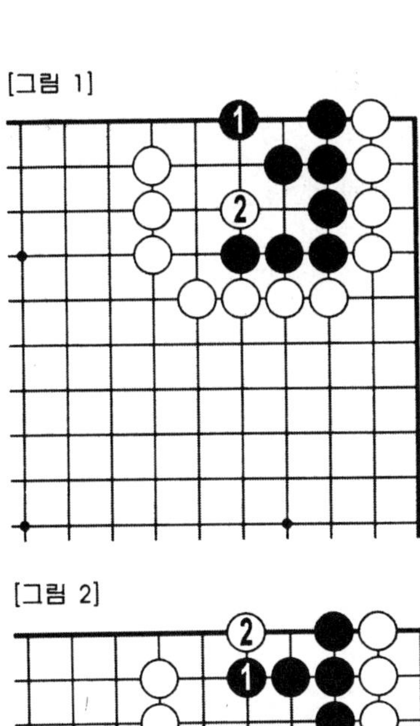

[그림 1] (실격)

[그림 2]

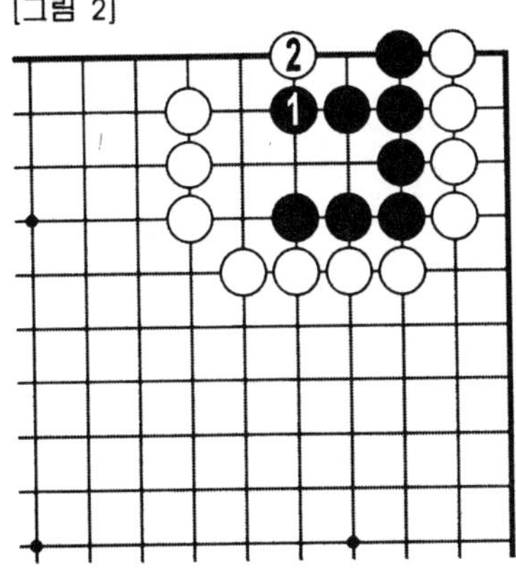

[그림 2] (실격)

[그림 3]

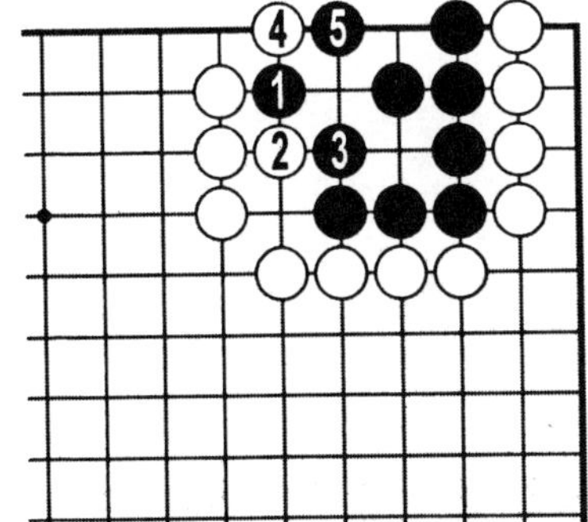

[그림 3] (정해)

❶의 곳, 오직 이 한 수이다.

❺까지 패가 최선이다.

[그림 4]

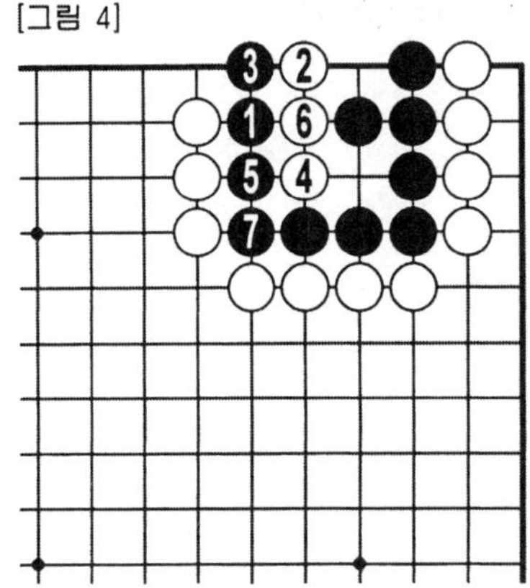

[그림 4] (변화도)

백이 패 없이 잡으려 하면 ❼까지 빅으로 산다.

♠ 초반의 포석(disposition)은 절약(economy)을 통한 집중(concentration of mass)에 의해 이루어진다.

다음의 그림들은 빗꼴 6궁처럼 보이지만, 잡을 수 있는 형태이다. 연습삼아 잡아 보라(흑이 둘 차례).

[그림 1]

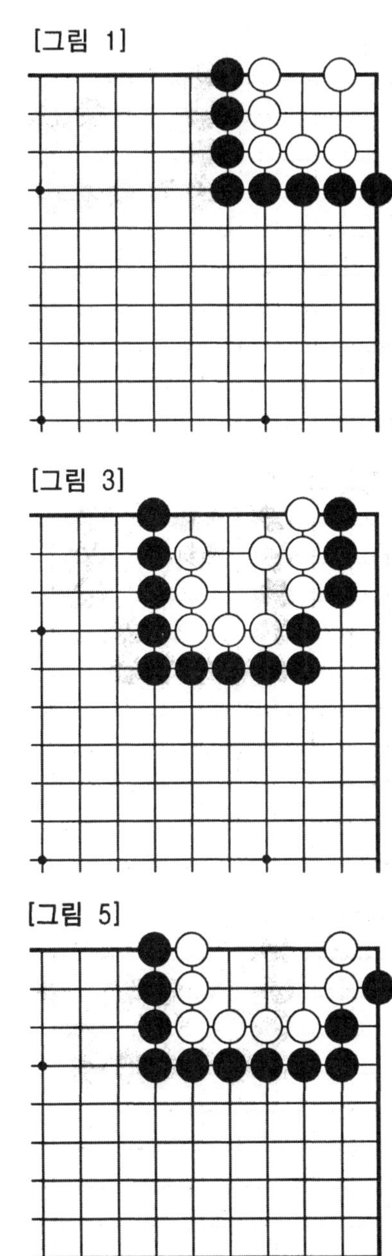

[그림 2]

[그림 3]

[그림 4]

[그림 5]

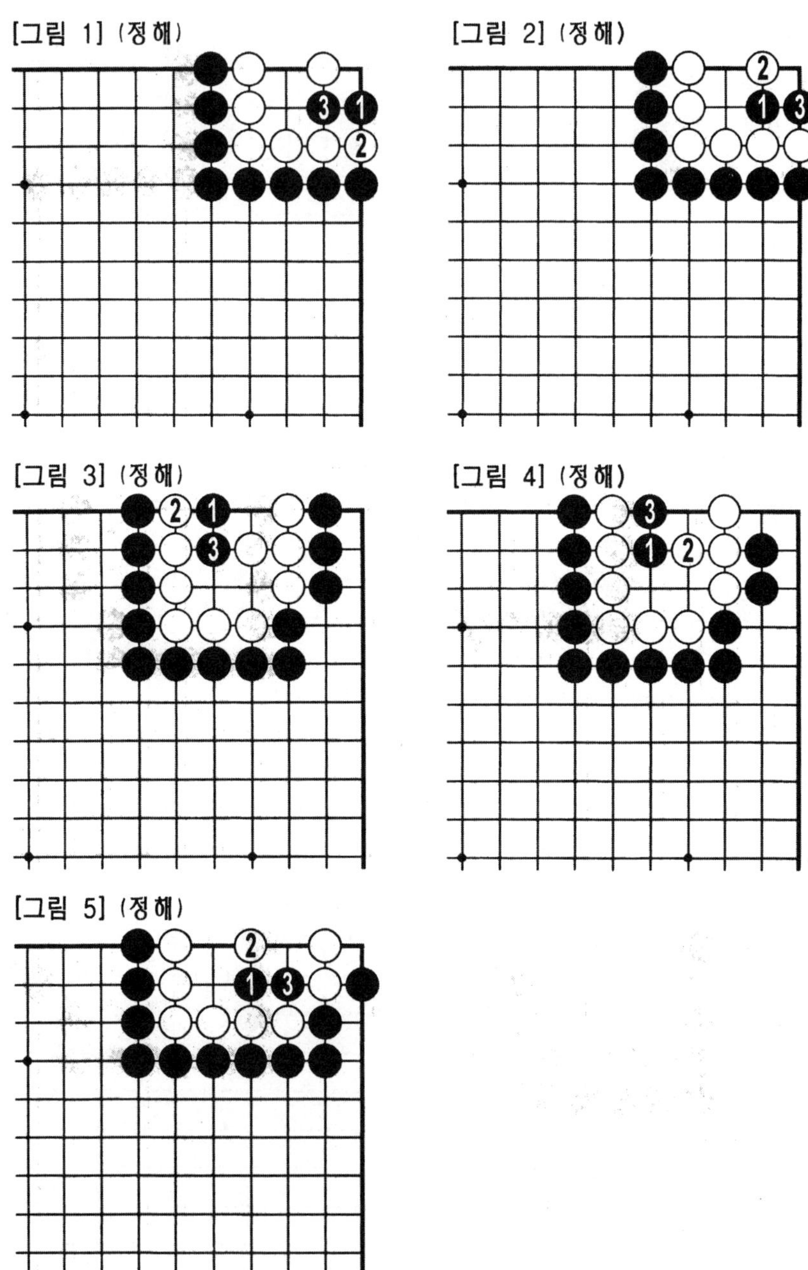

[그림 1] (정해)

[그림 2] (정해)

[그림 3] (정해)

[그림 4] (정해)

[그림 5] (정해)

3. 삿갓 4궁형의 사활(줄여서 삿갓형이라 함)

아래 4개의 그림은 모두 삿갓형의 기본 그림이다. 그림 1은 최초의 형태이며, 그림 2, 3, 4는 변화형이다. 삿갓형은 좌우가 같으므로, **그 중앙에 급소가 있다.** 이 곳을 누가 먼저 두느냐에 의해 사활이 결정된다.

아래 4개의 그림은 흑이 모두 A의 곳을 두어야 살 수 있다.

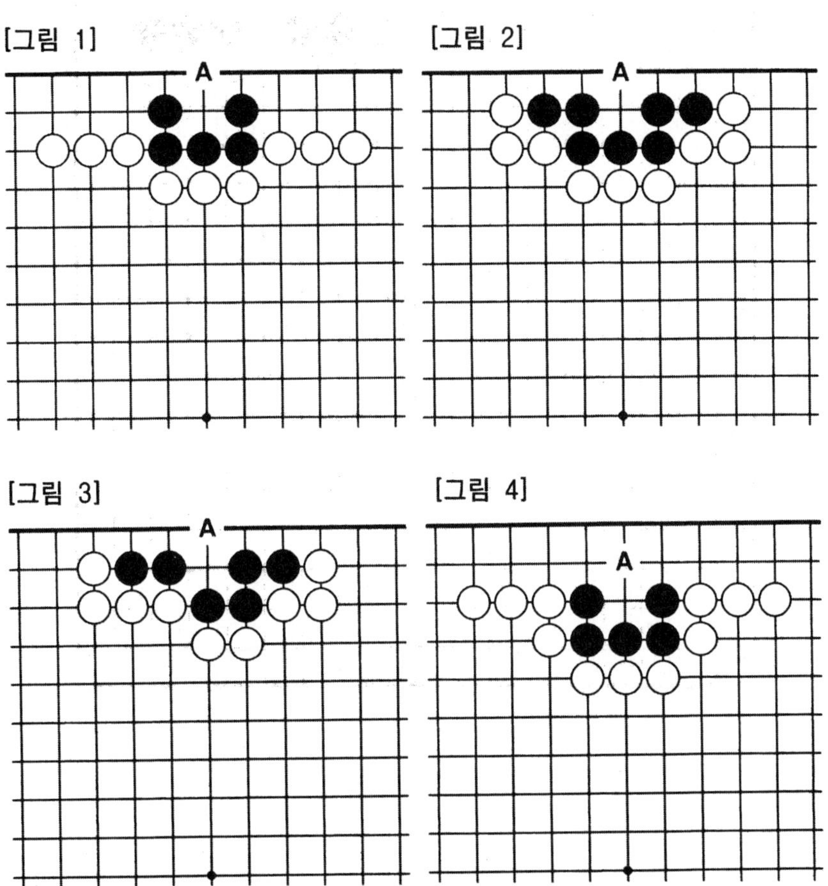

문제 1

좌우 동형의 중앙은 두 곳이지만,
급소는 한 곳뿐이다.

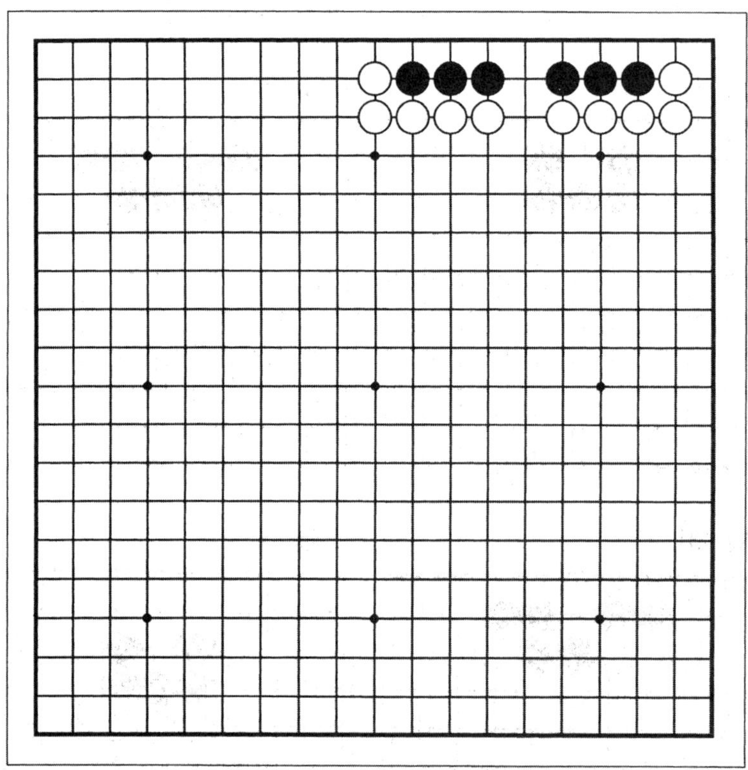

[그림 1]

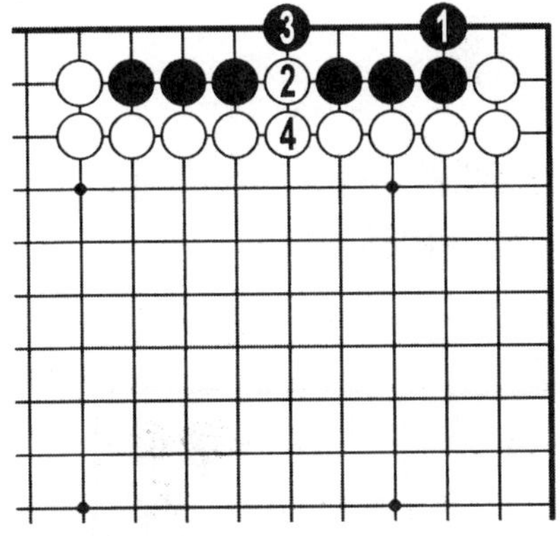

[그림 1] (실격)

❶은 없는 수이다.

[그림 2]

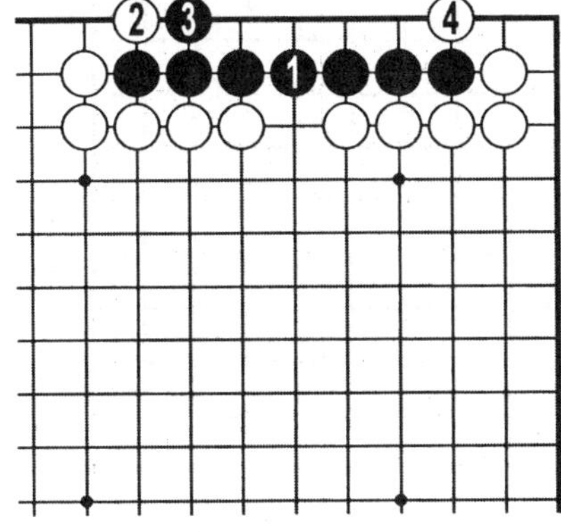

[그림 2] (실격)

❶로는 부족하다.

[그림 3]

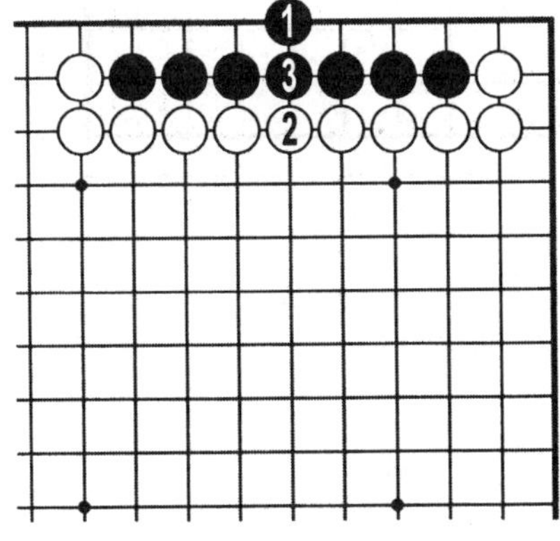

[그림 3] (정해)

한 칸 늦춘 ❶의 급소이다.

문제 2

답은 2개가 된다.
그러나 급소는 한 곳이다.

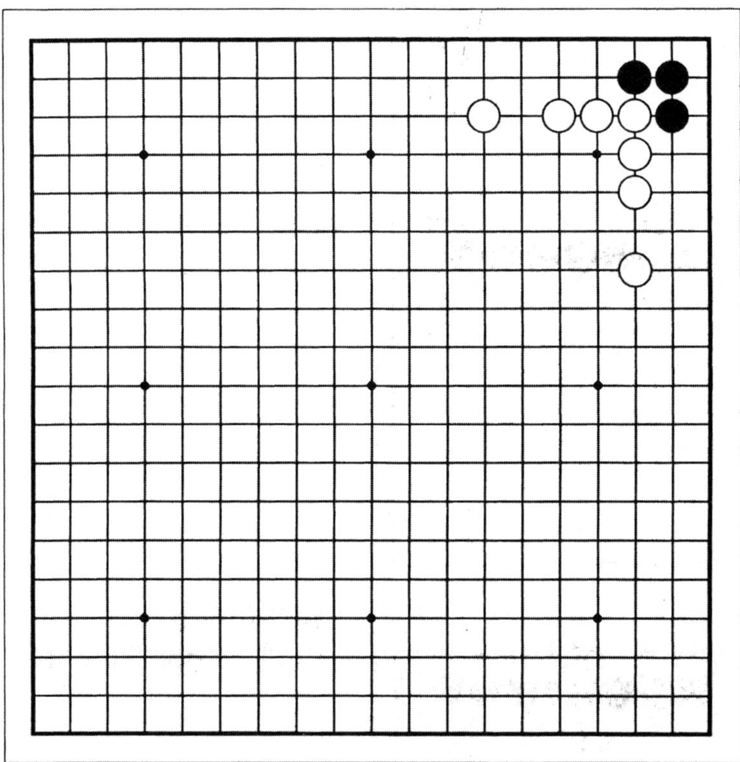

[그림 1]

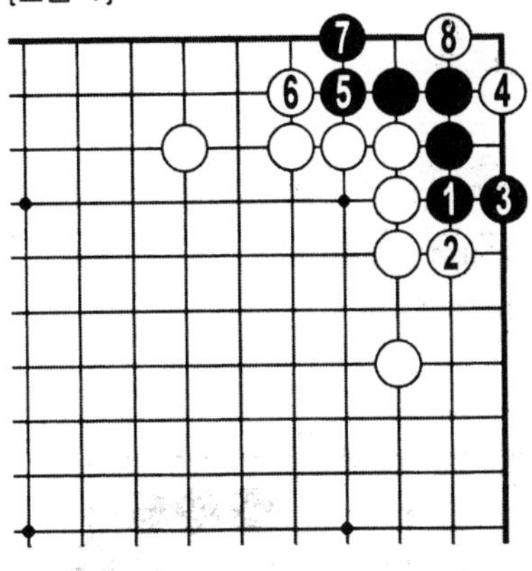

[그림 1] (실격)

귀곡사를 기억한다면 이 그림이 죽음임을 알 것이다.

[그림 2]

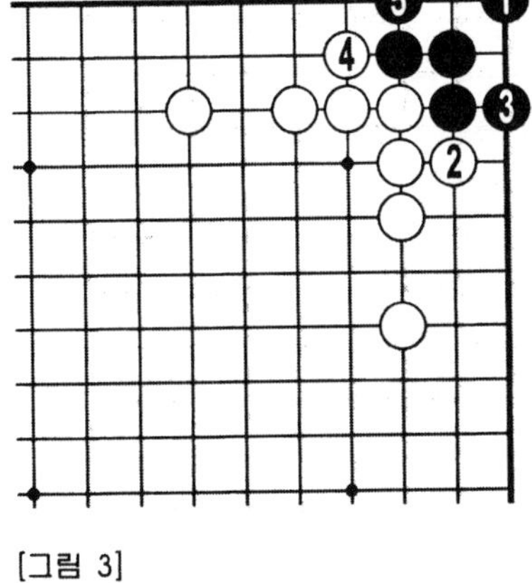

[그림 2] (정해)

❶이 급소이다. 이것으로 양쪽에 한 집씩 확보하여 살았다.

[그림 3]

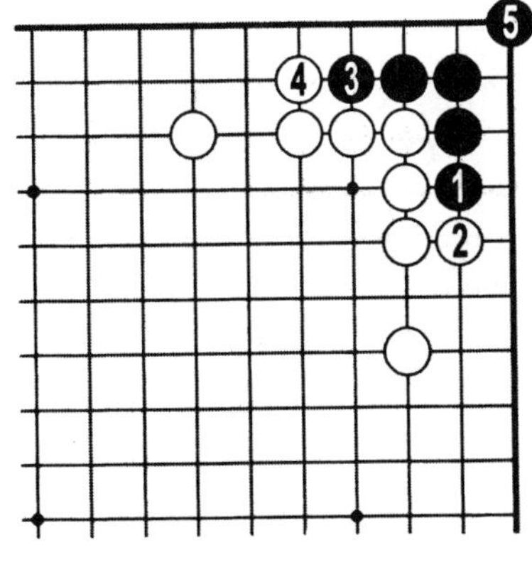

[그림 3]

❶, ❸을 먼저 두고 ❺에 둘 수도 있다. 이 방법이 조금 더 이득이다.

문제 3

이 그림은 앞의 문제와 다른 것처럼 보인다.
그렇지만 한쪽이 결정되어 있을 뿐
실제는 같은 그림이다.

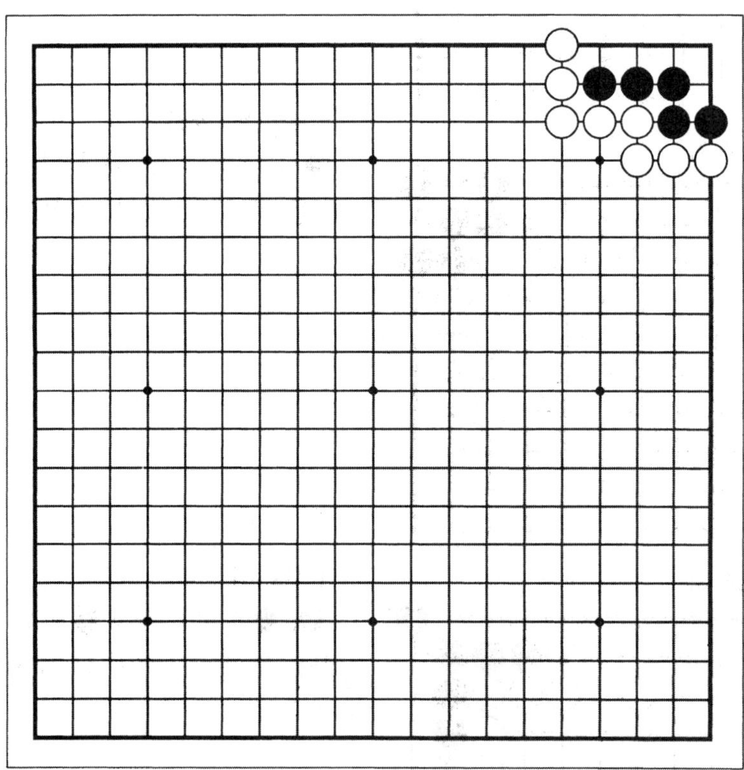

[그림 1]

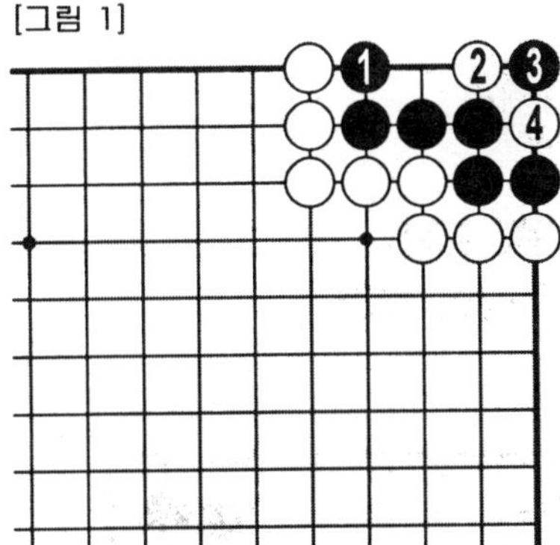

[그림 1] (실격)

❶로 넓히는 수는 2의 1에 치중당하여 패가 된다.

[그림 2]

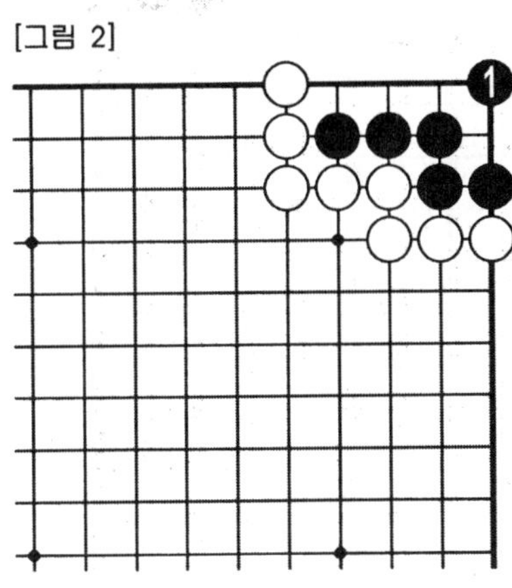

[그림 2] (정해)

역시 ❶의 곳이 급소이다.

문제 4

이 그림도 달라 보이지만,
한 줄 옆으로 이동한 그림일 뿐이다.

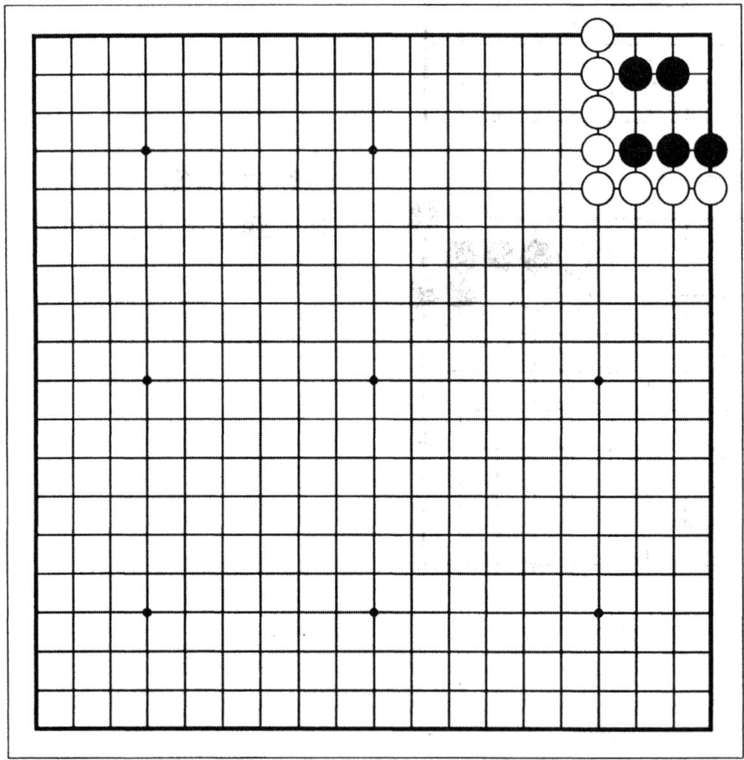

[그림 1]

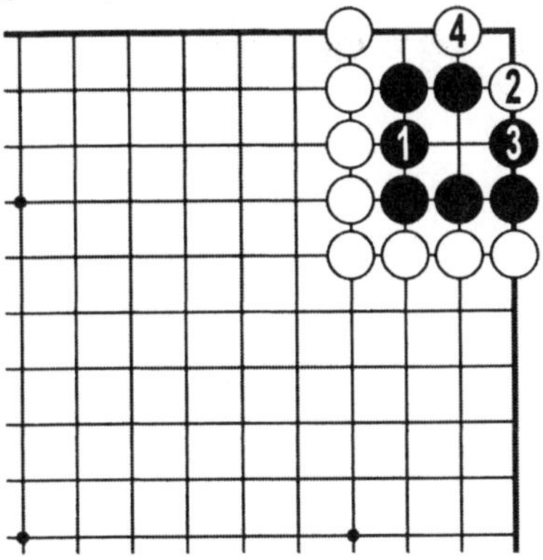

[그림 1] (실격)

최악의 그림이다.

적어도 ❸으로는,

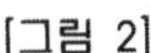

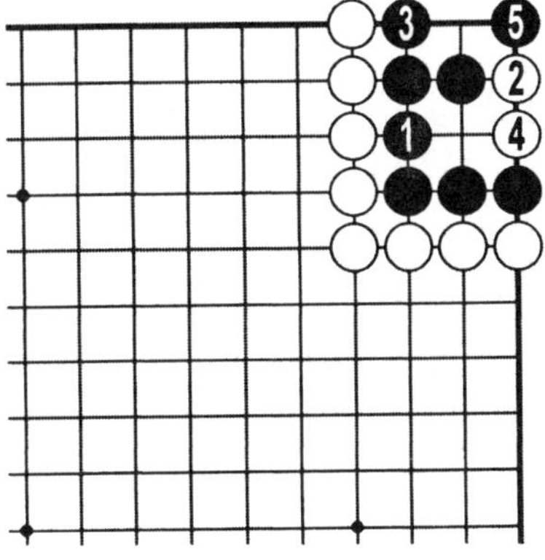

[그림 2] (실격)

❸으로 패를 해야 하지만, 이 그림도 실격이다.

[그림 3]

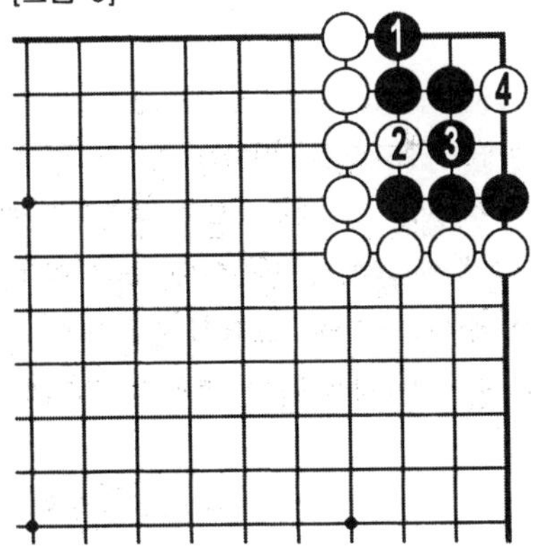

[그림 3] (실격)

❶에 막는 수는 **문제 3**으로 환원되어 버린다.

[그림 4]

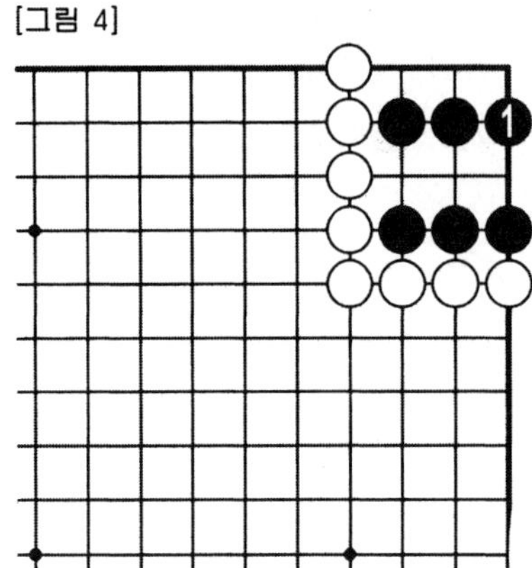

[그림 4] (정해)

이 그림은 ❶의 곳이 급소이다.

♠ 바둑을 갓 배운 어린이들의 바둑을 구경하면 재미있는 현상을 볼 수 있다. 웬 욕심이 그리 많은지 3수를 더 포위해야 잡을 수 있는 돌을 끙끙거리며 포위하려 든다. 한쪽 옆에서는 빅이 된 공배에 슬며시 착점한다. 들키면 죽고 안 들키면 잡겠다는 심보다. 또 한쪽에서는 상대편 모르게 팔꿈치로 상대의 돌을 민다. 이 장면을 보고 웃어야 할지 어째야 할지. 하나는 무지요, 하나는 도박이요, 하나는 사기가 아닌가?

바둑과 컴퓨터

문제 5

이 그림은 문제 3처럼 살 것인가,
문제 4처럼 살 것인가만 결정하면 된다.

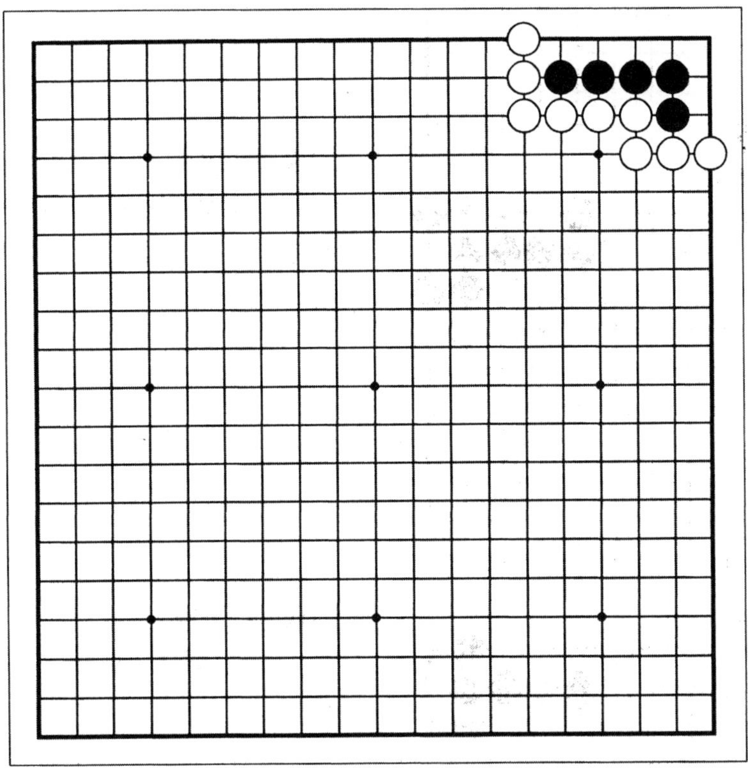

[그림 1]

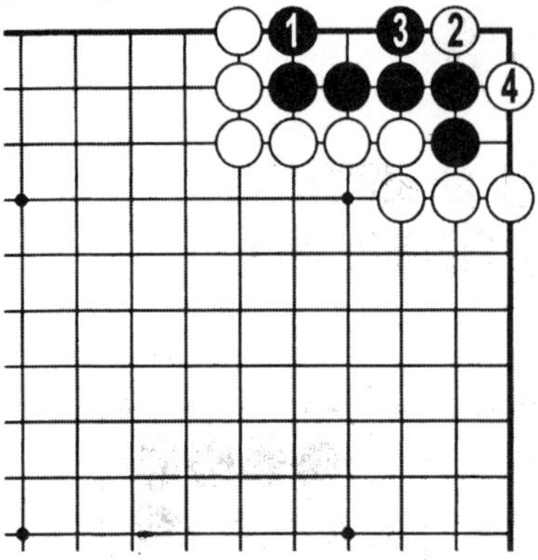

[그림 1] (실격)

최악의 결과이다.

[그림 2]

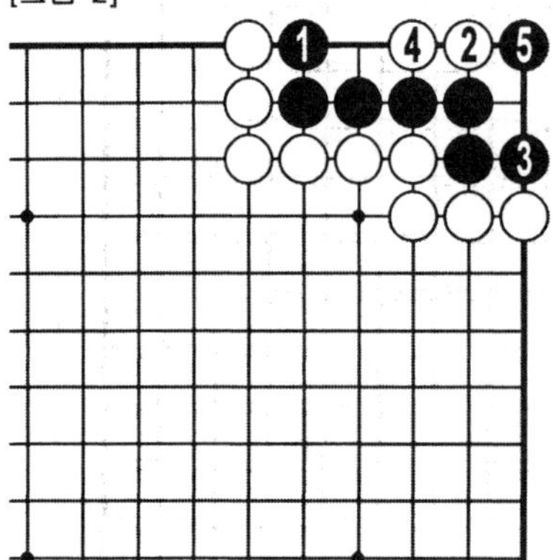

[그림 2] (실격)

앞의 그림보다는 나은 결과이지만, 역시 실격이다.

[그림 3]

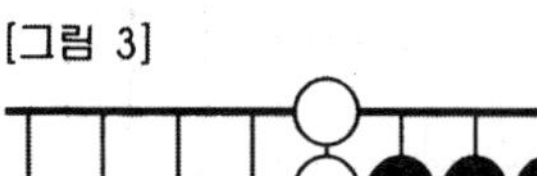

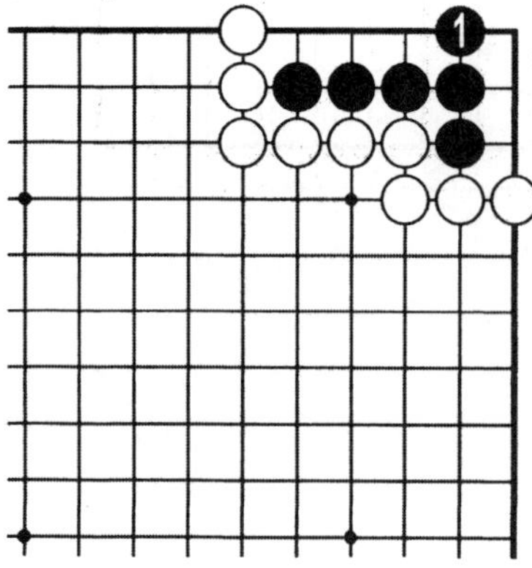

[그림 3] (정해)

이 그림은 **문제** 4와 같은 결과이다.

[그림 4]

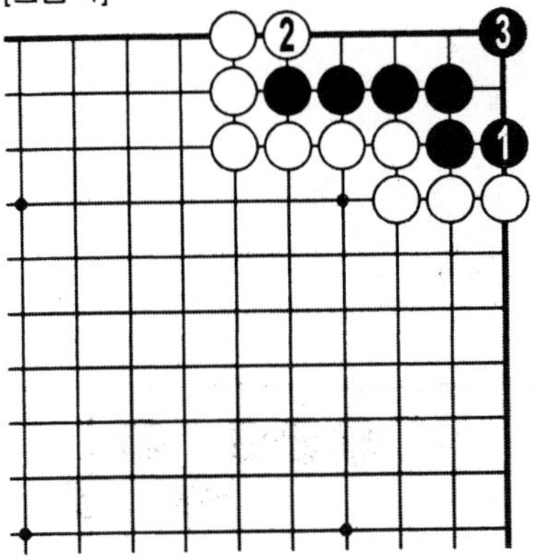

[그림 4] (또 다른 정해)

이 그림은 문제 3과 같은 결과이다.

♠ 사람의 두뇌 속에도 컴퓨터처럼 불량 섹터(bad sector)가 있다. 이 섹터들을 제때 제때에 포맷(format)시켜 주지 않으면 아무 것도 읽어낼 수가 없다. 바둑과 컴퓨터 disk doctor의 말이다.

문제 6

그림이 약간 어려워진 듯하지만,
급소는 같은 곳이다.

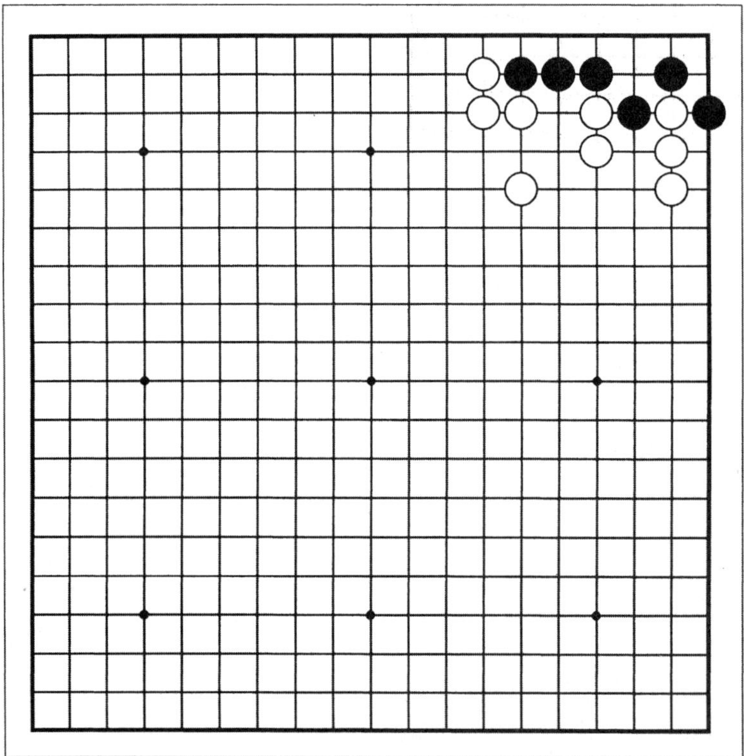

[그림 1]

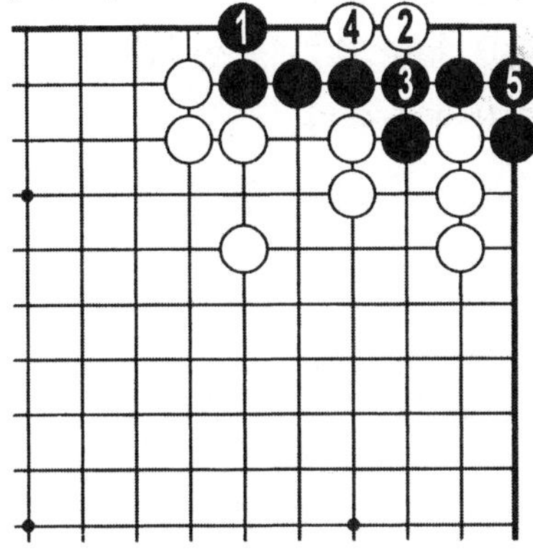

[그림 1] (혼자 생각)

❶로 넓혀 빅을 노린다면 혼자 생각일 뿐이다.

[그림 2]

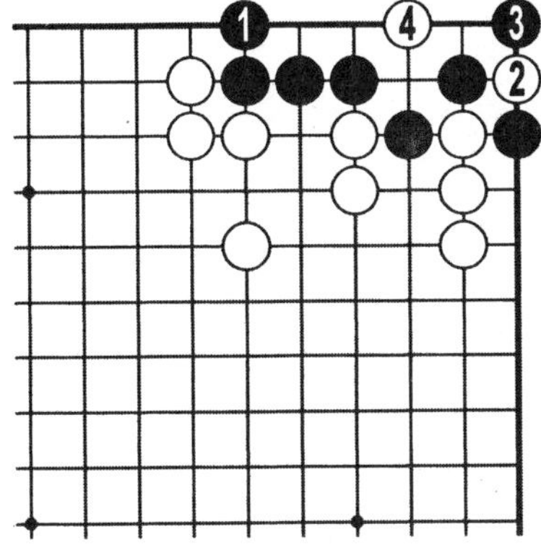

[그림 2] (실격)

②로 먹여치고 ④로 치중하여 살 수 없다.

[그림 3]

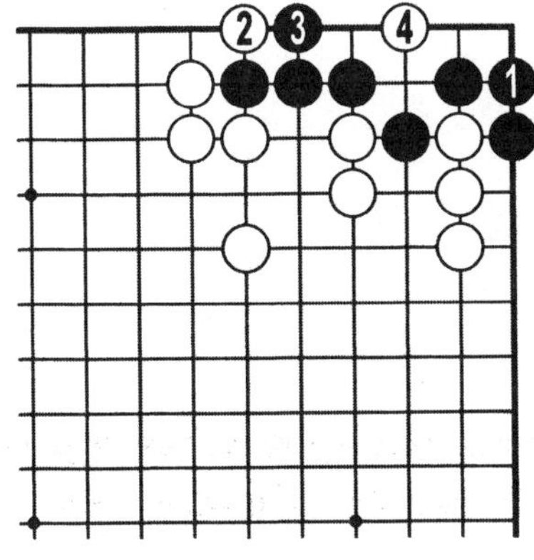

[그림 3] (실격)

❶로 넓히는 것도 ②로 좁히고 ④로 치중하여 죽음이 있다.

[그림 4]

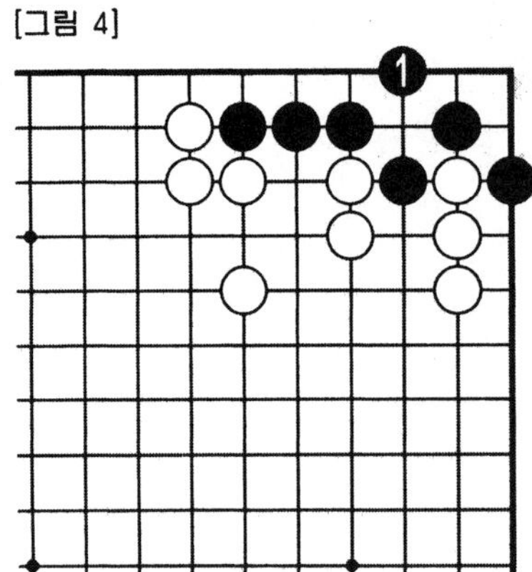

[그림 4] (정해)

❶로 늦춘 수가 급소이다.
문제 1과 같다.

♠ 어느 날, 벽안(碧眼)의 명인들이 등장한다는 것을 상상해 본 적이 있는가? 만약 상상해 본 일이 없다면 고만과 무지가 눈을 멀게 했기 때문일 것이다.

문제 7

문제 1에 귀 끝의 촉촉수를 응용한 형태이다.
급소는 같다. 7수까지 보아야 한다.

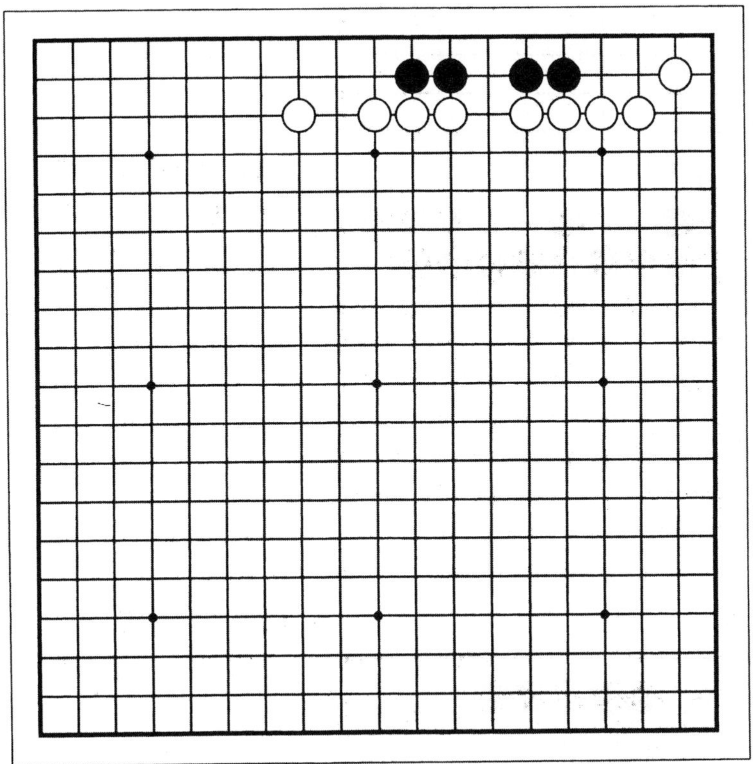

[그림 1]

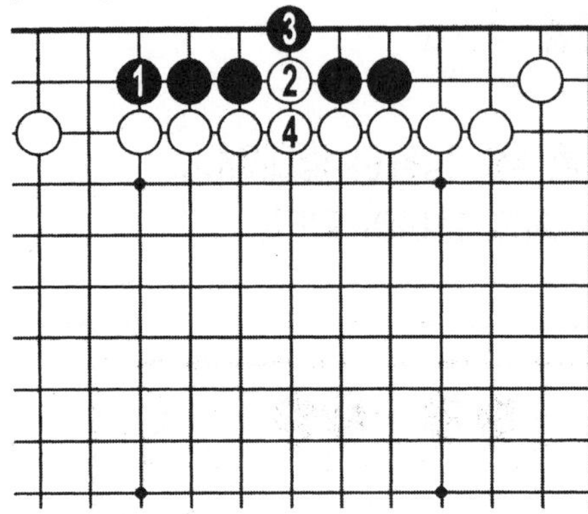

[그림 1] (실격)

❶과 같은 수는 생각조차 나지 말아야 한다.

[그림 2]

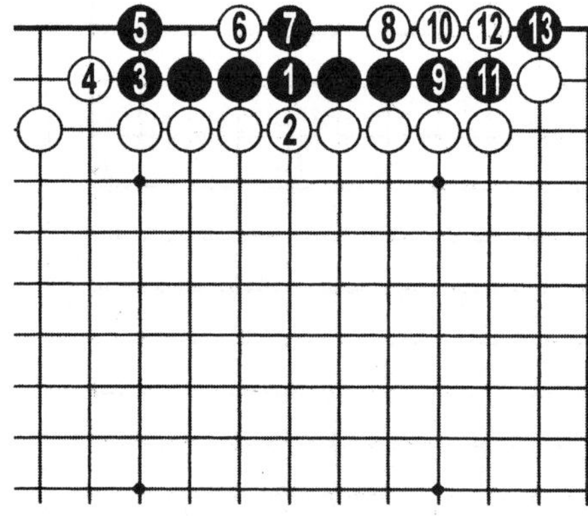

[그림 2] (혼자 생각)

②로만 두어 준다면 좋겠지만, 혼자 생각일 뿐이다.

[그림 3]

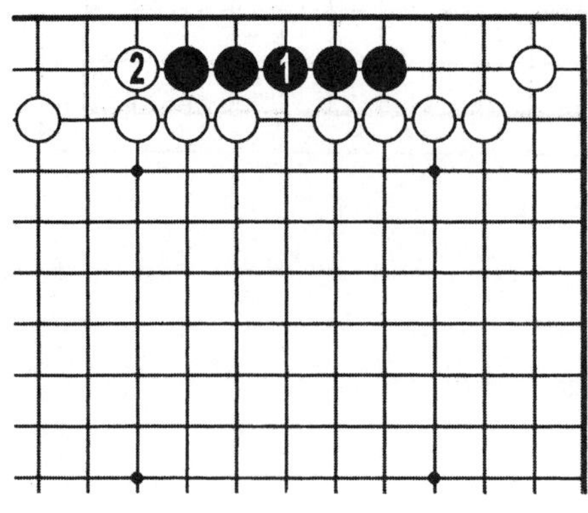

[그림 3] (실격)

②에 막아 그만이다.

[그림 4]

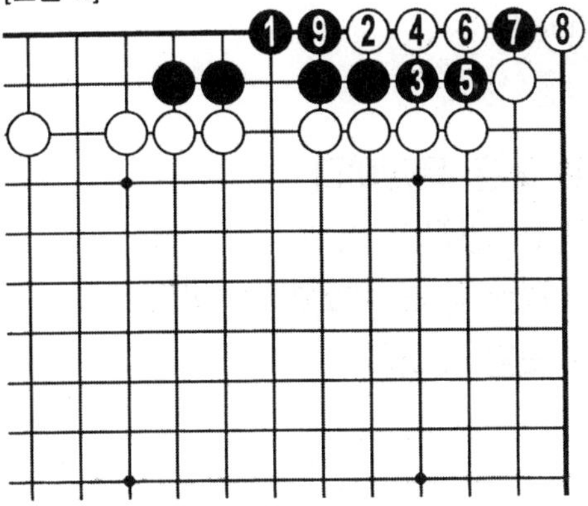

[그림 4] (정해)

❶이 우선 급소이며, 이어 ❼의 곳을 볼 수 있다면, 귀끝의 촉촉수를 아는 것이다.

♠ 바둑 격언에 보면, '축을 모르고는 바둑을 두지 말라.'는 말이 있다. 그러나 축을 알면 이미 유단자가 되어 있는 것이다.

문제 8

난이도가 꽤 높은 문제이다.
앞서 설명한 바 있지만, 우선
한눈에 보아도 될 수 없는 수를 제외하고 나면,
첫 수가 보일 것이다.

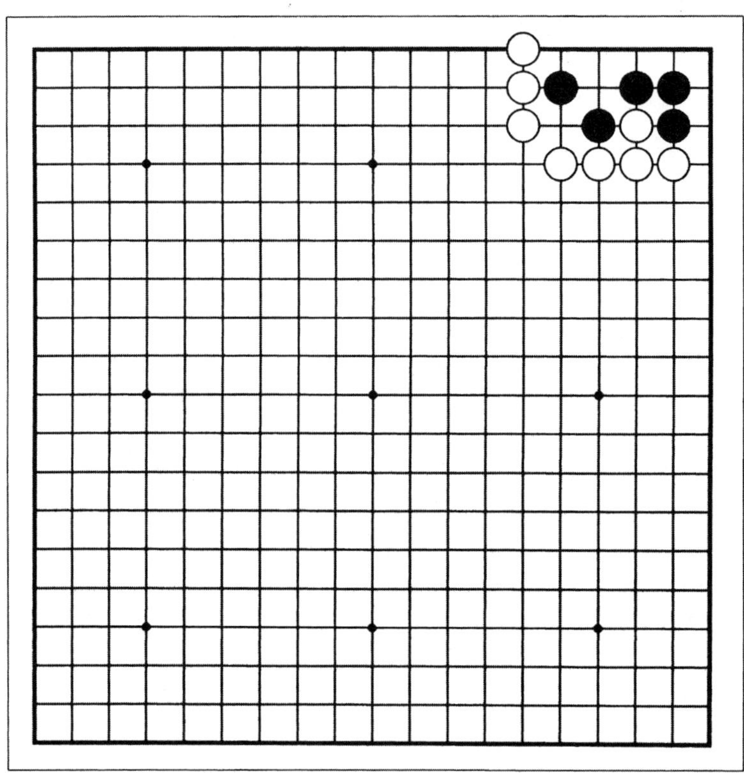

[그림 1]

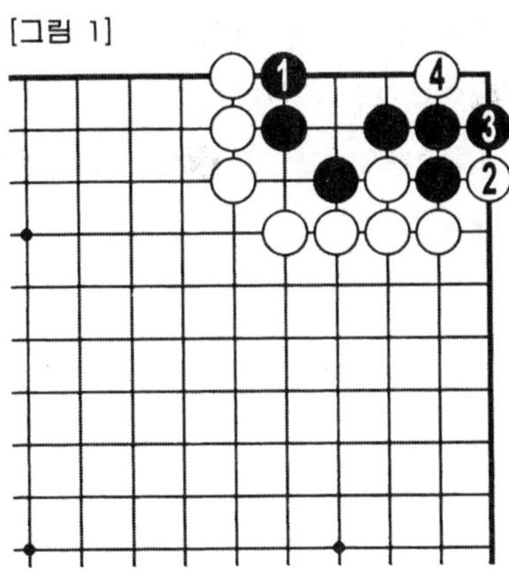

[그림 1] (실격)

그림 1, 2는 ④나 ②의 치중이 한눈에 보이지 않는 결과이다.

[그림 2]

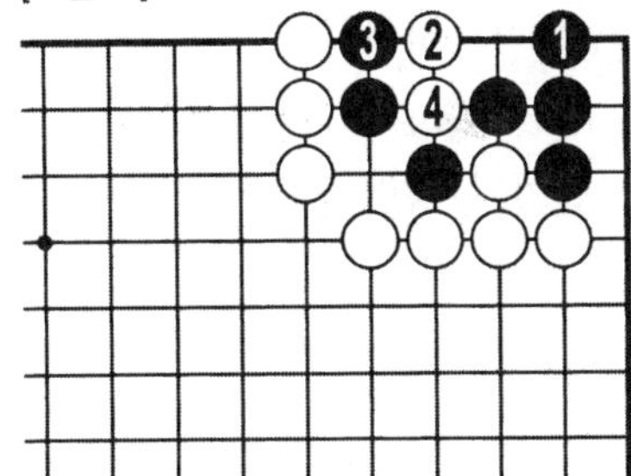

[그림 2] (실격)

[그림 3]

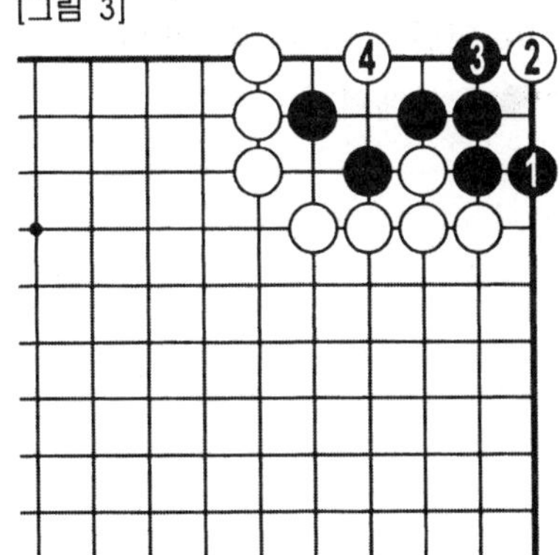

[그림 3] (실격)

❶의 수는 맞았다. 하지만 ❸이 틀렸다. ④의 치중에 삶이 없어졌다.

[그림 4]

[그림 4] (백의 실격)

❸으로 막는 수가 좋다.

④는 백의 실수로 ❺로 크게 살았다.

[그림 5]

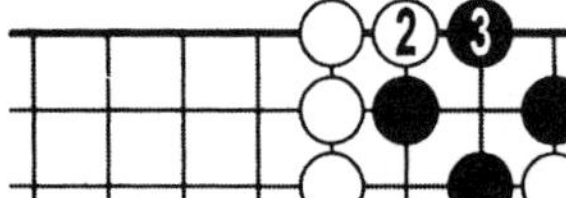

[그림 5] (백의 실격)

②도 실수이다.

④에는 ❺로 밖의 공배가 있어 눌러잡기가 성립한다.

[그림 6]

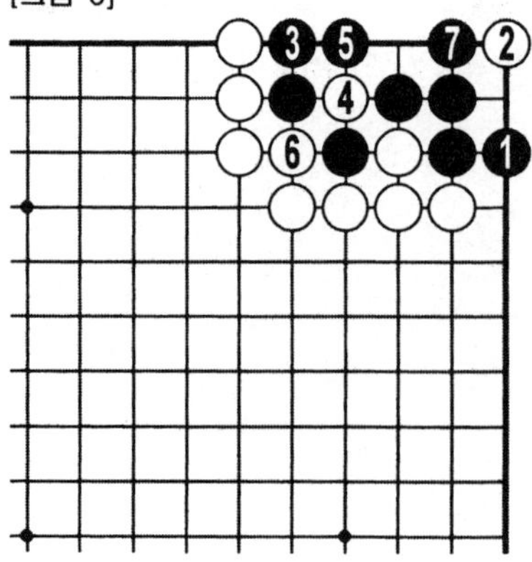

[그림 6] (정해)

이 그림이 쌍방 최선이다.

❼까지 패이다.

■ 패와 사활의 관계 ■

패는 사활에 있어 무엇을 의미할까?

어떻게 생각해 보면, 유리한 쪽에게는 절반의 실패이며 불리한 쪽에게는 절반의 성공이라고 볼 수도 있지만, 이를 패의 본질이라고 할 수는 없다.

원래 패가 아닌 사활이 패가 되었다면 어느 한쪽의 실수가 있었다는 이야기가 되므로, 만약 실수했었던 쪽의 실수가 없었다면 결과는 필연이 되므로 죽음이나 삶 중 하나가 된다. 사활처럼 패도 필연성을 가지고 있다. 다만 죽음과 삶의 가운데 있다는 것뿐이다.

이러한 속성을 가진 **패가 갖는 사활에 있어서의 의미는** 바둑이 가진 복합적인 물성으로 미루어 볼 때 앞으로 배울 **실전의 사활이 바둑 전체로 연관 지어지는 하나의 관문**이라는 데에 있다고 볼 수 있다.

어째서 삿갓 4궁인가를 생각하면 된다.

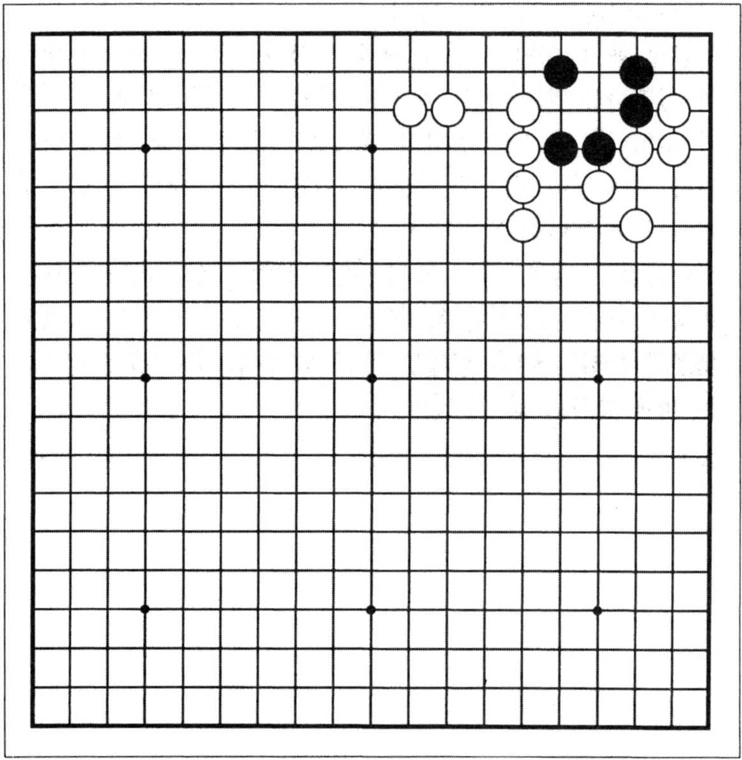

[그림 1]

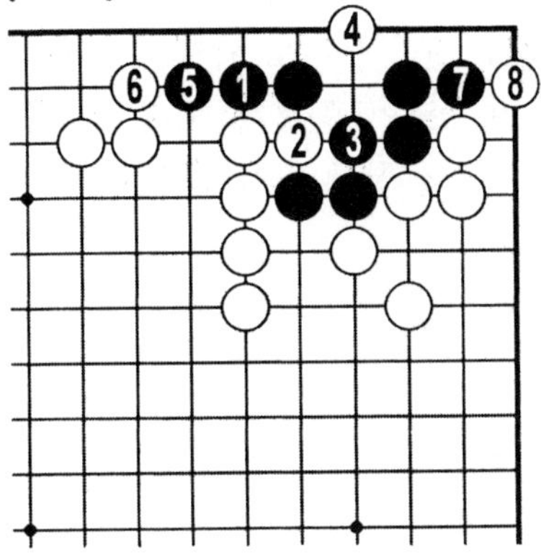

[그림 1] (실격)

❶의 수는 급소를 놓쳤다.
⑧까지 죽음이다.

[그림 2]

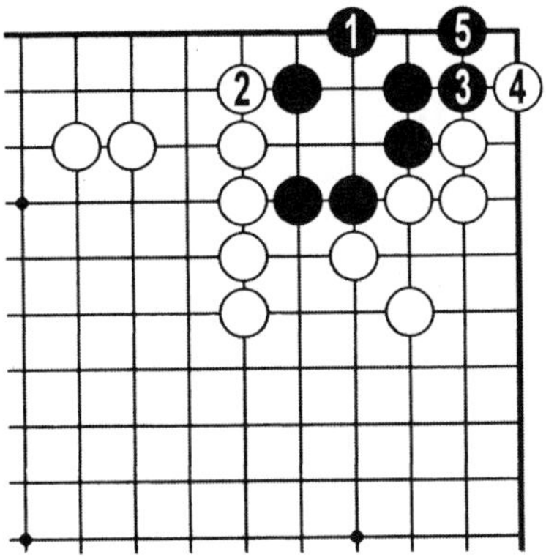

[그림 2] (정해)

❶의 곳이 삿갓형의 급소이다.

[그림 3]

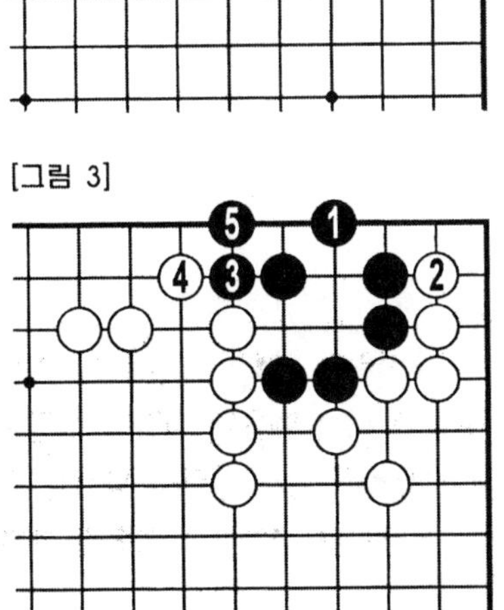

[그림 3] (변화도)

②에는 ❸으로 집을 낸다.

[그림 4]

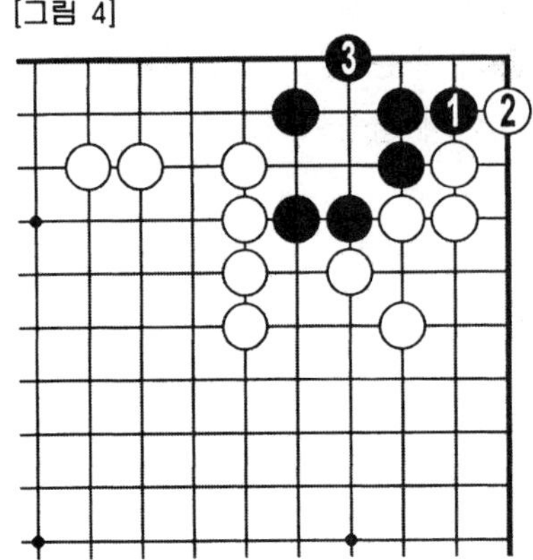

[그림 4] (다른 수순)

❶로 먼저 두어도 되지만 이 형태가 변으로 이동하게 되면 위험할 수 있음을 항상 잊지 말기 바란다.

♠ 한국에도 바둑 평론지가 하나쯤 있으면 좋을 것이다. 계간지 정도로. 바둑계라는 전문집단이 가진 속성은 완고할 수밖에 없기 때문에 비판의 집단도 하나쯤 있어야 구색이 맞을 것이다. 비판이 통하지 않는 집단이 발전할 수 없다는 것은 사회적으로도 검증된 일이다. 독단이란 언제나 위험스런 매커니즘일 수밖에 없다.

바둑과 컴퓨터

문제 10

이 그림도 삿갓형으로 유도하여 산다.

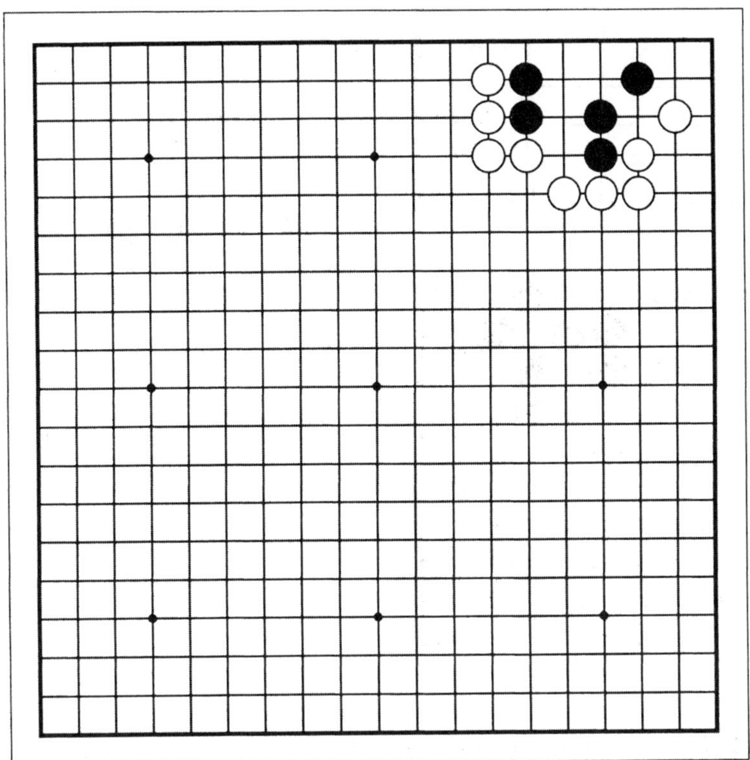

[그림 1]

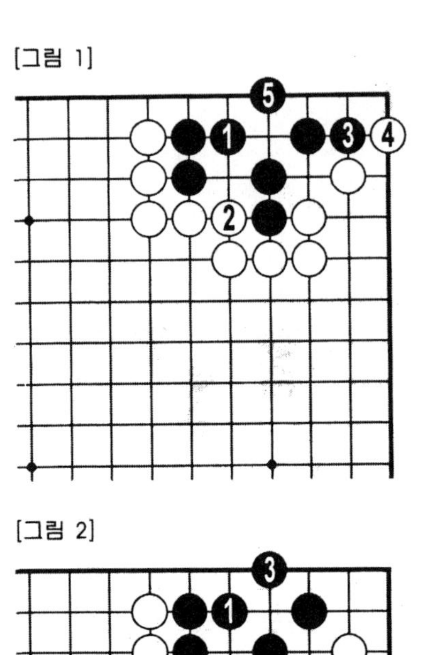

[그림 1] (정해)

[그림 2]

[그림 2] (다른 정해)

❶의 곳은 절대이다. 이 곳을 백에게 당하면 삶이 없어진다. 또한 이 곳은 삿갓형을 만들면서 다른 곳에 한 집을 맞보기로 남기는 급소에 해당한다.

그림 1과 그림 2의 차이를 앞의 문제와 함께 설명하겠다.

그림 1처럼 ❸으로 먼저 미는 수도 성립되는 이유는 이 형태가 귀의 끝에 있기 때문—**귀의 끝 2의 1까지 가면 두 집이 늘게 되고, 변에서는 한 집밖에 늘지 않는다**—일 뿐이다.

만약 변에서 그림 1처럼 둔다면 **참고도**처럼 죽게 된다.

문제 9를 풀이할 때 변으로 이동한 형태에 대해 경계를 당부한 이유도 바로 이 때문이다.

따라서 변에서는 그림 2처럼 두는 것이 정해가 된다.

[참고도]

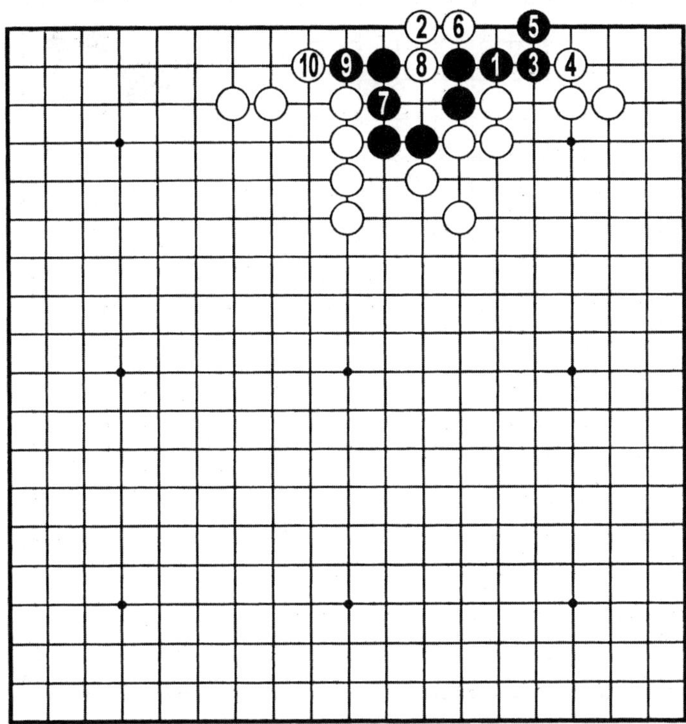

문제 11

기초적이지만 실전형이다.

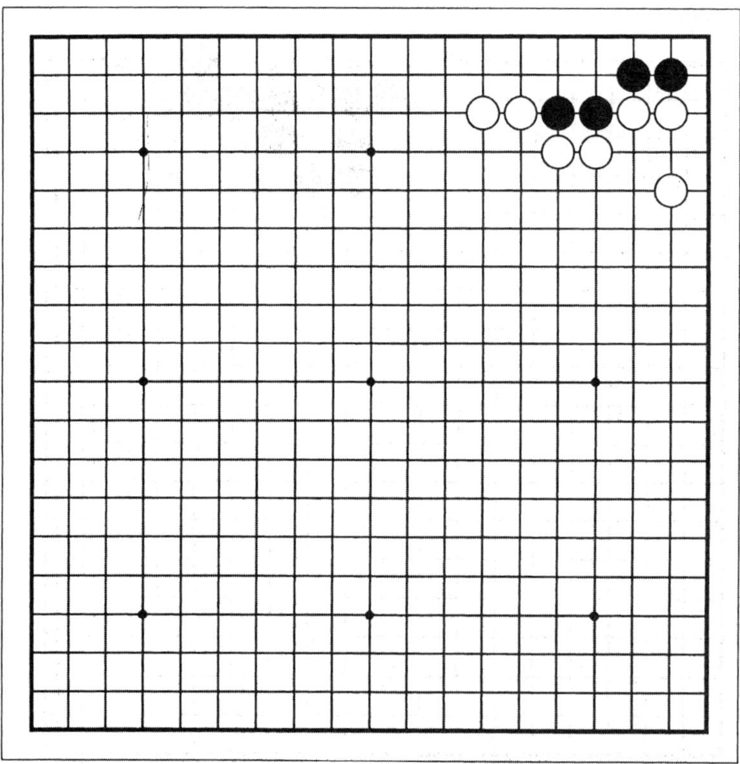

[그림 1]

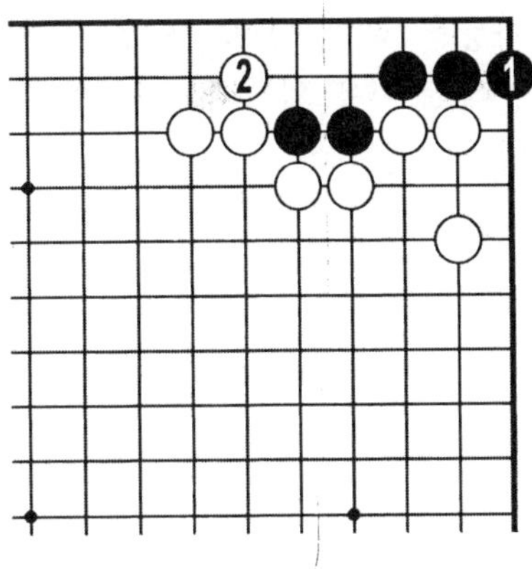

[그림 1] (실격)

한눈에 실격이다.

[그림 2]

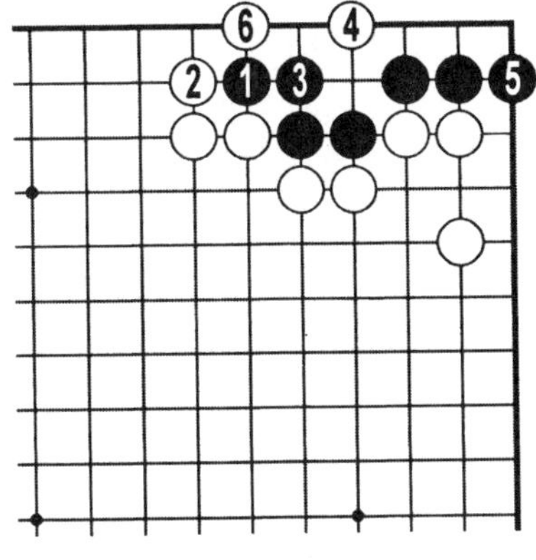

[그림 2] (실격)

❶은 위험을 자초한 수이다.
자충이다.

[그림 3]

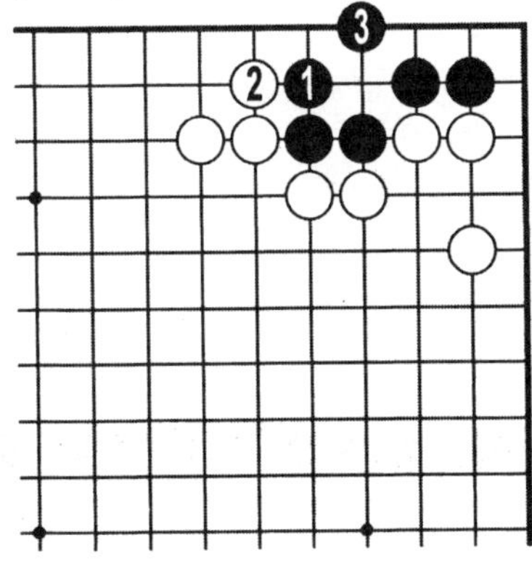

[그림 3] (정해)

자충을 피해야 삶이 보장된다.
그냥 ❶이다.

[그림 4]

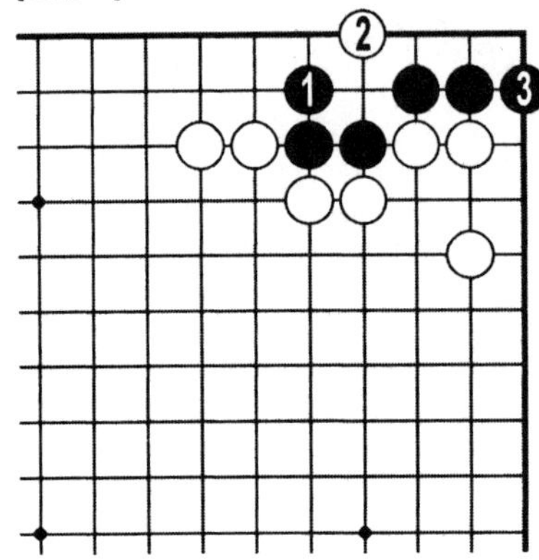

[그림 4] (변화도)

자충을 피했으므로 이젠 ②의 치중에도 여유 있게 ❸으로 살 수 있다.

♠ 정석에도 혁명이 있었다. 신포석에 가려 빛을 잃었을 뿐. 정석이 포석의 울타리 안에 존재할 수밖에 없기 때문이었다.

문제 12

복잡한 듯 보이지만,
살펴보면 문제 1과 같다.

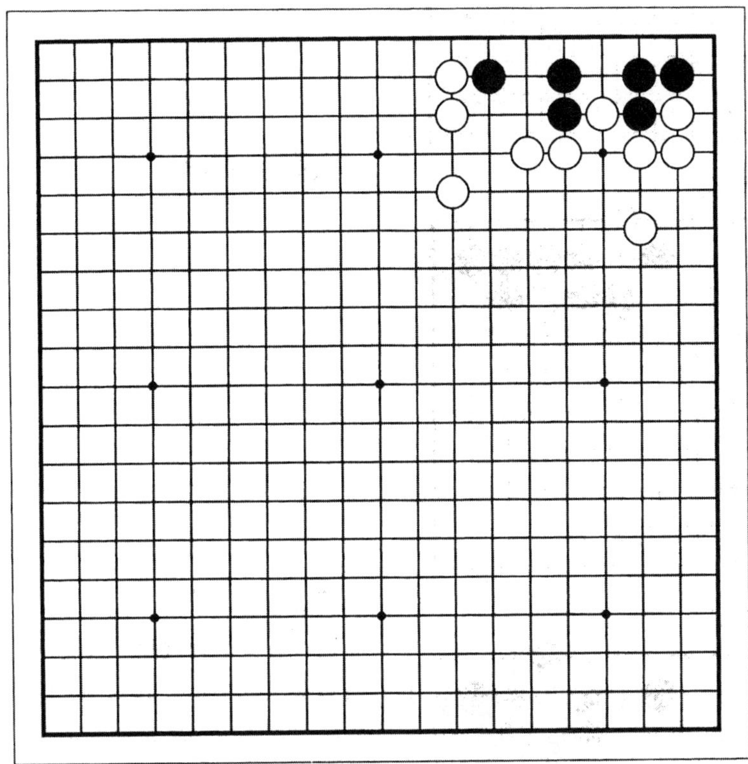

[그림 1]

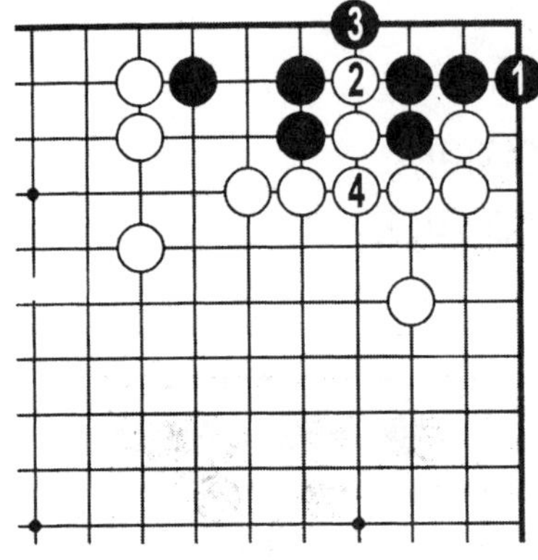

[그림 1] (실격)

아직까지 그림 1, 2처럼 실수한다면 처음부터 다시 보기 바란다.

[그림 2]

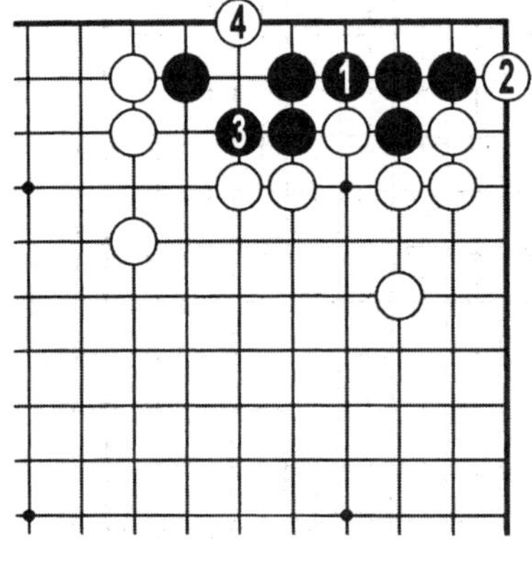

[그림 2] (실격)

[그림 3]

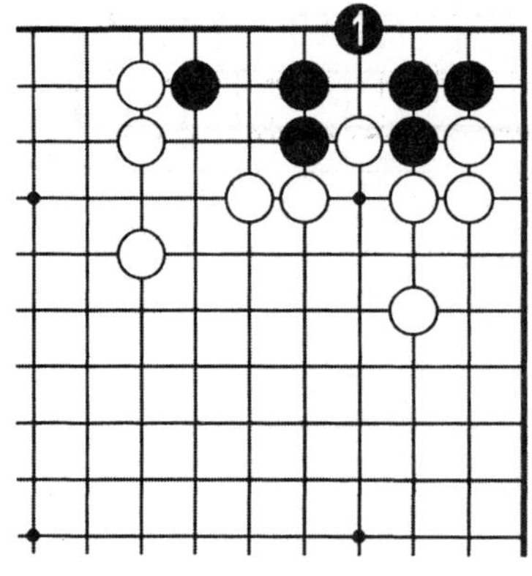

[그림 3] (정해)

한 칸 늦추어 ❶로 사는 수법을 아직도 확실히 이해하지 못하고 있다면 연습이 부족한 것이다.

4. 지프(Jeep) 5궁형의 사활(줄여서 지프형이라 함)

기초 사활의 형태 중에서 가장 중요한 것이 바로 지프 5궁형의 사활이라고 할 수 있는데, 그 이유는 이 궁도의 형태가 가장 많이 응용되기 때문이다. 이제부터 가장 원시적인 그림을 시작으로 어떤 형태까지 응용되고 있는지 알아보기로 하겠다.

(최초의 형태)

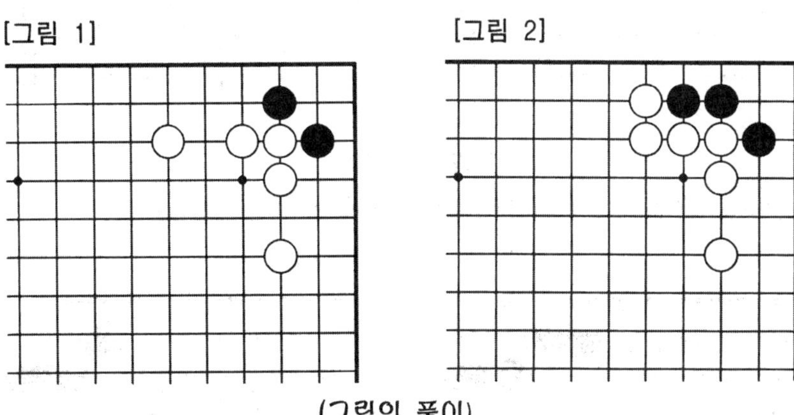

[그림 1] [그림 2]

(그림의 풀이)

그림 1에서는 같은 2개의 급소 중 어느 한 곳에 두면 살게 되어 있었으나, 그림 2의 경우에서는 A의 곳만이 살 수 있다. 여기서부터 지프형이 시작된다고 생각하라.

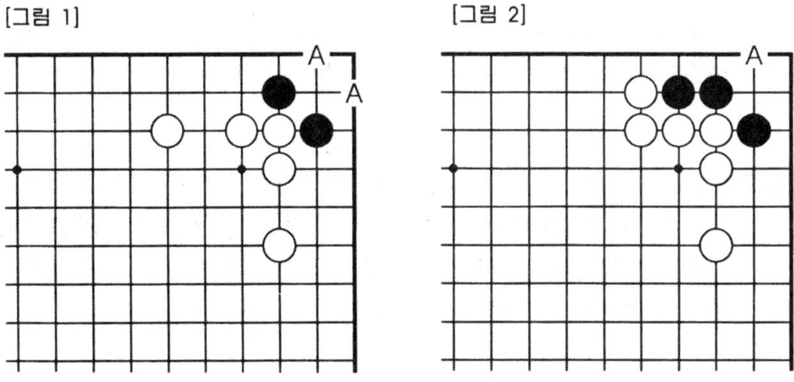

[그림 1] [그림 2]

[그림 3]

[그림 4]

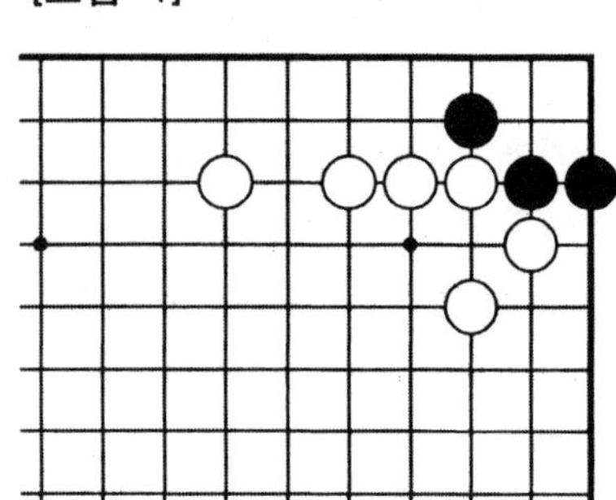

(그림의 풀이)

그림 1, 2가 약간의 변화로 이렇게 만들어지기도 한다.

[그림 3] [그림 4]

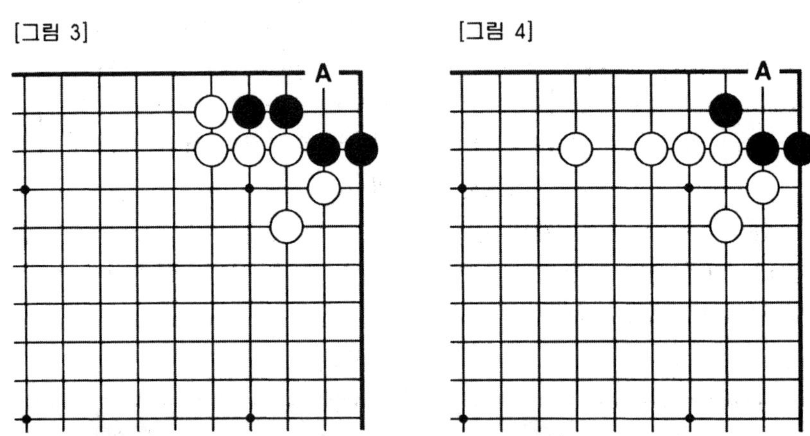

【결론】 지프 5궁을 만들었을 때는 이미 늦는다. 거꾸로 A의 급소를 허락하면 죽음이다. 따라서 이 형태의 **가장 중요한 곳이 바로 A의 곳**이 된다. 경계선을 모두 막아 완벽한 지프 5궁을 만들어도 A가 빠진다면 결코 삶을 구할 수 없다.

이와 같은 요령으로 다음 4개의 그림을 풀어 보자.

[연습 1]

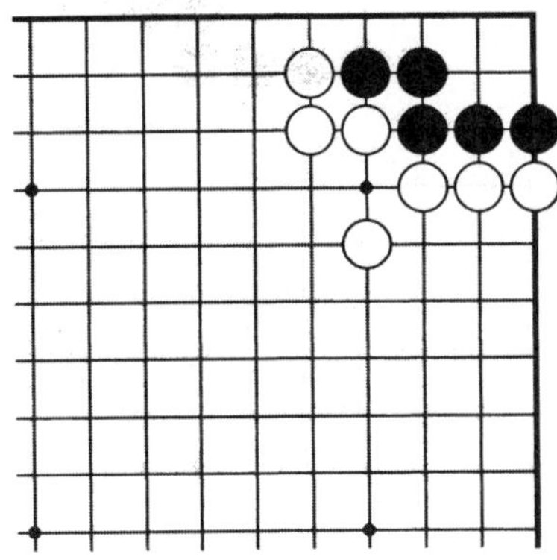

(정해)

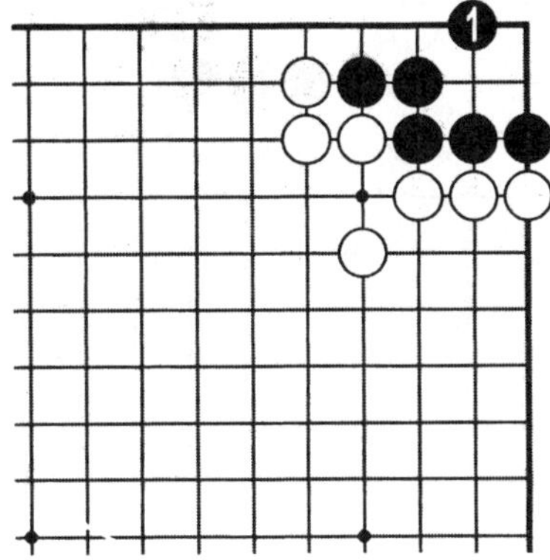

[연습 2]

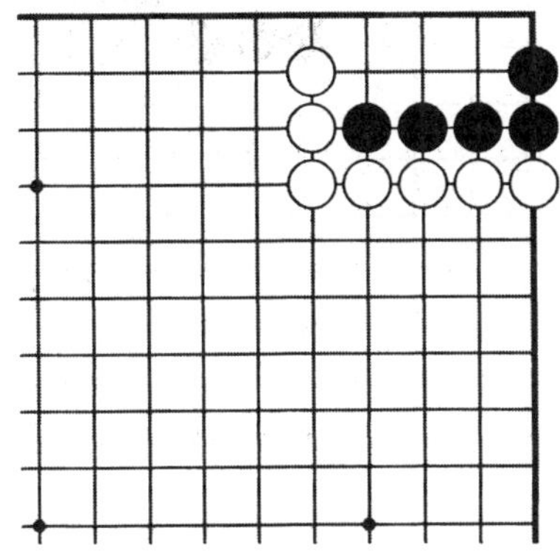

(정해)

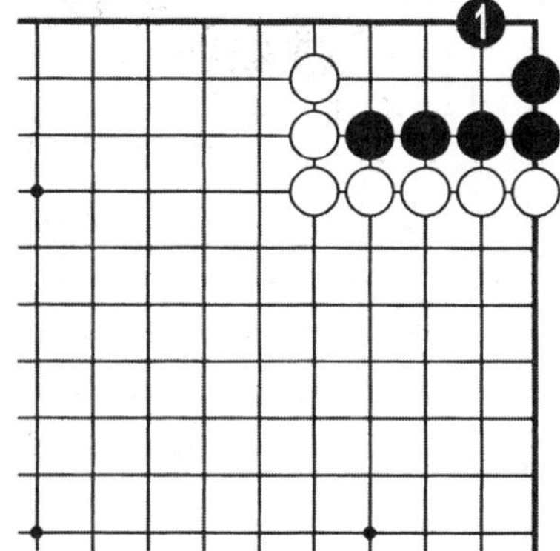

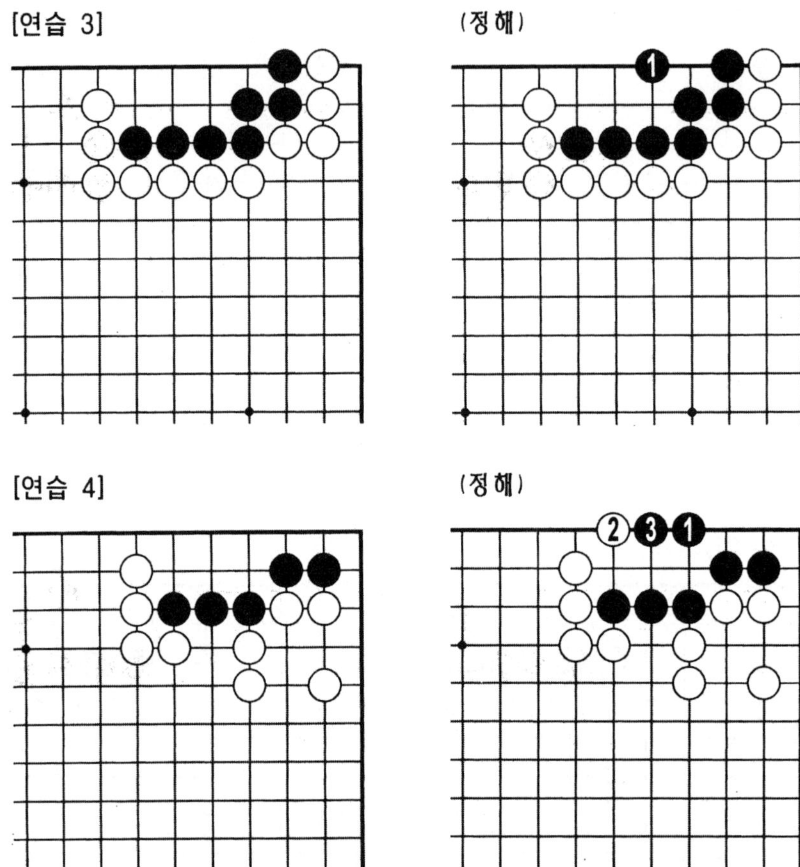
[연습 3]
(정해)
1
[연습 4]
(정해)
2
3
1

지금부터 12개의 기본 지프형 사활을 풀어 보자.
이 그림들이 어째서 지프형인지도 확인해 보자(흑이 둘 차례).

[그림 1]

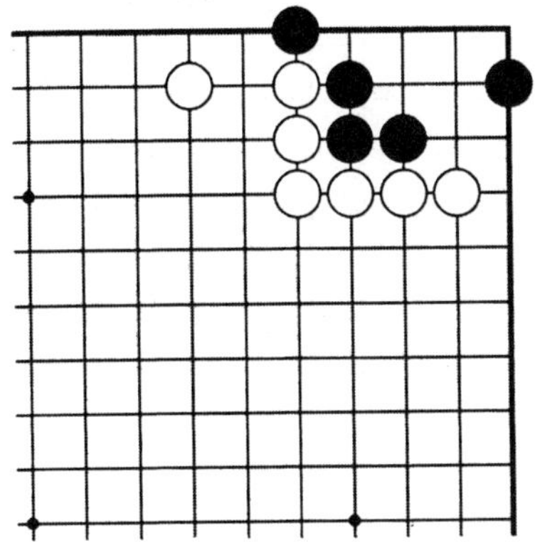

[그림 2]

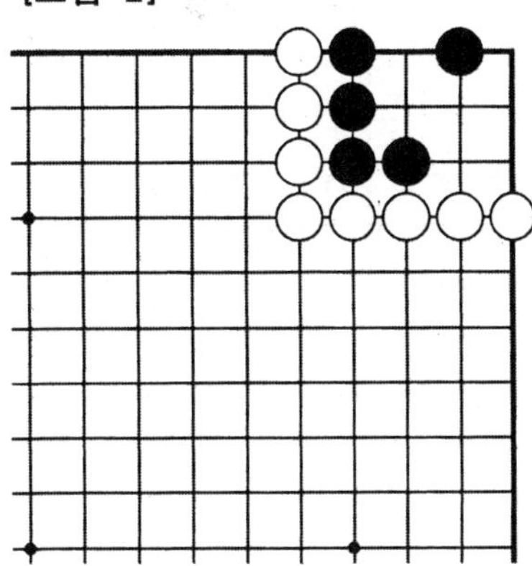

[그림 3]

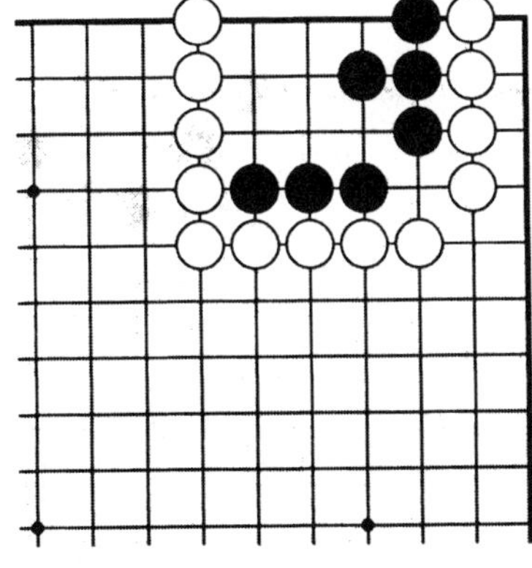

[그림 4]

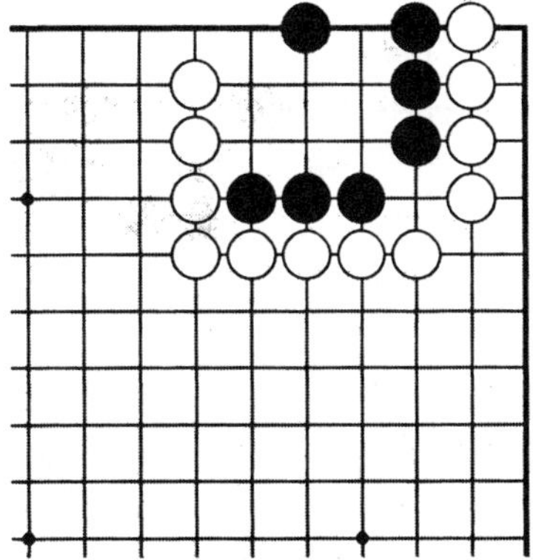

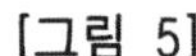
[그림 5]

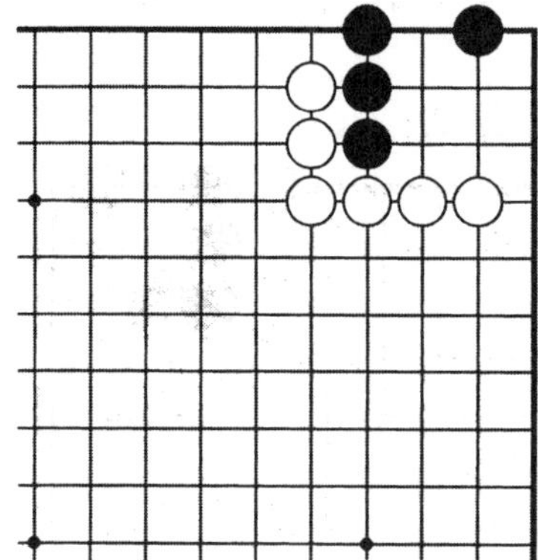

[그림 6]

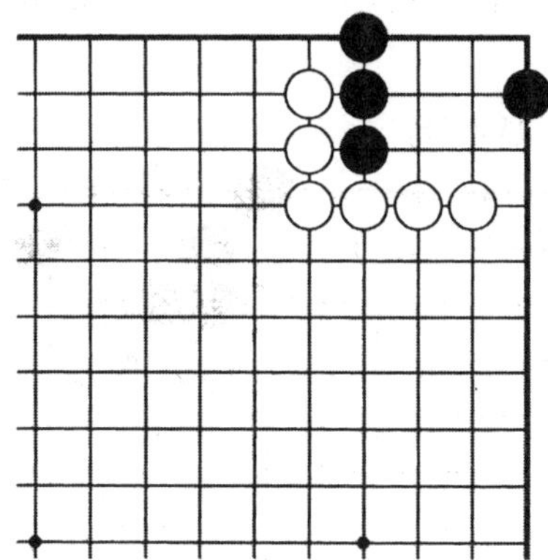

지프형을 이해하려면 그림의 가상 경계선을 만들어 판단하는 방법이 빠르다.

[그림 1] (정해)

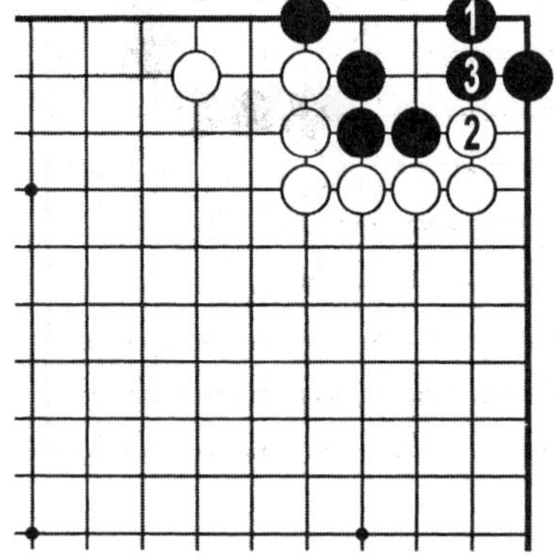

(실격)

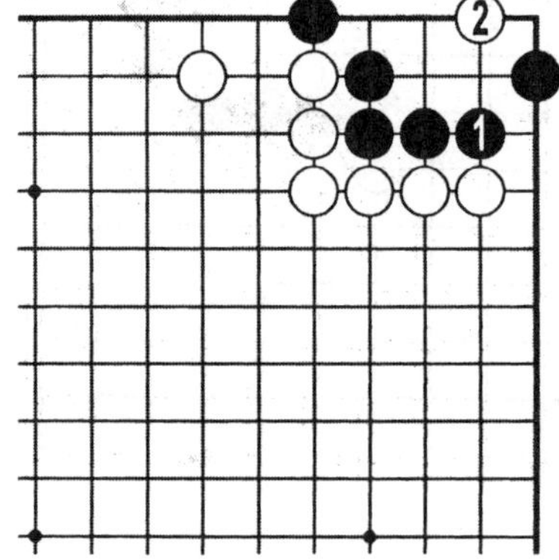

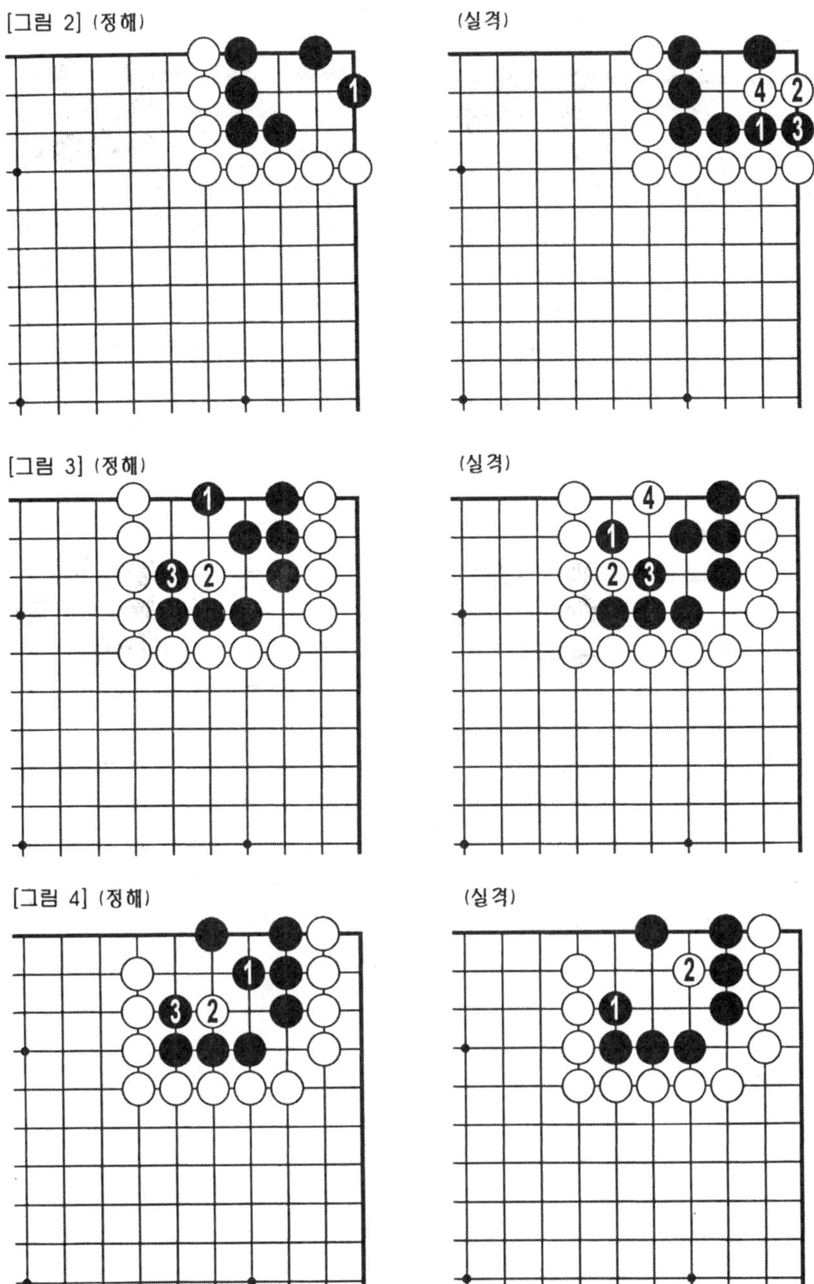
[그림 2] (정해)
(실격)
[그림 3] (정해)
(실격)
[그림 4] (정해)
(실격)

[그림 5] (정해)

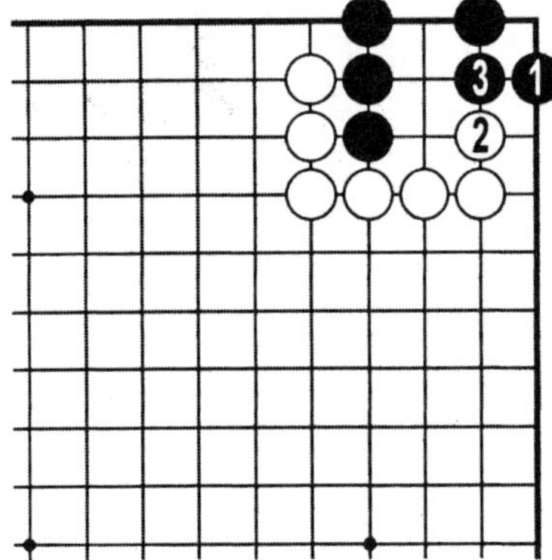

(실격)

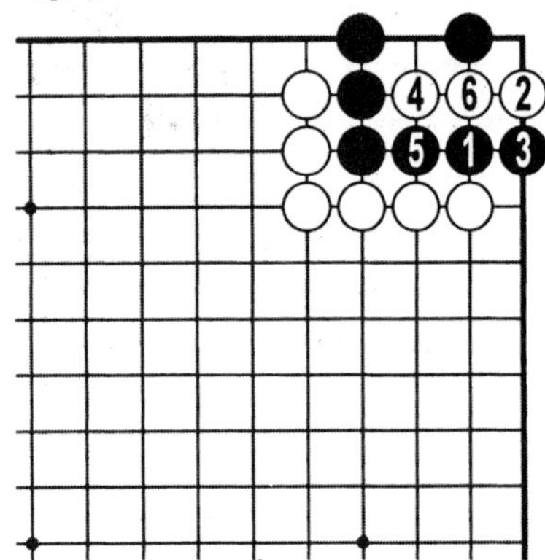

[그림 6] (정해)

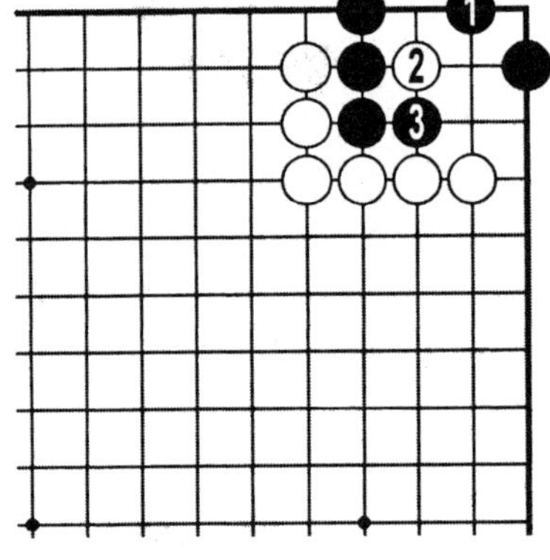

(실격)

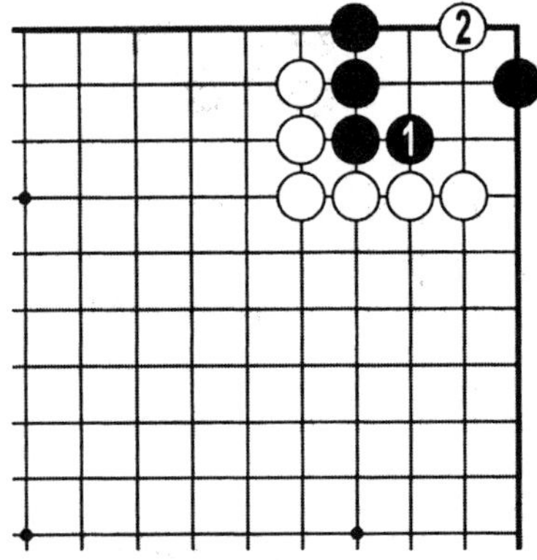

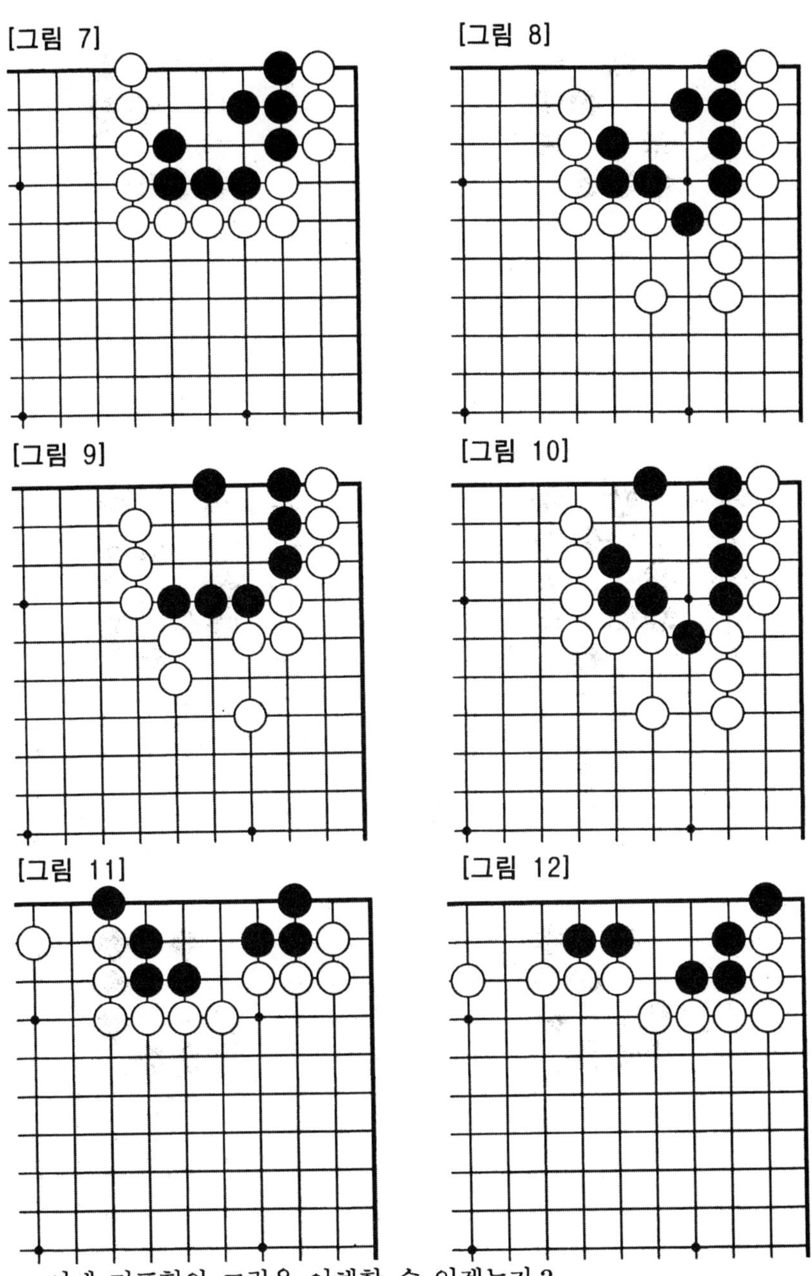

이제 지프형의 그림을 이해할 수 있겠는가?

[그림 7] (정해)

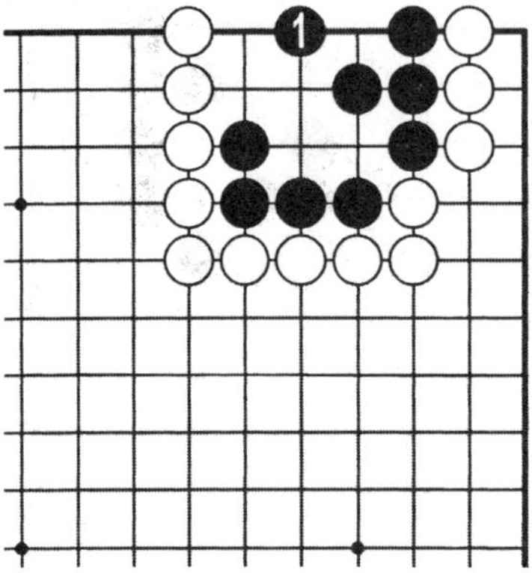

(실격)

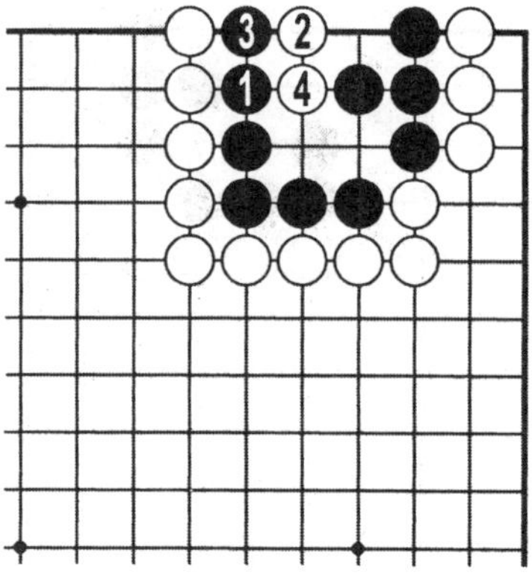

[그림 8] (정해)

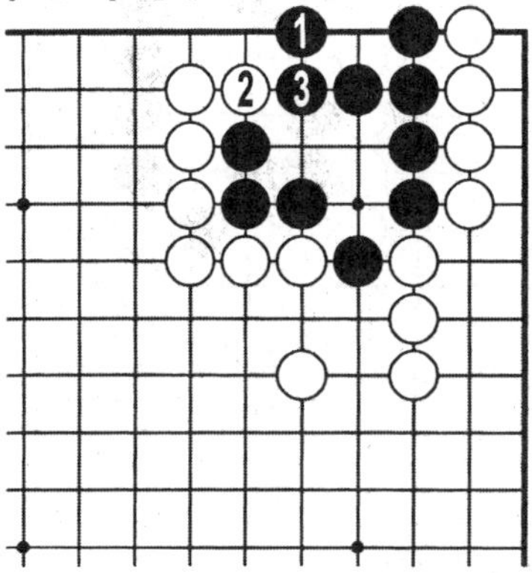

(실격)

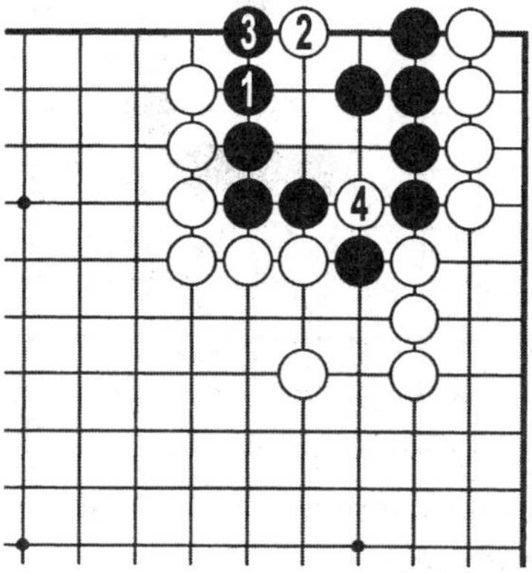

[그림 9] (정해)

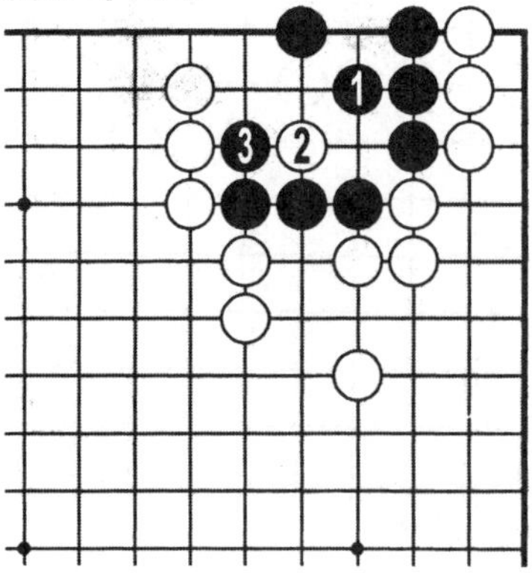

(실격)

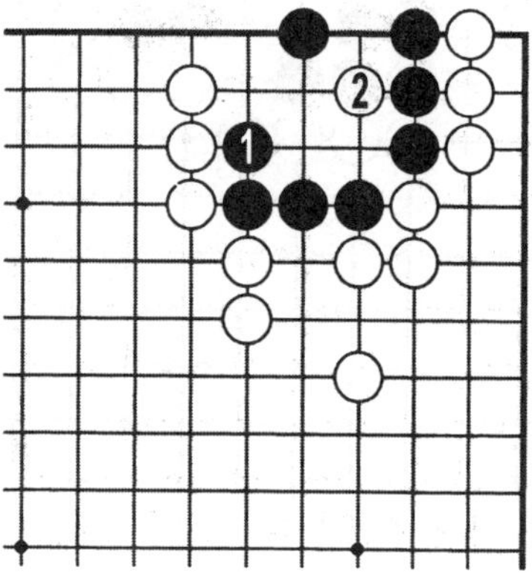

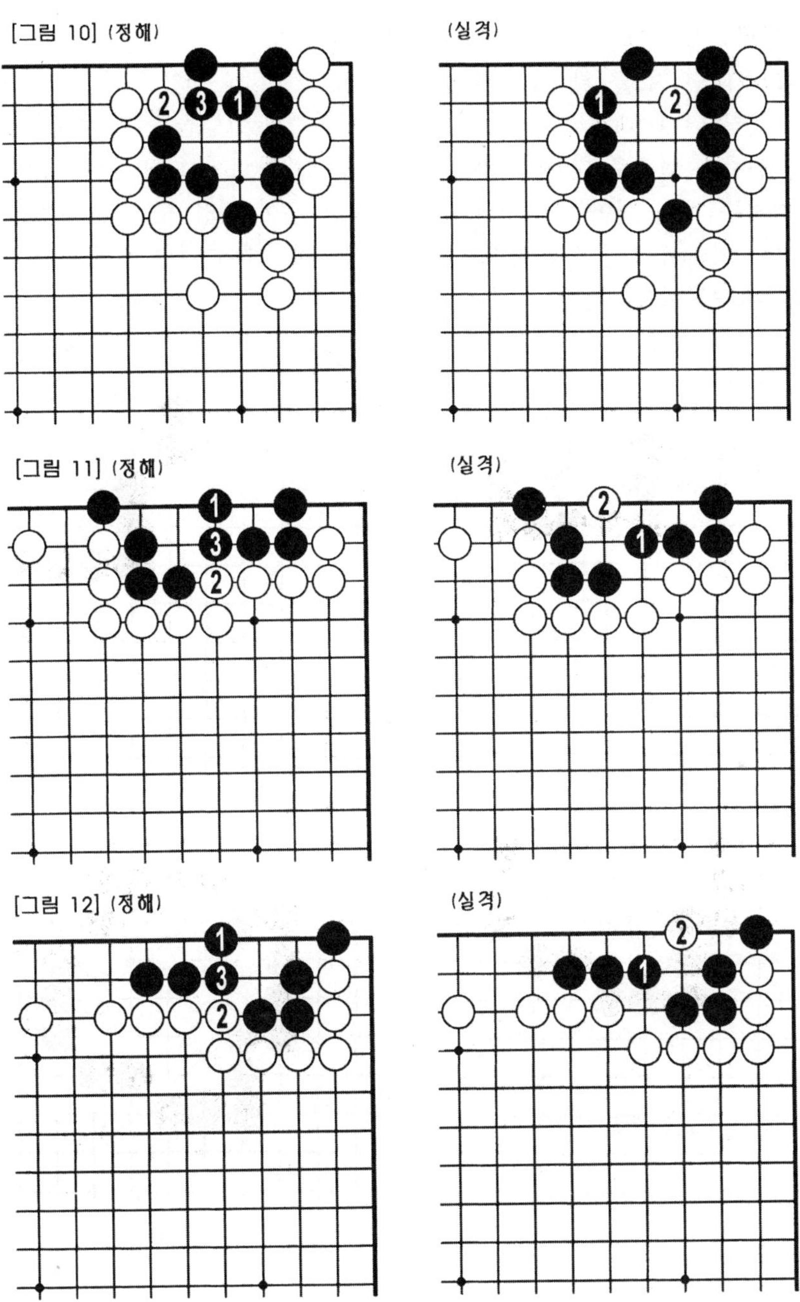
[그림 10] (정해)
(실격)
[그림 11] (정해)
(실격)
[그림 12] (정해)
(실격)

지금까지 지프형의 기본 사활을 풀어 보았다.

그렇다면 지프형과 그 유사형을 구분할 수 있겠는가?

지금부터 10개의 그림을 보여 줄 것이다. 이 그림들은 모두 지프형과 유사한 형태로 착각이 일어나기 쉬운 그림들로서 그림 1부터 그림 7까지는 백이 살아 있는 것처럼 보이지만 흑이 잡을 수 있는 그림들이다. 따라서 그림 8부터 그림 10까지는 지프형이 아닌 형태로 살아야 한다(흑이 둘 차례).

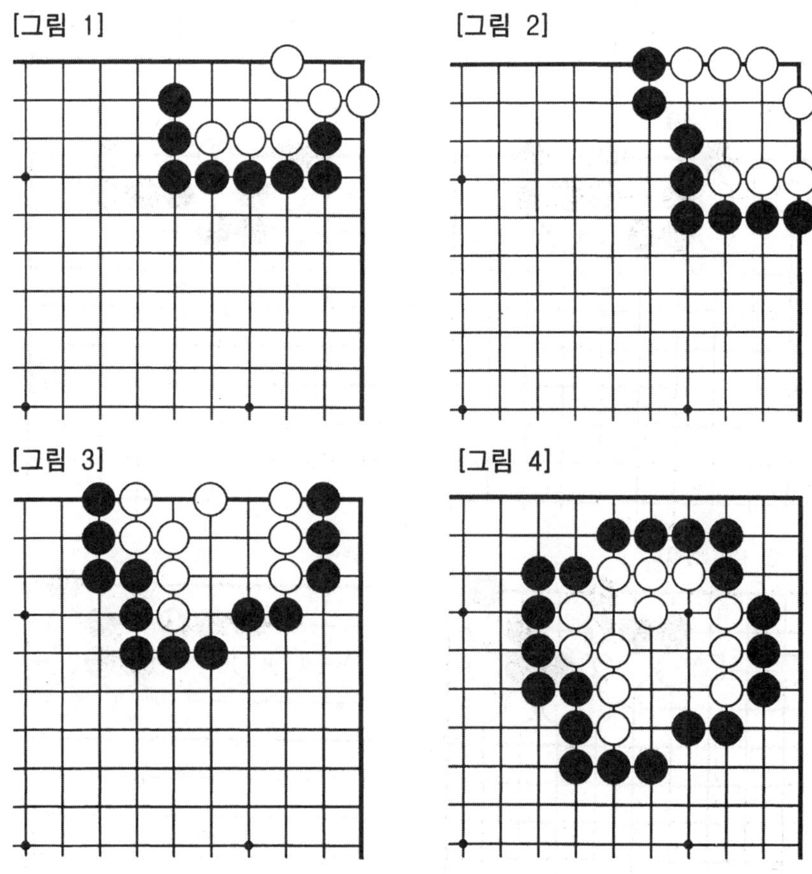

[그림 1] [그림 2] [그림 3] [그림 4]

이 그림들은 실전형이거나 실전형에 가까운 형태들이다.
나중에 실전형 사활편에서 더 자세한 설명을 하겠다.

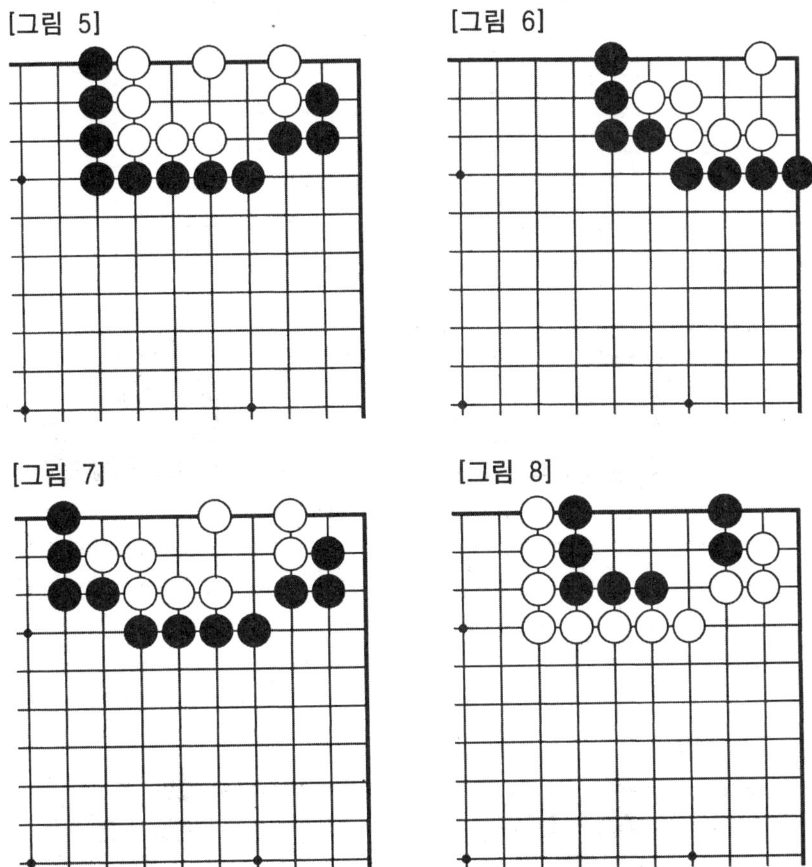

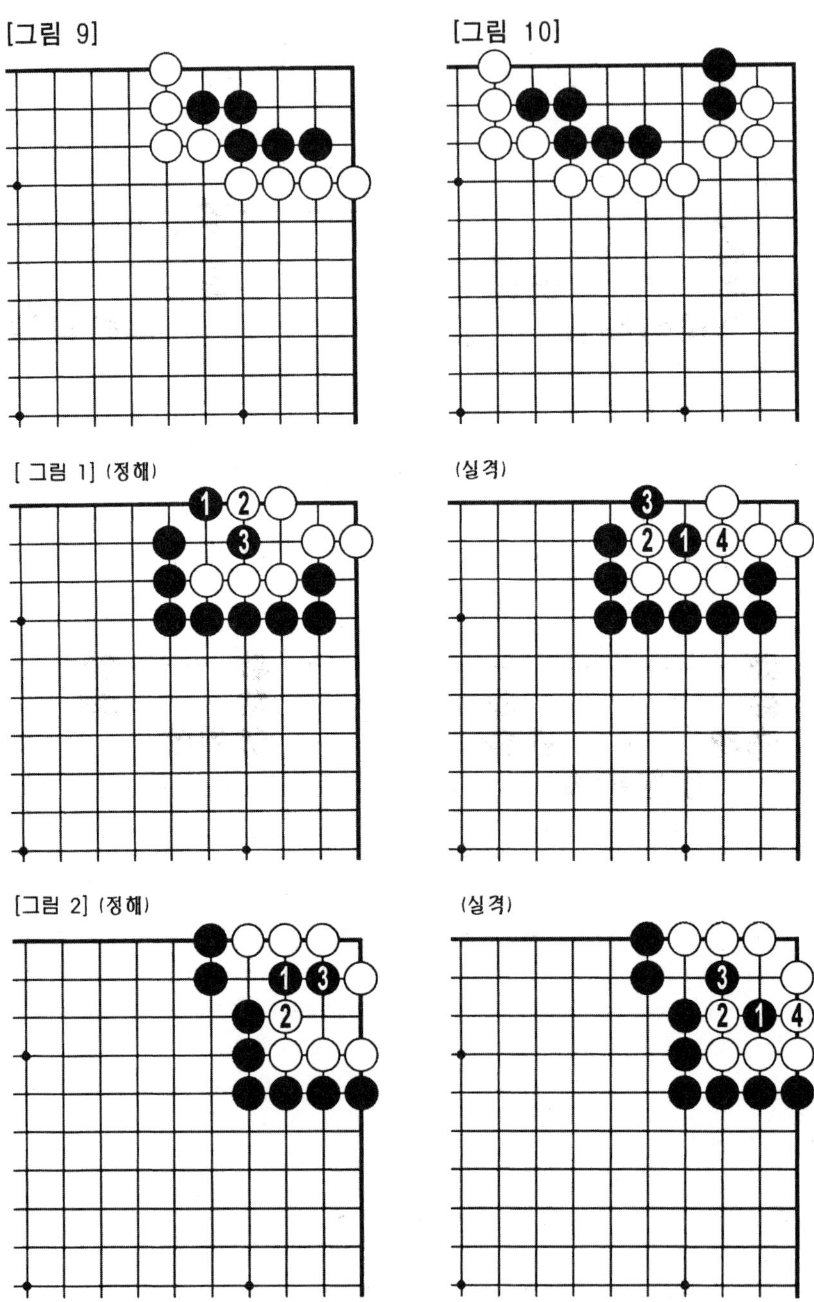
[그림 9]
[그림 10]
[그림 1] (정해)
(실격)
[그림 2] (정해)
(실격)

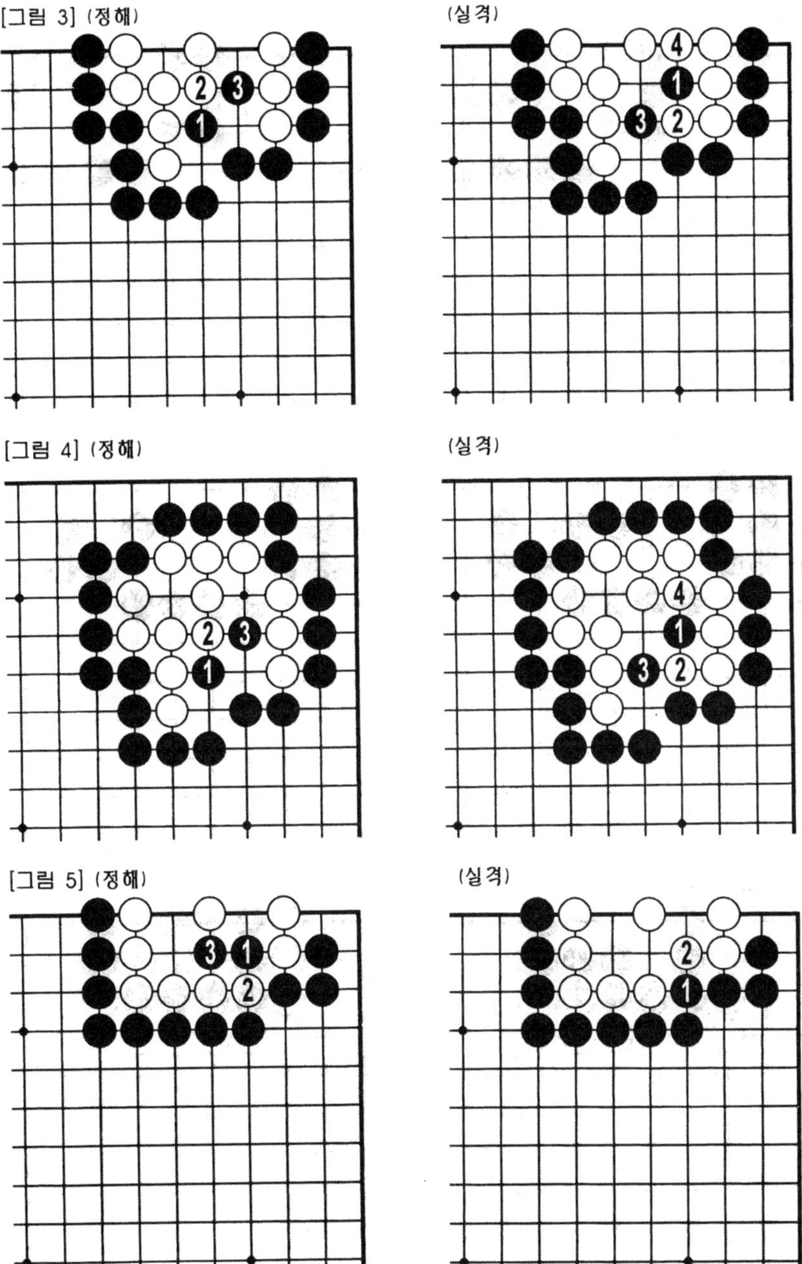
[그림 3] (정해)
(실격)
[그림 4] (정해)
(실격)
[그림 5] (정해)
(실격)

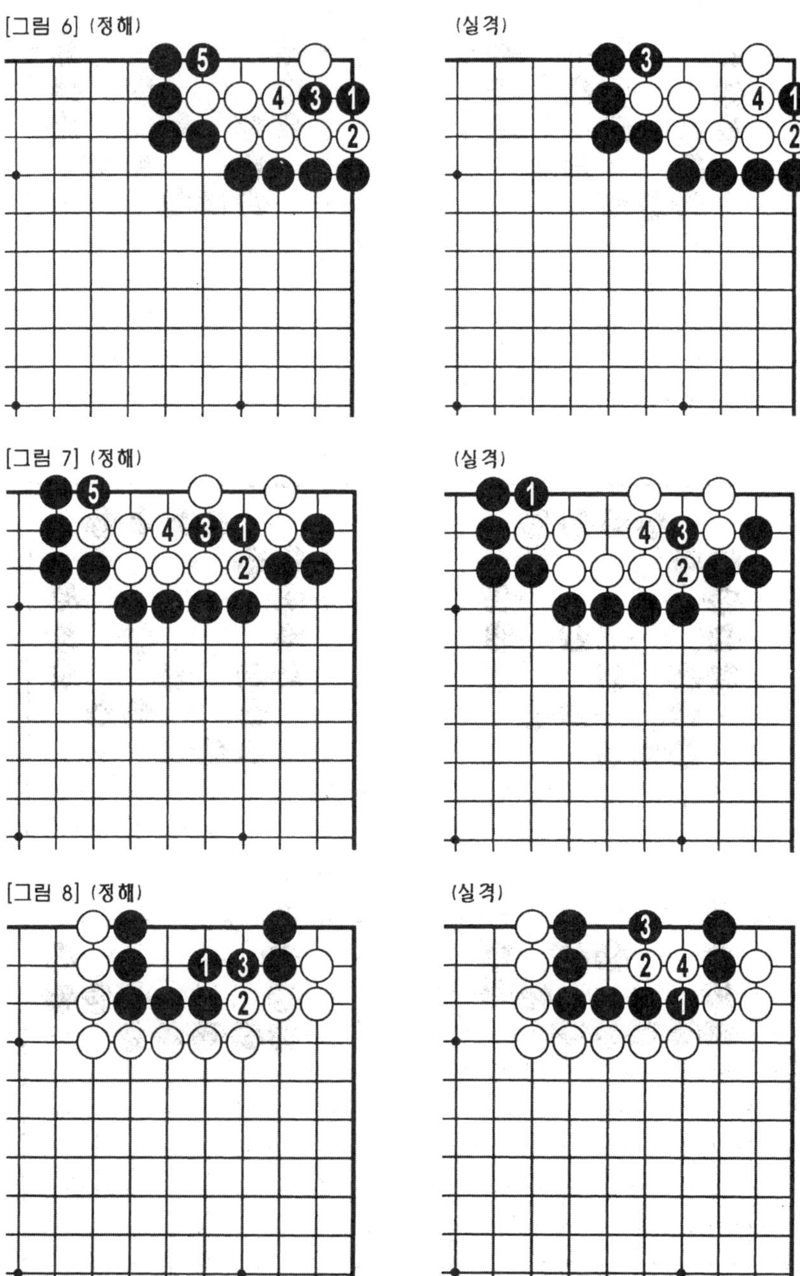

[그림 6] (정해)

(실격)

[그림 7] (정해)

(실격)

[그림 8] (정해)

(실격)

[그림 9] (정해)

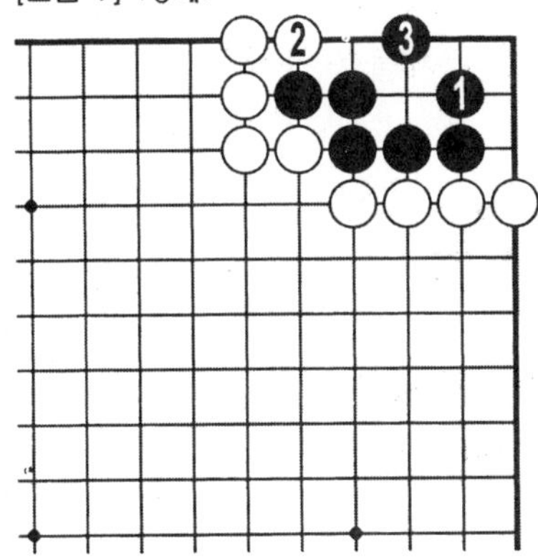

(실격)

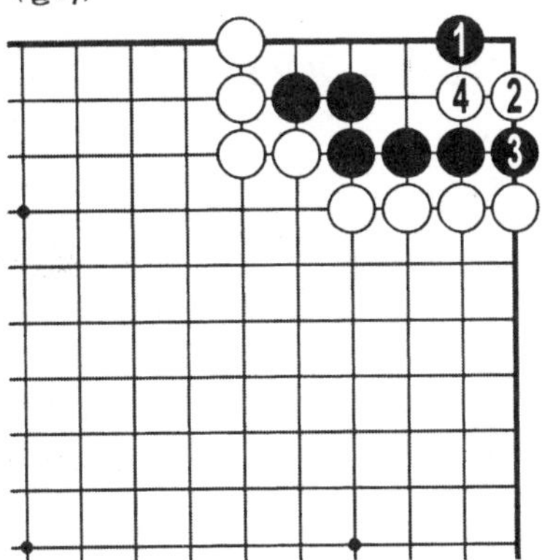

[그림 10] (정해)

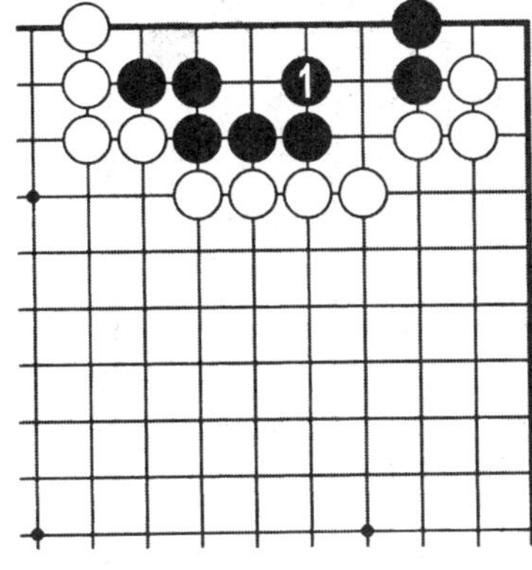

(실격)

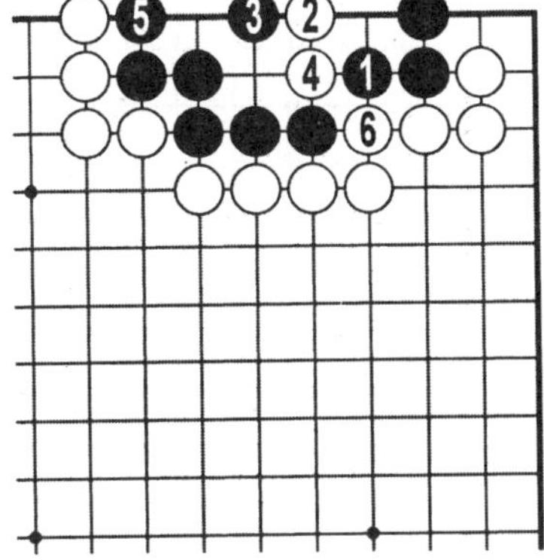

이제는 지프형의 그림들이 머릿속에서도 충분히 그려지리라 믿는다. 지금까지 연습한 그림들을 토대로 응용 문제들을 풀어 보기로 하자.

문제 1

실전에서 자주 생기는 형태이다.
바로 이것이 지프형이다.

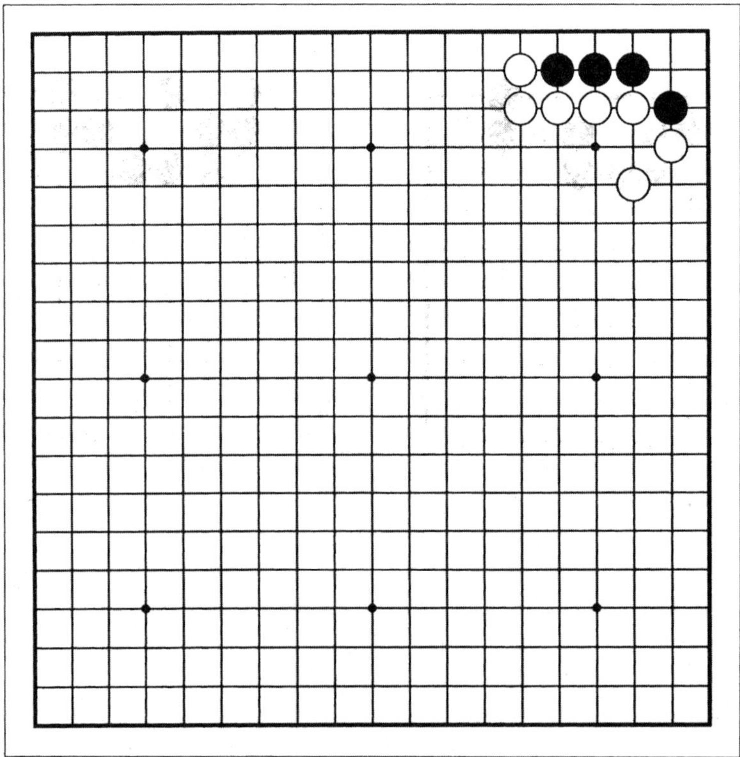

[그림 1]

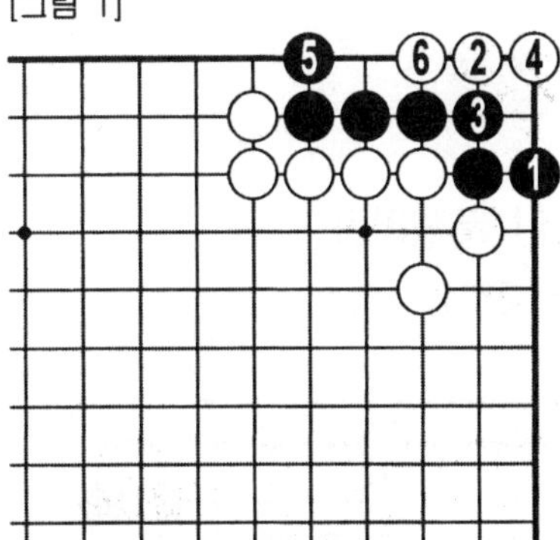

[그림 1] (실격)

❶은 ②의 급소를 당하여 귀곡사가 된다.

[그림 2]

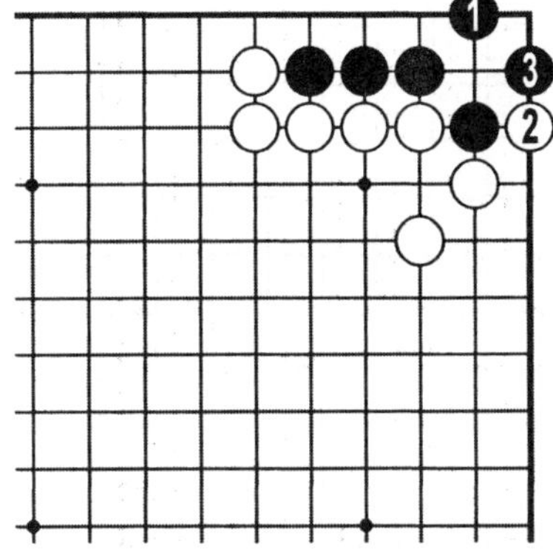

[그림 2] (실격)

❶이 지프형의 급소이다.

패가 최선이다.

문제 2

복습을 위한 작위적인 문제이다.
그러나 이치는 같다.

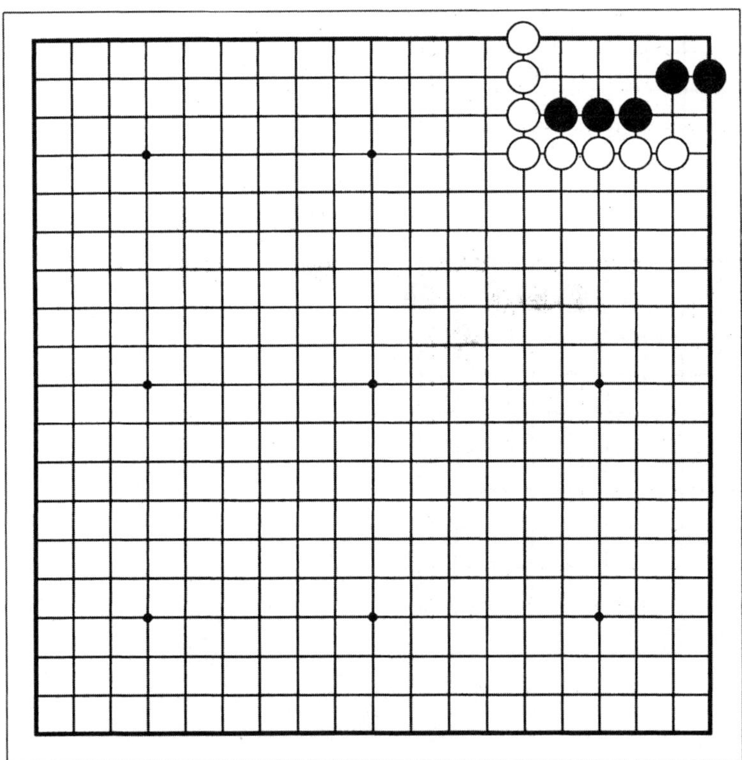

[그림 1]

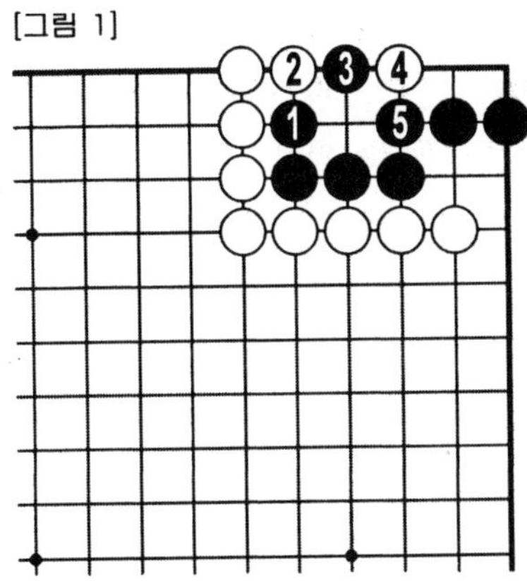

[그림 1] (실격)

❶로 막아 패로 만들고 싶지만, 패도 실격이거니와 백은 ②로,

[그림 2]

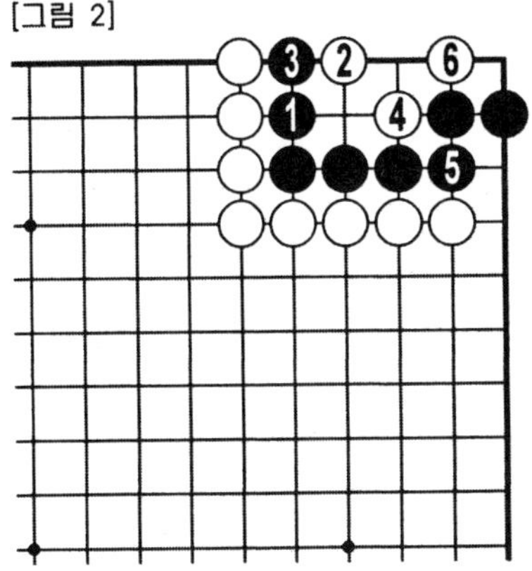

[그림 2] (실격)

②로 두고 ⑥까지 지프 5궁이다. 혼자 생각이었다.

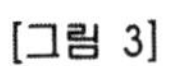

[그림 3]

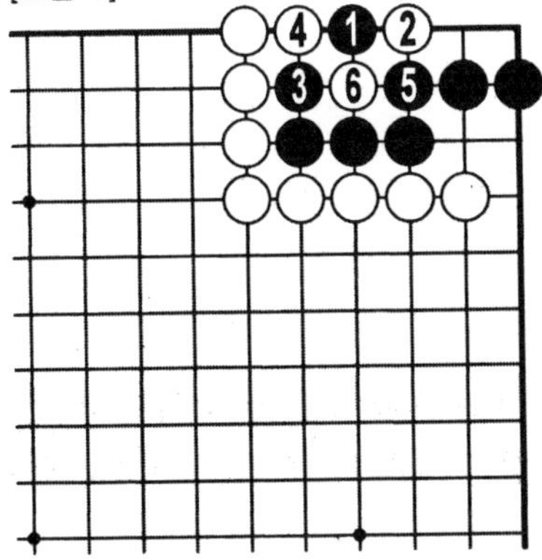

[그림 3] (실격)

❶ 역시 ②의 치중을 당하여 그림 1로 환원된다.

[그림 4]

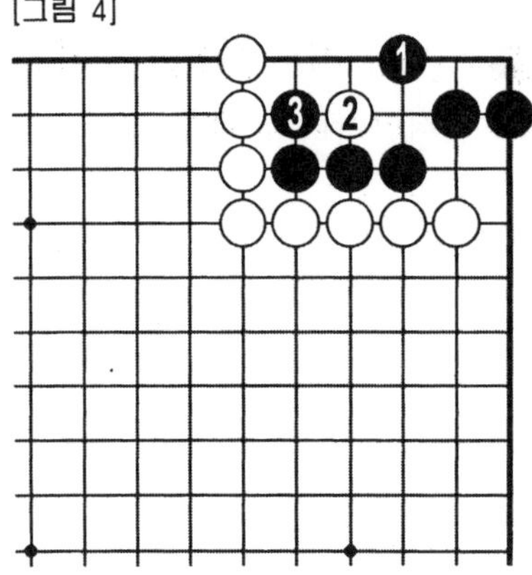

[그림 4] (정해)

❶의 곳이 지프형의 급소로 이 수로만 살 수 있다.

♠ 낚시광이 바둑 매니어를 보고 빈정댔다. 어른이 돼서 돌장난이나 한다는 것이다. 이때 바둑 매니어가 점잖게 응수했다. 어른이 돼서 물고기하고 머리싸움하는 것보다야 낫지 않느냐고.

문제 3

이 그림은 실전형이다.
이 형태가 지프형이라는 사실을
이제는 알겠는가?

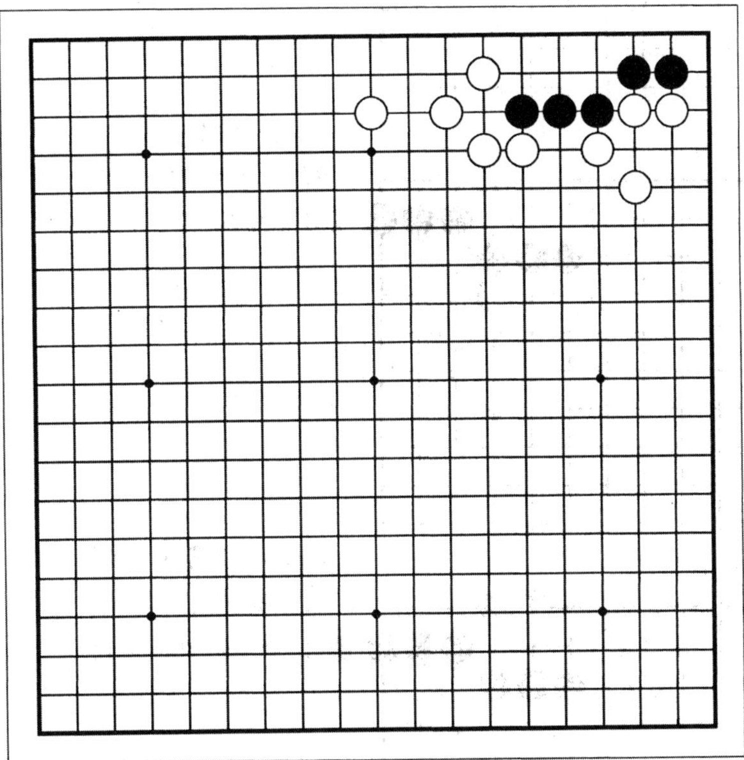

[그림 1]

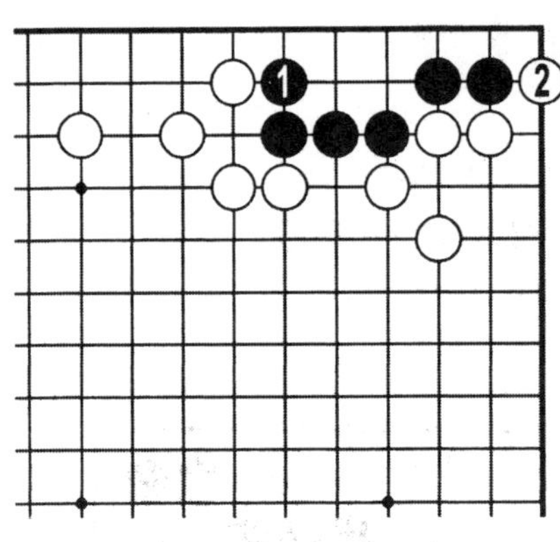

[그림 1] (실격)

❶과 같은 수는 한 치 앞의 죽음도 모르는 수이다.

[그림 2]

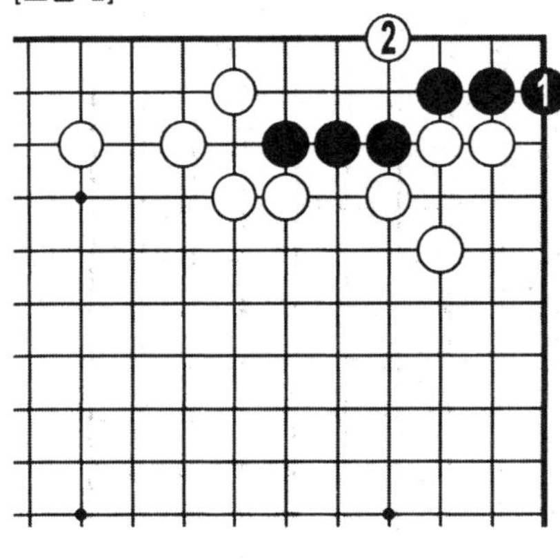

[그림 2] (실격)

❶도 ②의 침투에 두 집을 만들 방법이 없다.

[그림 3]

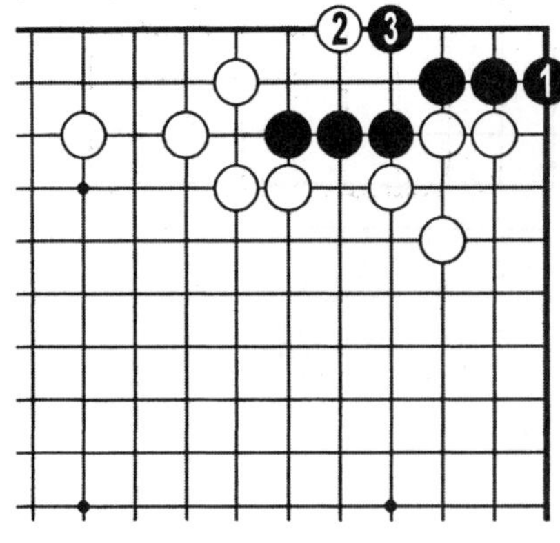

[그림 3] (백의 실격)

②까지의 침투는 겁 많은 수로 ❸의 방어에 의해 산다.

[그림 4]

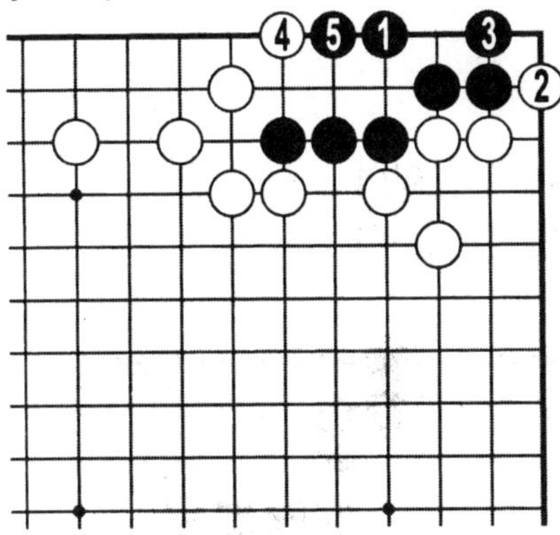

[그림 4] (정해)

바로 ❶의 곳이 지프형의 급소이다.

문제 4

이러한 그림이 지프형의
전형적인 응용 문제이다.

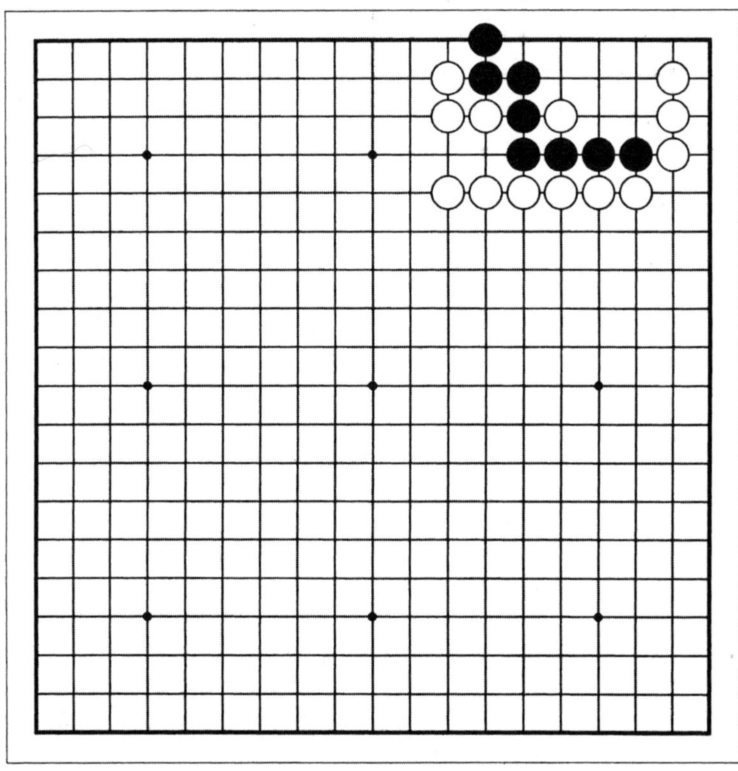

[그림 1]

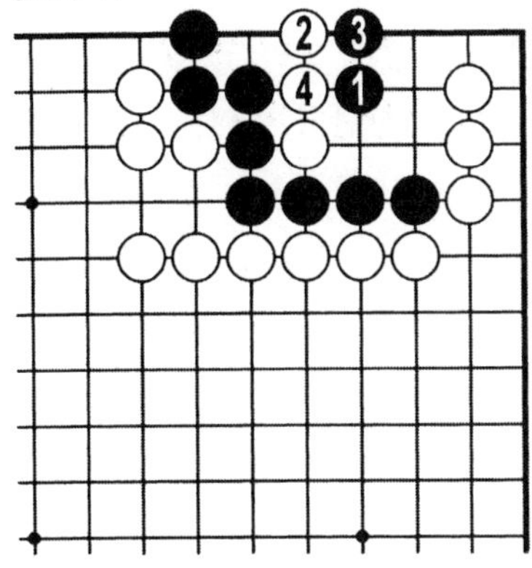

[그림 1] (실격)

❶은 ②의 치중에 삶의 궁도를 만들 방법이 없다.

[그림 2]

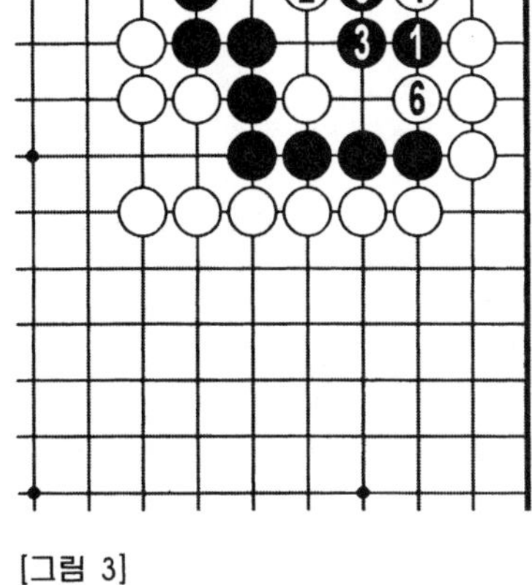

[그림 2] (실격)

❶로 한껏 넓혀 보아도 ②의 치중에는 속수무책이다.

[그림 3]

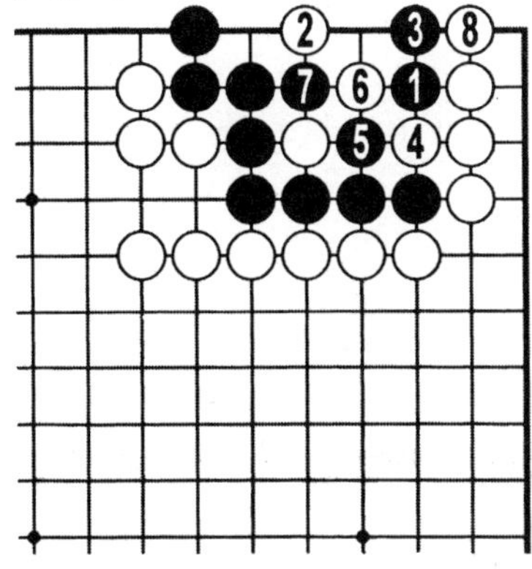

[그림 3] (실격)

❸으로 더 넓히게 된다면 ⑧까지의 환격이 기다린다.

[그림 4]

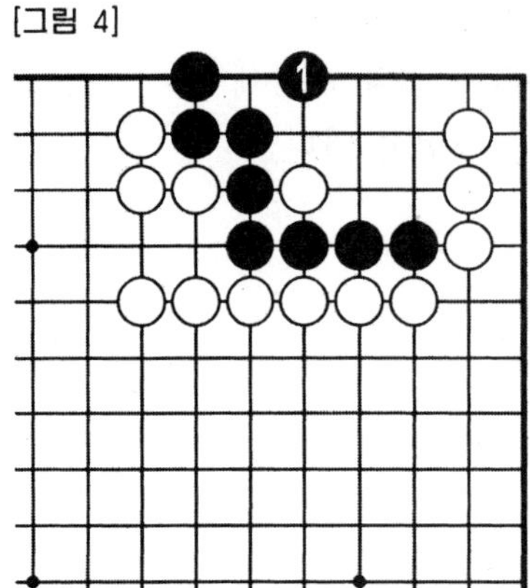

[그림 4] (실격)

❶이 한눈에 보이는가?
이 수로 간단히 산다.

♠ 바둑의 조화(調和)란 일관성(consistency)을 배제하는 말이 아니고, 그 일관성까지도 조화시켜야 한다는 것이다.

문제 5

한눈에 보아도 지프형임을 알 수 있다.
그러나 수순을 그르친다면 죽음이 있다.

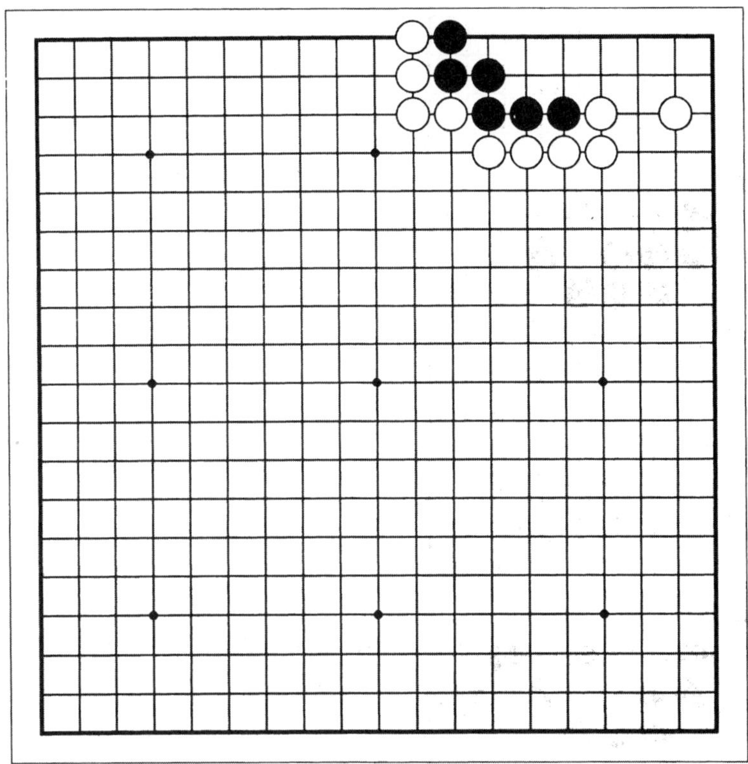

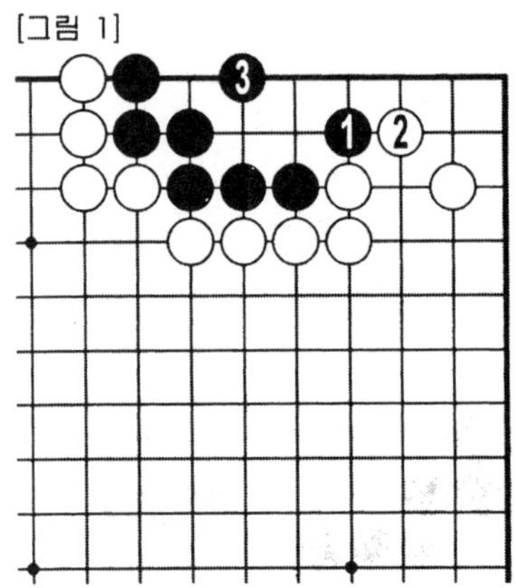

[그림 1] (실격)

이렇게 살 수만 있다면 얼마나 좋을까만, 혼자 생각이다.

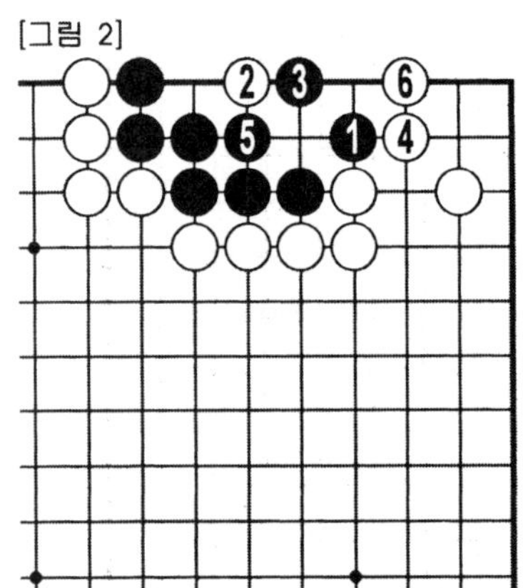

[그림 2] (실격)

②로 먼저 치중하는 순간 이미 삶은 없어졌다.

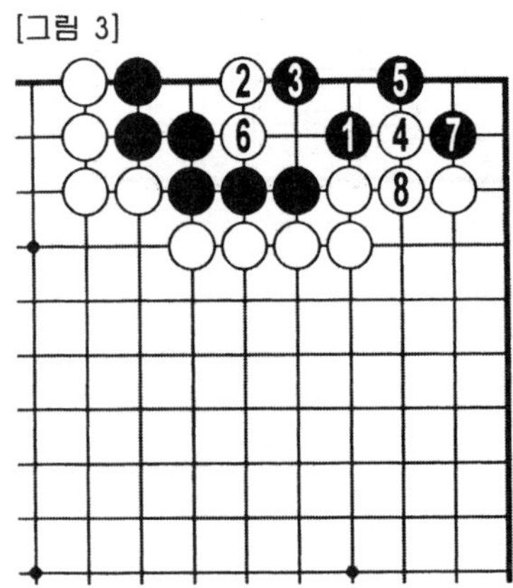

[그림 3] (실격)

❺로 패를 만들어 보려 해도 ⑥으로 그만이다.

[그림 4]

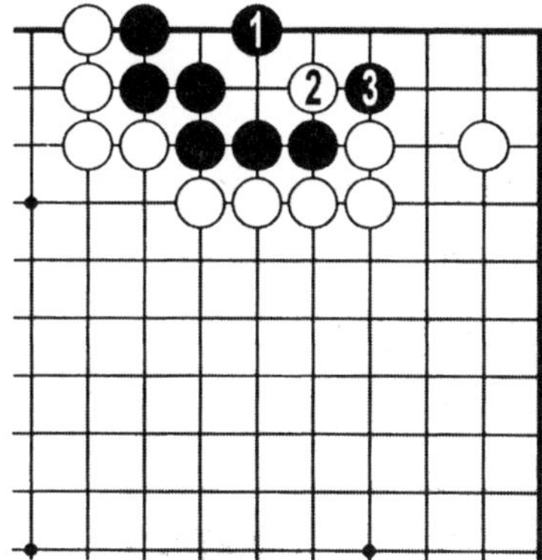

[그림 4] (정해)

곧바로 ❶에 두어야 한다.
수순의 중요성을 알 수 있다.

♠ 정석을 선택하려면 다음의 3가지를 고려해야 한다.

1. 선수인가, 후수인가?
2. 주변과 호응하는가?
3. 잔존수단(殘存手段)은 무엇인가?

문제 6

이 그림도 실전형이다.
정석 과정에서 생기는데,
역시 지프형이라면 놀라운 일일까?

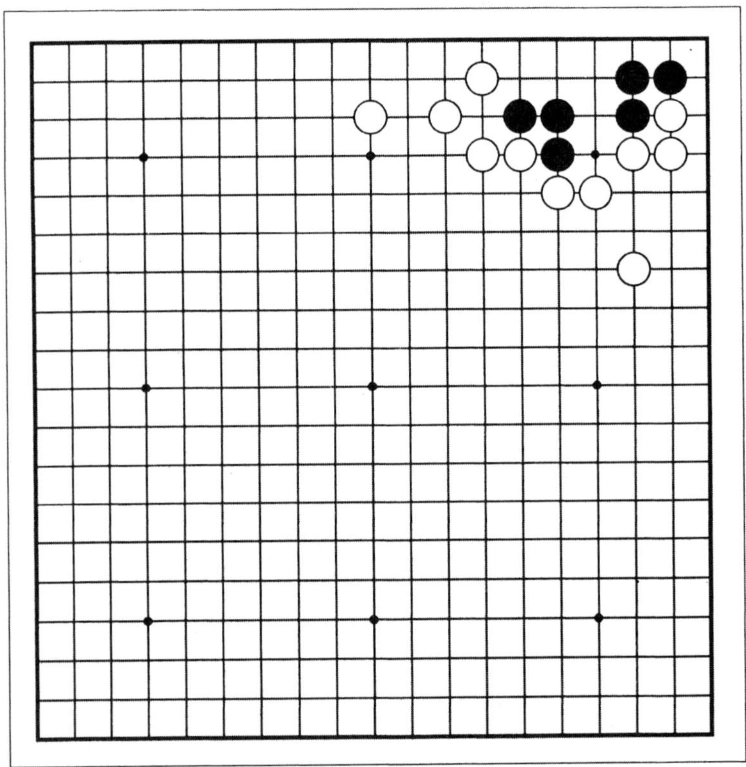

[그림 1]

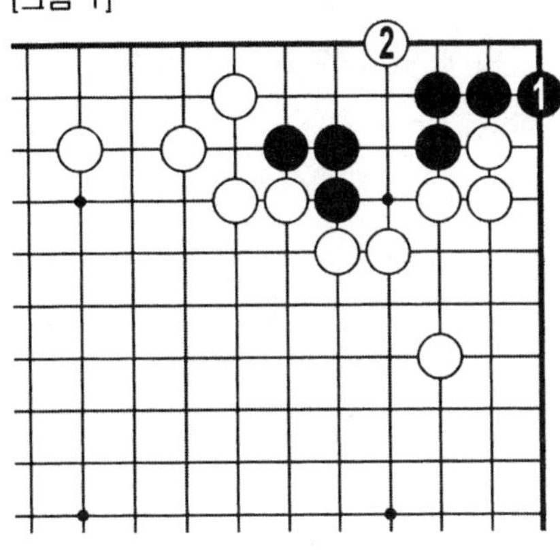

[그림 1] (실격)

②의 수가 보이지 않는다면 연습 부족이다.

[그림 2]

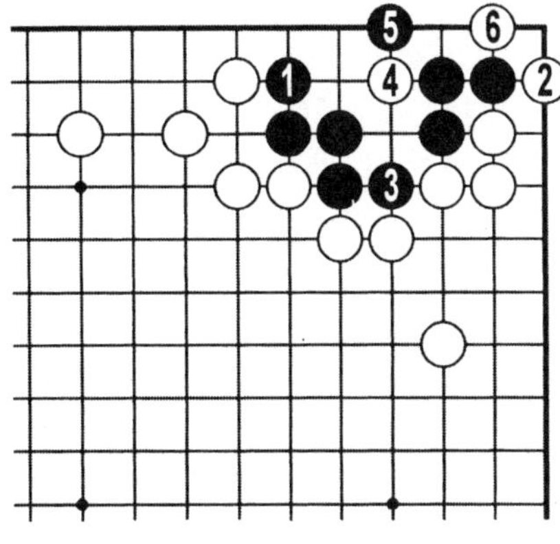

[그림 2] (실격)

❶ 쪽을 막는 것도 삶의 궁도는 나오지 않는다.

[그림 3]

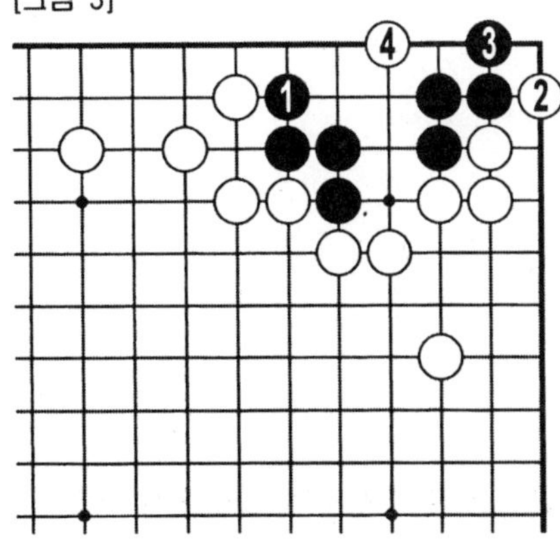

[그림 3] (실격)

❸이라면 지프형이 됐지만, ④의 곳은 백의 것이다.

[그림 4]

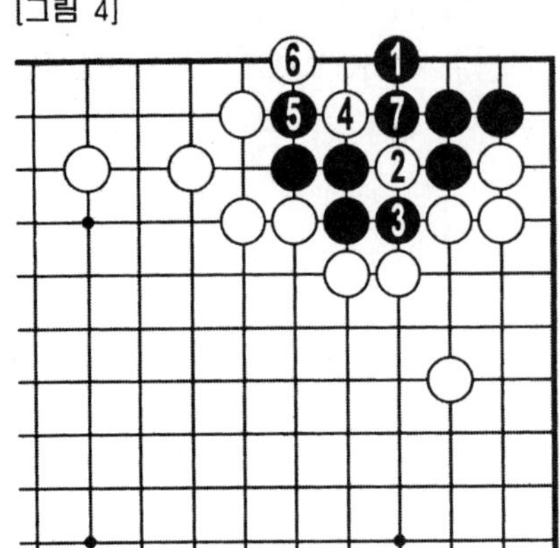

[그림 4] (정해)

이제 이 그림이 지프형임을 이해하겠는가?

문제 7

머릿속으로 지프형을 그려 보면
급소가 보일 것이다.

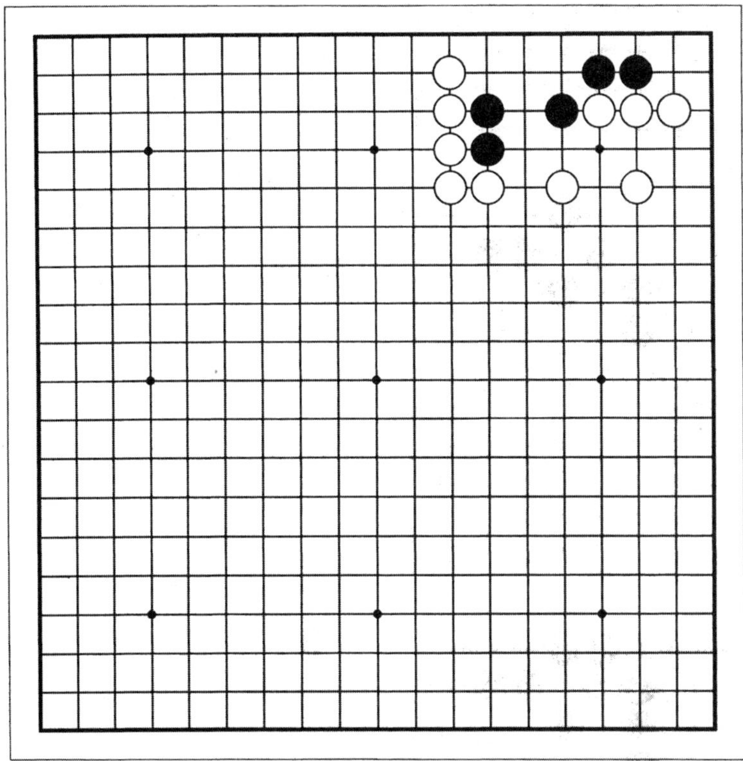

[그림 1]

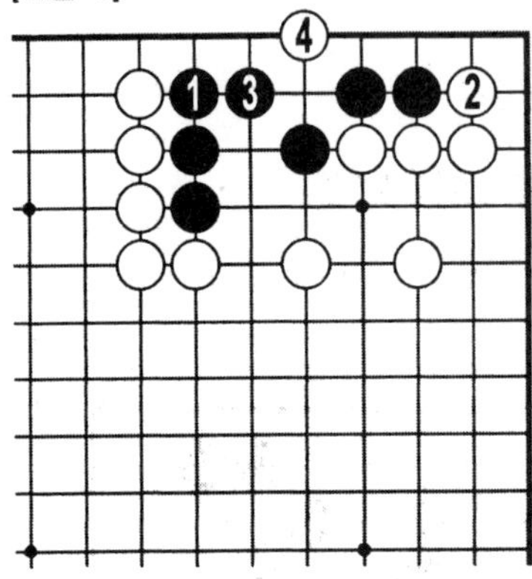

[그림 1] (실격)

지프형을 머릿속에 그리지 못했다.

[그림 2]

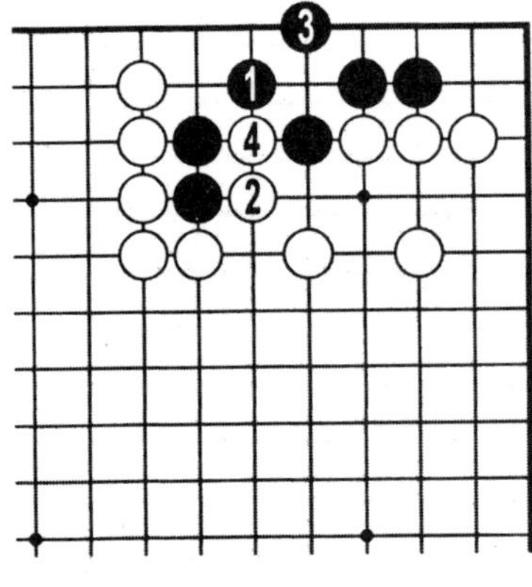

[그림 2] (실격)

역시 지프형을 머릿속에 그리지 못했다.

[그림 3]

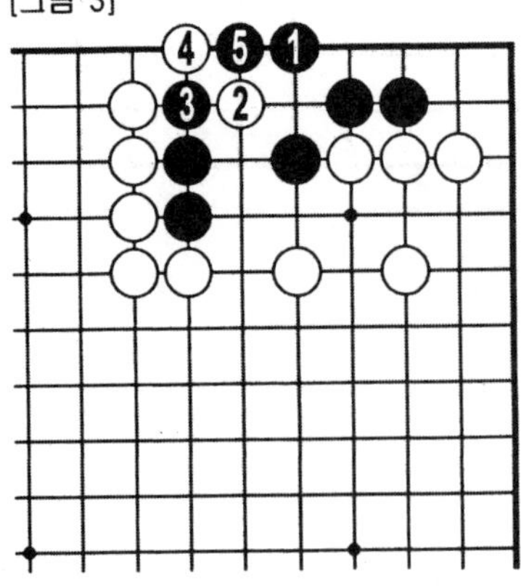

[그림 3] (정해)

❶의 곳이 한눈에 보이면 훌륭한 감각이다.

[그림 4]

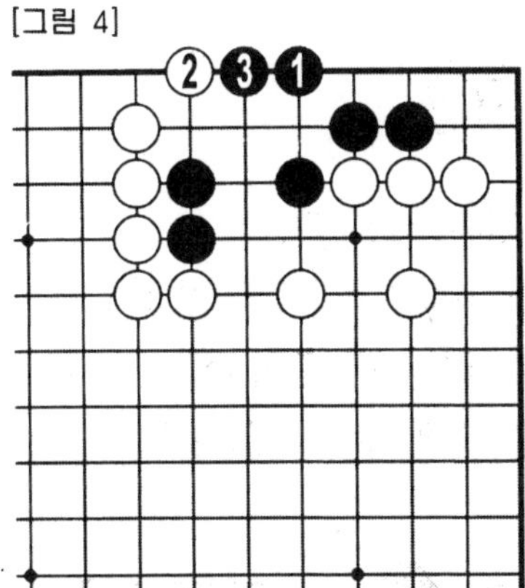

[그림 4] (변화도)

②에는 ❸으로 거뜬하게 산다.

♠ '입문에서 초단까지' 라는 타이틀로 바둑 입문서가 꽤 많이 출간된 걸로 안다. 그런데 과연 책 한 권으로 초단이 될 수 있는지 상식적으로 가능한 일인지. 그런 생각을 가지고 출판을 하는 사람이나 그 책을 사 보는 사람 모두 존경스런 사람들이다.

바둑과 컴퓨터

문제 8

매우 위험해 보이는 지프형이지만,
자세히 살펴보면 반대편에도 희미하게 지프형이 있다.
다만 변에서는 절대 살 수 없는 이 형태가
귀의 끝이라는 환경 때문에 살게 되는 것이다.

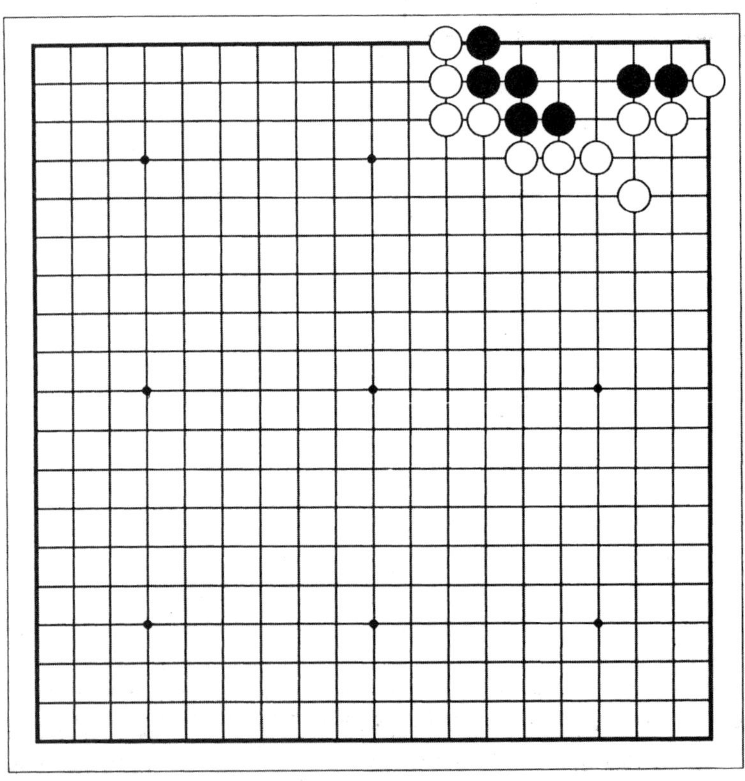

[그림 1]

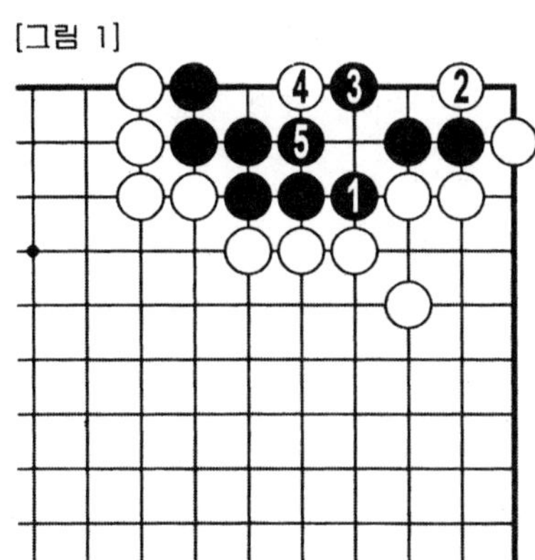

[그림 1] (혼자 생각)

이 결과를 생각했다면 혼자 생각일 뿐이다.

[그림 2]

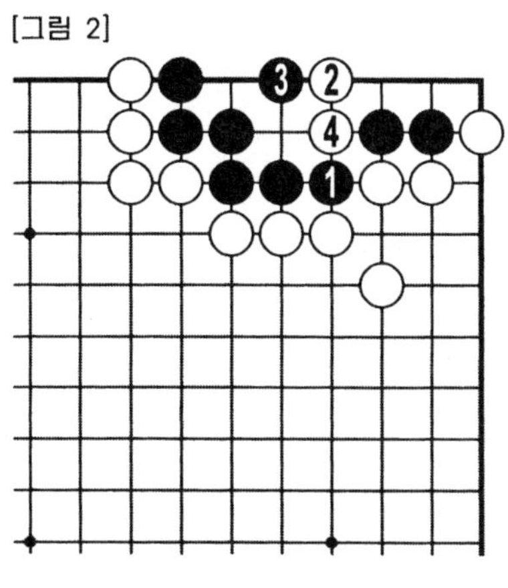

[그림 2] (실격)

②의 치중에 자충이 기다리고 있다.

[그림 3]

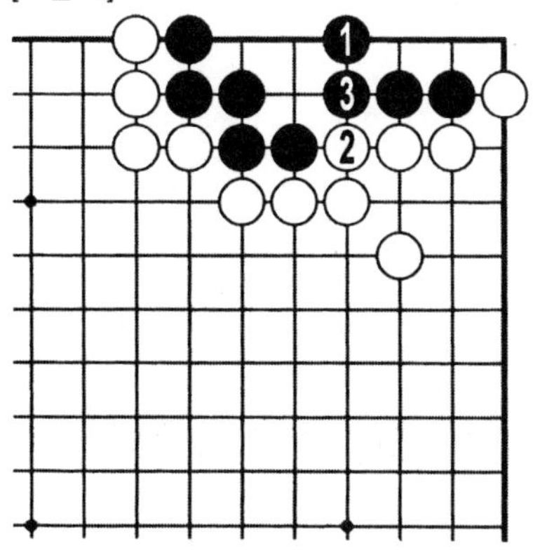

[그림 3] (정해)

❶의 곳이 급소가 된다.

[그림 4]

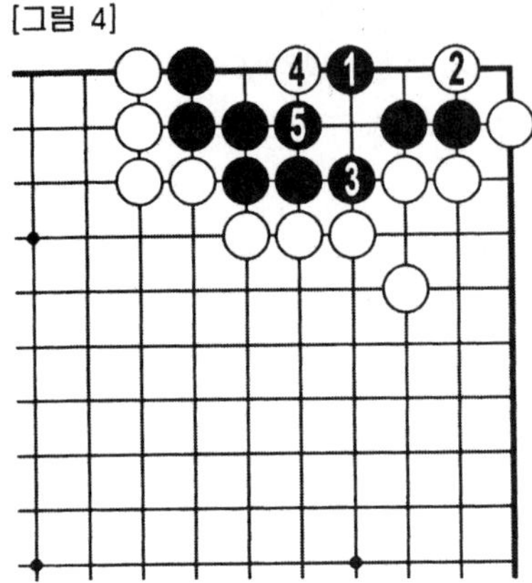

[그림 4] (변화도)

②라면 이제 그림 1로 환원되어 살게 된다.

♠ 살아 있는 돌은 무게가 없다. 돌의 경중은 미생인 상태의 돌에게 사용하는 말이다.

문제 9

역시 실전형이다.
그런데 결론을 먼저 말하자면
2개의 삶을 구할 수 있다.

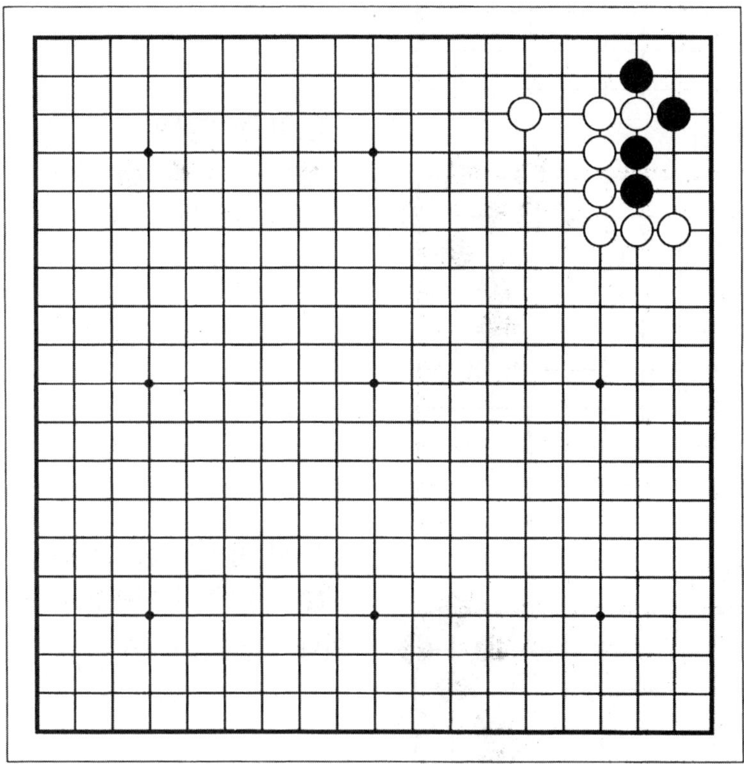

[그림 1]

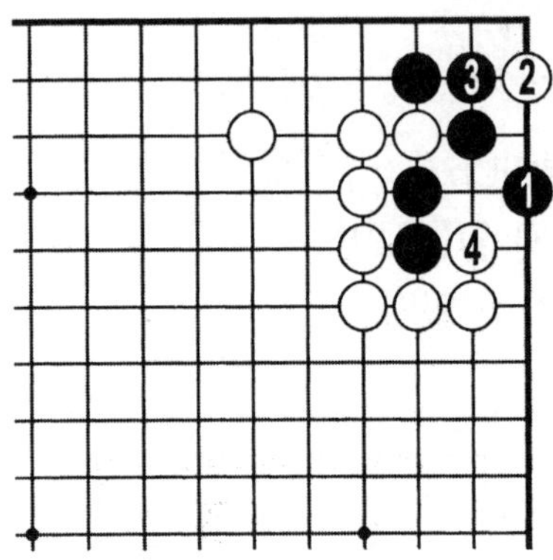

[그림 1] (실격)

두 점까지 살리려는 것은 욕심이 지나치다.

[그림 2]

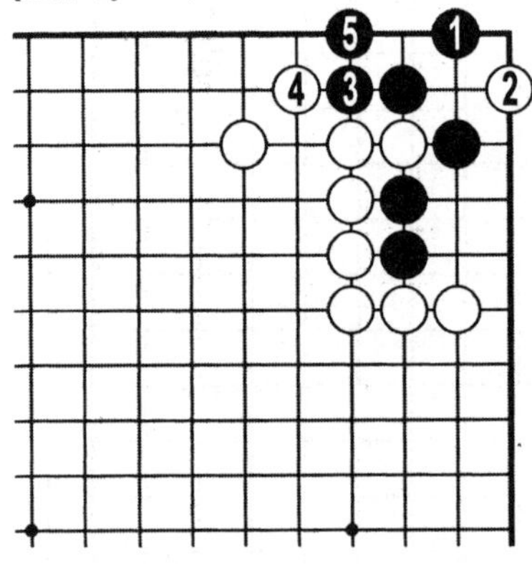

[그림 2] (정해)

❶의 곳은 ❸, ❺ 쪽의 지프형을 보는 수이다.

[그림 3]

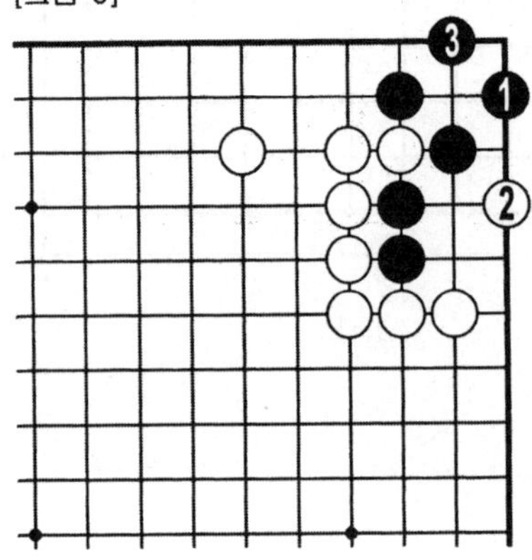

[그림 3] (또 다른 정해)

❶은 ② 쪽의 지프형을 보는 수이다.

[그림 4]

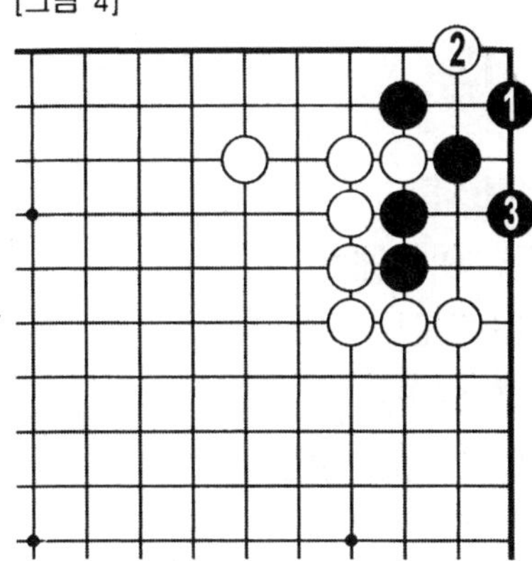

[그림 4] (변화도)

②의 치중에 ❸으로 사는 방법이 그것이다.

♠ 바둑은 두는 것이 어려운 것이 아니고, 잘 두는 것이 어려운 것이다. 그러나 무엇이든 잘하는 것은 다 어려운 법이다.

문제 10

이 그림도 실전형이다.
단순한 형태이지만, 여기에는
많은 변화가 숨어 있다.
아래 4개의 풀이를 보면서
이 밖에 다른 변화도 직접 읽어 보라.

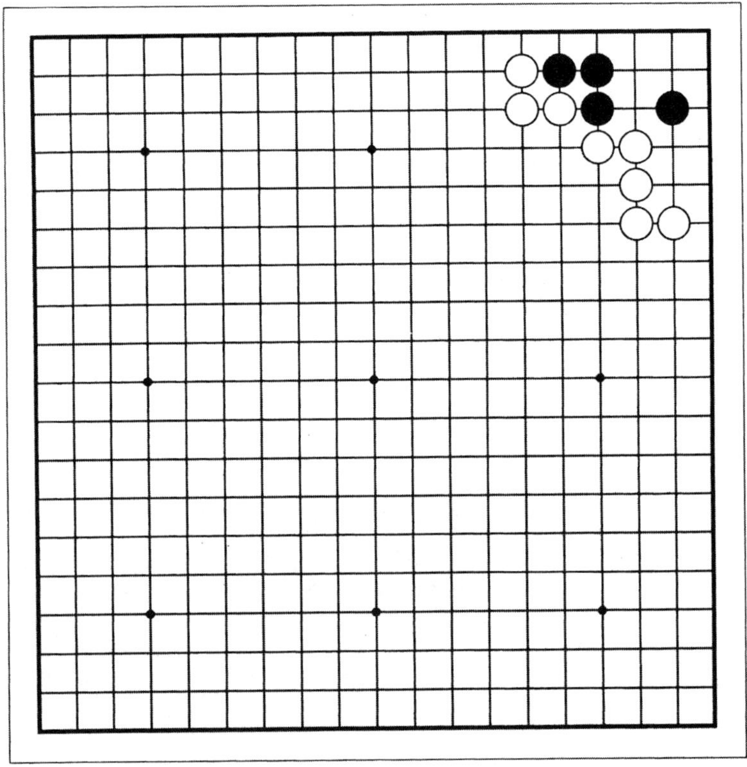

[그림 1]

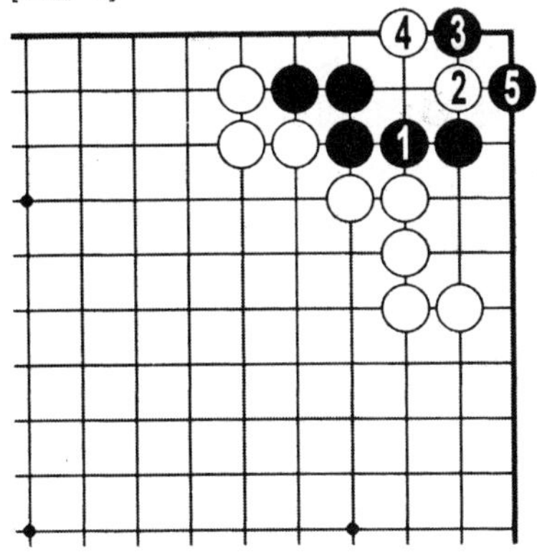

[그림 1] (실격)

❶에 두면 이렇게 패가 되거나,

[그림 2]

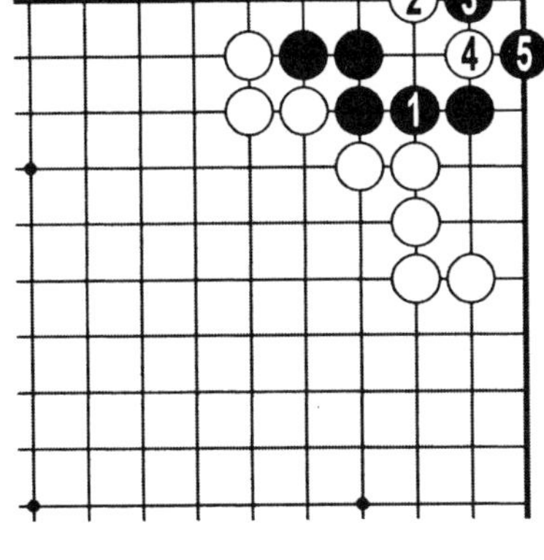

[그림 2] (실격)

이러한 패도 된다. 하지만,

[그림 3]

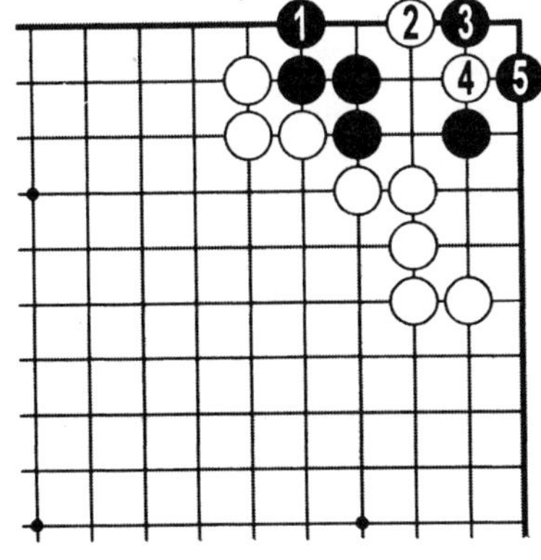

[그림 3] (실격)

❶로도 패는 된다. ❶의 수는 귀의 끝에서는 매우 탄력 있는 수로 나중에 설명하겠지만, 위기가 닥쳤을 때는 비상 수단이 되기도 한다.

[그림 4]

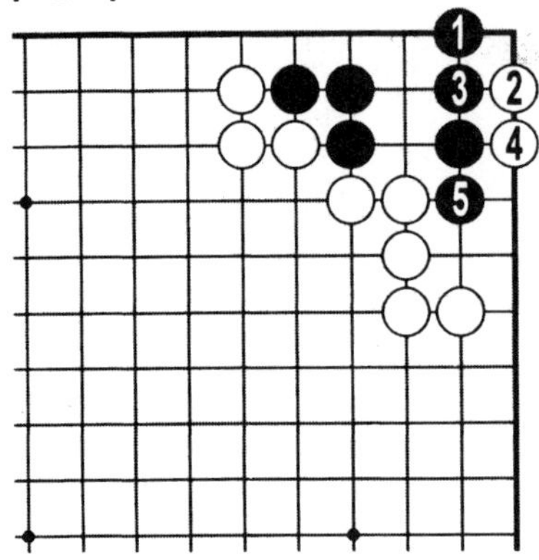

[그림 4] (정해)

지프형의 급소는 ❶로써 ②의 치중을 ❺로 비껴 갈 수 있다.

이 수법은 귀의 끝에서 촉촉수를 유도하는 것과 같다.

♠ 바둑에서 지면 도박을 해서 지는 것보다 더 열받아 하는 사람이 많다. 마치 머리가 나쁘다고 증명이라도 된 것인 양!!

문제 11

공배가 비어 있음과 젖힘수가 하나 있음에 착안하여 어느 방향의 지프형을 만들 것인지를 생각하는 그림이다.

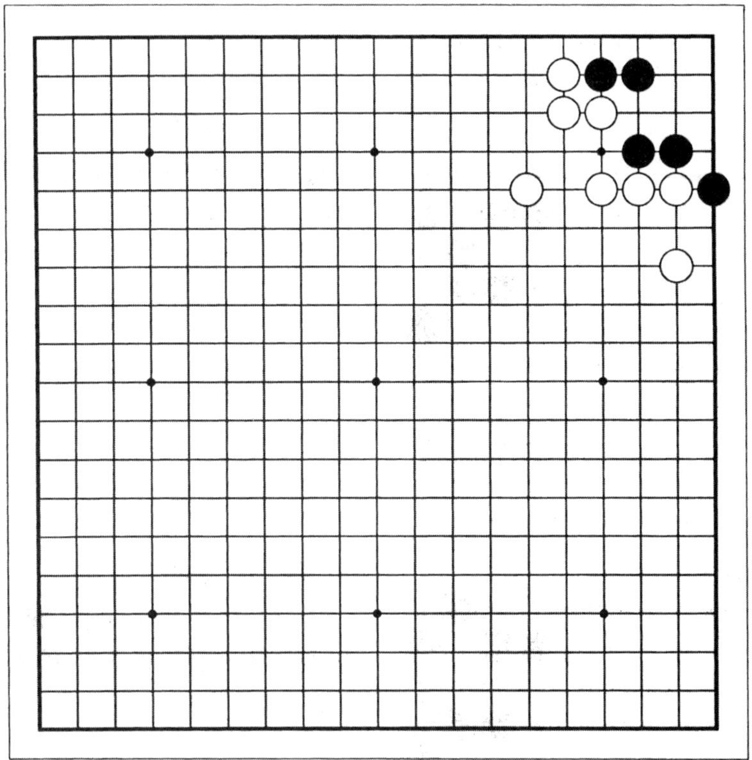

[그림 1]

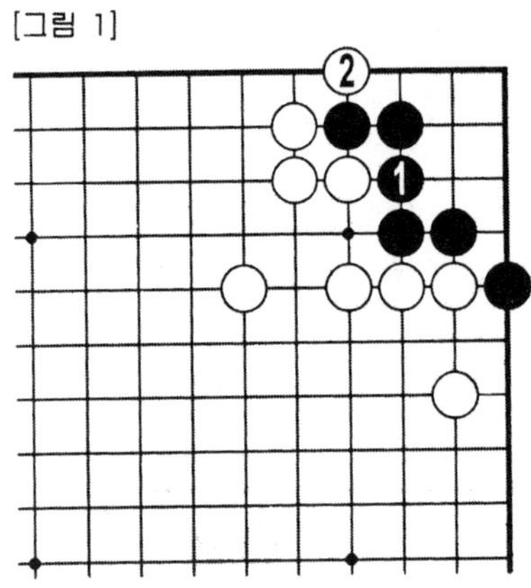

[그림 1] (실격)

❶은 ②에 의해 무조건 죽어 있음을 확인하라.

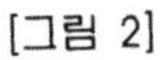

[그림 2]

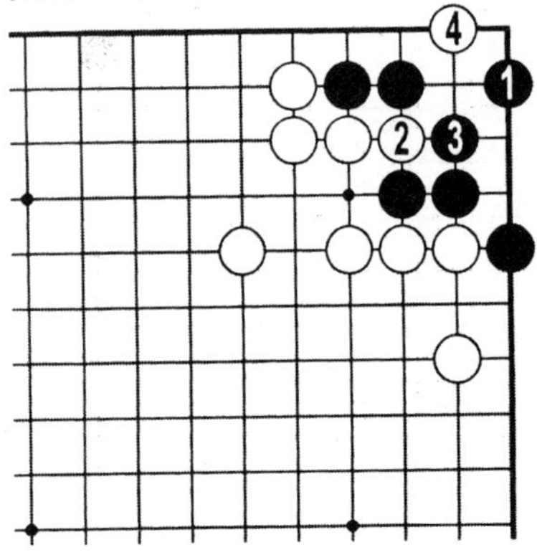

[그림 2] (실격)

❶ 쪽의 지프형은 ④에 의해 성립하지 않는다.

[그림 3]

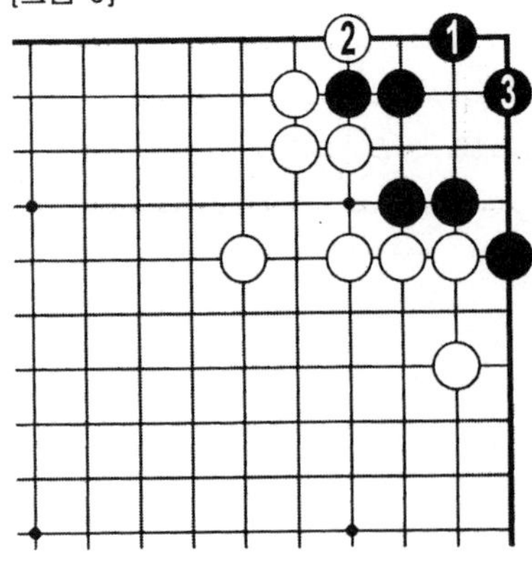

[그림 3] (정해)

자충이 되어 있는 쪽을 ❶로 방비하면 지프형이 보이게 된다.

[그림 4]

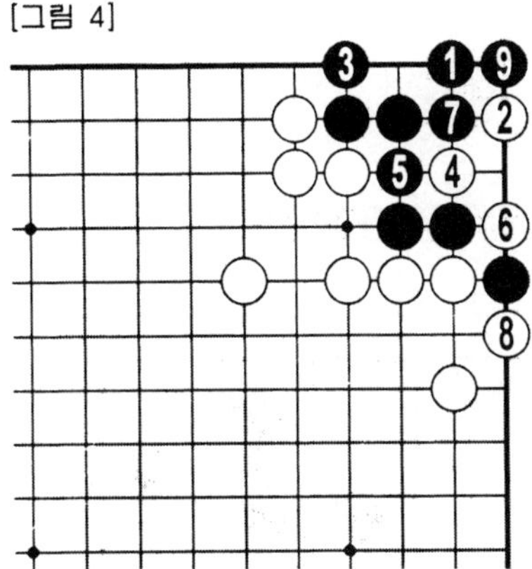

[그림 4] (변화도)

②의 치중도 젖힘과 공배가 있어 걱정이 없다. 촉촉수까지 확인하라.

♠ 바둑에서 맞끊는다는 것은 물리적으로는 상상도 할 수 없다. 오로지 한쪽만 끊기는 것이다(separation). 그런데도 바둑은 태연하게 절단이라는 용어를 사용한다. 모순이 공존하는 것은 바둑뿐일까?

문제 12

앞의 문제를 응용한 실전적인 문제이다.

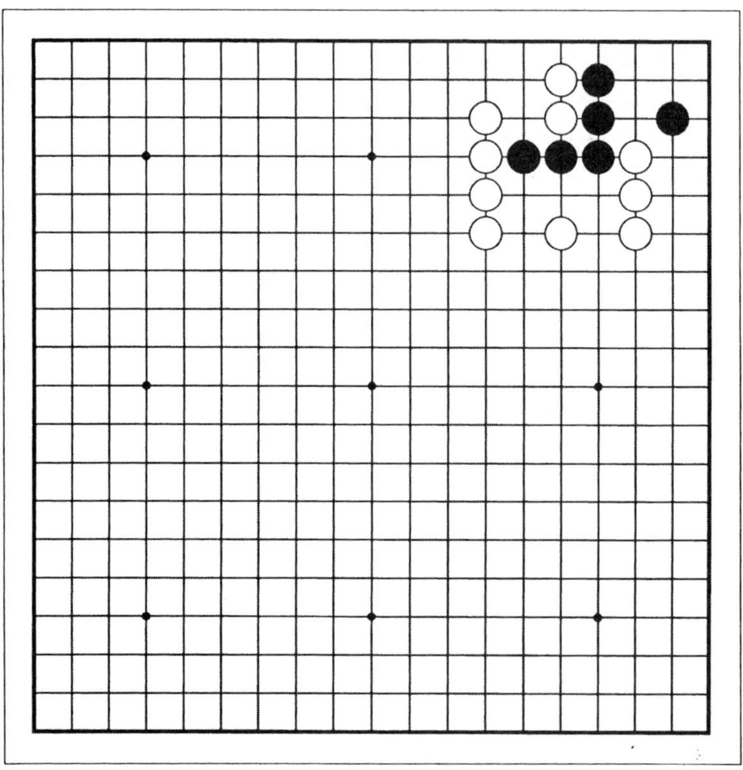

[그림 1]

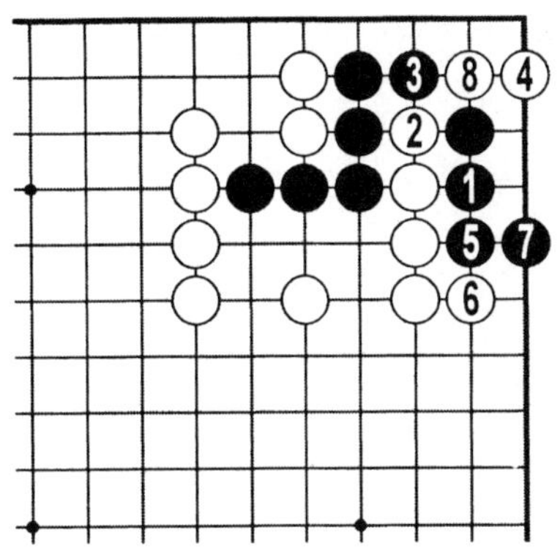

[그림 1] (실격)

❶은 방향 착오이다.

[그림 2]

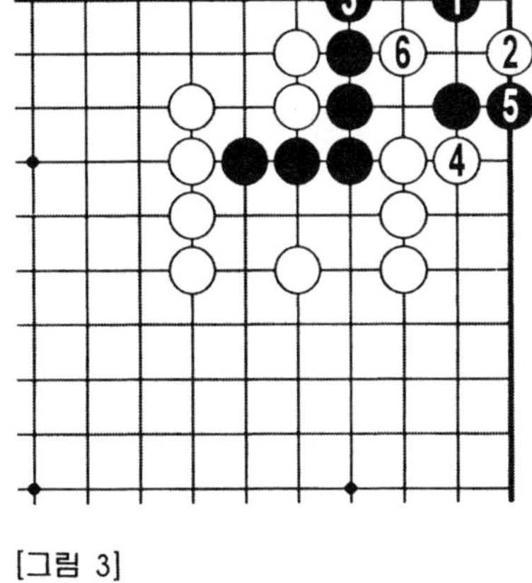

[그림 2] (실격)

❸으로 버티어도 ④, ⑥의 공격으로 삶이 없다.

[그림 3]

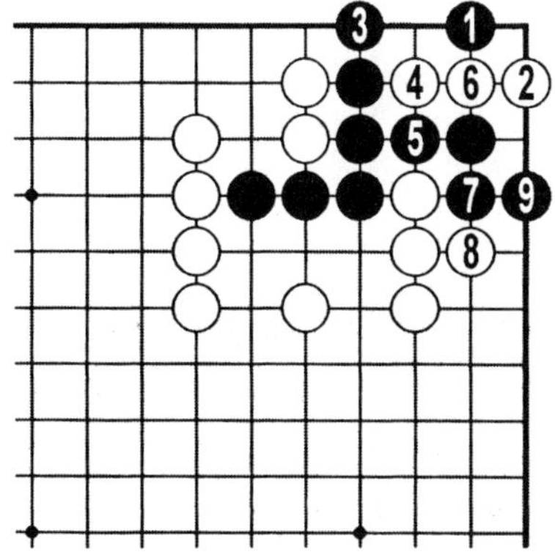

[그림 3] (백의 실격)

그림 3의 ④를 생략하면 ❾까지 빅으로 산다.

[그림 4]

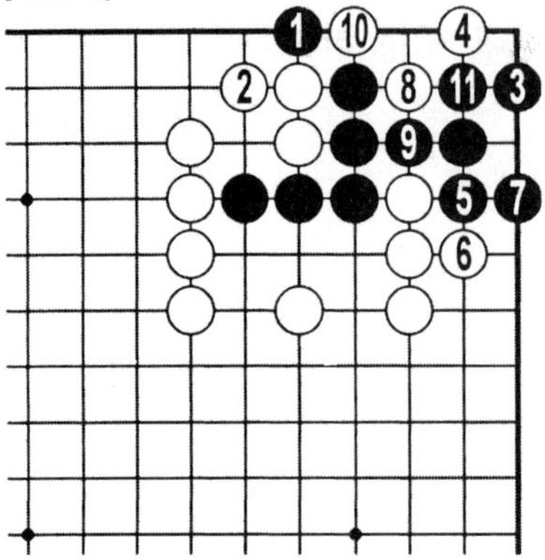

[그림 4] (정해)

❶의 젖힘이 있어야 앞의 문제와 같아진다.

♠ 손자병법에 지피지기(知彼知己)면 백전불태(百戰不殆)라는 말이 있다. 상대를 알고 나를 알면 백 번을 싸워도 위태롭지 않다는 말이다. 여기서 백전불태(百戰不殆)를 백전백승(百戰百勝)으로 잘못 알고 있는 사람들이 많은 것 같다. 위태롭지 않은 것과 이기는 것은 근본적으로 다른 것이다.

문제 13

이 그림도 지프형의 기본이다.

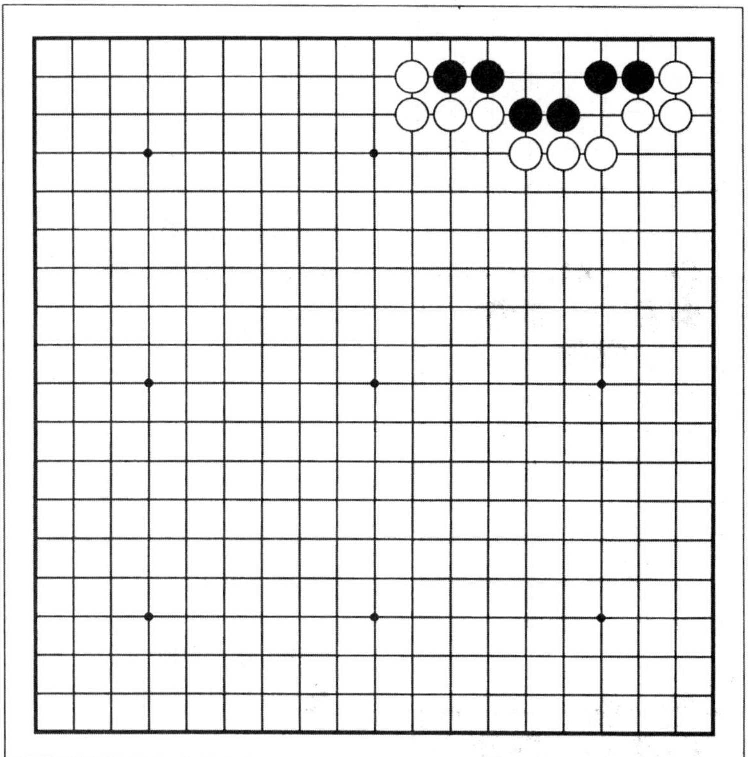

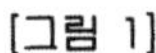

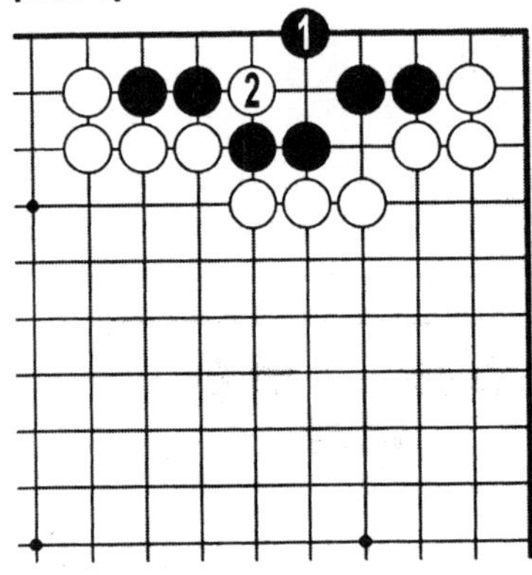

[그림 1] (실격)

❶은 약점을 보완하지 못했다.

[그림 2]

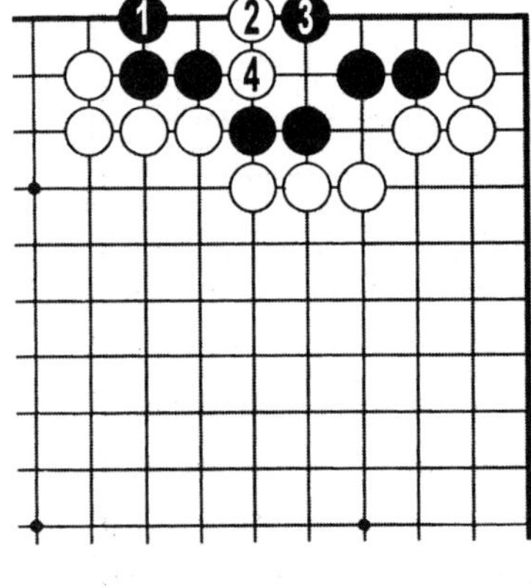

[그림 2] (실격)

❶의 넓힘은 ②의 치중에 응수가 없어진다.

[그림 3]

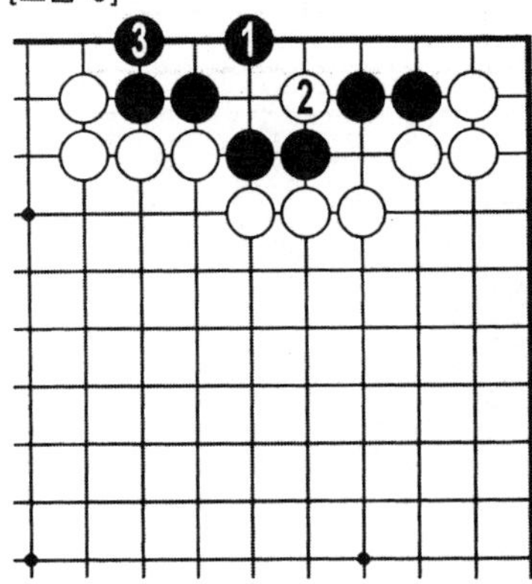

[그림 3] (정해)

❶ 쪽이 정수이다.

[그림 4]

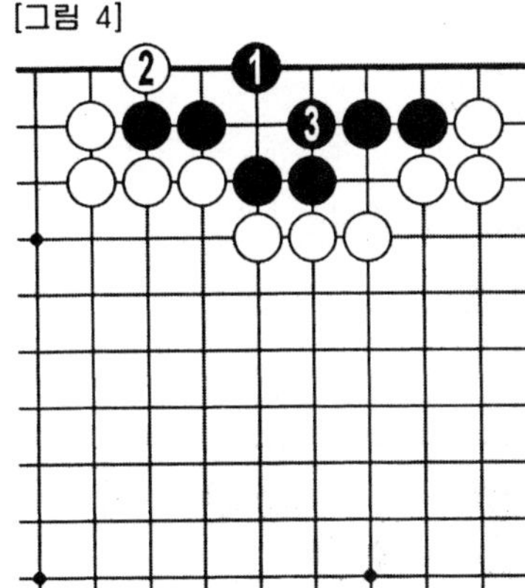

[그림 4] (변화도)

②의 공격에도 끊긴 약점이 없으므로 ❸으로 산다.

♠ 상수의 아량을 베풀지 못하는 사람은 하수의 서러움을 한껏 당해도 백 번 싸다.

문제 14

공배가 많아 난해하게 보이지만
요령은 다를 것이 없다.

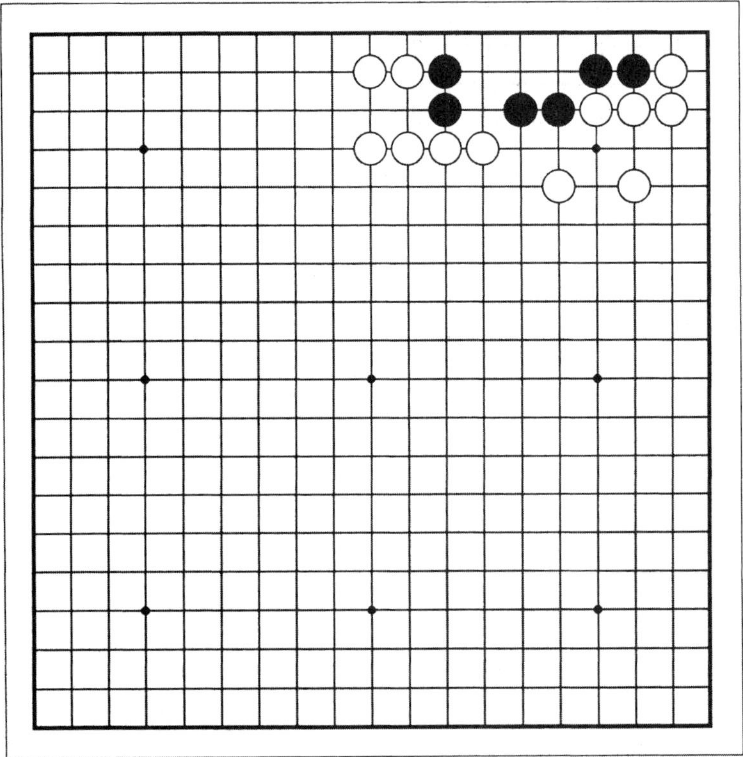

[그림 1]

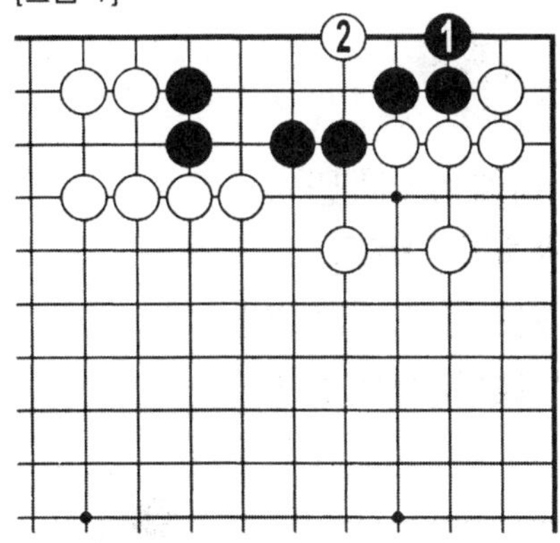

[그림 1] (실격)

궁도만 넓힌다고 살 수는 없다.

[그림 2]

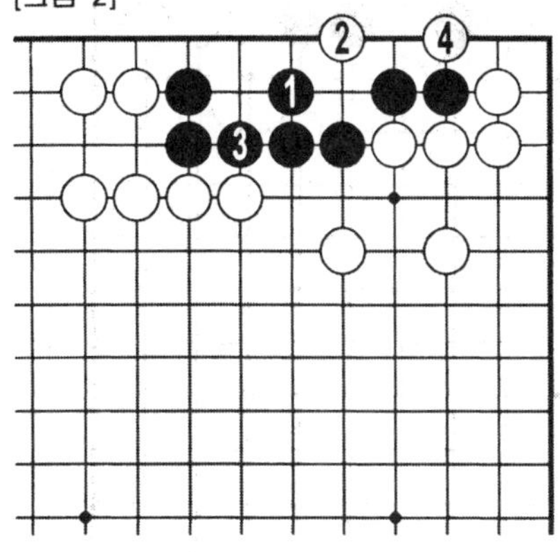

[그림 2] (실격)

❶도 급소처럼 보이지만 ④까지 간단히 죽는다.

[그림 3]

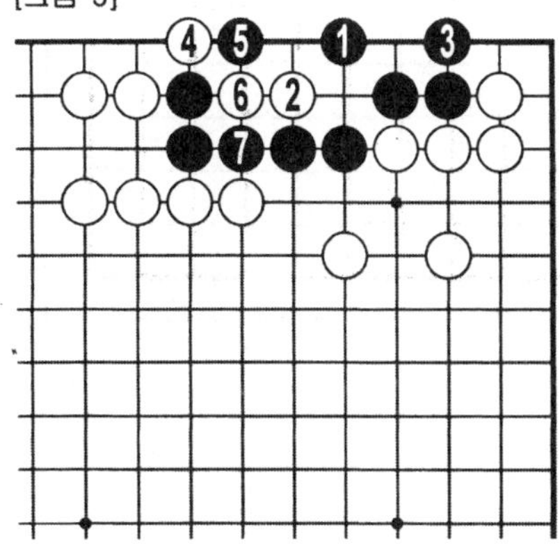

[그림 3] (정해)

급소는 ❶이다. 촉촉수를 찾은 사람은 수읽기가 매우 훌륭하다.

문제 15

앞의 문제와 흡사하게 보이지만
젖힘수와 공배 관계가 다르다.
따라서 사는 방법도 지프형과는 다르다.
혼동하지 않도록 참고삼아 보이겠다.

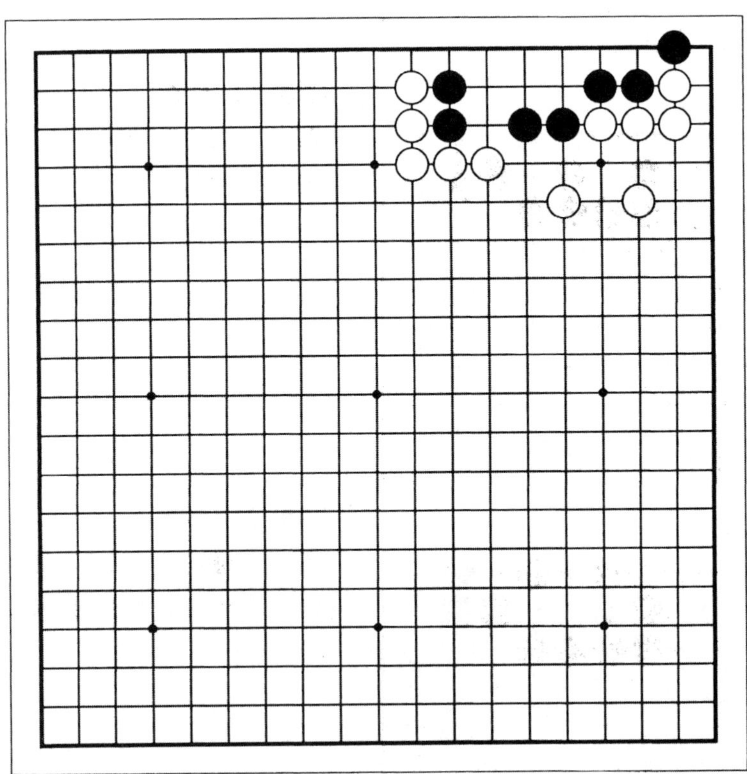

[그림 1]

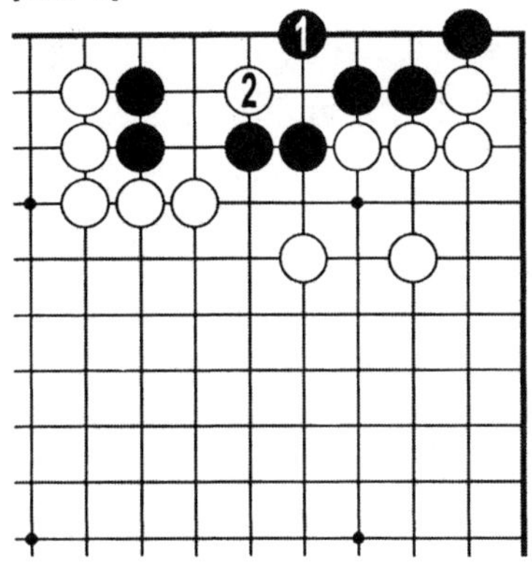

[그림 1] (실격)

이번에는 ❶이 성립하지 않는다. ②의 쪽 자충이 있기 때문이다.

[그림 2]

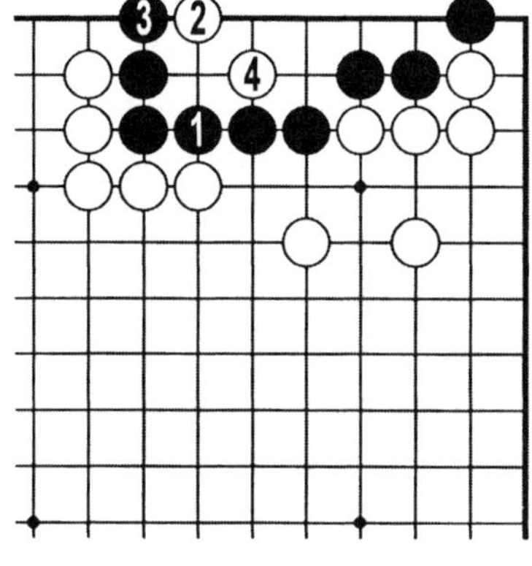

[그림 2] (실격)

❶ 역시 ②, ④의 수순이 좋아 죽음의 궁도가 된다.

[그림 3]

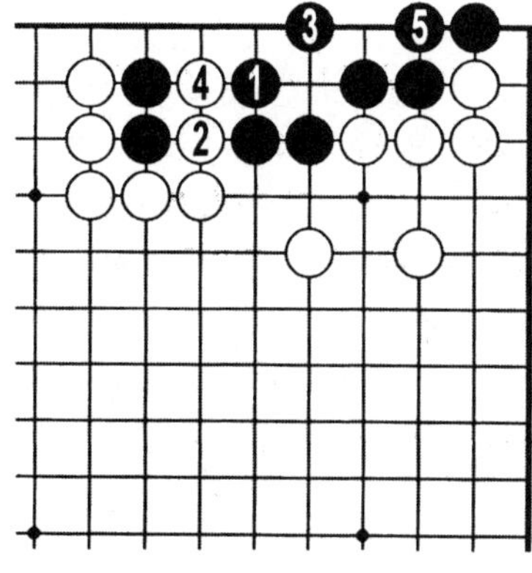

[그림 3] (정해)

❶ 쪽이 정수이다.

②에는 ❸으로 산다.

[그림 4]

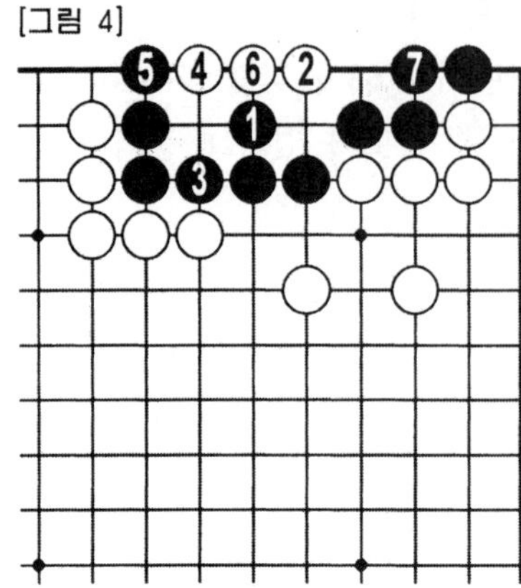

[그림 4] (변화도)

②의 치중이 성가시지만, ❸~❼까지의 수순이 좋다.

♠ 바둑에 '부자 몸조심'이라는 격언이 있다. 이 말은 어떤 뜻일까? 이 말만 가지고는 무슨 뜻인지 모르겠다. 부자가 되면 몸조심하라는 것인지, 부자가 되면 몸조심하게 되어 있다는 뜻인지. 한국의 바둑이 세계 최강의 자리에 오른 지도 꽤 시간이 흘렀다. 부자 몸조심인지 배가 부른 것인지 알 수 없는 것은 아직도 바둑 출판의 발전은 아득히 멀리만 보인다는 것이다. 우리가 일본의 바둑 번역본밖에 읽을 수 없었던 기억이 엊그제의 일인데 아직도 일본 기사들의 작품을 베껴쓰는 우리의 현실은 얼마나 부끄러운지.

바둑과 컴퓨터

문제 16

귀의 끝을 이용한 지프형이 된다.
귀의 끝은 항상 자충과 촉촉수가 있다.

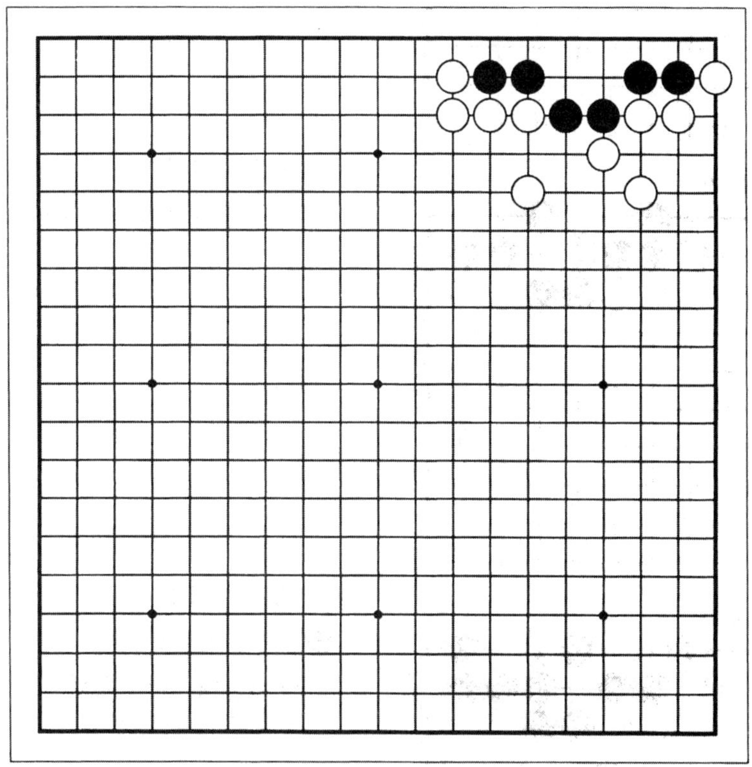

[그림 1]

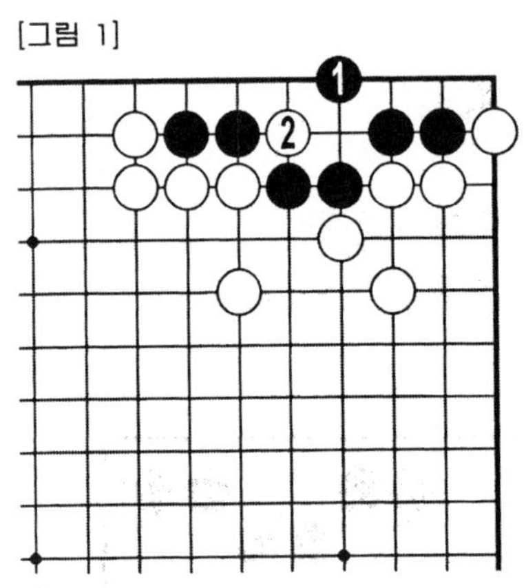

[그림 1] (실격)

❶은 방향 착오이다.

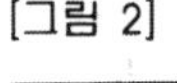

[그림 2]

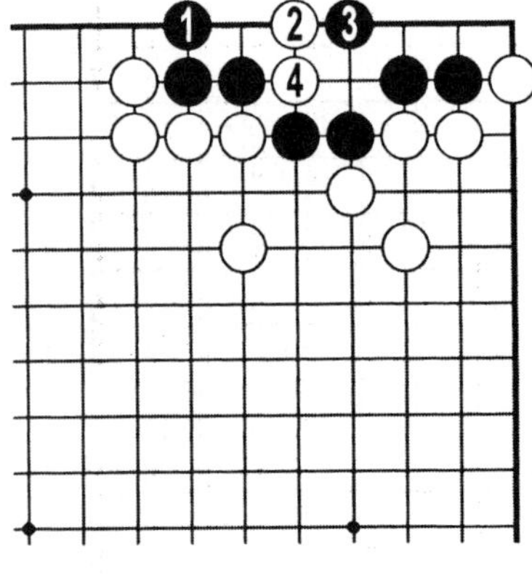

[그림 2] (실격)

②의 치중에 응수가 없다.

[그림 3]

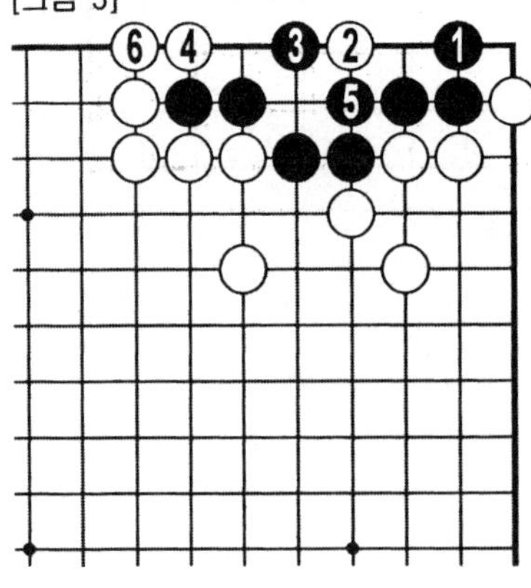

[그림 3] (실격)

❶은 수순이 틀렸다.

②의 치중에 삶이 없다.

[그림 4]

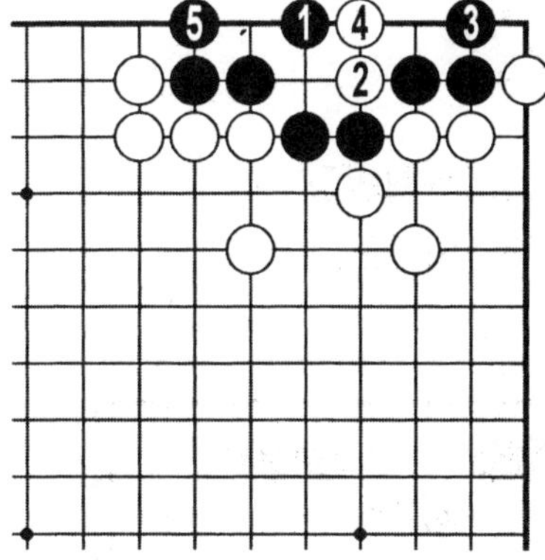

[그림 4] (정해)

❶, ❸의 수순을 기억하라.
④를 유도하여 ❺로 산다.

♠ 바둑에서 실력으로 공격(attack)하여 싸우지 않고, 바둑 외적인 공격을 하는 것은 공격자 반칙(offence foul)감이다. 중얼거리거나, 힐끗힐끗 쳐다보거나, 노래를 부르고, 빈정대며 야유하는 따위의 행위들이 그것이다.

문제 17

이 그림은 문제 16의 응용형이다.
다만 한 가지 수순이 더 필요하다.

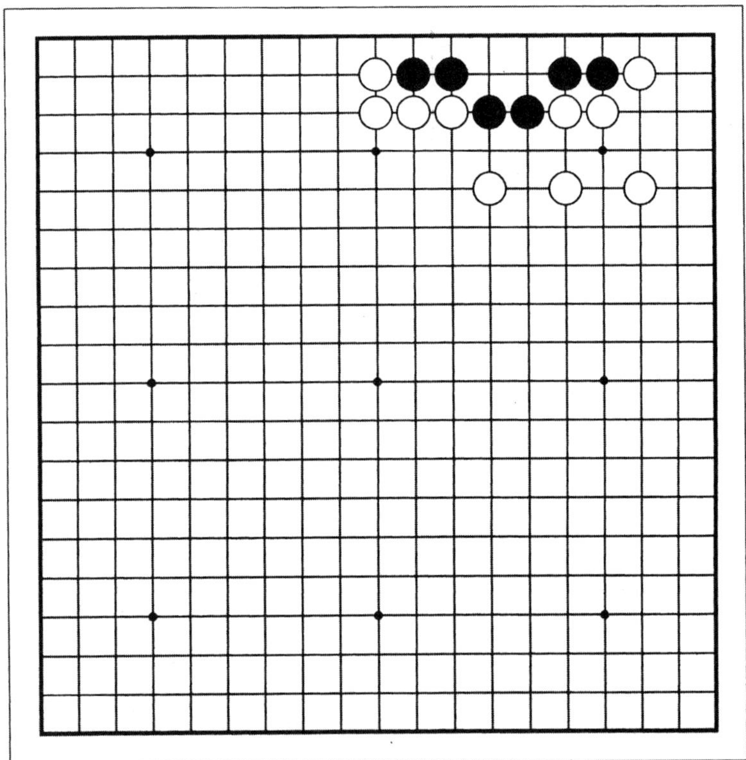

[그림 1]

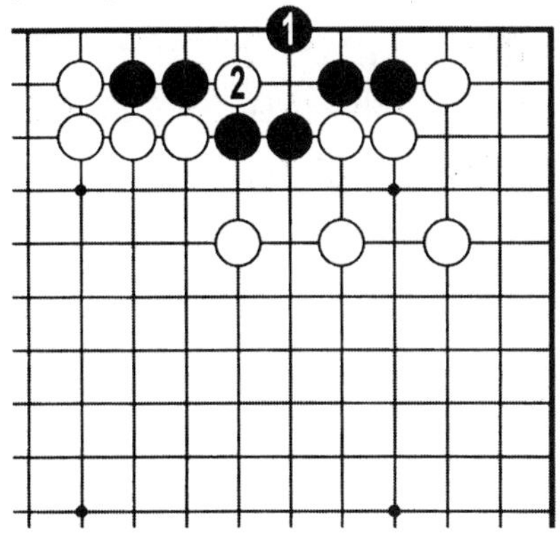

[그림 1] (실격)

이 그림이 살 수 없음은 이미 배웠다.

[그림 2]

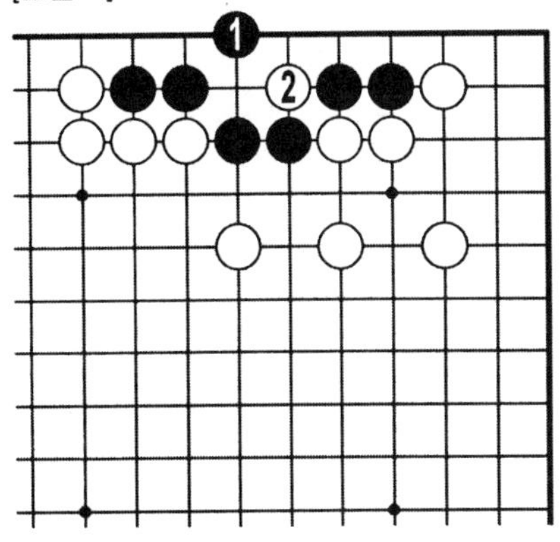

[그림 2] (실격)

이 그림 역시 마찬가지이다.

[그림 3]

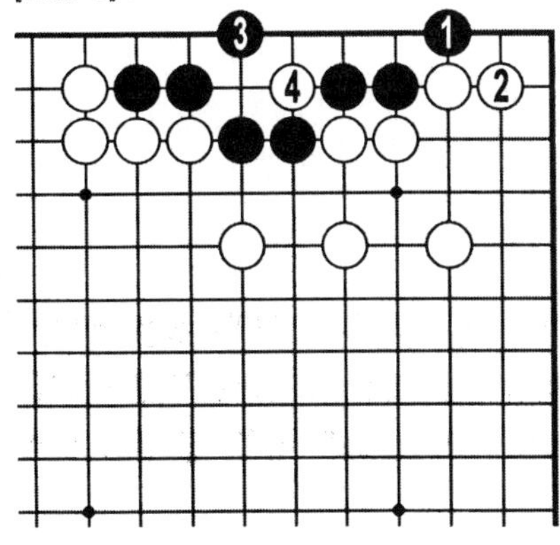

[그림 3] (실격)

❶의 젖힘 정도로는 도움이 되지 않는다.

[그림 4]

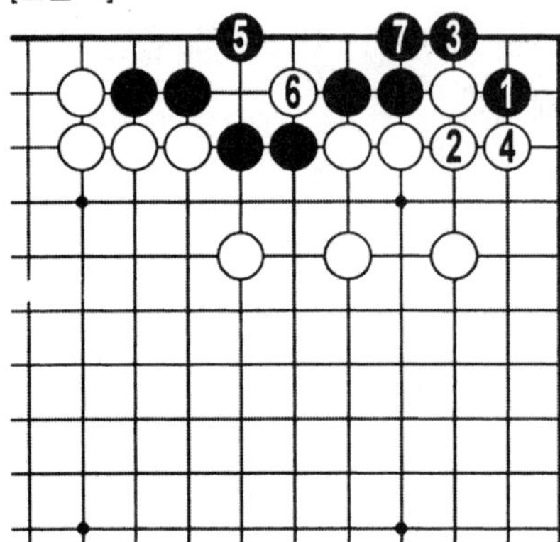

[그림 4] (정해)

❶의 껴붙임이 수순이다. 귀의 끝을 선점하여 문제 16으로 유도하는 것이 요령이다.

♠ 위기십결(圍棋十訣) 중에서 가장 많이 나오는 말이 무엇일까? 돌을 버린다는 말이다. 기자쟁선(棄子爭先), 사소취대(捨小取大), 봉위수기(逢危須棄)가 그것이다. 일본 바쿠후 시대의 메이진 조와(丈和)도 말하기를 돌을 버리는 것이 곧 날카로움이라 했다.

문제 18

이런 그림이 지프형과 무슨 상관이 있겠는가 하고 의아해하겠지만, 지프형의 급소를 모른다면 어떻게 해도 살 수가 없다.

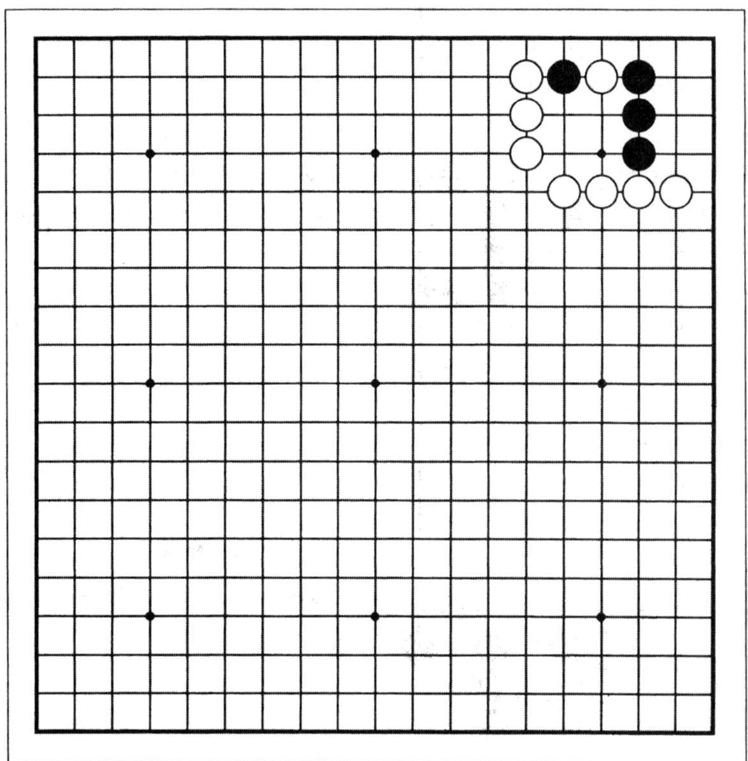

[그림 1]

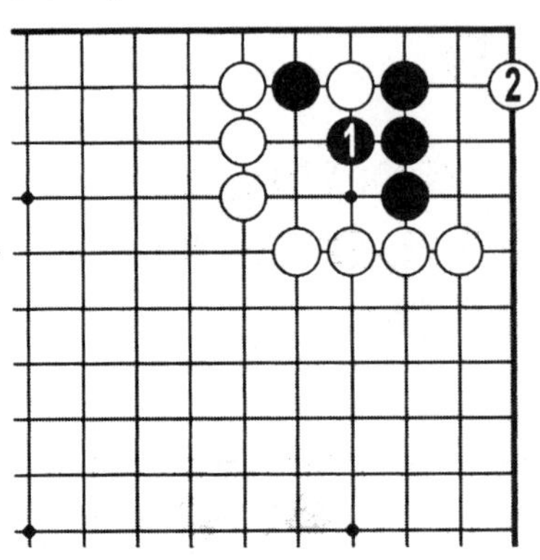

[그림 1] (실격)

②를 당하면 두 집을 낼 공간이 없어진다.

[그림 2]

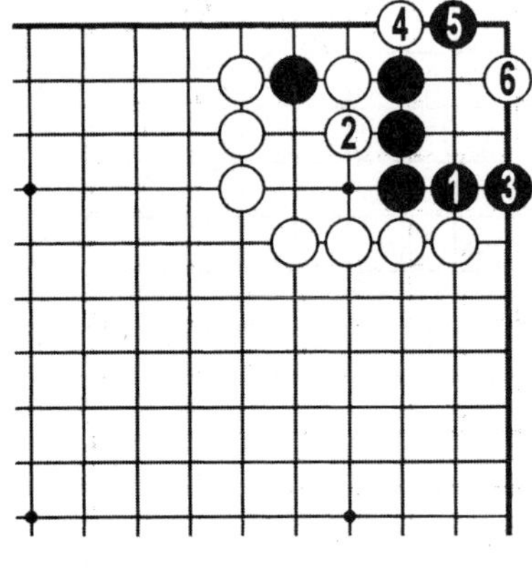

[그림 2] (실격)

❶ 쪽을 막아도 ⑥까지 지프 5궁으로 죽는다. 이 그림을 분석해 보면,

[그림 3]

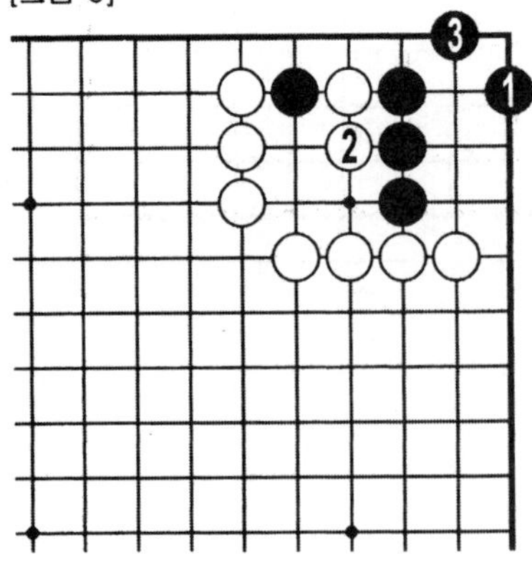

[그림 3] (정해)

❶의 곳이 지프형의 급소임을 알아보겠는가?

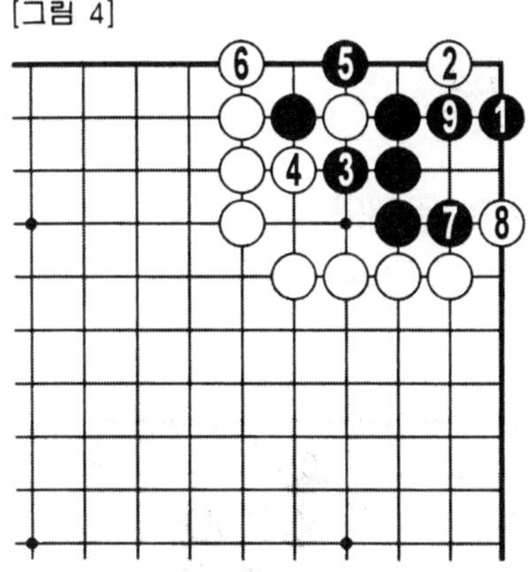

[그림 4] (변화도)

❶을 알게 되었다면 어떻게 변화해도 두렵지 않다.

♠ 바둑에서 승부란 아마추어들이 함부로 쓸 일이 아니다. 구태여 말하면 일본식 언어라서 만은 아니다. 이 말이 목숨을 걸었던 일본의 바쿠후 시대 사무라이들의 언어이기 때문이다. 심지어 접바둑을 두면서까지 승부 운운하는 것은 참으로 무지스런 일이다. 목숨을 거는 마당에 목을 접어 주는 경우도 있는가? 승부의 세계란 그 세계에 몸담은 사람들의 속사정이며 구경꾼들이 알 수 있는 일이 아니다.

바둑과 컴퓨터

문제 19

이 그림도 결국 앞의 문제와
동일한 구조를 가지고 있다.

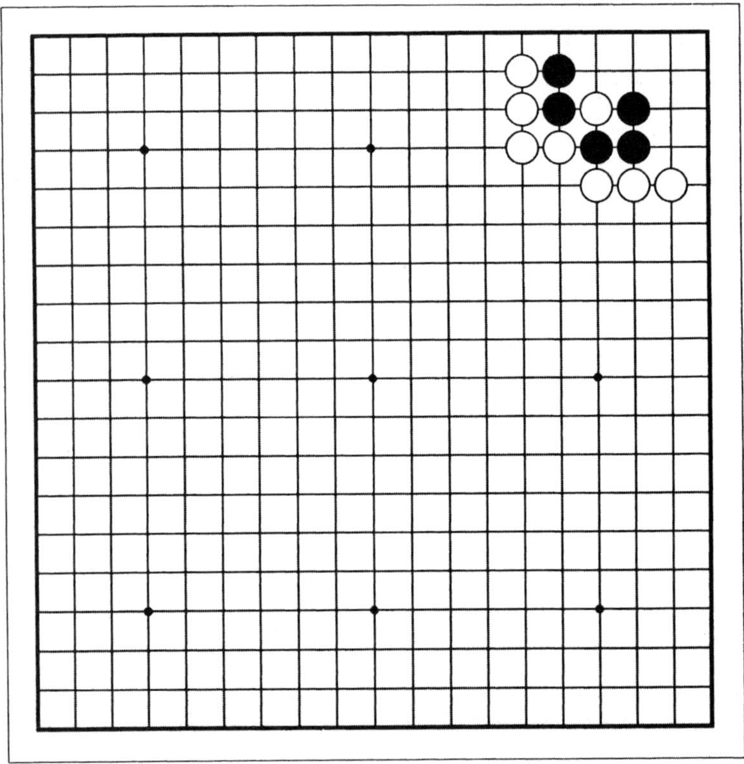

[그림 1]

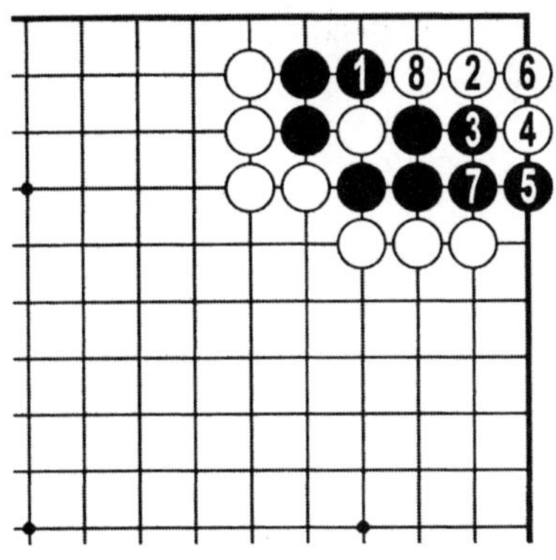

[그림 1] (실격)

②의 치중을 당하는 것은 견딜 수 없는 일이다.

[그림 2]

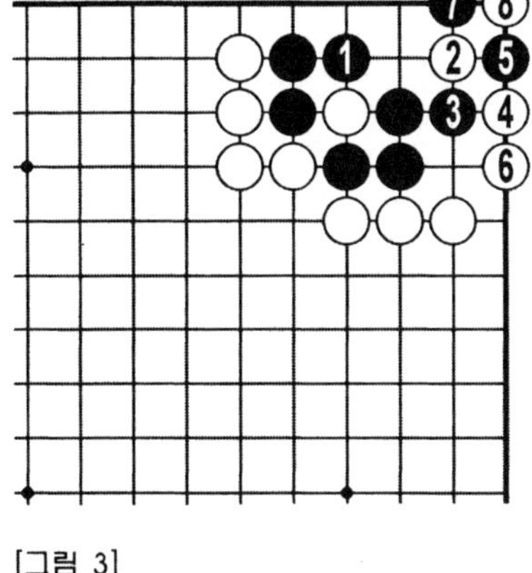

[그림 2] (실격)

❺로 반격해 보아도 패는 피할 수 없다.

[그림 3]

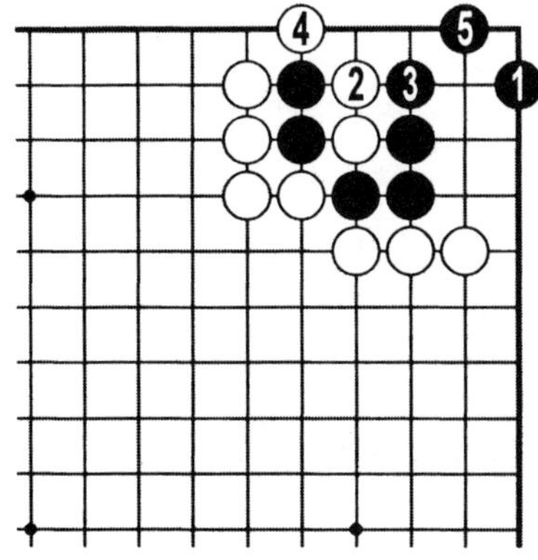

[그림 3] (정해)

앞의 문제를 풀어 보았다면 ❶의 급소가 보일 것이다.

[그림 4]

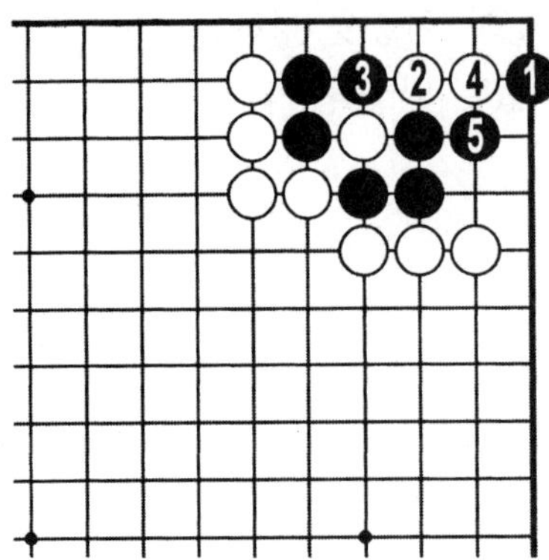

[그림 4] (변화도)

②로 반격하는 것은 백의 무리이다.

♠ 앞을 못 보면서도 바둑을 잘 두는 사람을 보고 깜짝 놀랐다. 이것이 바로 컴퓨터의 원리가 아니겠는가?

문제 20

이 그림은 고전에서도 보이는
전형적인 지프형의 응용 사활이다.

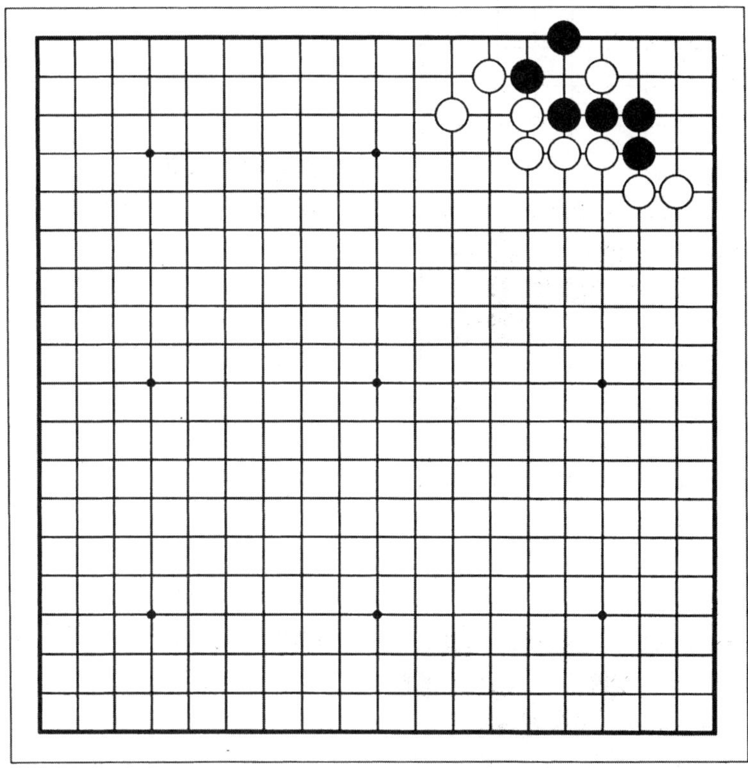

[그림 1]

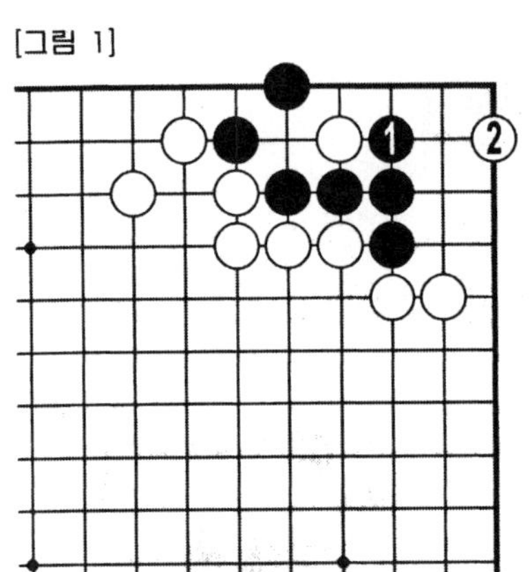

[그림 1] (실격)

아직도 ①에 두겠는가?

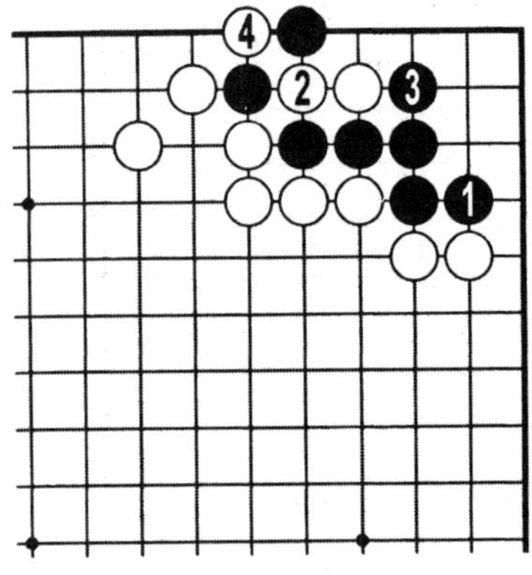

[그림 2] (실격)

❶로 넓히는 수도 어리석은 수이다.

[그림 3]

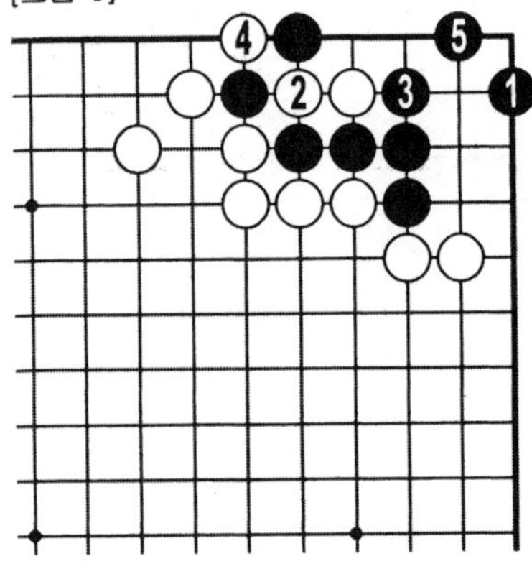

[그림 3] (정해)

❶의 곳이 한눈에 보여야 한다.

[그림 4]

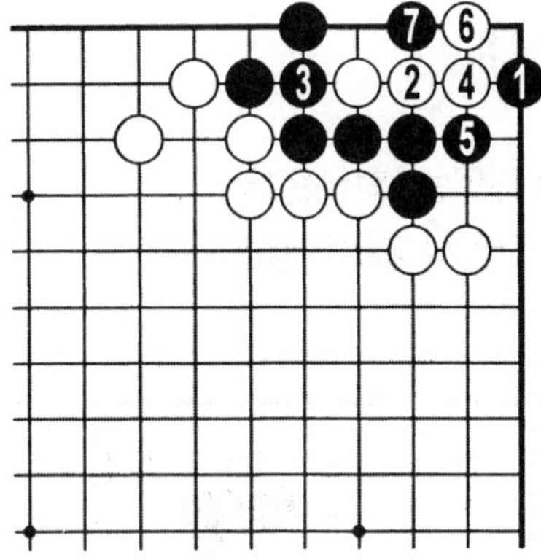

[그림 4] (변화도)

②로 공격할 때 ❼의 수까지 보는 것이 수읽기의 끝이다.

♠ 잡을 때는 좁히고 치중, 공격할 때는 치중 후 행마.

문제 21

이 그림도 기본적으로 출제되는 형태인데,
결국은 지프형의 삶만이 유일한 삶이 된다.

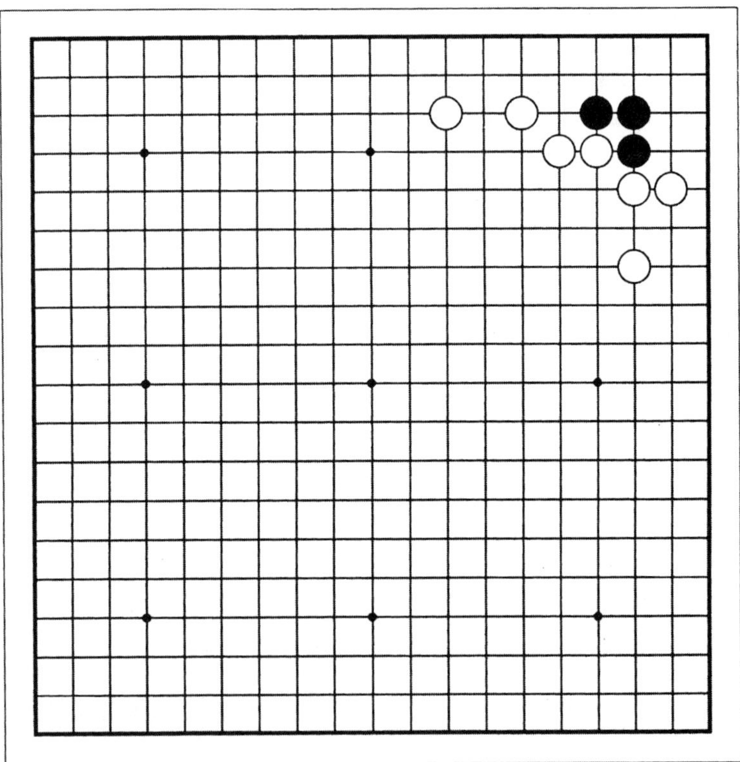

[그림 1]

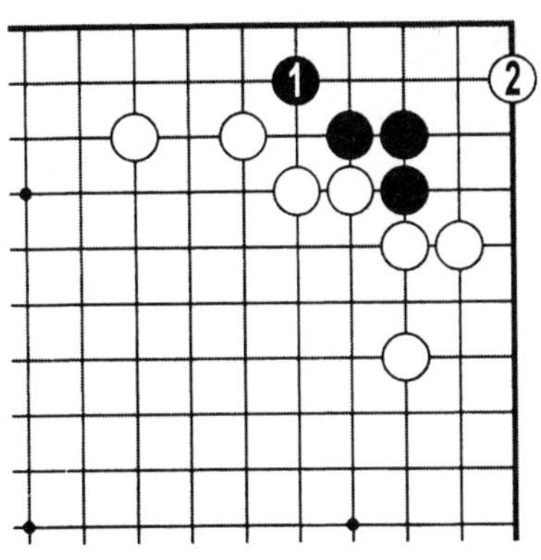

[그림 1] (실격)

아직도 ②의 수가 보이지 않는가?

[그림 2]

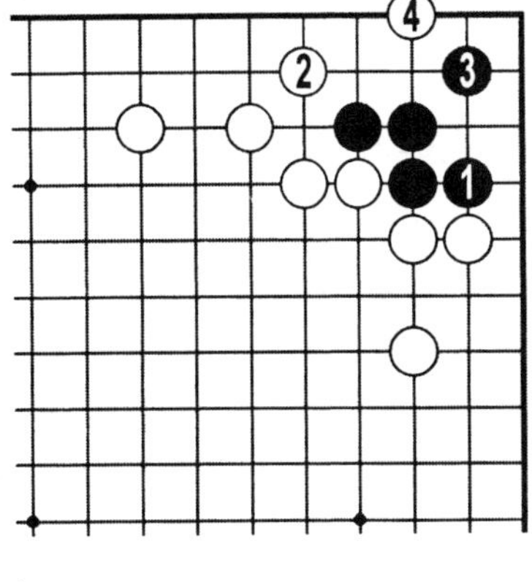

[그림 2] (실격)

❶도 역시 어리석은 수이다.

[그림 3]

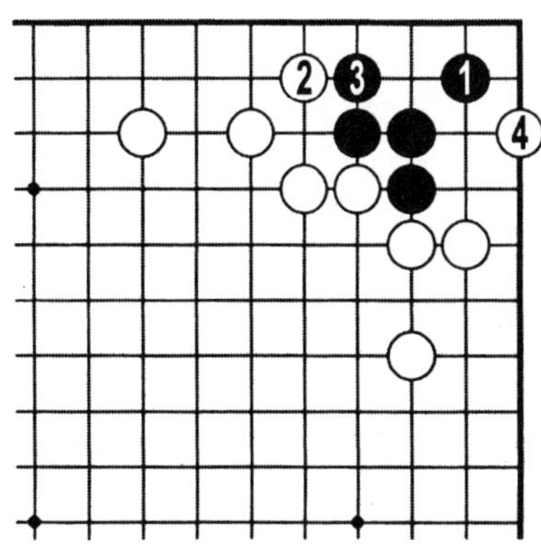

[그림 3] (실격)

❶이 언뜻 급소처럼 보이나, ②, ④의 공격에 응수가 없다.

[그림 4]

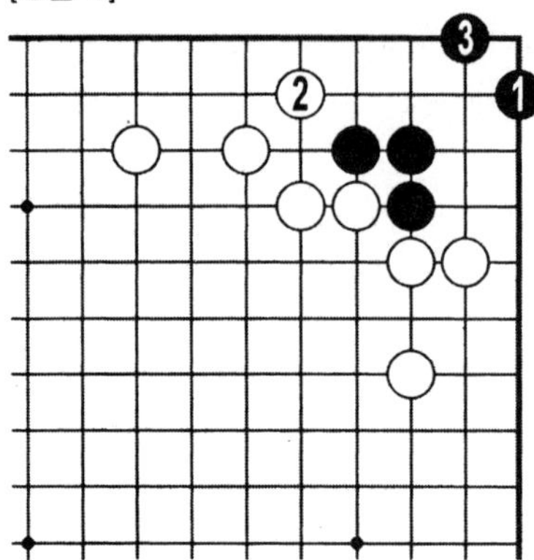

[그림 4] (정해)

❶과 ❸이 지프형의 급소에 있음을 확인해 보라.

♠ 현대의 바둑에서는 변을 먼저 장악하는 전술이 유행하고 있다. 변은 중앙으로 진출하는 가장 가까운 길목이다.

문제 22

이 그림은 앞서 보여 준 문제 3의 변화이다.
백이 지프형을 피해 이렇게 잡으러 왔을 때
어떻게 사는가를 참고로 보이겠다.

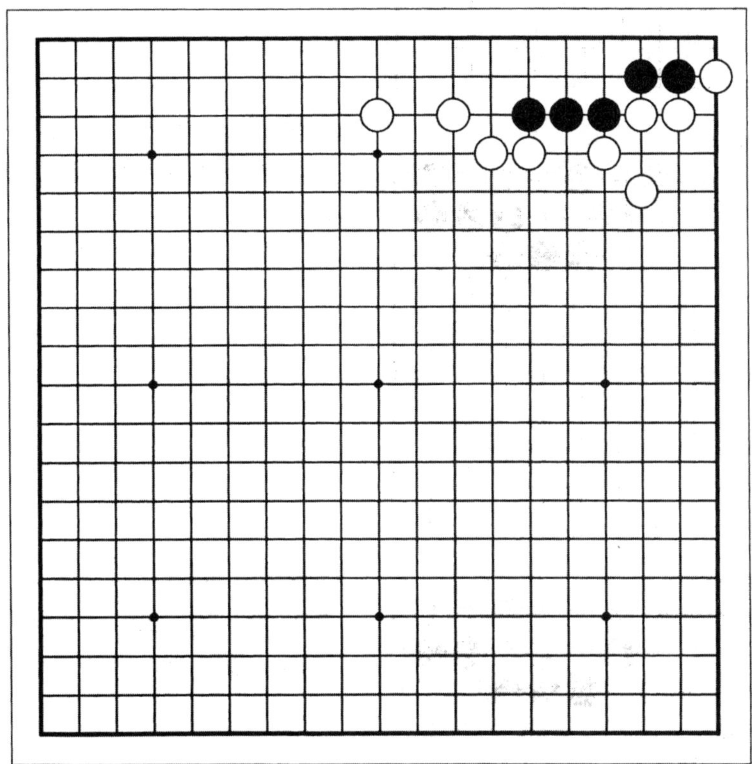

[그림 1]

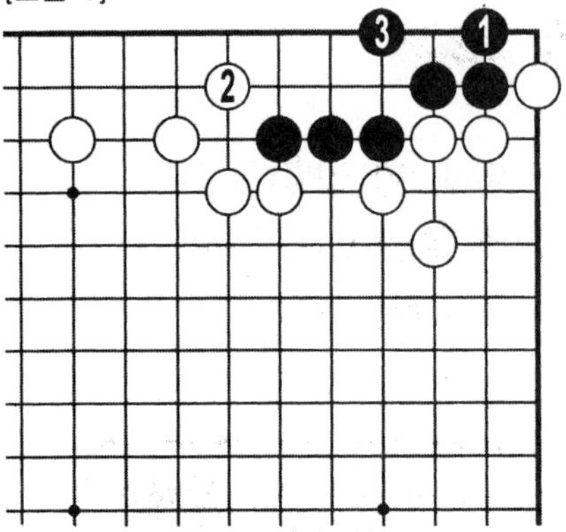

[그림 1] (혼자 생각)

❶ 때 ②로만 둔다면 얼마나 좋겠는가? 하지만,

[그림 2]

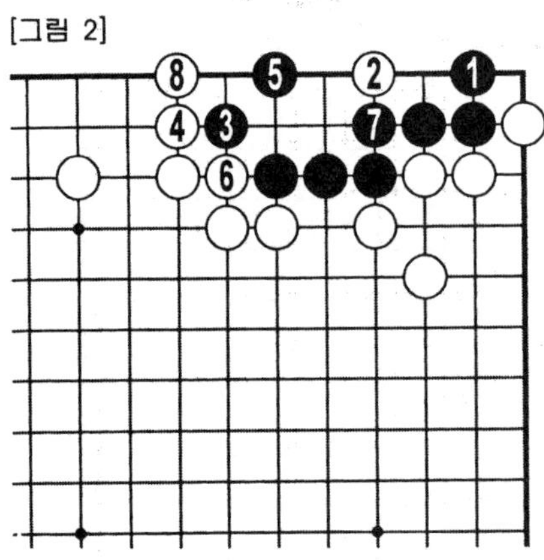

[그림 2] (실격)

②로 치중해 올 것이다. ⑥까지 삶이 없다.

[그림 3]

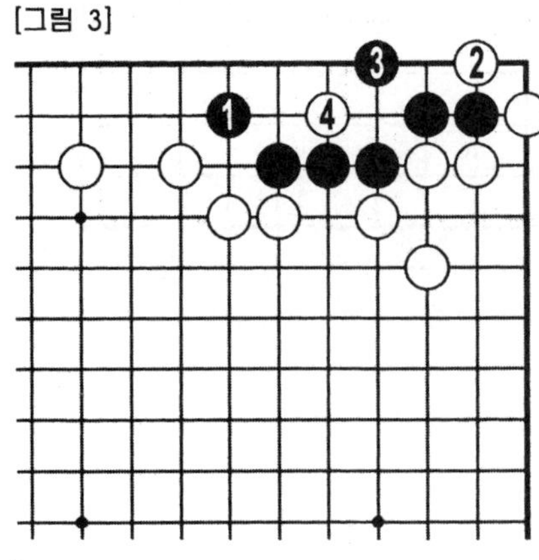

[그림 3] (실격)

❶의 곳밖에는 달리 수가 없다. 하지만 ❸이 그르친 수이다.

[그림 4]

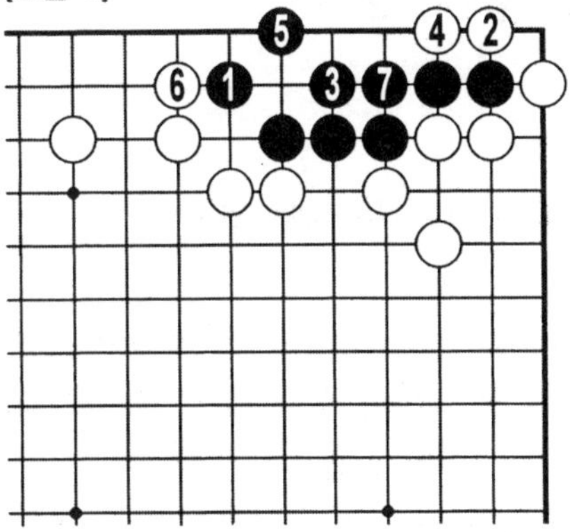

[그림 4] (정해)

❶에 이어 ❸의 수순이 중요하다. ❼로 이으면 촉촉수가 성립한다.

[그림 5]

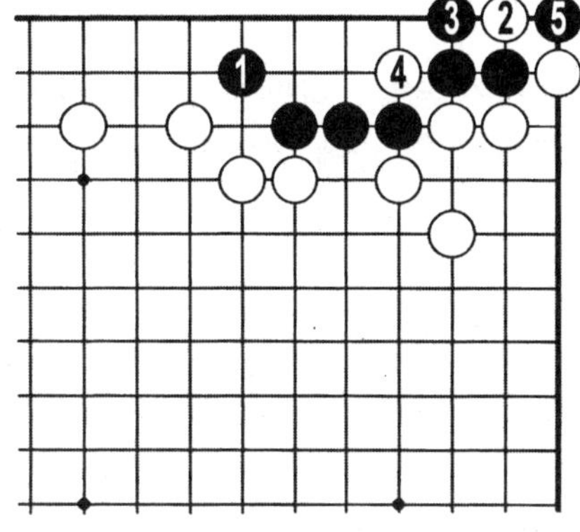

[그림 5] (실격)

❸으로 막으면 패는 된다. 하지만 역시 실격이다.

5. 한 집 만들기와 사는 형태 갖추기

[1] 한 집 만들기

한 개의 완전한 집을 만들 줄 안다는 것은 두 개도 만들 수 있다는 것을 의미한다.

그렇다면 과연 한 개의 완전한 집을 만드는 방법이 몇 가지나 될까 하고 궁금하게 생각하는 이들이 적지 않으리라 생각된다. 그러나 크게 나누어 두 가지밖에 없으며, 패도 이 안에 포함되어 있다.

한 집 만들기의 원리는 급소의 원리와 같아서 **호구되는 곳과 들여다보는 곳의 두 곳뿐이다.** 다만 호구되는 두 곳 중 한 곳이 패가 나는 경우가 있다.

이 밖에 자충을 이용한 한 집 만들기가 있다. 하지만 원래 **자충은 발전된 형태의 호구**와 같으므로, 호구의 범주 안에 포함된다고 볼 수 있다.

[2] 사는 형태 갖추기

'사는 형태 갖추기'라고 말하면 약간 추상적인 느낌이 들지만, 결국 이 말은 한 집 만들기의 발전된 형태를 뜻하는 말이다. 지금까지 연습했던 **빅과 궁도 사활, 삿갓형과 지프형도 모두 이 범주에 들어 있다.**

이들의 급소가 한결같이 호구의 자리에 있었음을 기억하는가?

【참고】 흔히 "안형(眼型)이 풍부하다."라는 말을 사용하는 경우가 있다. 직역하자면 '눈 모양이 풍부하다.'라는 뜻이 되는데, 여기서 눈이라는 말은 삶에 필요한 최소 단위의 집을 의미하는 것으로, '**한 집 만들기의 방법이 많아, 사는 데 지장이 없다.**'라는 뜻으로 이해하면 된다.

지금부터 한 집 만들기가 왜 두 가지로 국한되며, 사는 형태 갖추기의 기본형이 되는지 유형별로 분석해 보자(흑이 둘 차례).

[연습 문제 1]

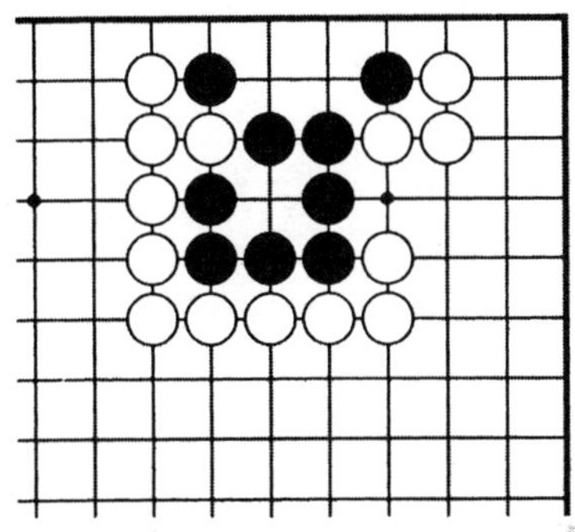

[연습 문제 1]

(1) **정해**

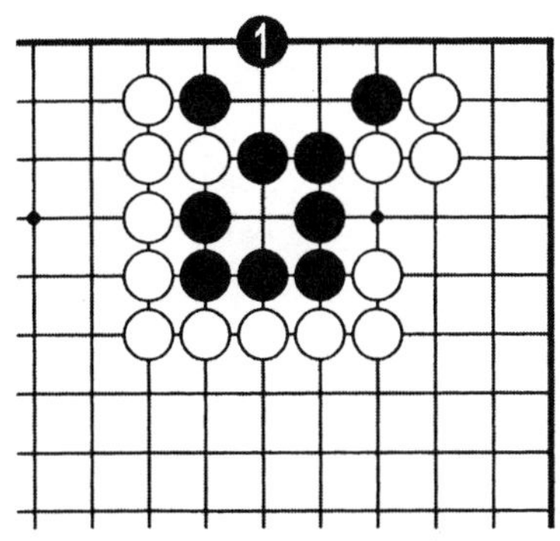

양쪽 두 군데, 이렇게 호구하는 수가 정수이다.

(2) **정해**

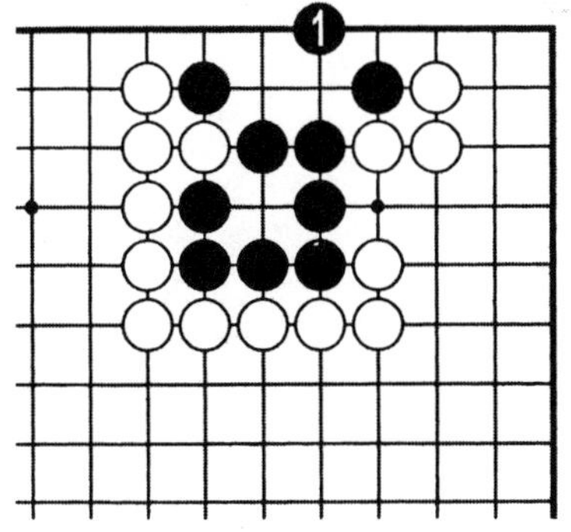

[연습 문제 2]

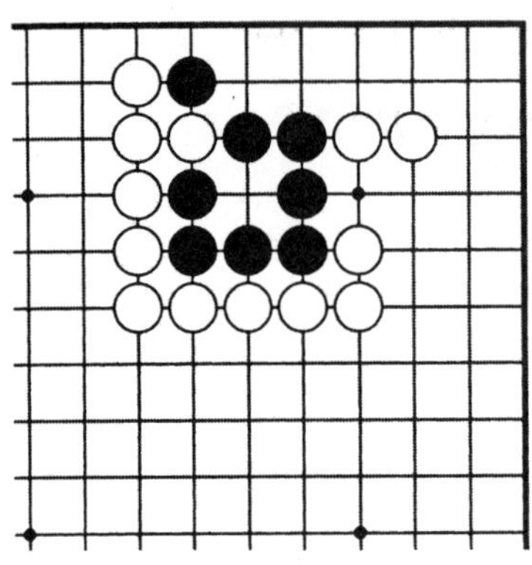

[연습 문제 2]

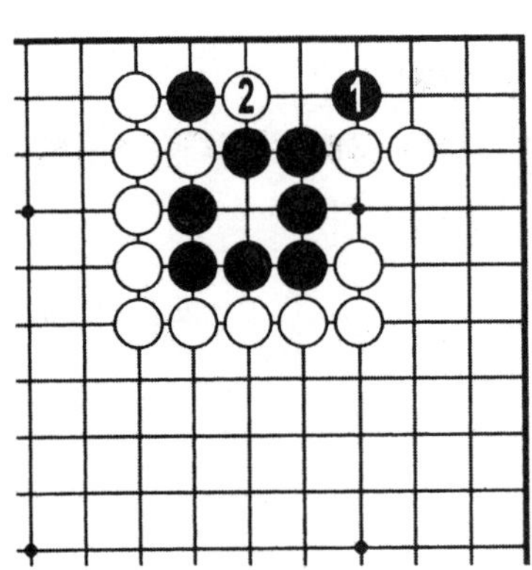

(1) **정해**

❶은 ②로 죽는다. 연습 문제 1과는 다르다.

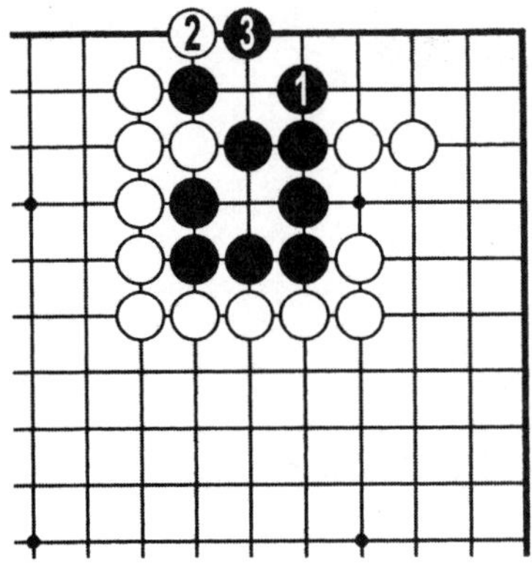

(2) **정해**

❶의 쪽 호구로 패가 최선이다.

[연습 문제 3]

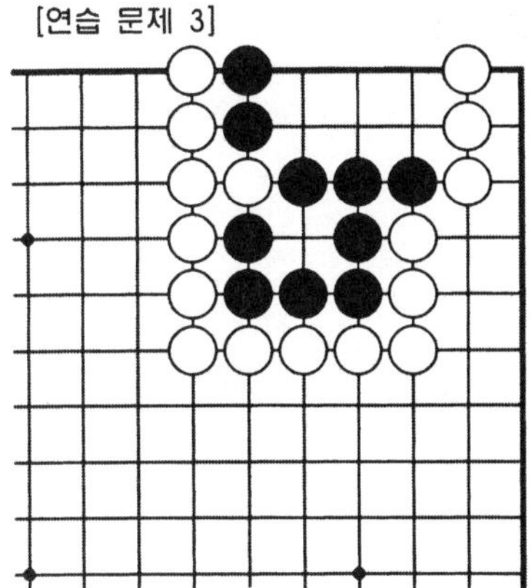

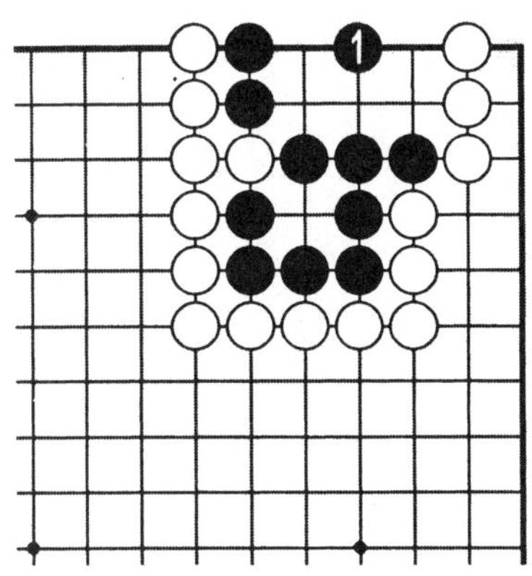

[연습 문제 3]

(1) **정해**

❶의 수뿐이며, 이 곳은 들여다보는 급소의 자리이다.

[연습 문제 4]

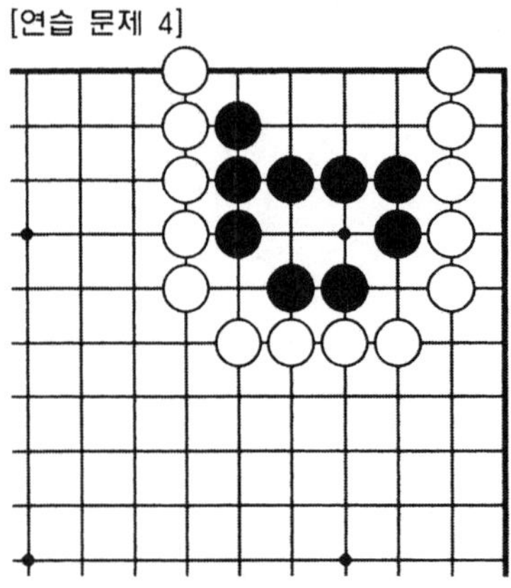

[연습 문제 4]

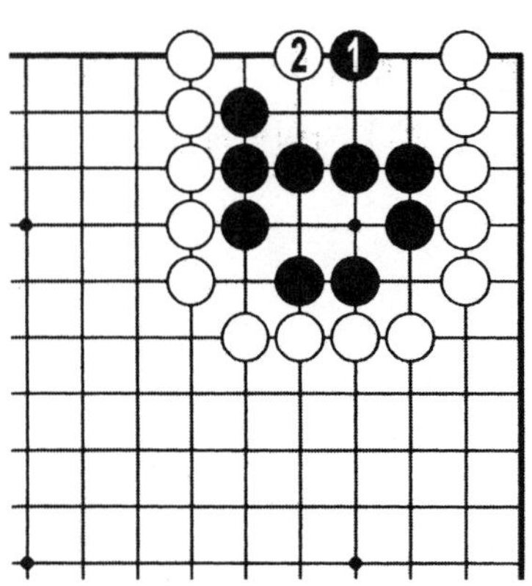

(1) 실격

❶은 ②의 급소에 응수가 없다.

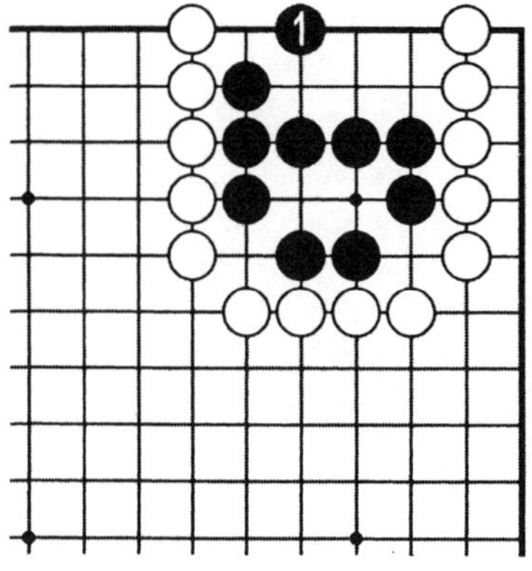

(2) 정해

❶의 호구가 정수이다.

[연습 문제 5]

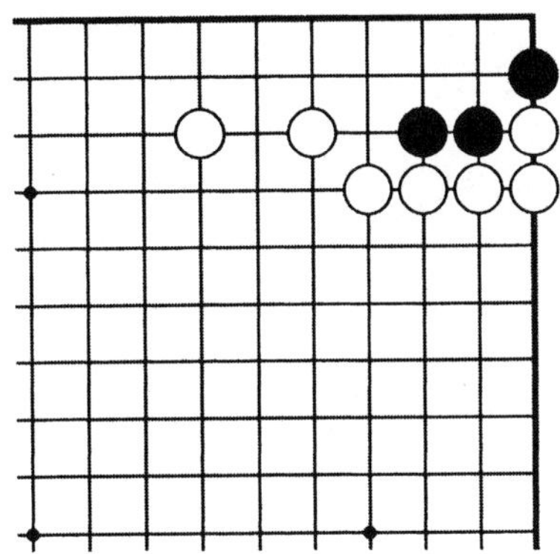

[연습 문제 5]

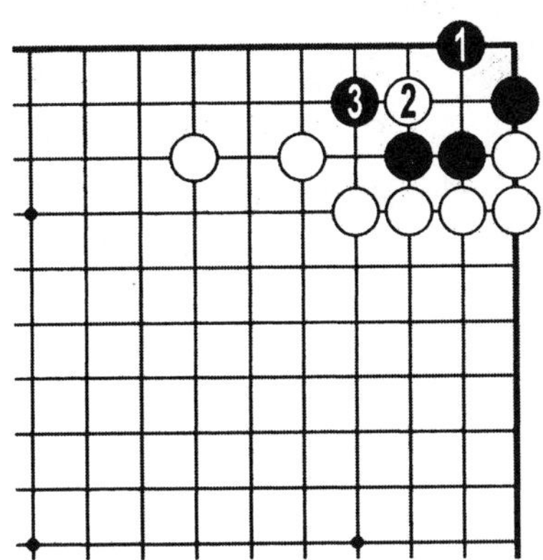

(1) 정해

❶은 지프형의 급소이자 호구이며, 이 수뿐이다.

[연습 문제 6]

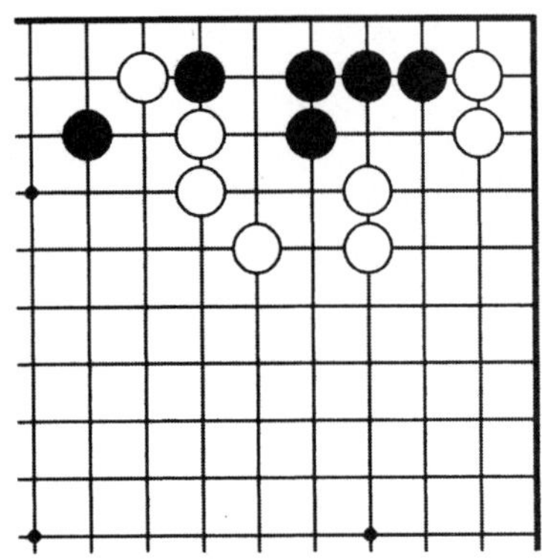

[연습 문제 6]

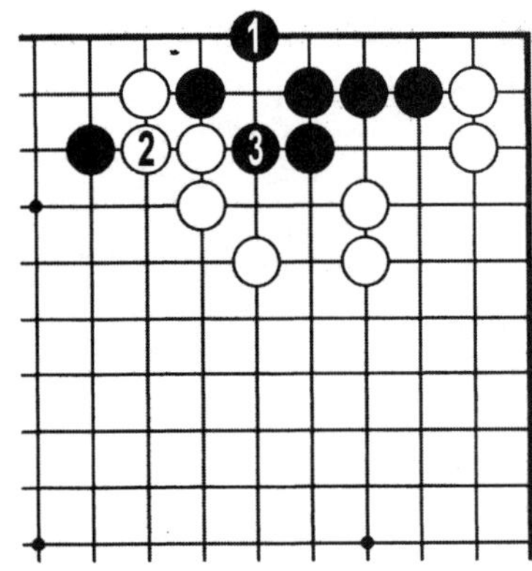

(1) 정해

❶은 호구에 해당한다. 또 ❶, ❸의 수순은 실전에 자주 사용되므로 꼭 기억해야 한다.

[연습 문제 7]

[연습 문제 7]

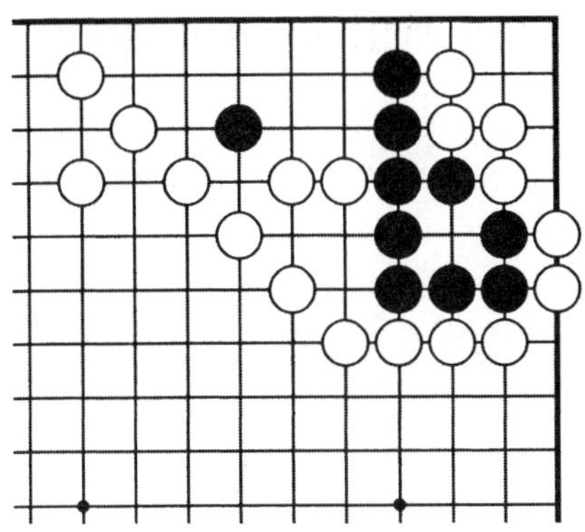

(1) 정해

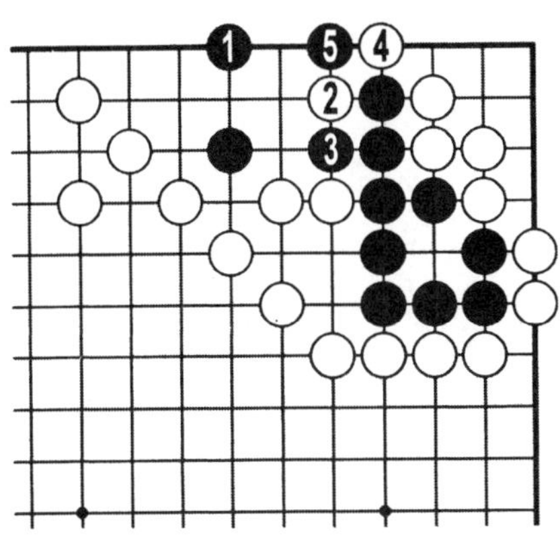

❶의 곳이 자충을 이용한 한 집 만들기이다.

(2) 변화

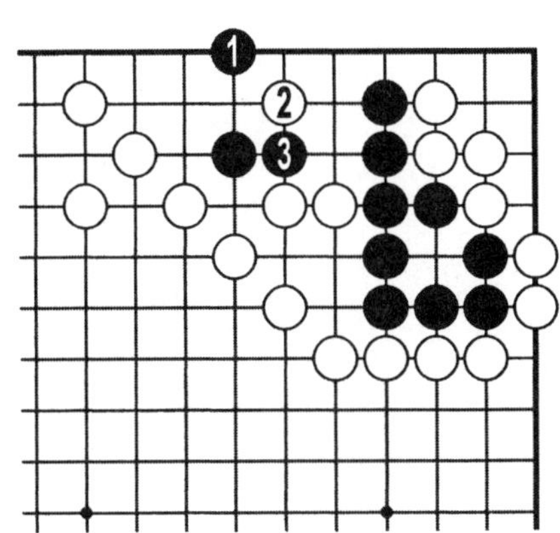

(3) **실격**

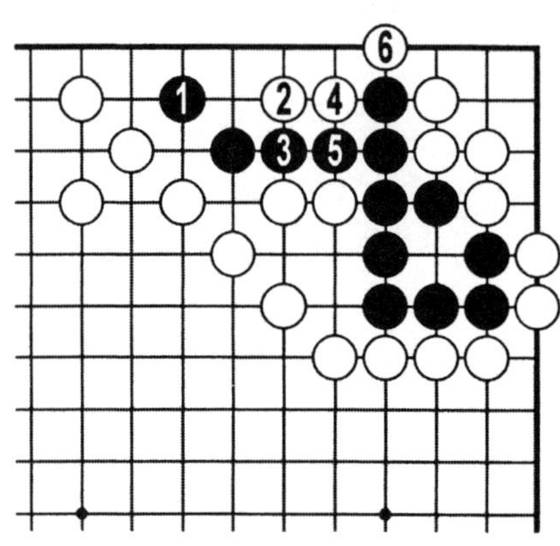

다른 방법으로는 삶이 없다.

(4) **실격**

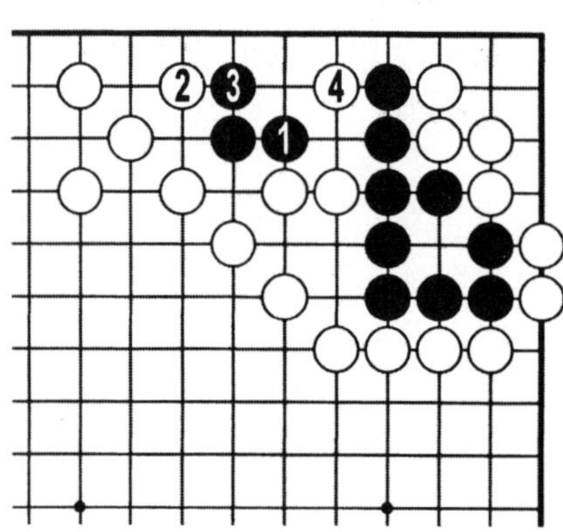

[연습 문제 8]

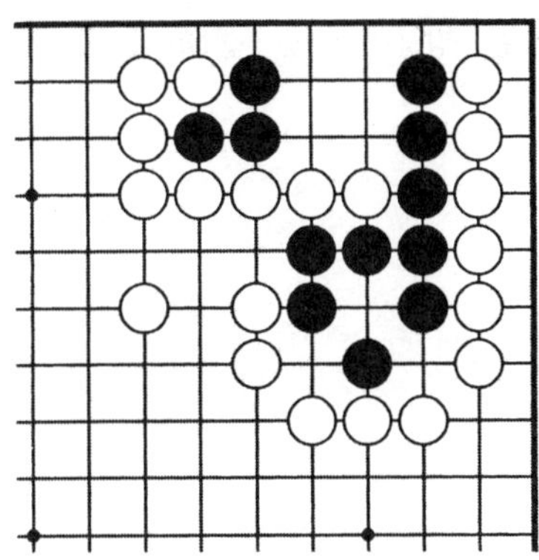

[연습 문제 8]

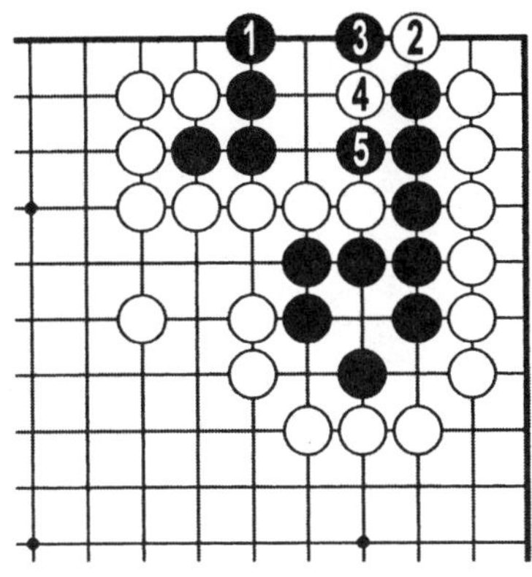

(1) **정해**

연습 7과 같은 수법이다.

(2) **변화**

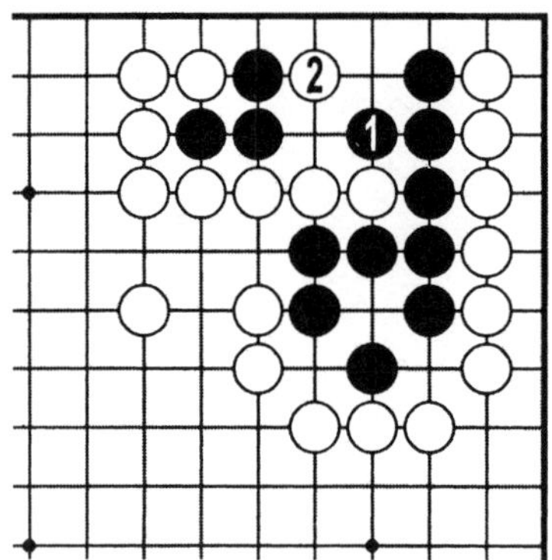

(3) **실격**

이런 방법으로는 결코 살지 못한다.

♠ 바둑을 책으로 배우는 것이 현명한 것인지 실전을 통해 배우는 것이 현명한 것인지 궁금한 분이 많을 것이다. 그러나 궁금해하지 않아도 좋다. 이미 검증된 실존 인물이 두 분 다 생존해 계시니까. 손가락이 굽을 정도로 책으로 열심히 공부하신 오청원 선생이 아직 생존해 계시고 고전 기보라고는 구경도 못 하고 일본 최고의 실력자가 되었던 사카다 선생도 생존해 계신다. 따라서 어느 쪽을 택하든 잘못된 길은 아닐 것이다.

바둑과 컴퓨터

[연습 문제 9]

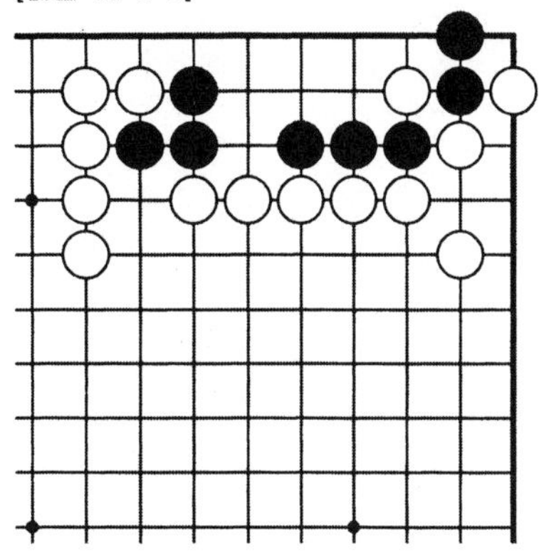

[연습 문제 9]

(1) 정해

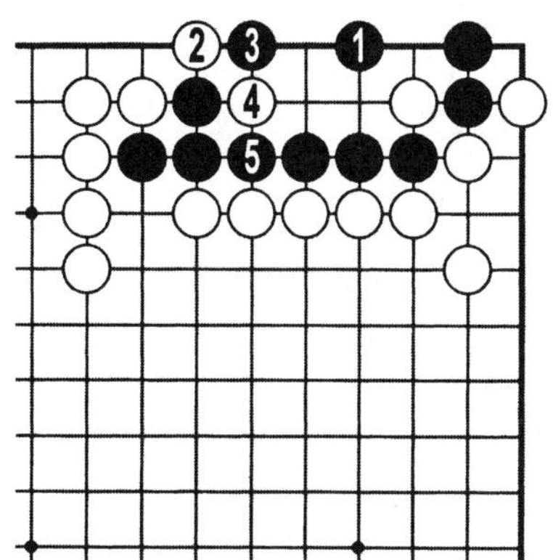

(2) 실격

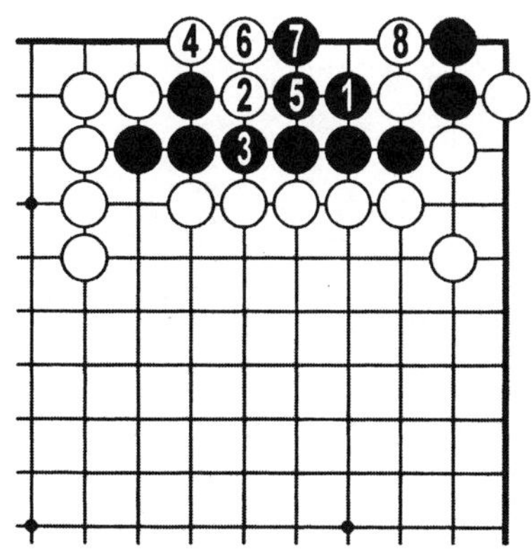

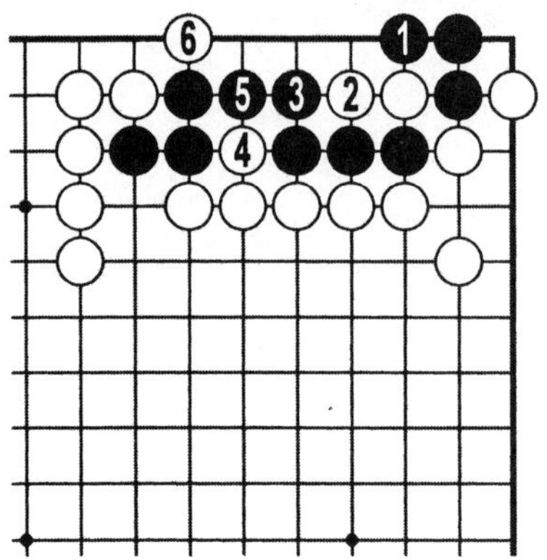

(3) 실격

♠ 코붙임의 원리는 두 점 머리와 같다.

[연습 문제 10]

[연습 문제 10]

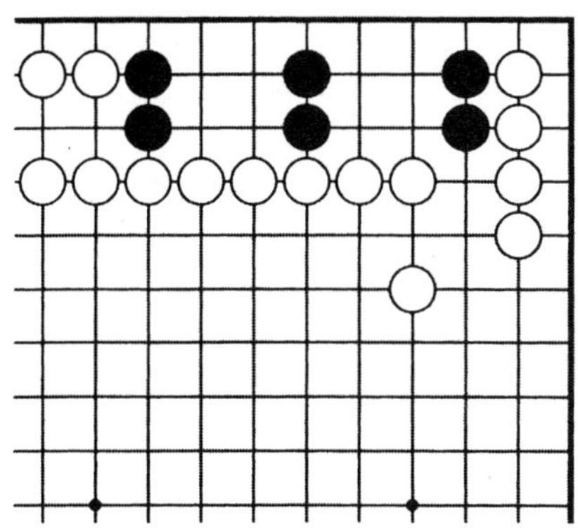

(1) 정해

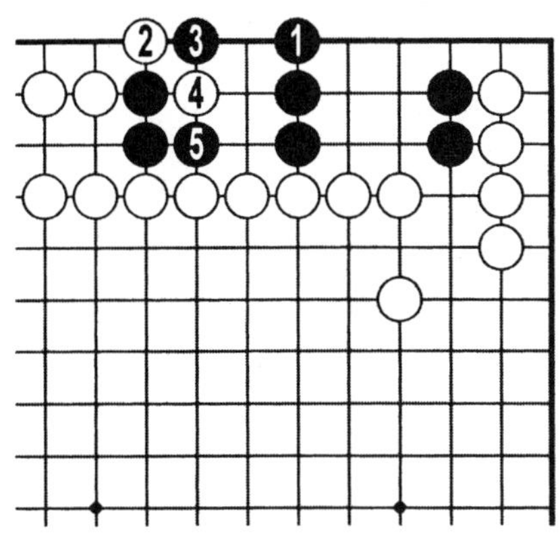

(2) 변화

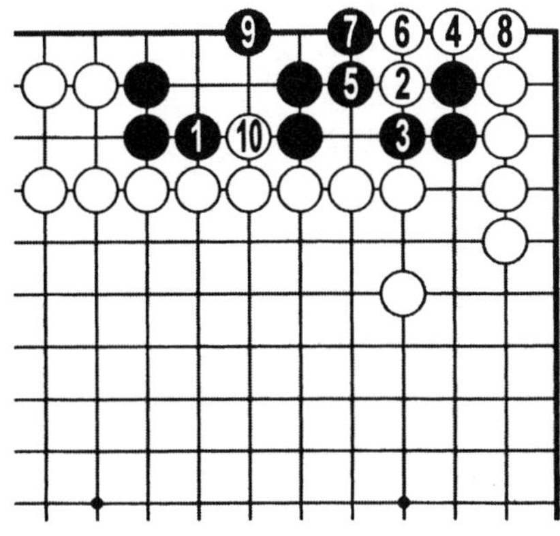

(3) 실격

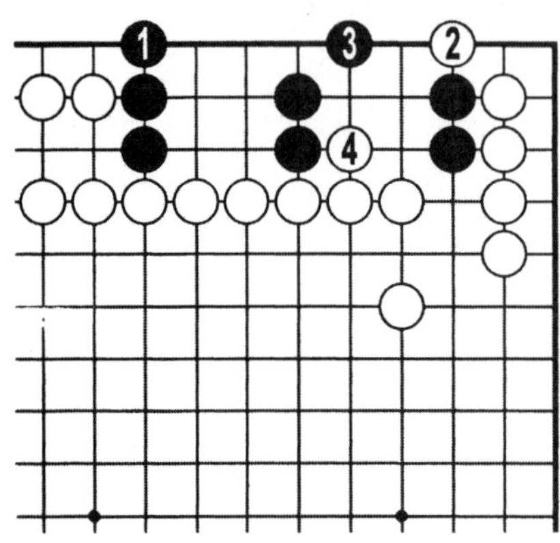

(4) 실격

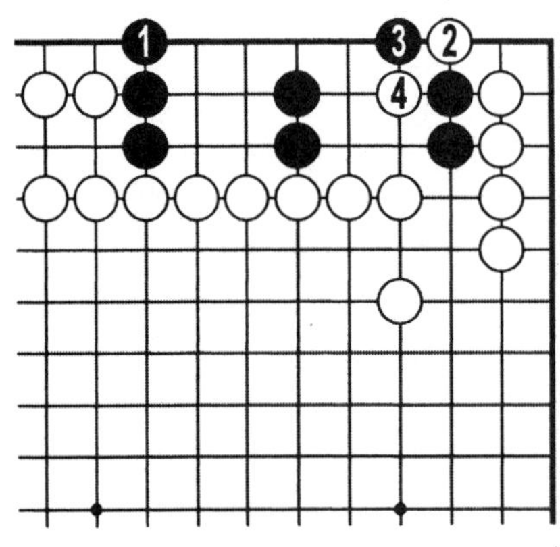

앞의 열 가지 그림들이 한 집 만들기의 기본형이다. 이 형태가 발전하게 되면 어떠한 형태로 나타날 수 있는지 알아보자.

문제 1

연습 문제 2와 비슷하다.
그러나 이 곳은 귀의 끝이다.
귀의 끝은 어떤 성질이 있는가?

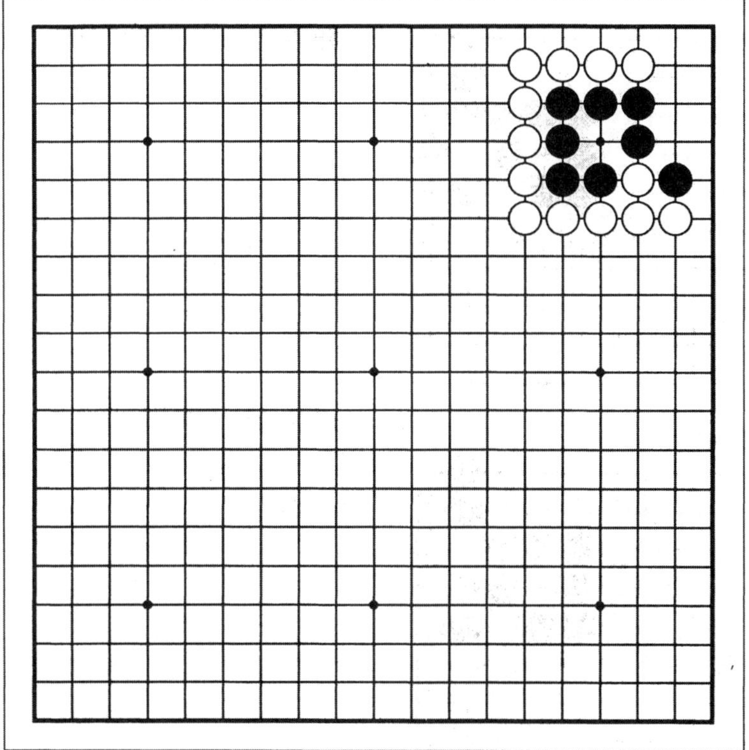

[그림 1]

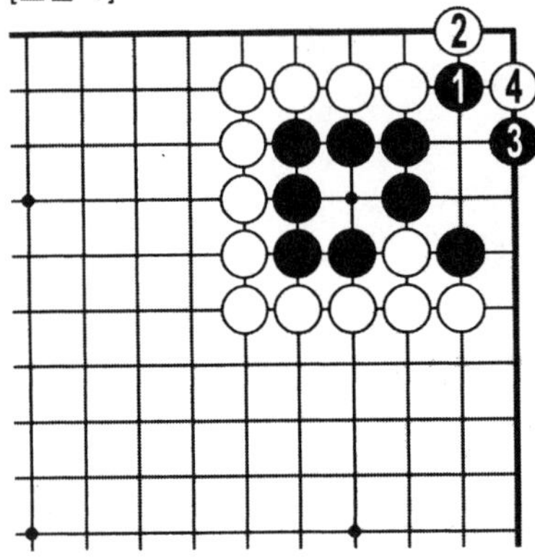

[그림 1] (실격)

❶은 정수이나, ❸은 방향 착오이다.

[그림 2]

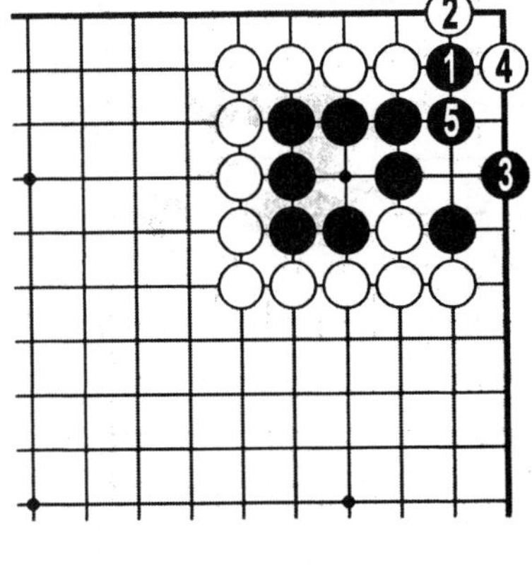

[그림 2] (실격)

❸의 쪽 호구가 정수이다.

[그림 3]

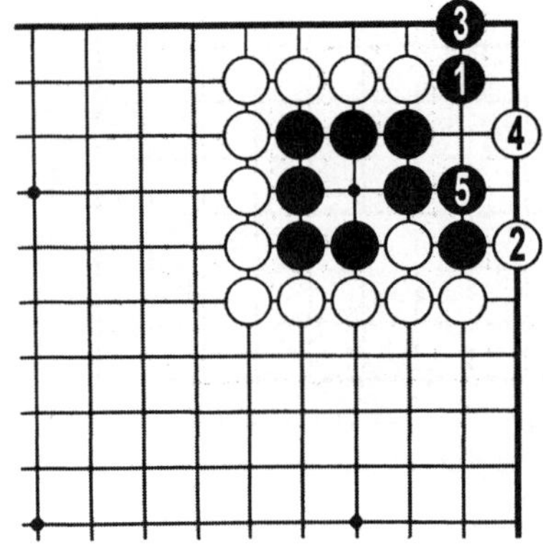

[그림 3] (변화도)

②의 단수가 성가시지만, ❸이 침착하다.

[그림 4]

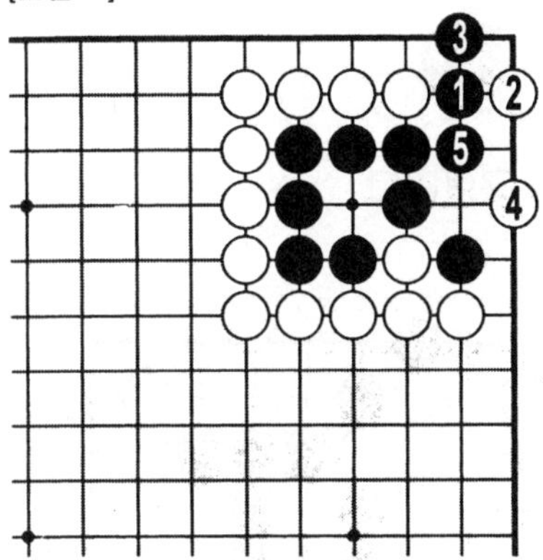

[그림 4] (변화도)

②의 붙임도 까다롭지만, 역시 ❺까지 안전하다.

♠ 통신 대국에서 지나치게 급수를 낮춰 승률을 높이는 사람은 세상을 비웃으며 살기는 하지만 피해망상증이 있는 사람일 것이다. 지나치게 급수를 높여 매일 지기만 하는 사람은 자존심만 강할 뿐 과대망상증이 있는 사람일 것이다.

문제 2

연습 문제 3의 응용형이다.

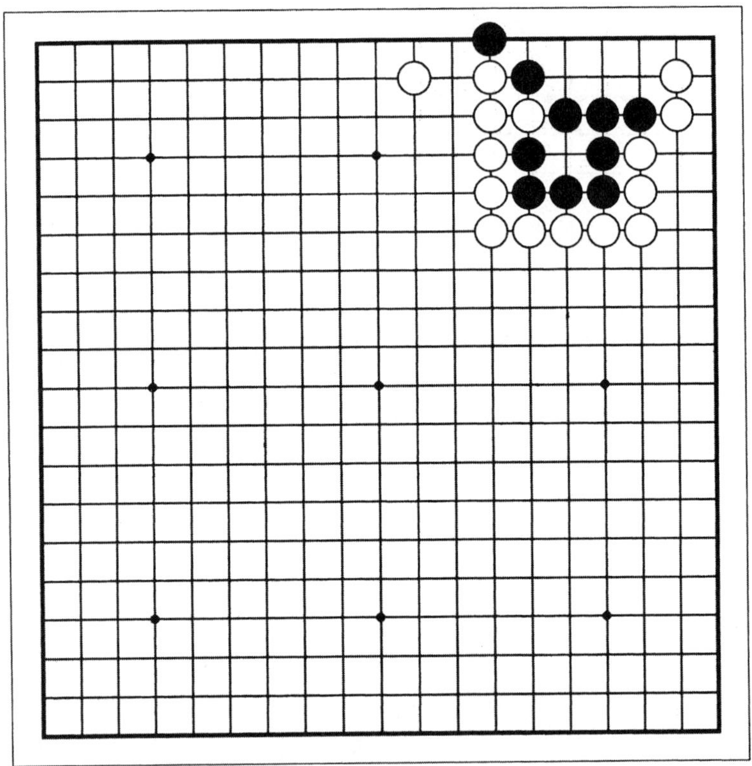

[그림 1]

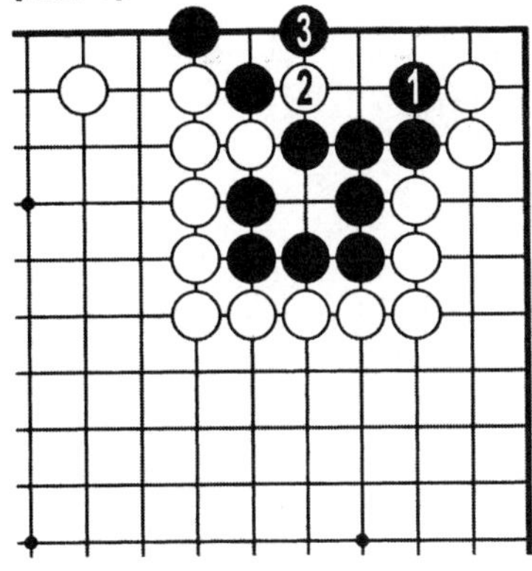

[그림 1] (혼자 생각)

이렇게 패가 난다고 읽는 것은 오산이다. 백은,

[그림 2]

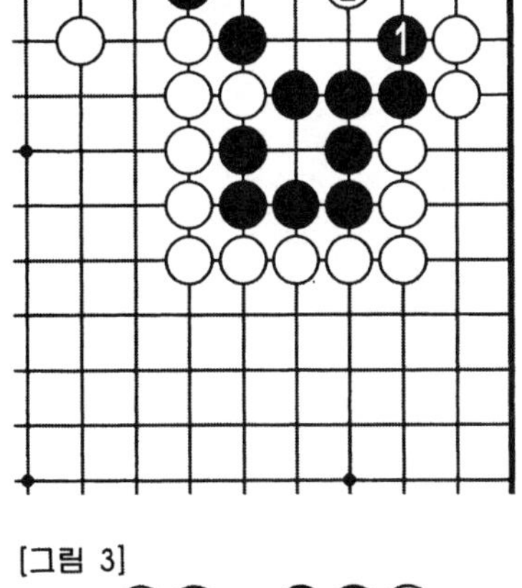

[그림 2] (실격)

②로 치중할 것이다.

이 수로 무조건 죽는다.

[그림 3]

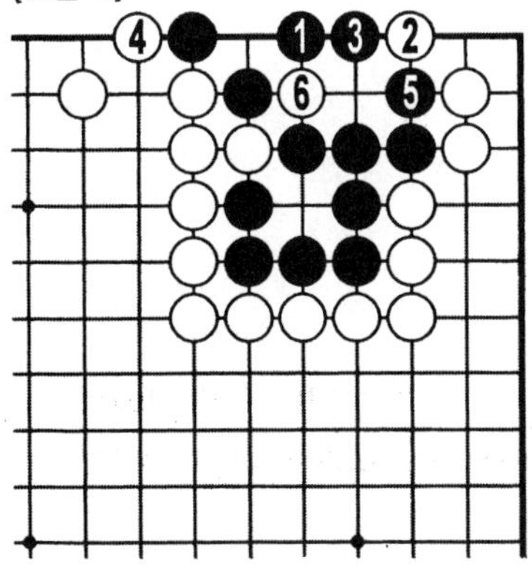

[그림 3] (실격)

❶의 호구도 패를 피할 수 없다.

[그림 4]

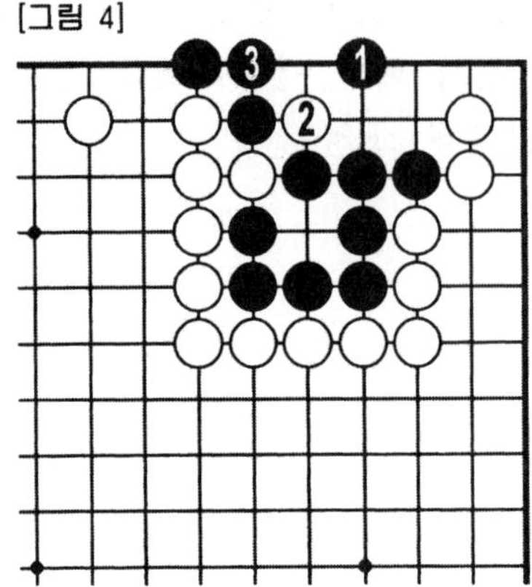

[그림 4] (정해)

들여다봄의 급소 ❶의 곳만이 살 수 있다.

♠ 일본의 바둑 400년사를 우습게 생각하지 말아야 할 것이다. 현재 우리가 아무리 바둑 최강국이라 해도 역사는 하루아침에 이루어지는 것이 아니지 않는가?

문제 3

이러한 그림이 어째서 호구로 지키는
원리와 같은지를 납득하게 된다면
한 집 만들기의 실체를 완벽하게 파악한 것이다.
마지막 수가 그것이다.

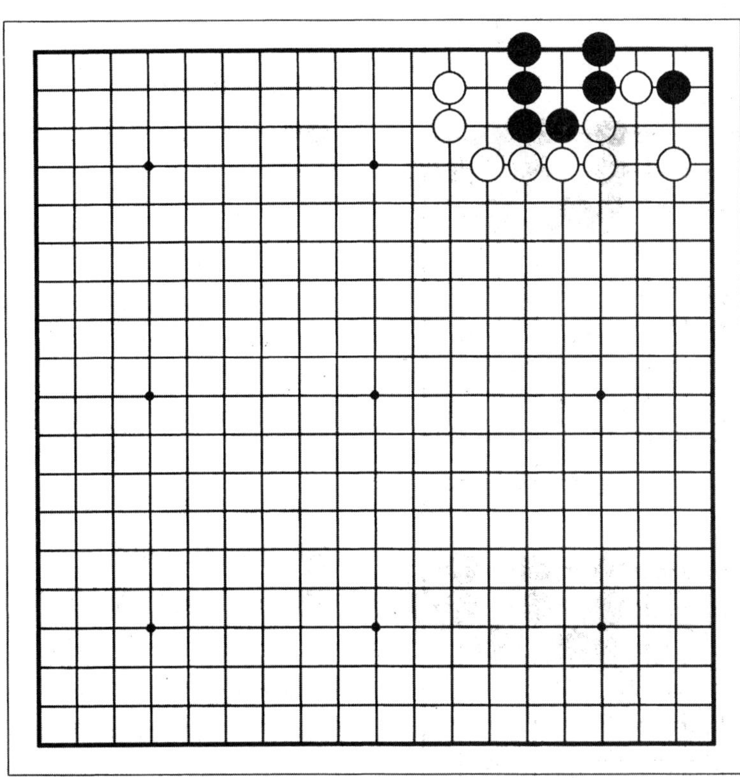

[그림 1]

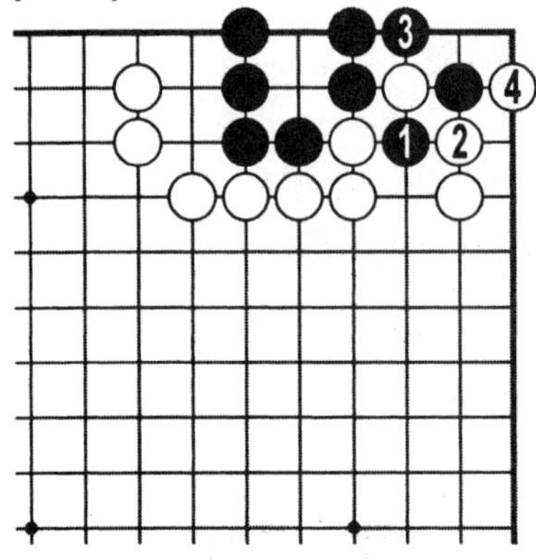

[그림 1] (실격)

한 점을 잡는 수가 곧바로 집이 될 리는 없다.

[그림 2]

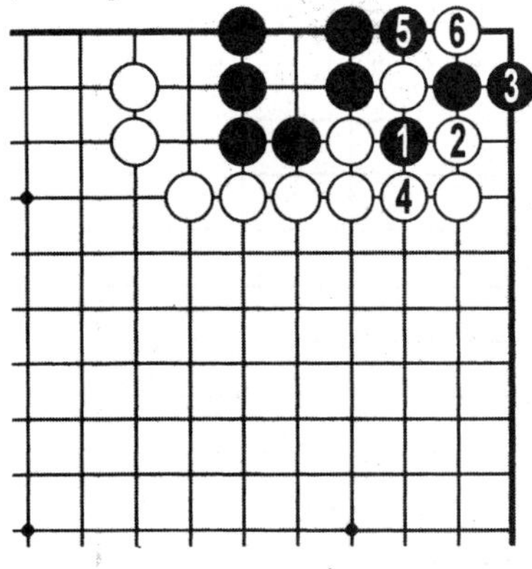

[그림 2] (실격)

❸의 수가 중요하다. 그러나 마지막에 실격이 되었다.

[그림 3]

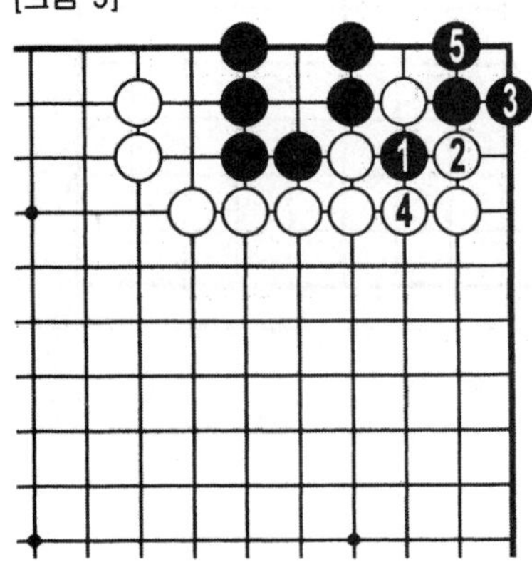

[그림 3] (정해)

❺가 마지막 수이다.

❺로 늦춘 곳을 백이 들어갈 수 없는 이유는 이 곳이 바로 호구이기 때문이다. 다만 변의 끝이므로 생략되어 보이지 않을 뿐이다.

문제 4

선수로 한 집을 만드는 방법을 찾는 문제이다.

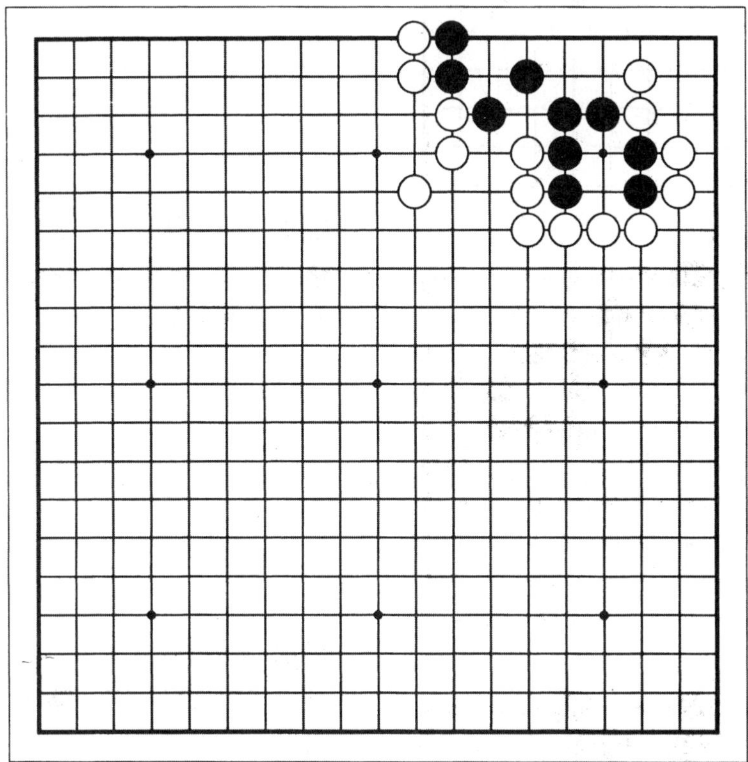

[그림 1]

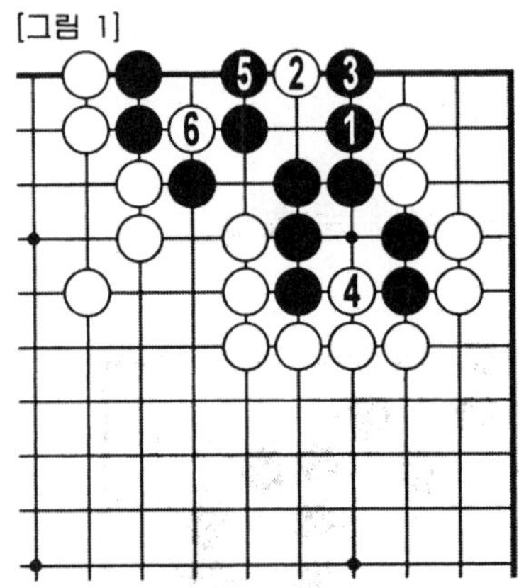

[그림 1] (실격)

❶로 넓히는 수는 ②의 치중에 살 수 없다.

[그림 2]

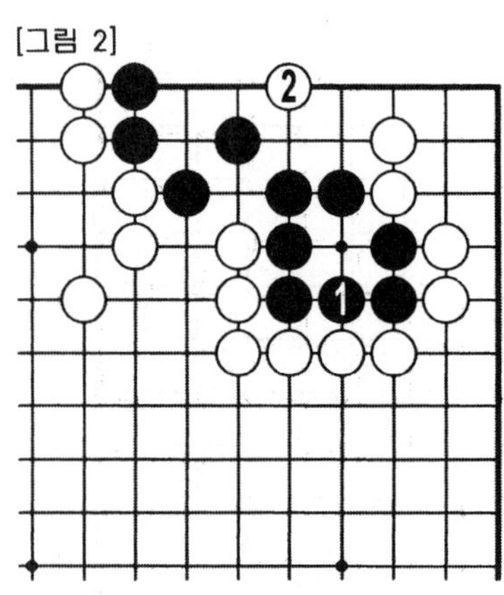

[그림 2] (실격)

❶로 집을 먼저 내 봐도 역시 ②가 치명적이다.

[그림 3]

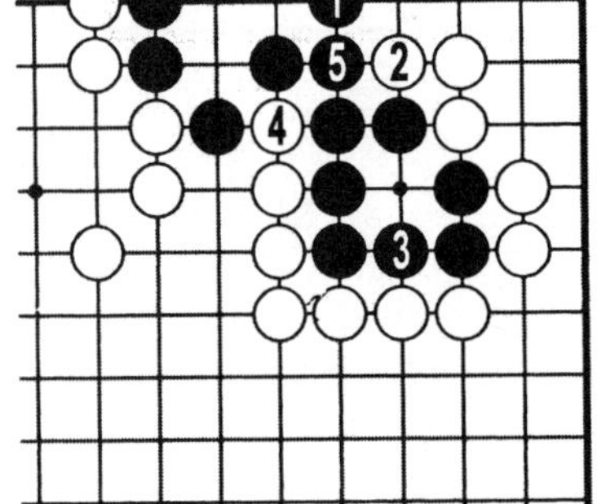

[그림 3] (정해)

백이 치중하던 급소, ❶의 곳이 흑에게도 급소이다.

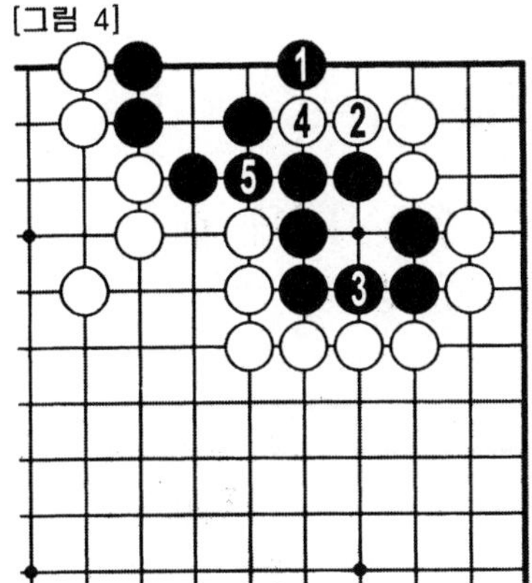
[그림 4]

[그림 4] (변화도)

④ 쪽을 찌르면 ❺로 이어 집을 만들 수 있다.

♠ 내기 바둑꾼의 돈은 결코 따먹을 수 없다. 내가 따먹을 돈을 가지고 다니는 내기 바둑꾼이라면 그 사람은 반드시 프로 중의 프로다. 그 돈은 디스플레이용일 뿐 잃어 줄 돈이 아니다. 어정쩡한 내기 바둑꾼의 돈도 따먹을 수 없기는 마찬가지다. 이겼다고 좋아할 필요가 없는 것이다. 그 주머니에서 돈이 나올 리 없으니까.

바둑과 컴퓨터

문제 5

귀의 끝은 이런 수비의 방법이 종종 사용되는데,
결국 들여다봄의 급소와 일치한다.

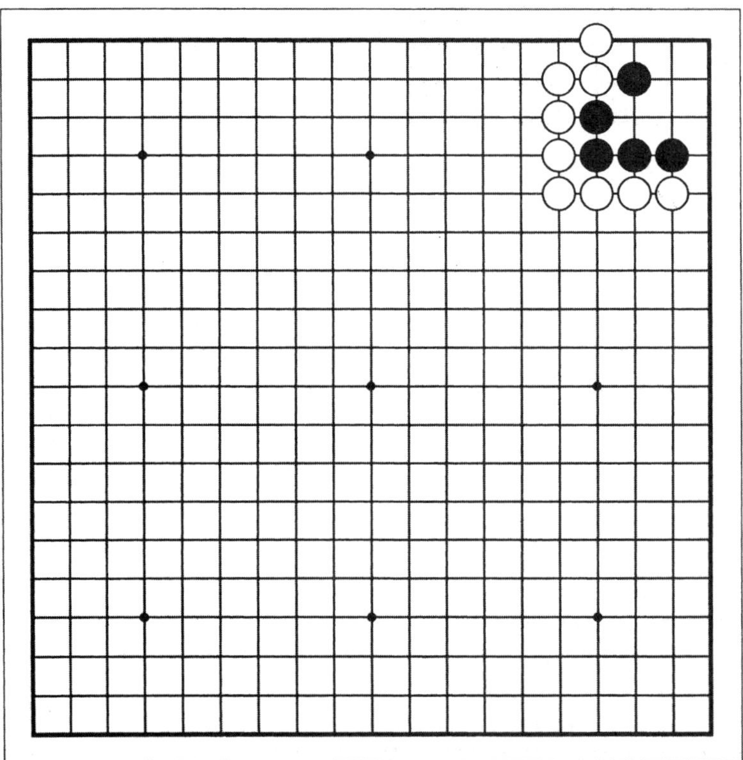

[그림 1]

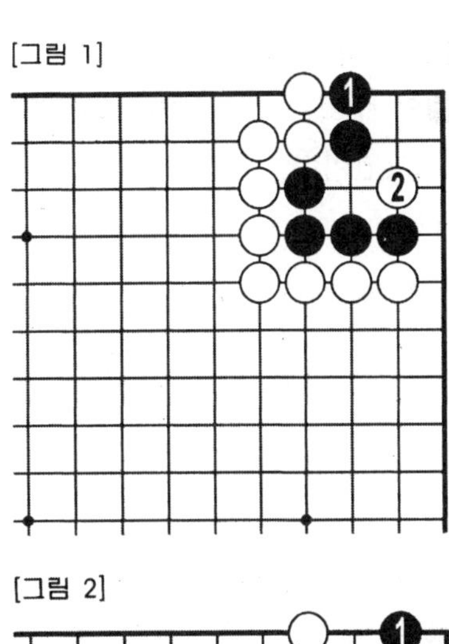

[그림 1] (실격)

첫 수에 응수할 길이 없는 수는 수읽기에서 빨리 제외시킬 줄 알아야 한다.

[그림 2]

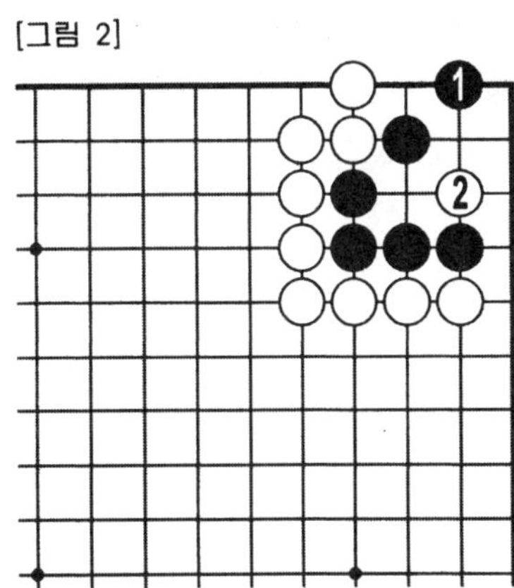

[그림 2] (실격)

[그림 3]

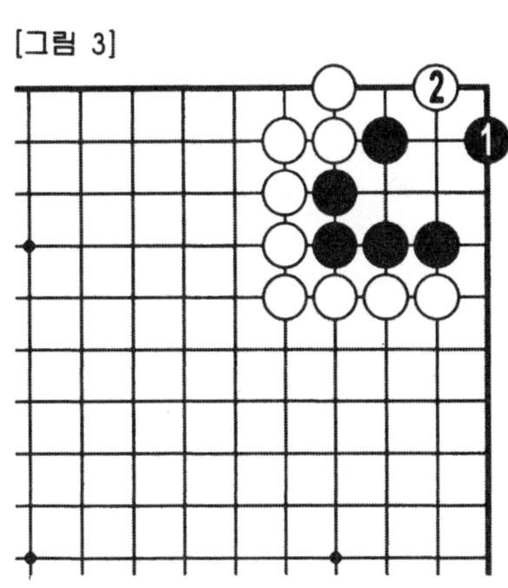

[그림 3] (실격)

[그림 4]

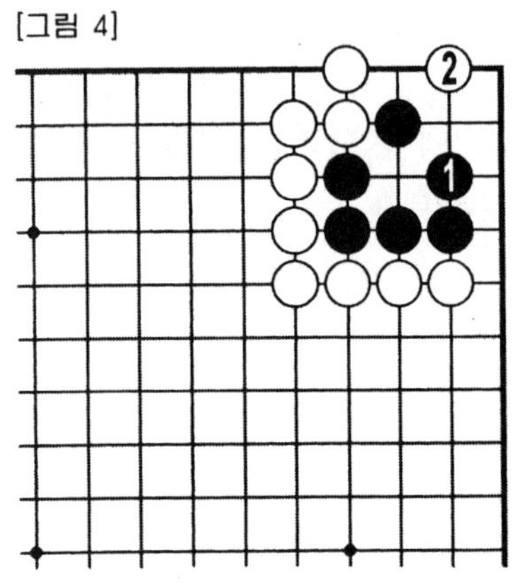

[그림 5]

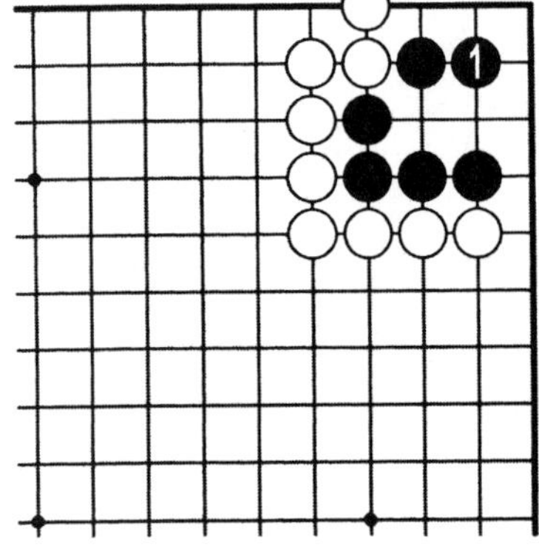

[그림 4] (실격)

❶의 수비가 그럴듯해 보이지만 ②로 그만이다.

[그림 5] (정해)

❶은 치중수와 붙임수를 동시에 방비하고 있다.

문제 6

이 그림은 응용형이다. 될 만한
2가지의 방법이
먼저 선택되어야 한다.

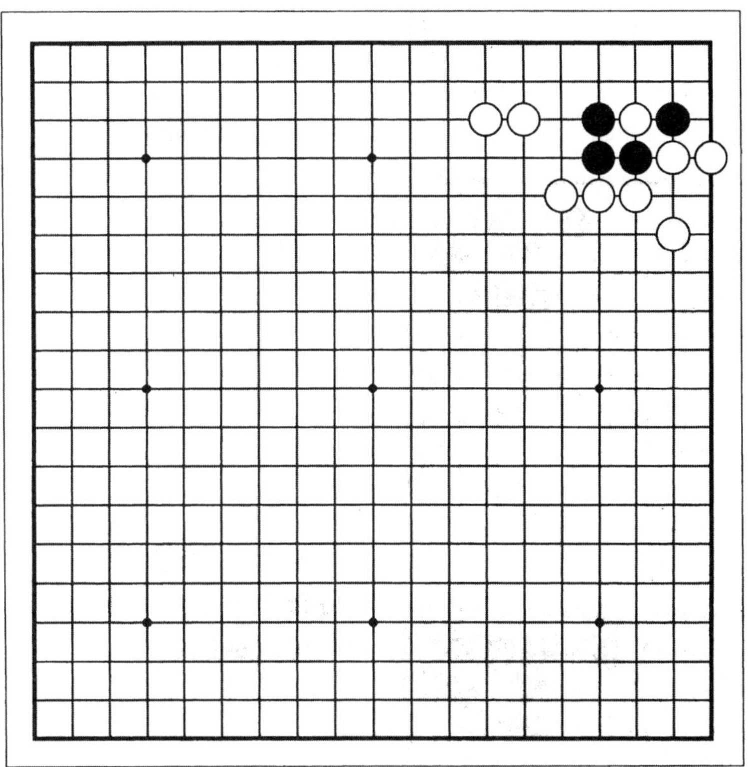

[그림 1]

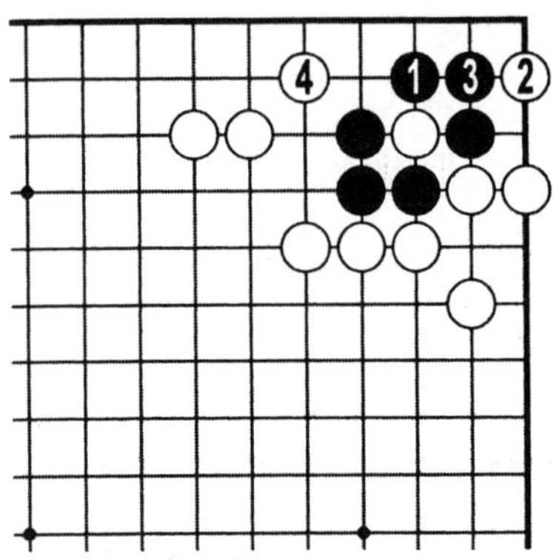

[그림 1] (실격)

문제 5에서 ②의 치중이 기억나는가? 이 형태에서 2의 1에 치중당하는 것은 이처럼 치명적이다.

[그림 2]

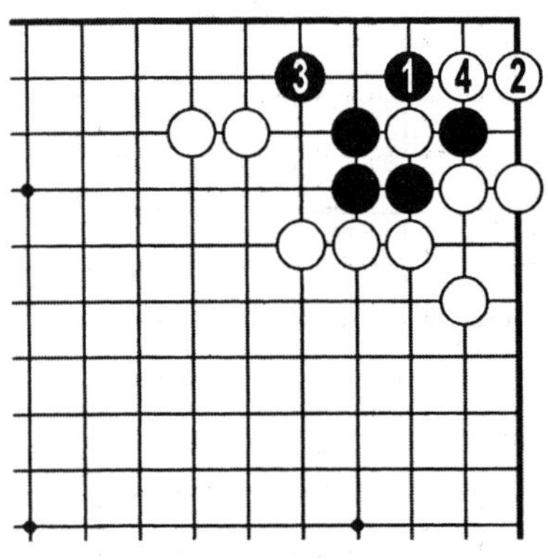

[그림 2] (실격)

[그림 3]

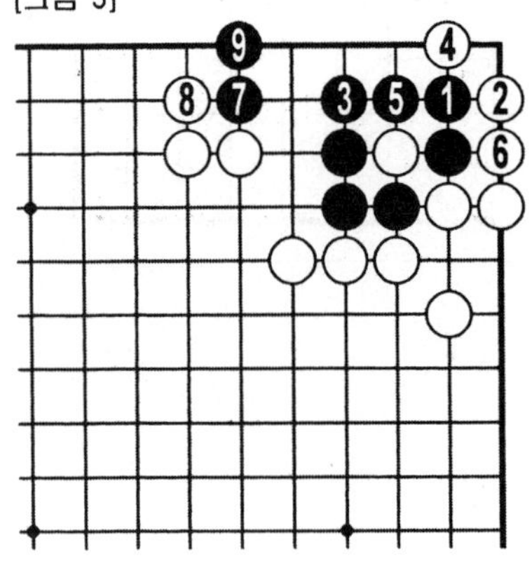

[그림 3] (정해)

❶의 곳이 정수이다.
다만 ❸으로는,

[그림 4]

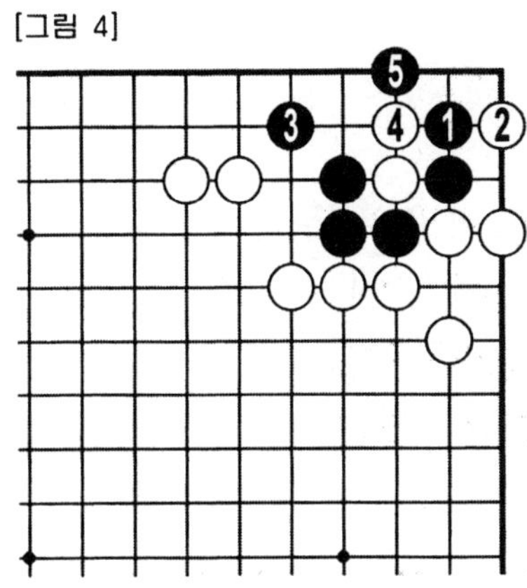

[그림 4] (다른 정해)

이렇게 사는 방법도 있다.

♠ 하수가 장고하는 것은 고민을 하는 것이고, 상수가 장고하는 것은 하수의 생각을 읽는 것이다.

문제 7

이번에는 무언가 달라진 느낌이 든다.
왼쪽의 공배가 많아진 대신,
공격수가 2선까지 내려와 있다.
이번에는 어떻게 수비해야 하겠는가?

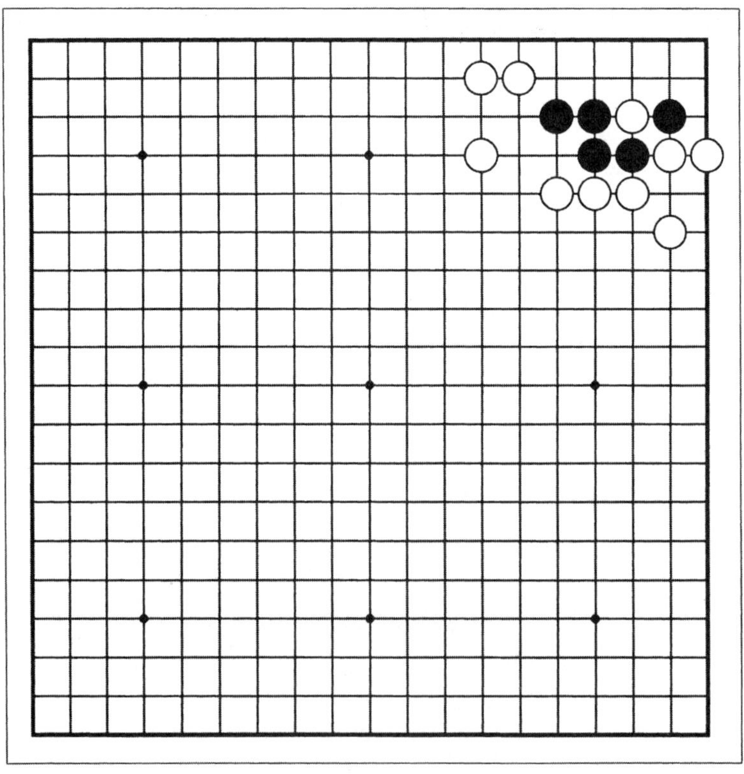

[그림 1]

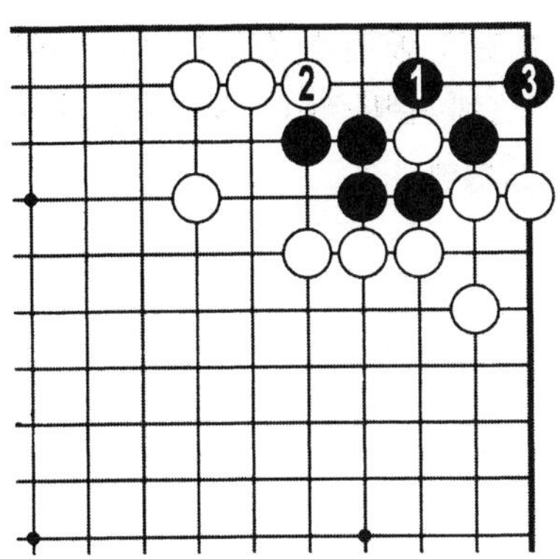

[그림 1] (혼자 생각)

❶은 ②를 기다려 ❸으로 살려는 생각이지만,

[그림 2]

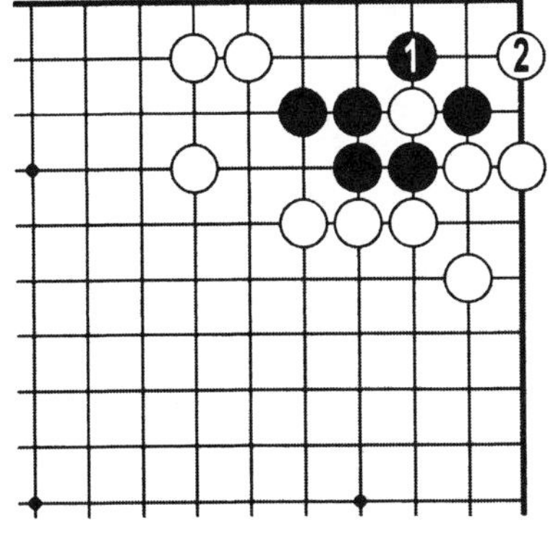

[그림 2] (실격)

②로 삶이 없음은 이미 확인한 바 있다.

[그림 3]

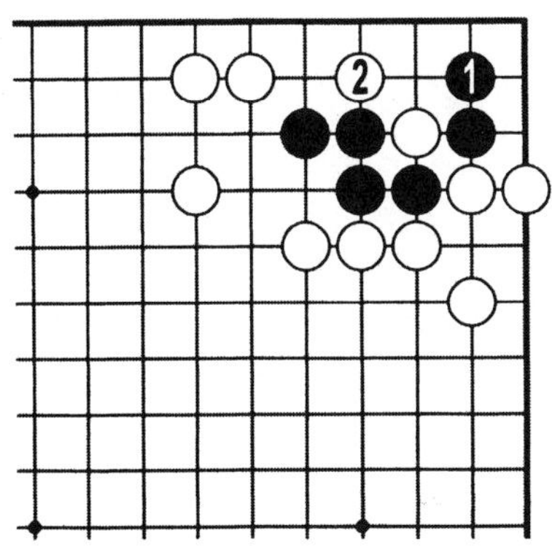

[그림 3] (실격)

❶도 이번에는 급소가 아니다. ②로 넘게 되면 삶이 없다.

[그림 4]

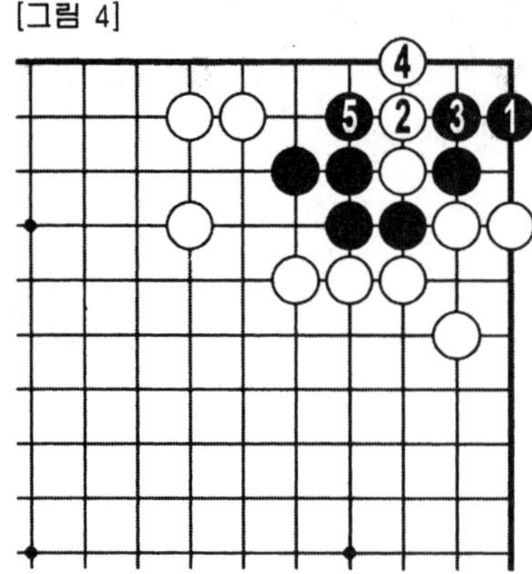

[그림 4] (정해)

왼쪽의 공배가 많음을 이용하여 2의 1에 수비한다. 2의 1은 호구라고 했다.

♠ 귀의 집은 짓기가 쉽다는 뜻이지 크다는 뜻은 아니다.

문제 8

난이도가 높아졌다.
그러나 앞의 세 문제가 풀렸다면
이 그림도 그다지 까다로운 문제는 아니다.
이 그림에는 지프형도 숨어 있으므로
더 쉬울지도 모른다.

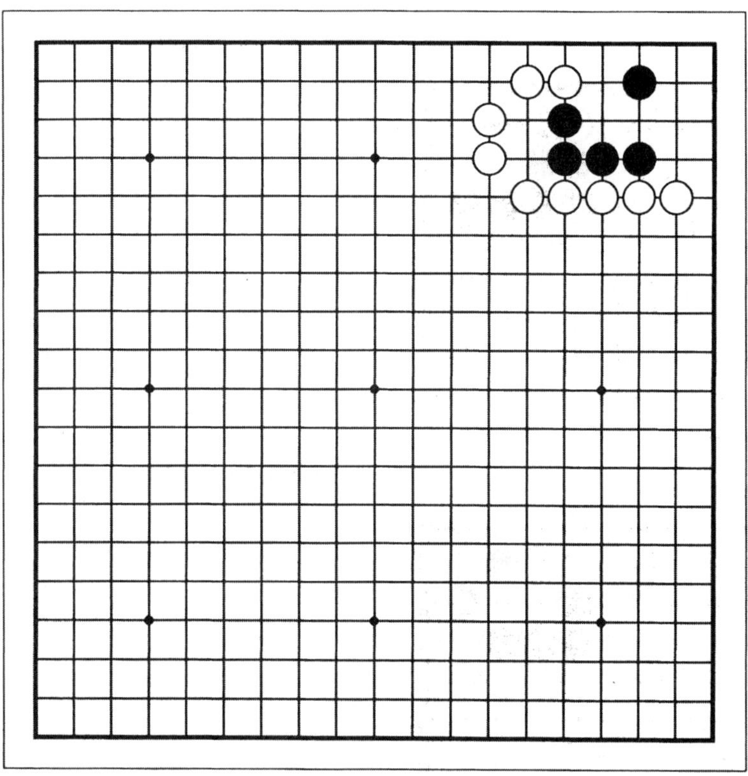

[그림 1]

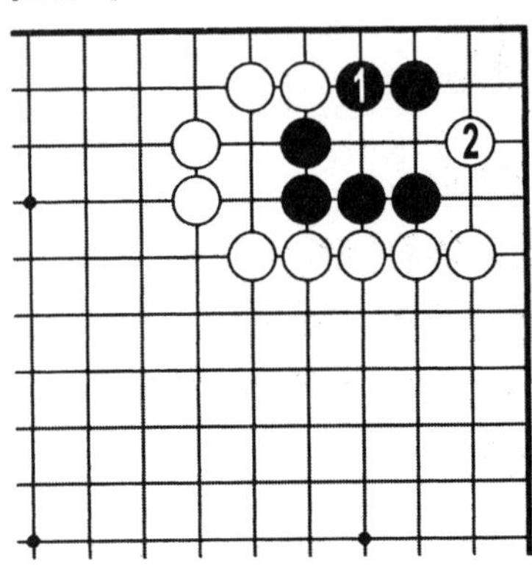

[그림 1] (실격)

그림 1, 2, 3이 알기 쉽게 죽고 있음을 자세히 확인하기 바란다.

[그림 2]

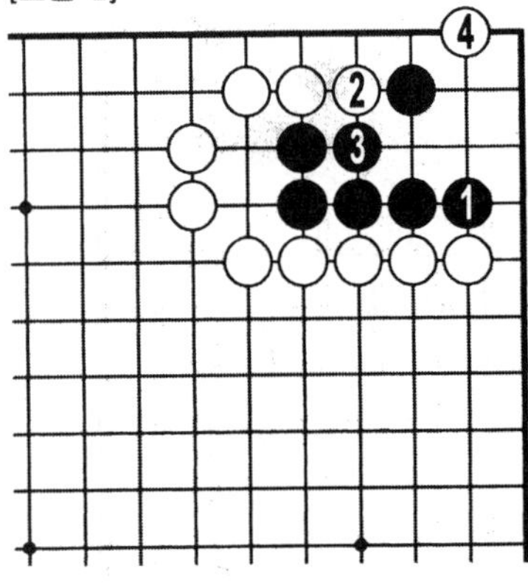

[그림 2] (실격)

[그림 3]

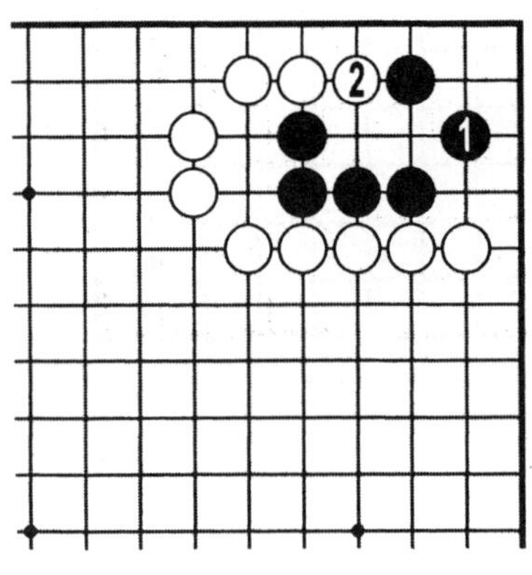

[그림 3] (실격)

[그림 4]

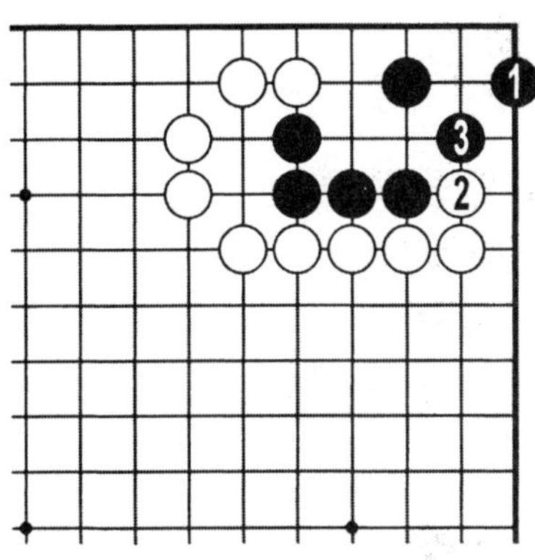

[그림 4] (실격)

❶의 곳이 급소이다.

[그림 5]

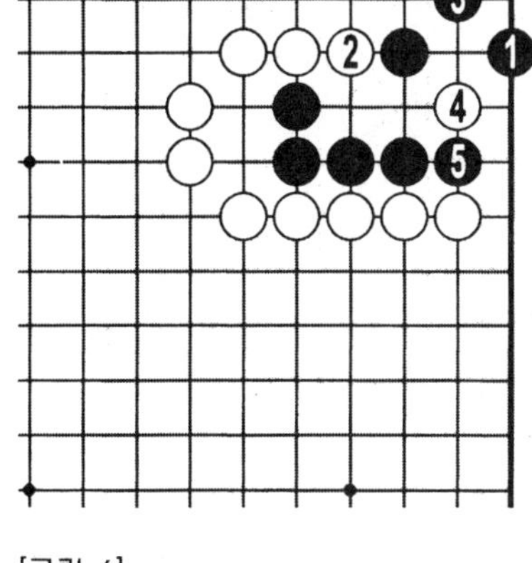

[그림 5] (변화도)

이 그림이 지프형으로 살게 된 그림이다.

[그림 6]

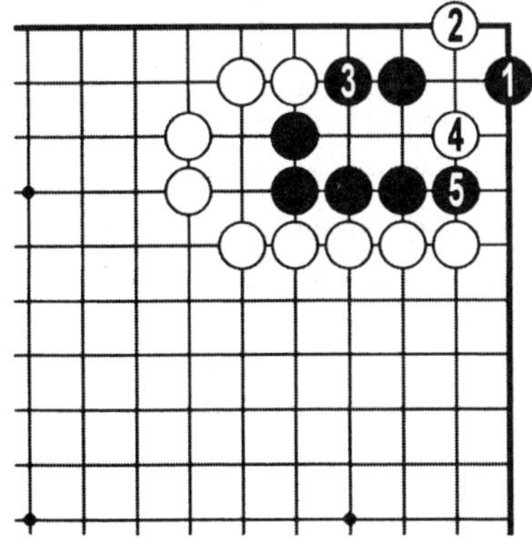

[그림 6] (변화도)

④의 치중에는 ❺로 더 크게 산다.

문제 9

호구에 들어 있는 돌을 잡을 수 있는
이유는 자충이기 때문이다.
그렇다면 자충을 이용해
한 집을 만드는 원리도 호구에 해당한다.

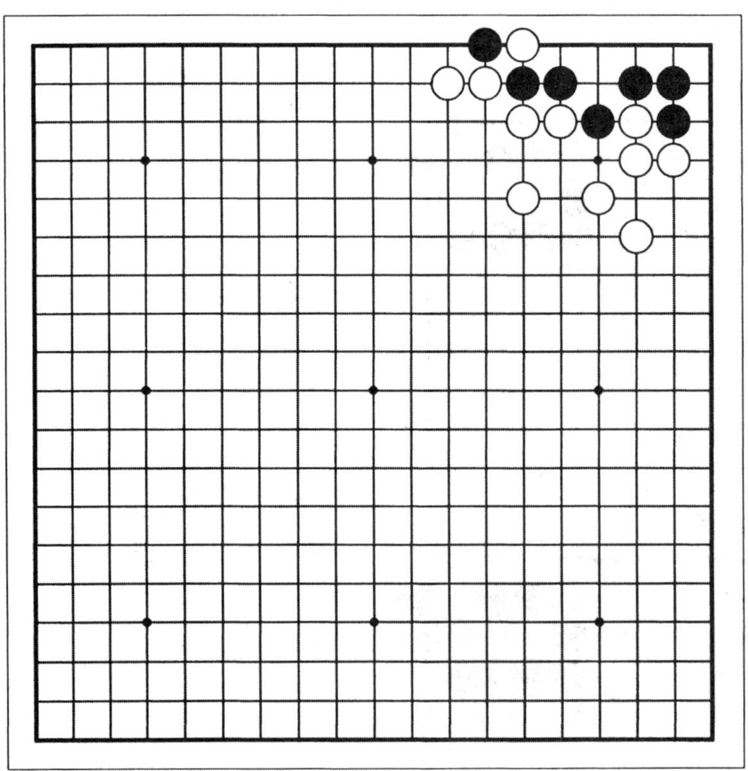

[그림 1]

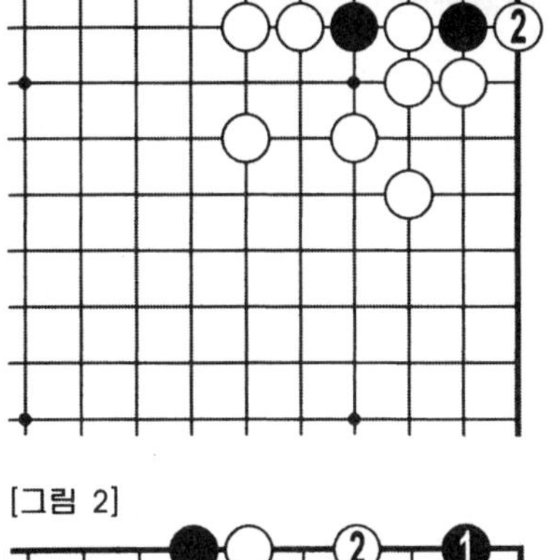

[그림 1] (실격)

간단히 죽는 그림이다.

[그림 2]

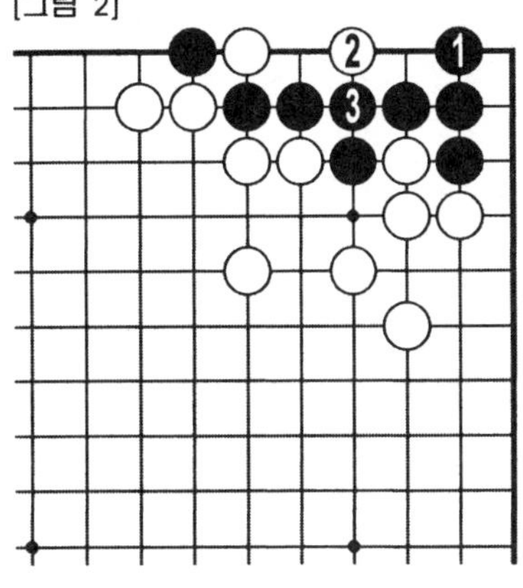

[그림 2] (정해)

②가 탈출할 수 없는 이유는 자충에 걸려 있기 때문이다.

[그림 3]

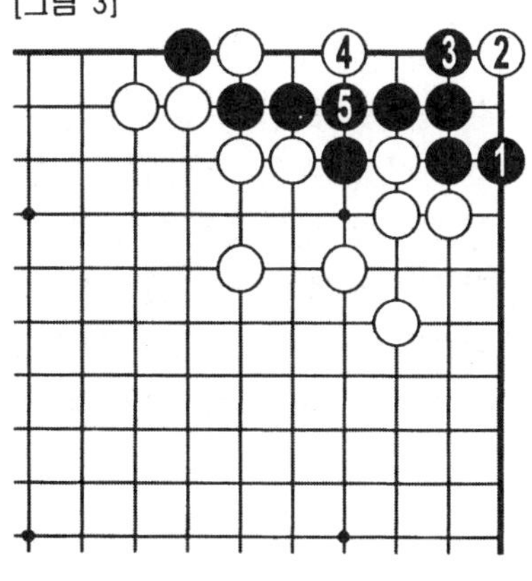

[그림 3] (다른 정해)

❶부터 두는 것이 더 이득일 것이다.

[그림 4]

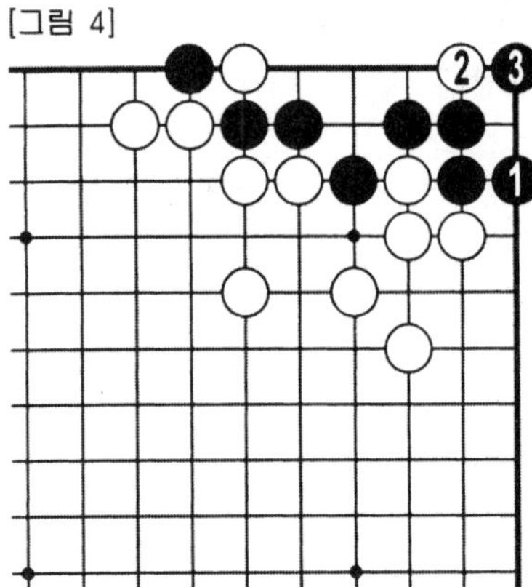

[그림 4] (변화도)

②의 공격은 눌러잡기로 간단히 방어한다.

♠ 일본에는 한국으로서는 상상도 할 수 없는 바둑 평론가가 한 사람 있다. 근대 일본 전문 바둑계의 권위주의와 교조주의(敎條主義)를 맹렬히 비판하고 오청원, 기타니 선생들과 더불어 신포석에 이론적 체계을 확립했던 사람. 야스나가 하지메 선생이 바로 그분이다. 성역시되던 당시 일본 바둑계의 절대 권위주의에 대해 선철(先哲)에 대한 모독이라고까지 서슴 없이 메스를 댔던 용기가 감탄스럽기만 하다. 그러나 우리가 그를 보고 감탄만 하고 있을 일일까? 정말 그런 평론가를 가진 일본의 바둑계를 부럽게 쳐다보고만 있을 일인가?

바둑과 컴퓨터

문제 10

이 그림도 실전형이라고 할 수 있다.
탄력이 있다는 말도 결국 급소를
제대로 수비하고 있다는 말과 다를 바가 없다.

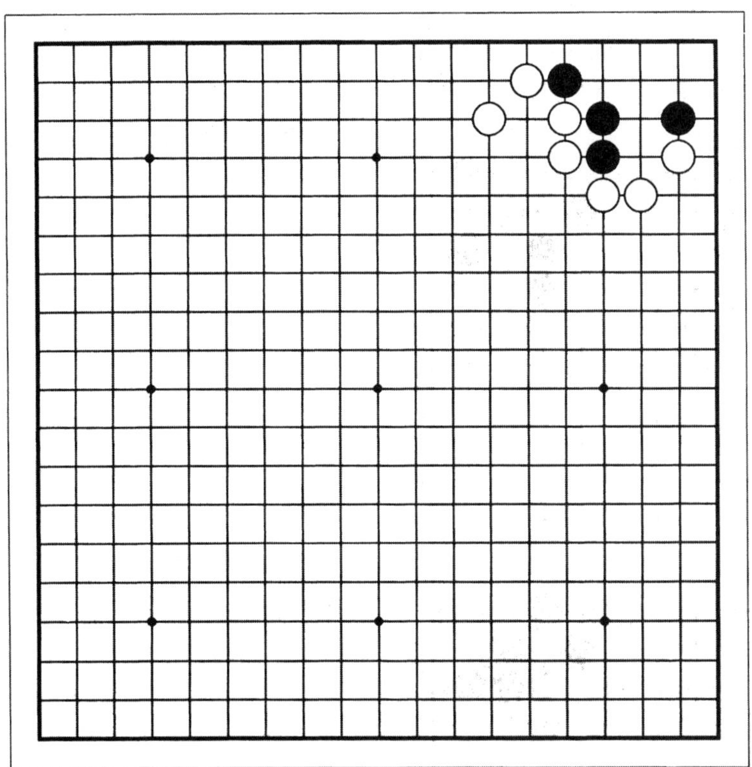

[그림 1]

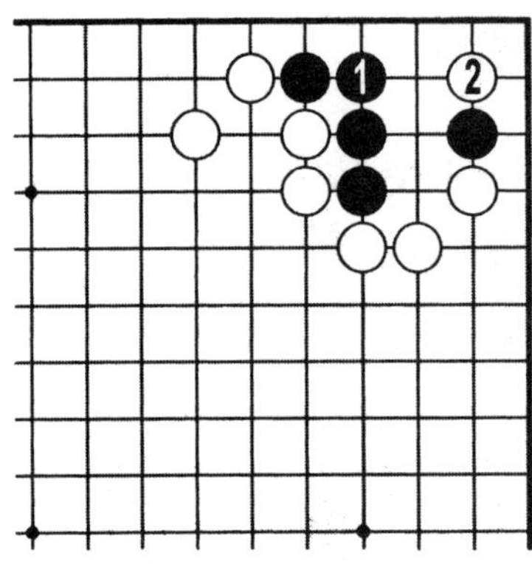

[그림 1] (실격)

그림 1, 2는 너무 간단한 죽음이다.

[그림 2]

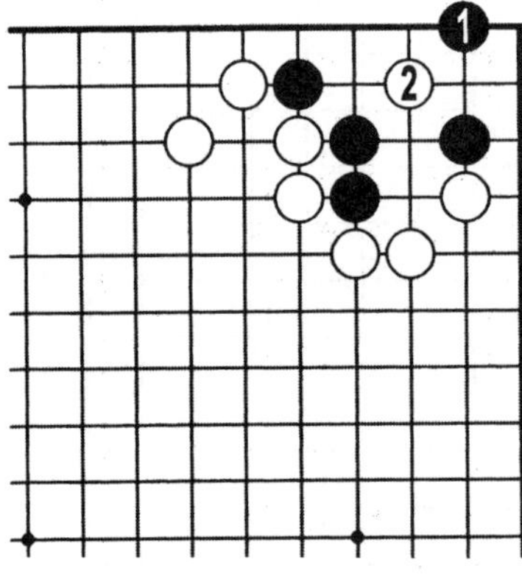

[그림 2] (실격)

[그림 3]

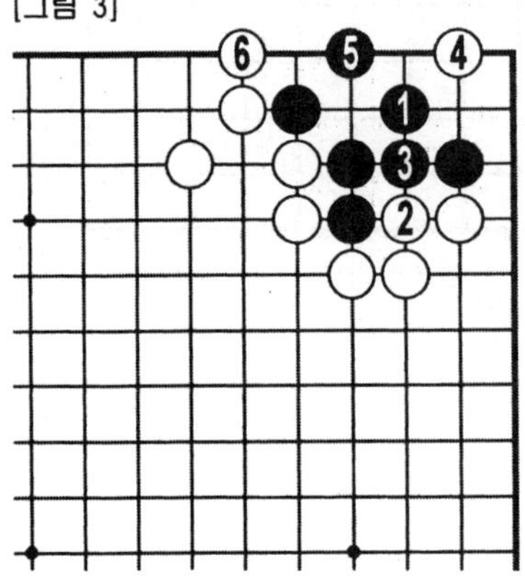

[그림 3] (실격)

❸이 어리석은 수이다.

[그림 4]

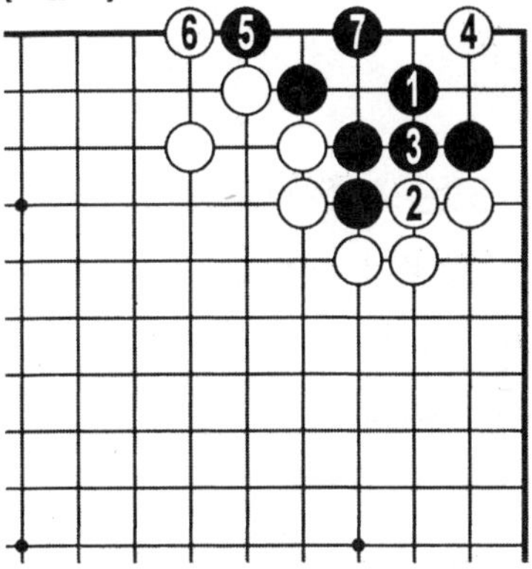

[그림 4] (실격)

❺, ❼로 버틸 수는 있지만 손해패이다.

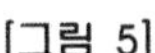

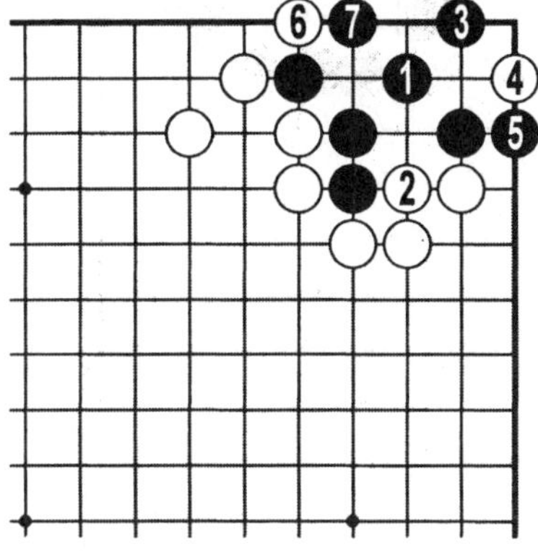

[그림 5] (정해)

❸의 곳을 두어 패하는 것이 정수이다.

[그림 6]

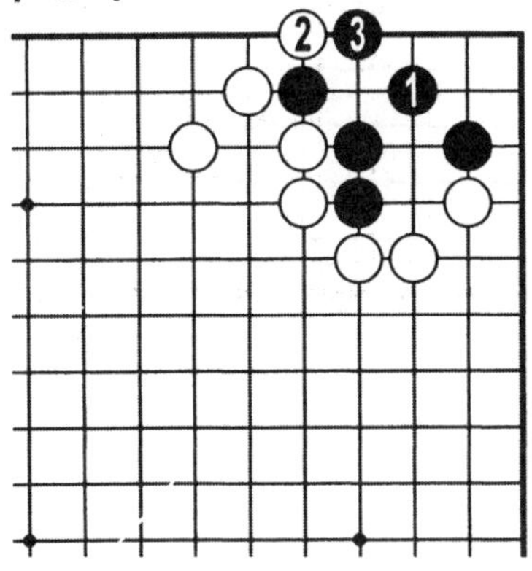

[그림 6] (변화도)

이렇게 곧바로 패할 수도 있다.

문제 11

이 그림은 고전이나 현대의 모든 사활편에서
다루고 있는 전형적인 좌우 동형의 문제로,
삶의 방법은 두 가지이다.
하지만 정해는 한 가지이다.

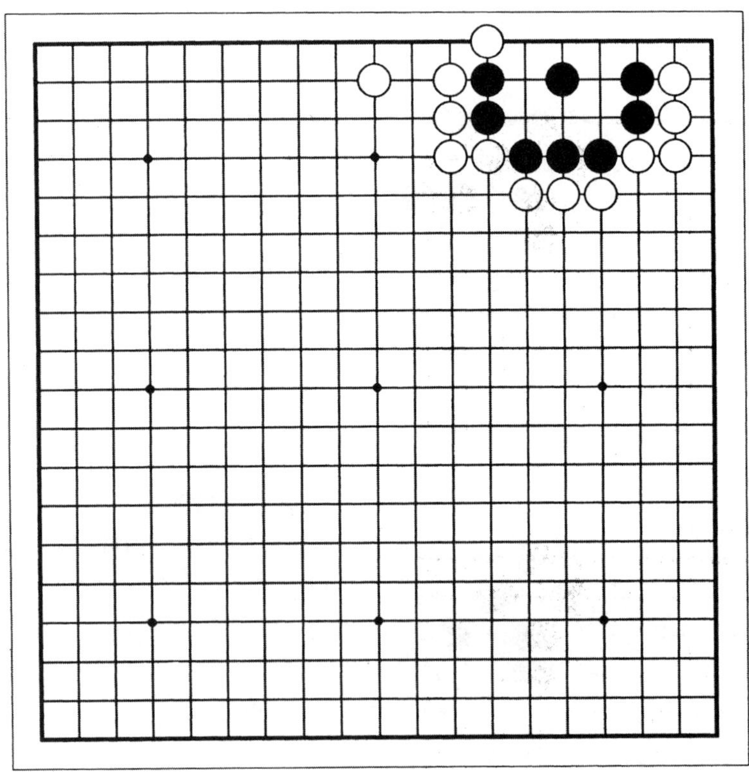

[그림 1]

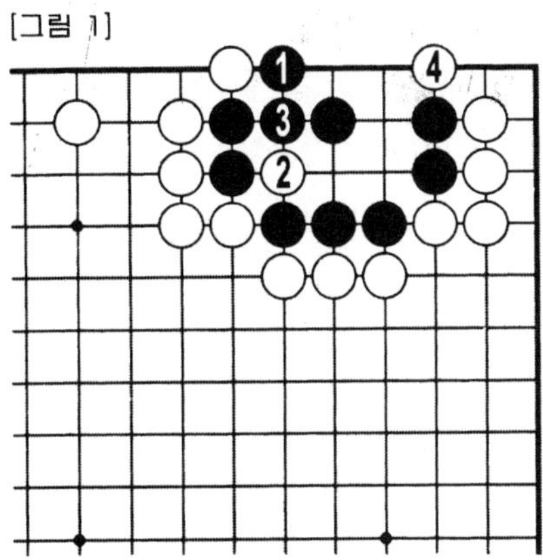

[그림 1] (실격)

단순히 ❶은 ④까지 응수할 길이 막히고 만다.

[그림 2]

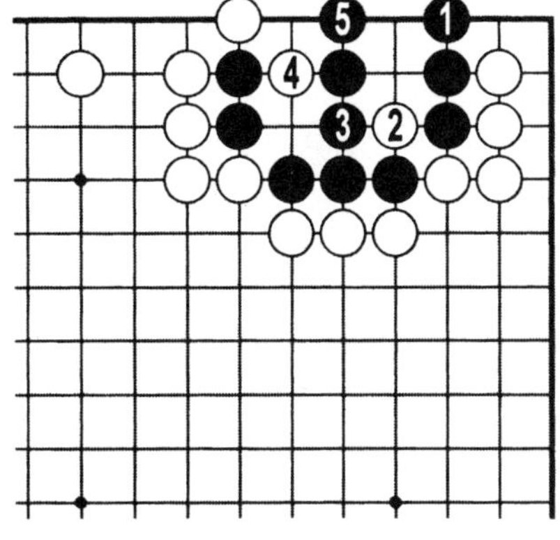

[그림 2] (실격의 삶)

이렇게 2점을 버리고 살 수도 있으나 손해이다.

[그림 3]

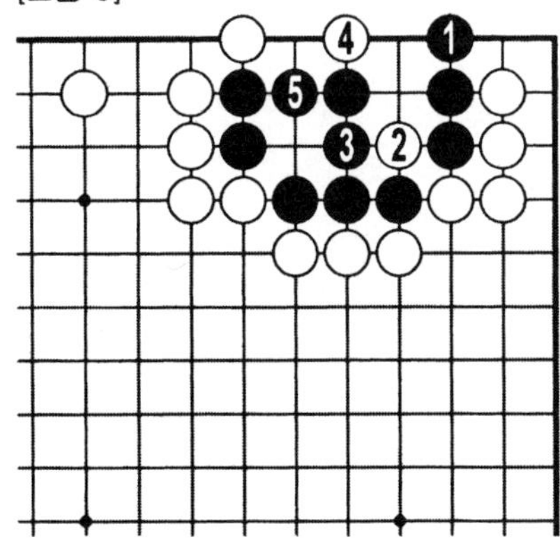

[그림 3] (백의 실격)

④로 두는 수는 ❺까지 크게 살아 백의 실격이 된다.

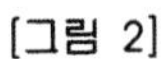

[그림 4]

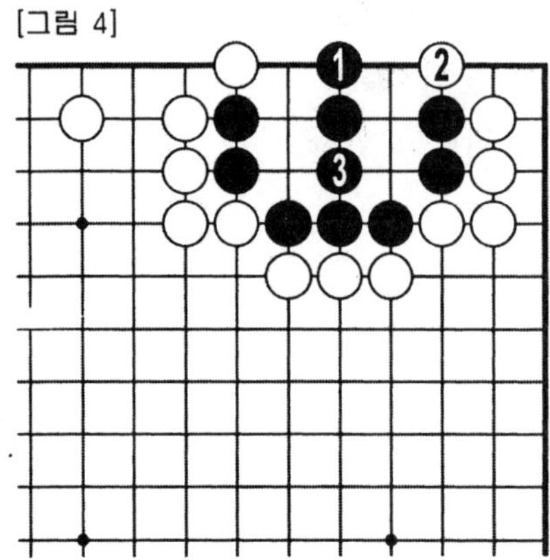

[그림 4] (정해)

❶과 ❸이 자충을 이용한 한 집 만들기이다.

♠ 9점 접바둑에는 정석이 없다.

문제 12

급소가 한눈에 보여야 하는 문제이다.

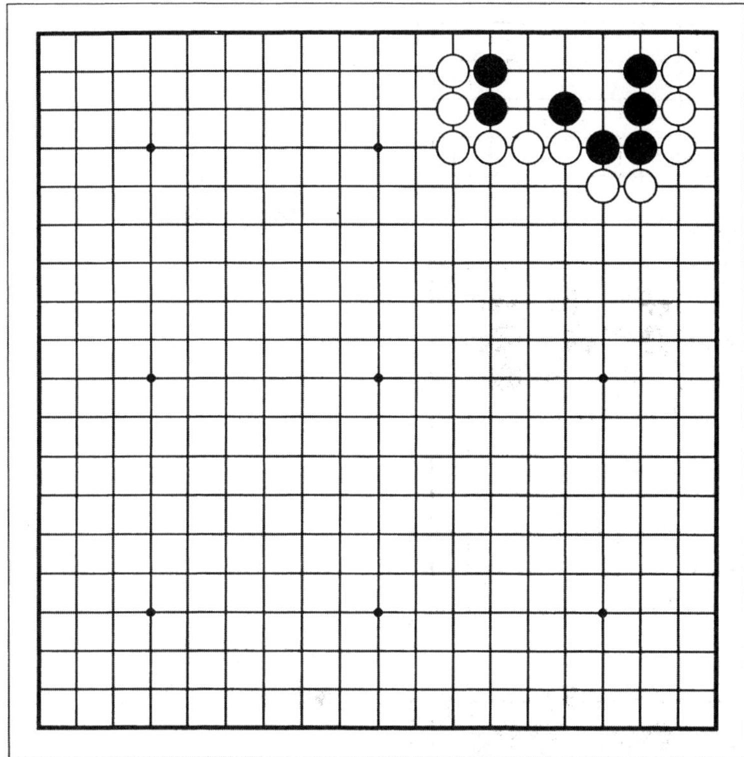

[그림 1]

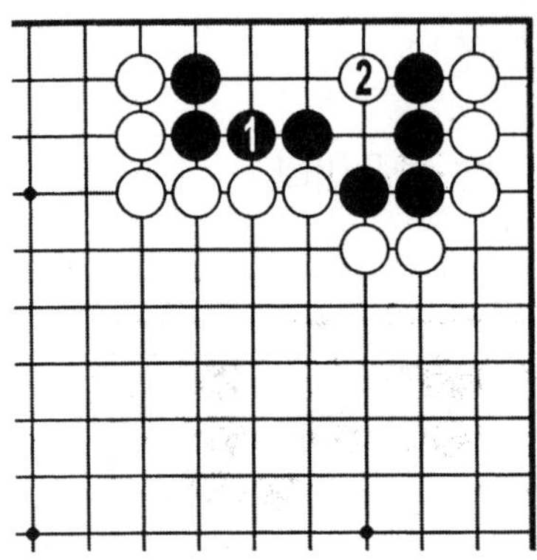

[그림 1] (실격)

아직까지 그림 1, 2와 같은 수 읽기에 시간 낭비를 하는가?

[그림 2]

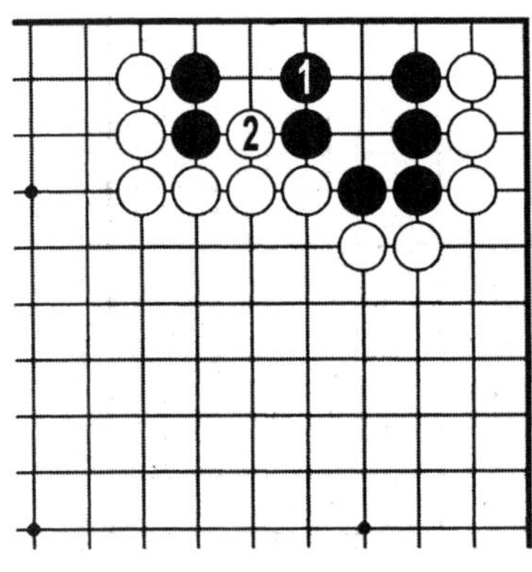

[그림 2] (실격)

[그림 3]

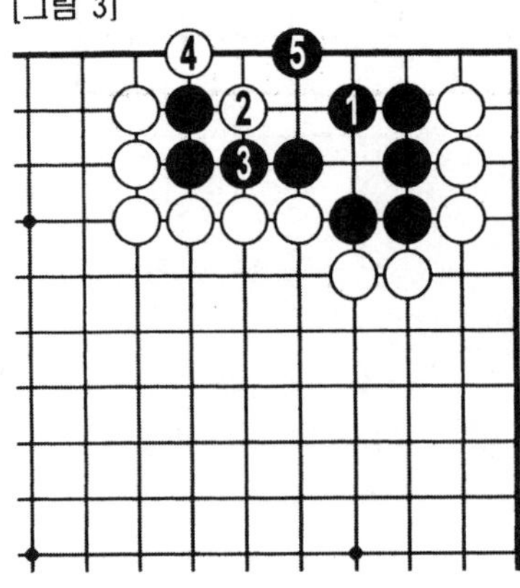

[그림 3] (정해)

❶의 곳은 절대이다.

문제 13

앞의 문제와 어디가 다른지 살펴보자.
그리고 다른 부분이 어떤 다른 결과를
만들어 내는지 확인하라.

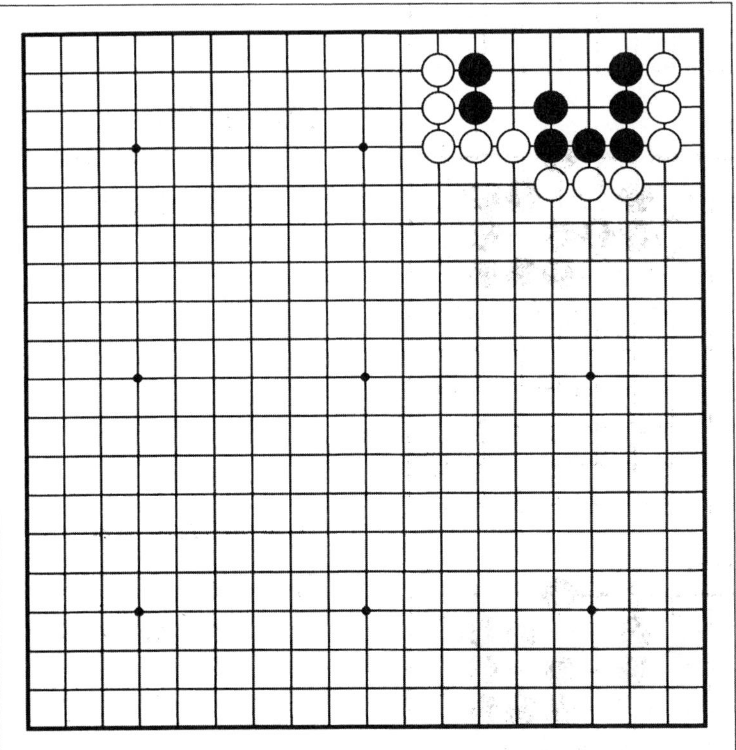

[그림 1]

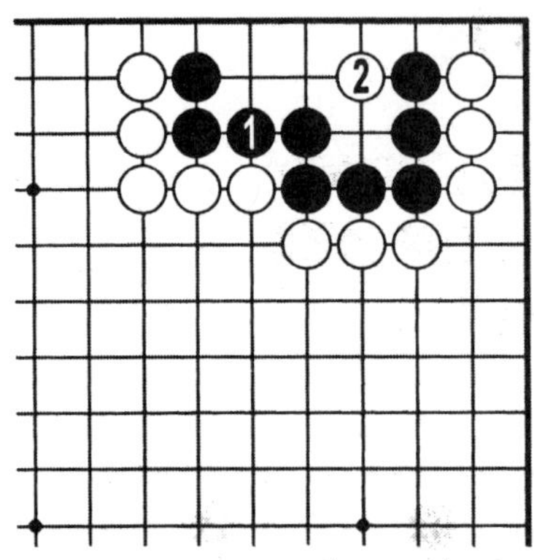

[그림 1] (실격)

❶의 어리석음은 앞서 설명한 바 있다.

[그림 2]

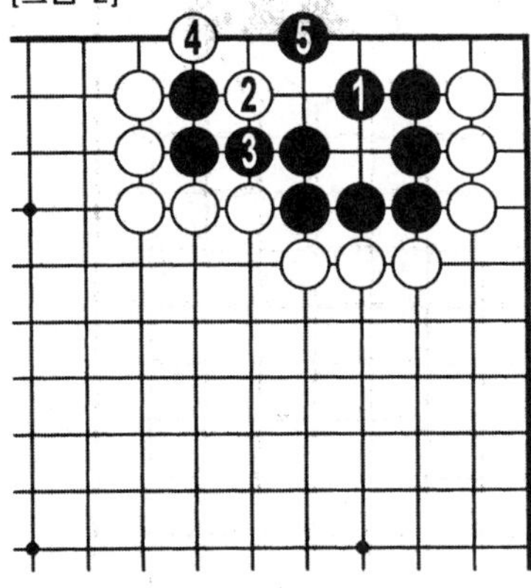

[그림 2] (정해)

이 경우에도 일단 ❶의 곳이 급소가 되는데, 이 밖에

[그림 3]

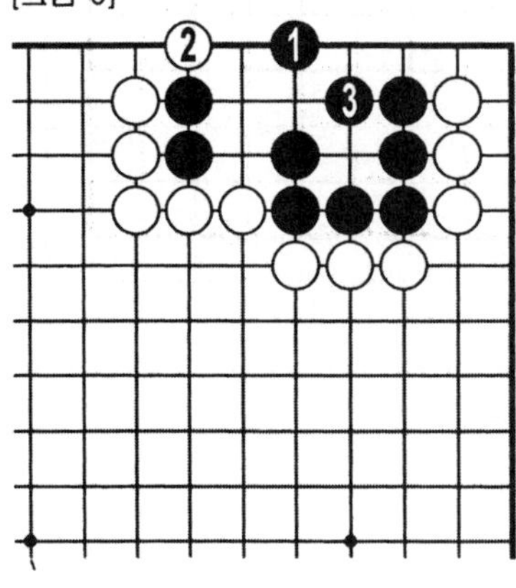

[그림 3] (다른 정해)

❶부터 두는 수도 있다.

이 결과는 그림 2와 같다.

[그림 4]

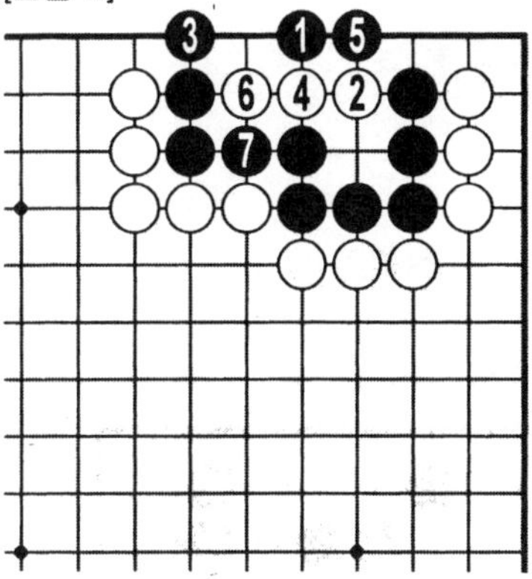

[그림 4] (변화도)

변화도의 결과와 그림 2, 3을 비교하여 어느쪽이 득인지는 판단하기 어렵다.

♠ 바둑을 모르는 벽안의 수학 교수가 한국에 왔었다. 그때 많은 사람들이 비웃었다. 바둑도 못 두는 주제에 뭘 아느냐는 식이었다. 그런데 과연 이 일이 웃을 일인가?

문제 14

실전형이다.
공배가 하나 비어 있음에 주목하라.

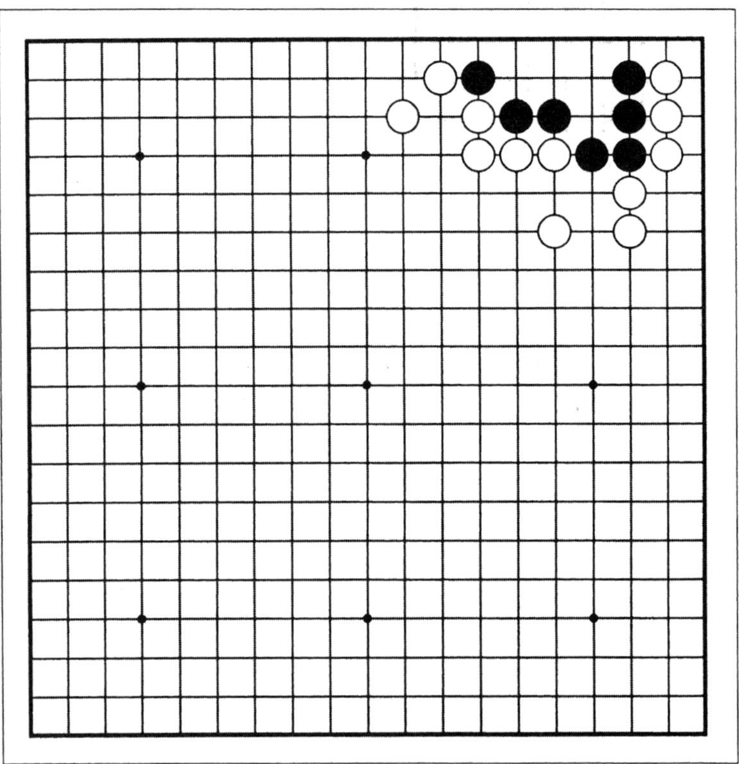

[그림 1]

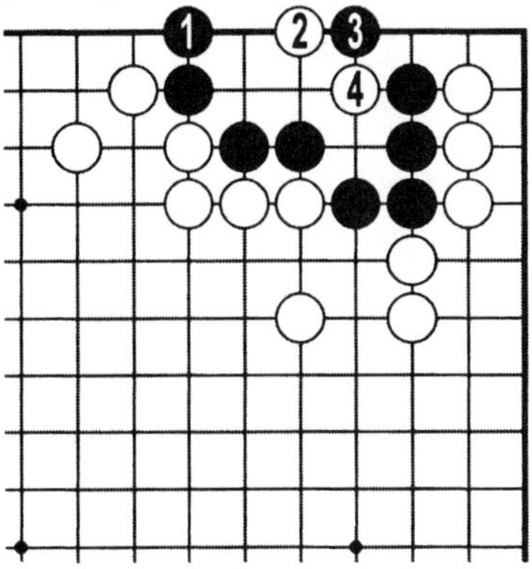

[그림 1] (실격)

❶은 ②의 치중으로도 간단히 죽지만, 또

[그림 2]

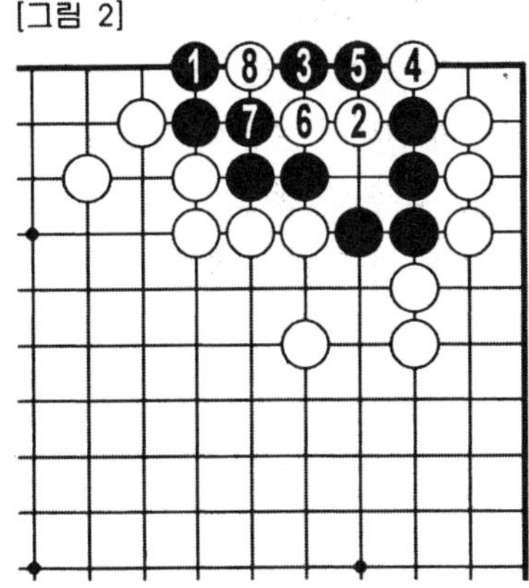

[그림 2] (실격)

조금 복잡한 수순이지만, 이렇게도 죽는다. 계속하여,

[그림 3]

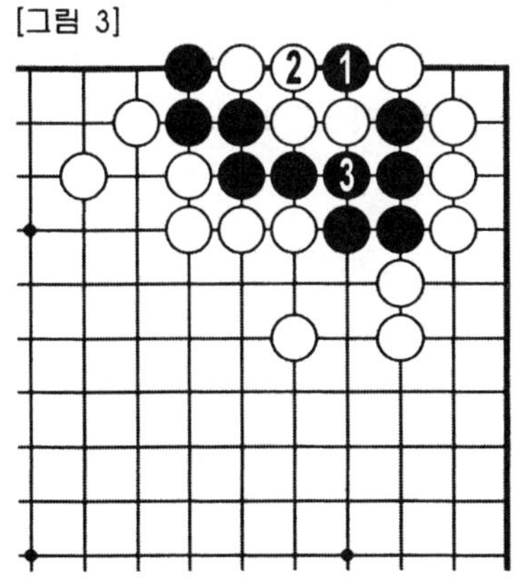

[그림 3] (계속)

[그림 4]

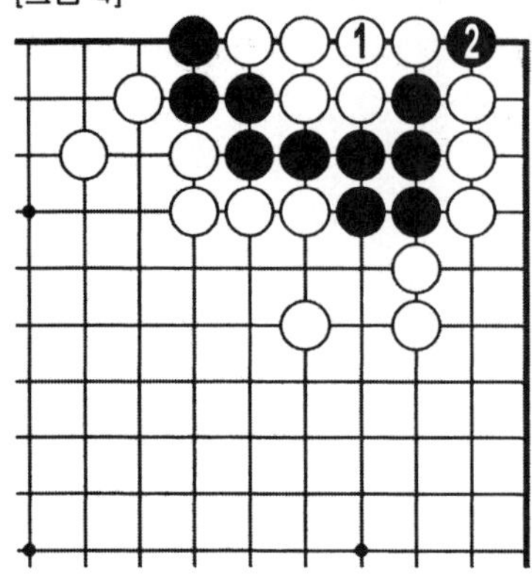

[그림 4] (계속)

[그림 5]

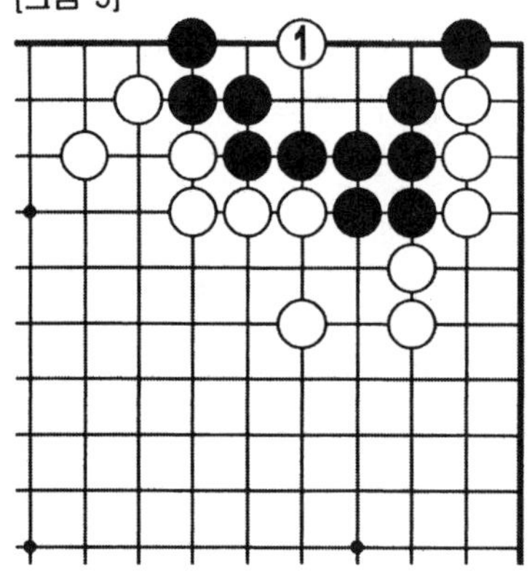

[그림 5] (계속)

백이 이렇게 흑을 잡는 수법은 어려워 보인다. 그러나 앞으로 여러 개의 같은 형태를 보여 주겠지만 사실은 기초 사활에 해당한다.

[그림 6]

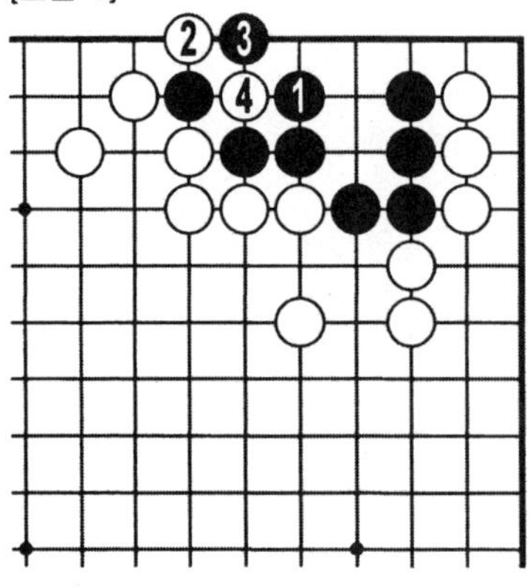

[그림 6] (실격)

이쪽으로 호구친 뜻은 패를 감수한 것이다. 그러나

[그림 7]

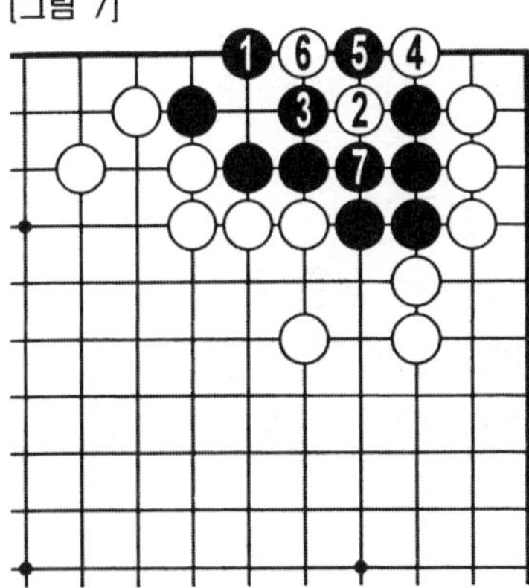

[그림 7] (정해)

❶의 호구가 정수이다. 패 없이 살았다.

♠ 바둑의 수읽기란 무엇일까? 그냥 읽기(reading)라고 할 수 있는 것일까? 이 말은 아마도 동양적 사고로 만들어진 함축된 바둑의 고유명사라고 생각된다. 수를 읽는 입장에서 분석하면 적어도 다음의 다섯 단계 정도의 복잡한 과정은 거쳐야 하는 두뇌 행동이 아닐까 한다.

1. find(찾는다)라는 개념이 필요하다. 우선 여러 개의 갈래길을 찾아야 한다. 길이 몇 개인지도 모르고 아무 길이나 갈 수는 없다.
2. combination(조합)이 필요하다. 여러 개를 짜맞추어 일단 되는 수단을 추려내야 할 것이다. 몇 개가 되든.
3. decision(판단)을 해야 한다. 현재 상황과 조화가 되어 최선인지 아닌지.
4. confidence(확신)이 서야 한다. 망설이는 것은 판단력 부족이다.
5. action(실행)하는 것이다. 여기까지가 수읽기라고 할 수 있다.

바둑과 컴퓨터

문제 15

앞의 문제와 다른 점은
밖의 공배가 모두 메워져 있다는 점인데,
이 공배 하나에 의해 삶의 방법이 달라지게 된다.
그러나 결국 그 방법도 변화도 안에 있었던 것일 뿐이다.

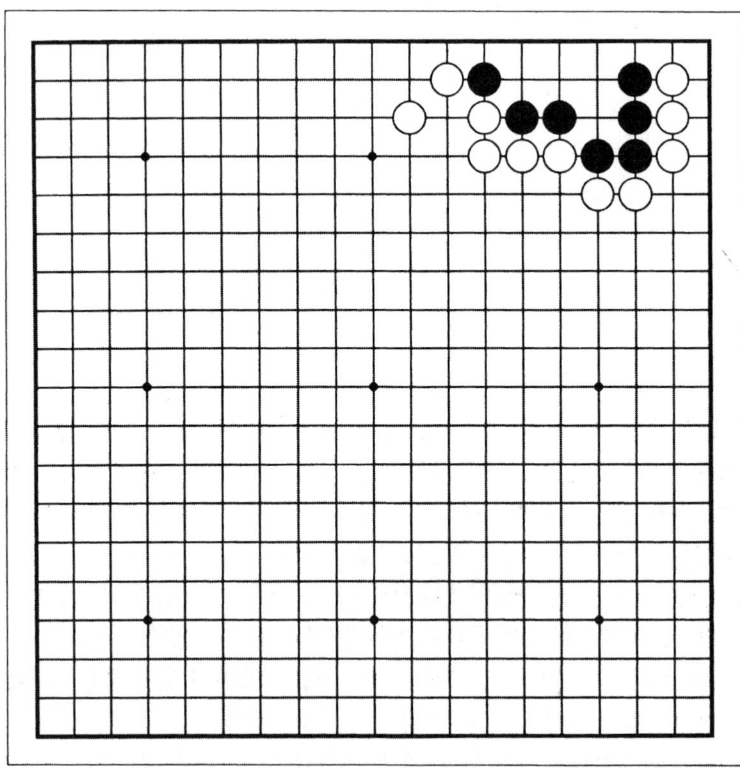

[그림 1]

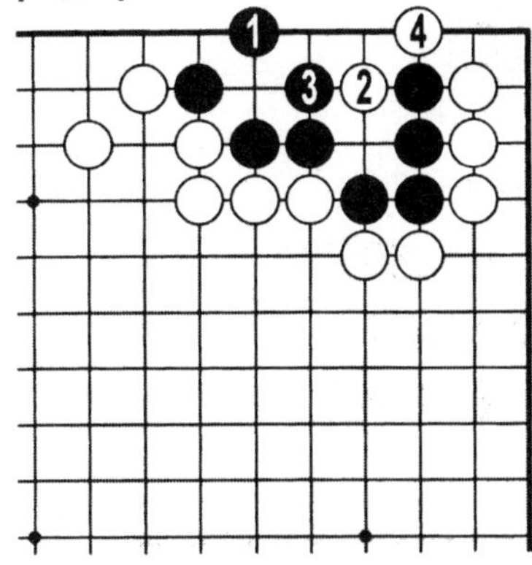

[그림 1] (실격)

이번에는 ❶이 성립하지 않는다. 밖의 공배가 메워져 있기 때문이다.

[그림 2]

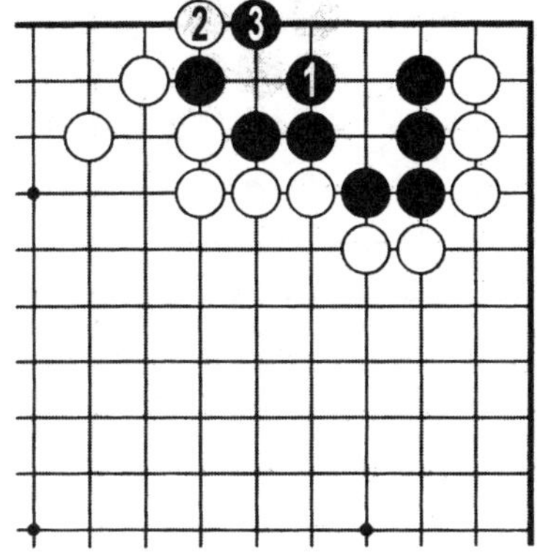

[그림 2] (정해)

그러므로 ❶로 패를 하는 방법이 이 경우에는 정수가 된다.

문제 16

역시 실전형이다.
이 그림이 호구 지킴의 응용형이라면
급소를 쉽게 찾을 수 있을까?
지프형과도 사촌간쯤 될 것이다.

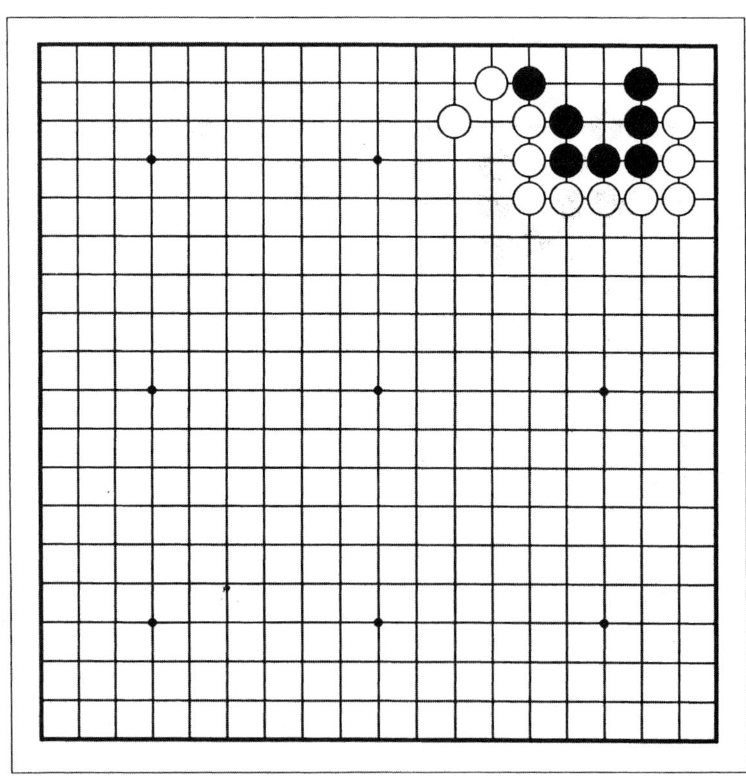

[그림 1]

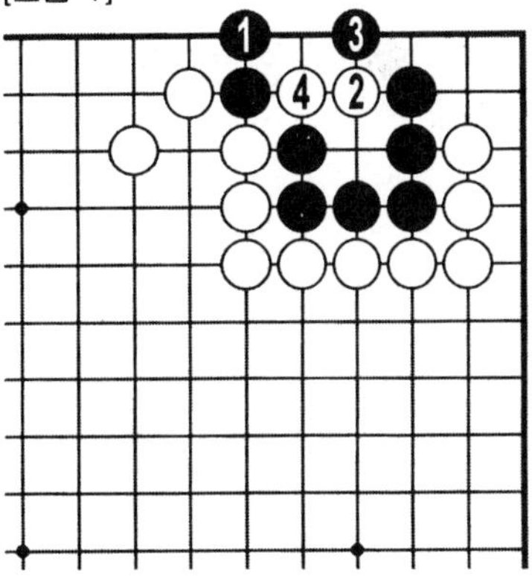

[그림 1] (실격)

❶로는 ②의 치중을 견딜 수 없다.

[그림 2]

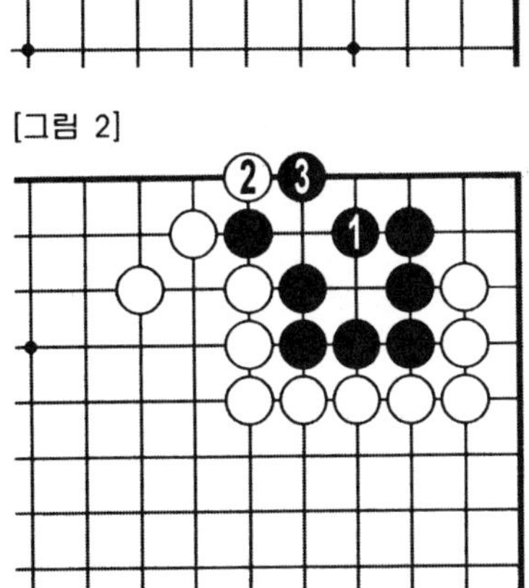

[그림 2] (실격)

패란 최후의 수단일 뿐이다.

[그림 3]

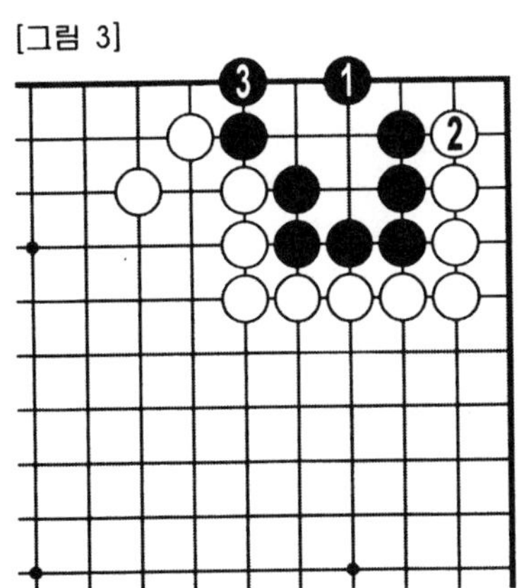

[그림 3] (정해)

❶의 곳을 기억해 두기 바란다.

[그림 4]

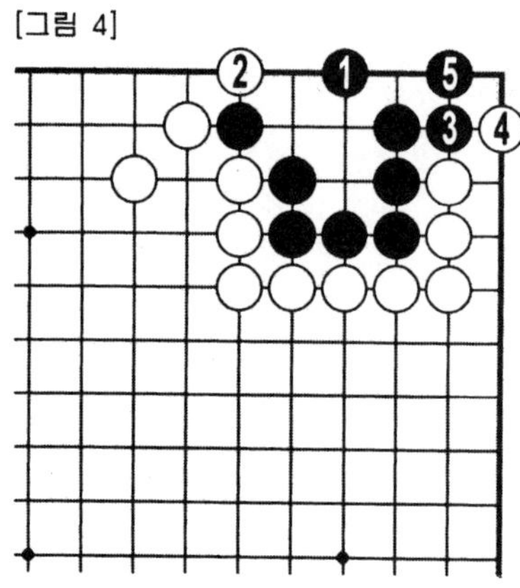

[그림 4] (변화도)

②에는 ❺의 쪽에 한 집을 마저 확보한다.

[그림 5]

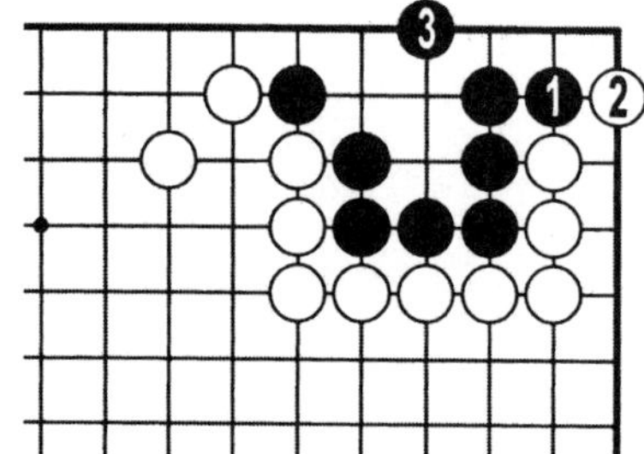

[그림 5] (변화도)

❶부터 두어도 결과는 같다.

문제 17

앞의 문제보다 삶의 조건이 나빠졌다.
그렇다면 비상 수단이 필요하다.
요령은 이미 문제 15에서 익힌 바 있다.

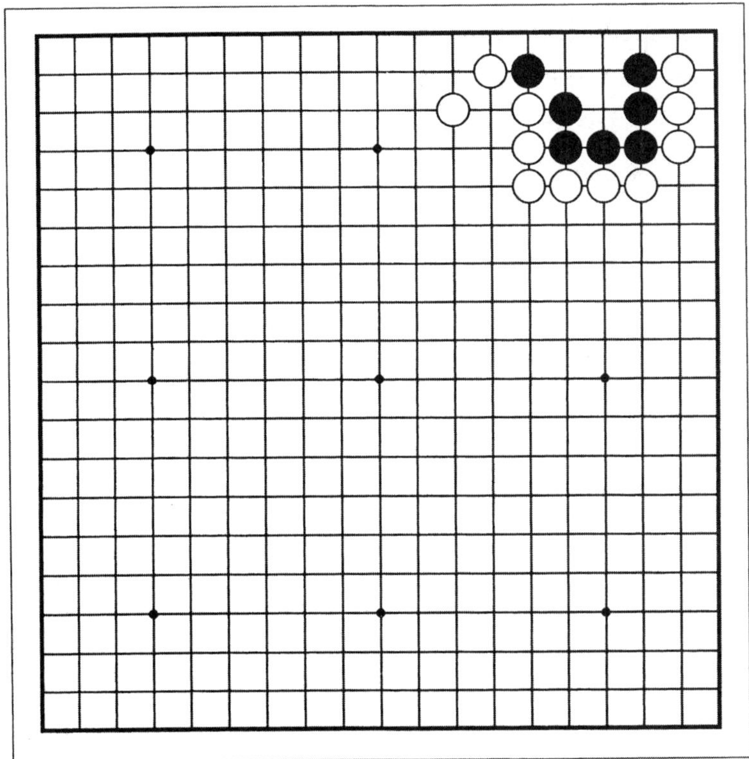

[그림 1]

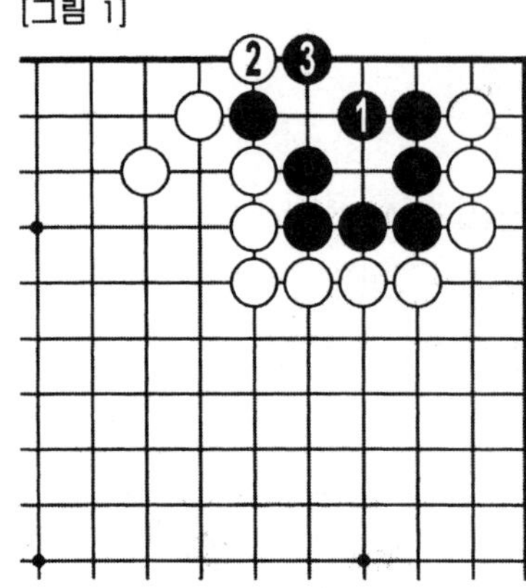

[그림 1] (정해)

앞서 풀어 본 요령처럼 ❶로 패하는 방법 외에는 없다.

그런데 여기서 ❶의 곳을 잘 살펴보고 지프형을 세워 놓은 형태의 급소임을 간파했는가?

문제 18

이 그림도 실전형이다.
귀의 끝이라는 것을 잊어서는 안 된다.

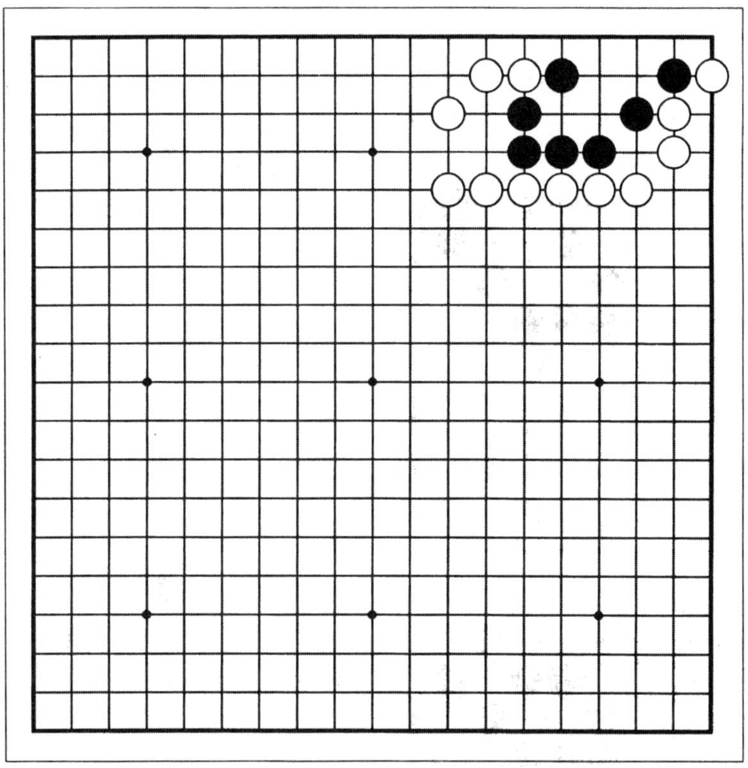

[그림 1]

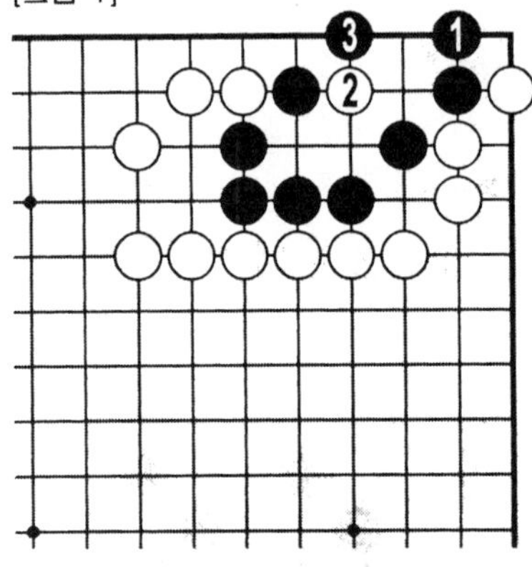

[그림 1] (혼자 생각)

❶에 ②를 예상하겠지만, 혼자 생각일 뿐이다.

[그림 2]

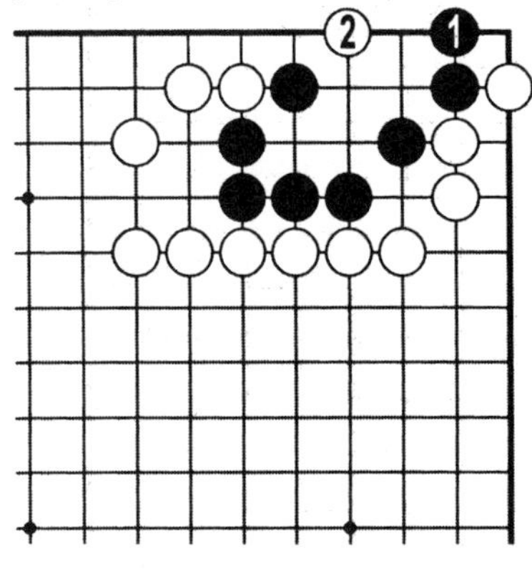

[그림 2] (실격)

②의 치중에 절명이다.

[그림 3]

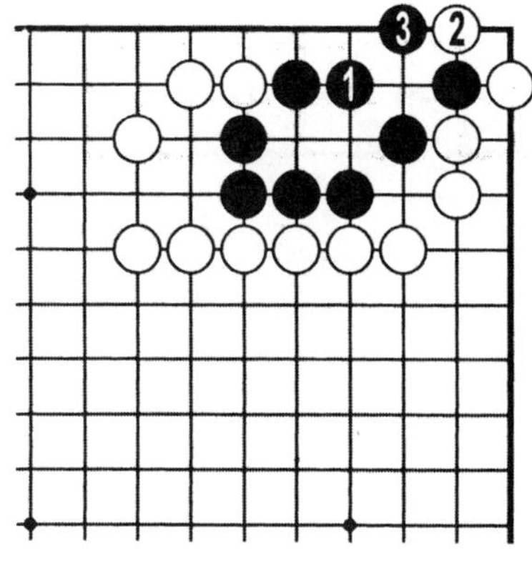

[그림 3] (정해)

지금까지 상식으로 ❶에 두어 패하는 것만 알려져 있으나,

[그림 4]

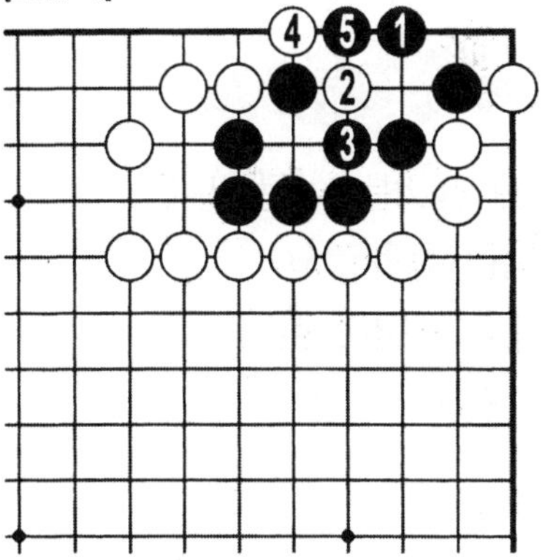

[그림 4] (다른 정해)

그림 3은 2단 패이므로, 이렇게 패를 하는 것이 유력하다.

♠ 닭이 백 마리면 봉이 한 마리라고 했다. 중국의 그 많은 인구 중에서 천재가 한둘이겠는가? 오청원 선생도 중국인이 아니던가? 아무튼 한국의 바둑계는 생각해야 할 일이 너무 많다.

문제 19

이 그림은 백의 귀에 침투할 때 생기는 실전형인데,
귀의 끝을 최대로 활용한 형태로서,
이 급소는 반드시 암기하고 있어야 한다.
결론은 패가 된다.

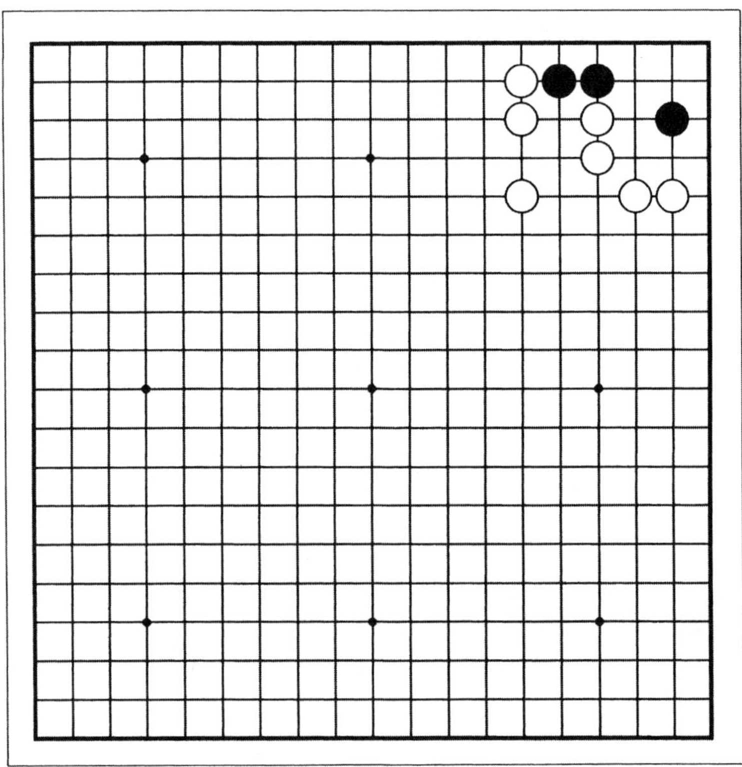

[그림 1]

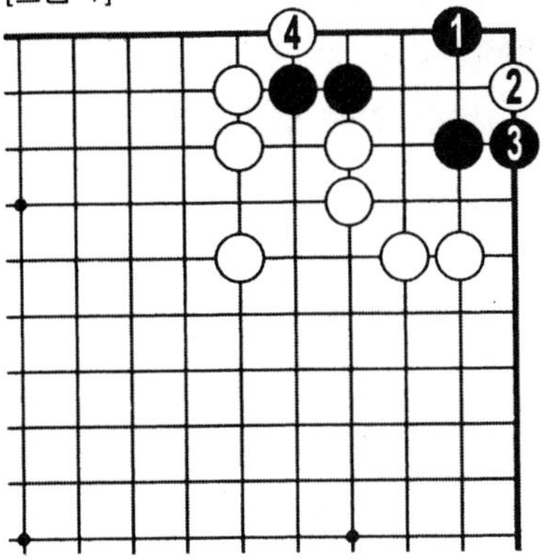

[그림 1] (실격)

❶은 급소가 아니다.

[그림 2]

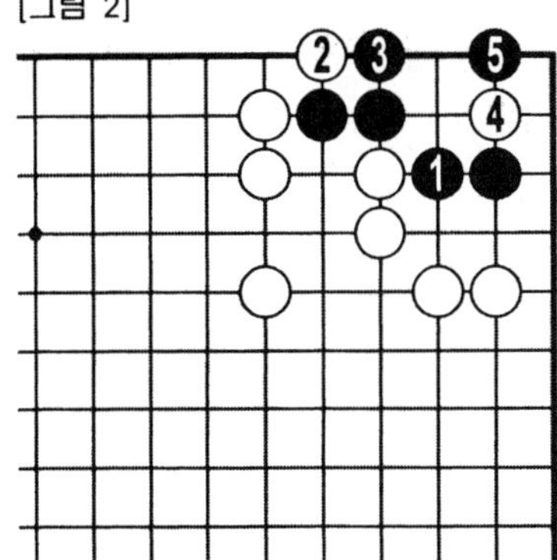

[그림 2] (혼자 생각)

④로 두리라는 생각은 혼자 생각으로, 백은 ④로,

[그림 3]

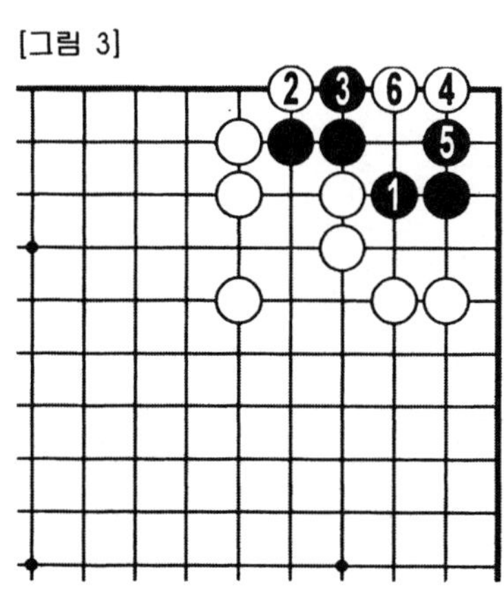

[그림 3] (실격)

이렇게 치중하여 올 것이다.

[그림 4]

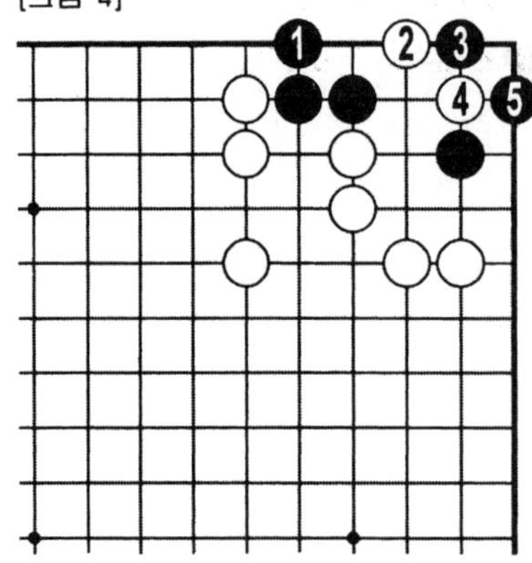

[그림 5]

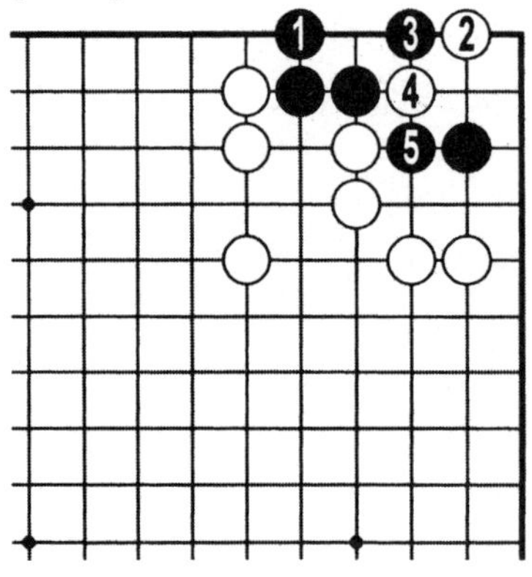

[그림 4] (정해)

❶의 곳이 두 곳의 지프형을 가지는 탄력 있는 급소이다.

[그림 5] (변화도)

②에는 ❸ 쪽에서 저항하여 패로 버틸 수 있다.

문제 20

이 그림도 탄력을 갖는 급소를 찾는 문제이다.
한 가지, 나중에 설명하게 되는 '됫박형'을 만들면
패를 피할 수 없다는 것을 잊지 말기 바란다.
난이도가 꽤 높다.

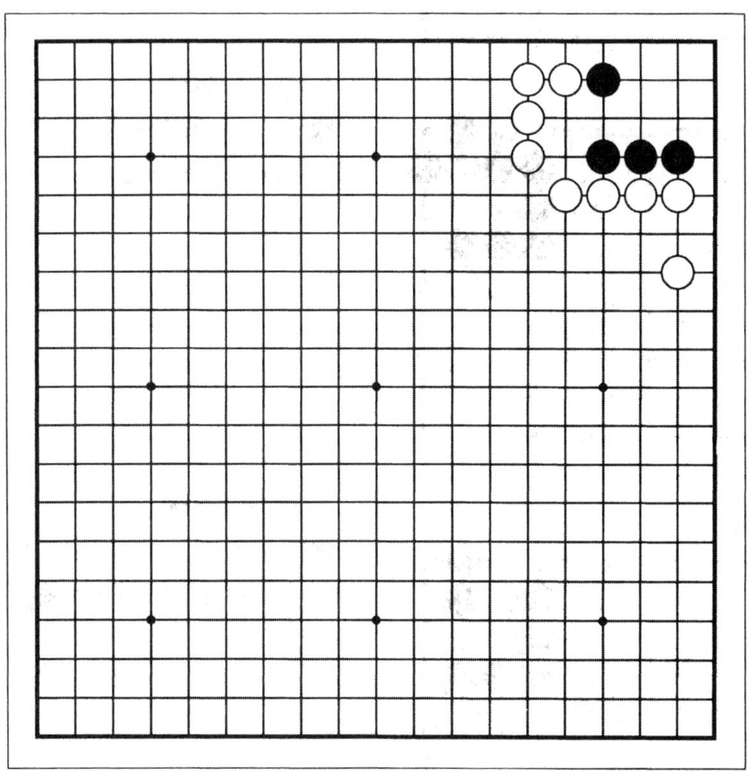

[그림 1]

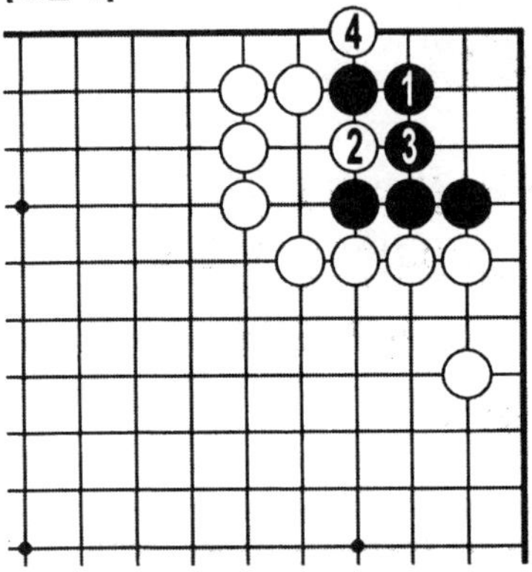

[그림 1] (실격)

❶과 같은 곳은 한눈에 죽음의 궁도임을 알아야 한다.

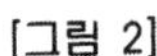

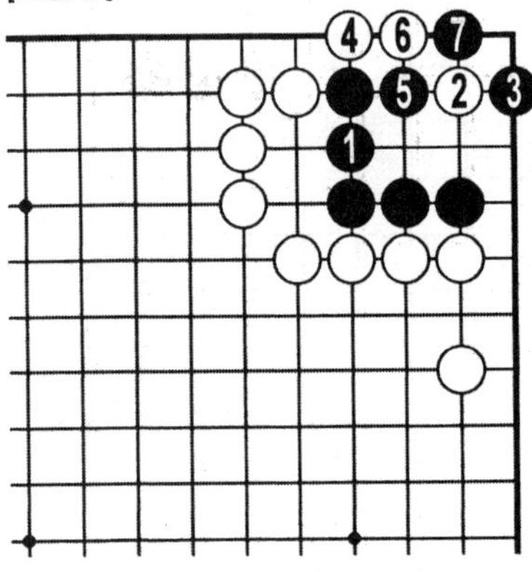

[그림 2] (실격)

❶로 두면 **됫박형**이 되는데, 패로 기억하기 바란다.

[그림 3]

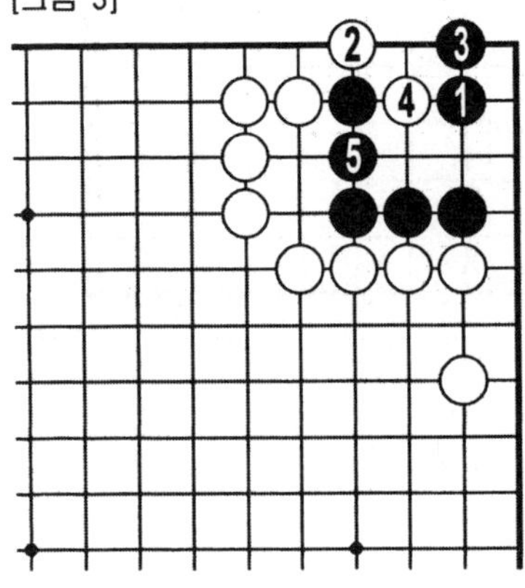

[그림 3] (정해)

❶의 곳을 찾는 데 힘이 드는가? 그러나 더 어려운 급소는 ❸이다.

[그림 4]

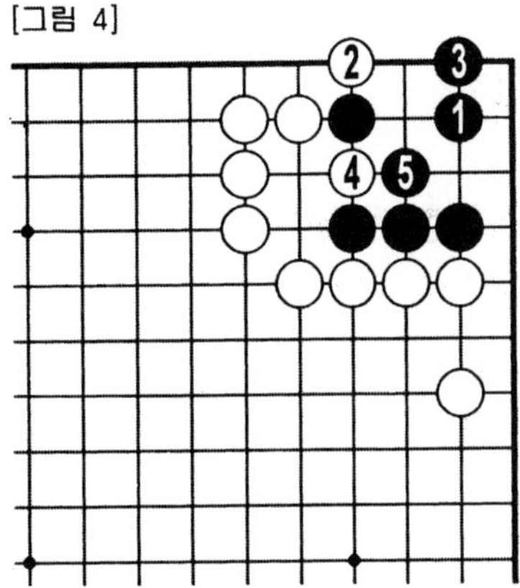

[그림 4] (변화도)

패를 피한 ❸은 귀 끝의 한 집 만들기에 해당한다.

♠ 바둑은 제로섬(zero-sum) 게임과 결부시키는 것은 무리한 발상이다. 단순히 승패의 합계가 제로라는 이유로 바둑에 결부시키는 것은 유치한 발상이며 단순히 집의 가감에 대한 평균적 사고로 바둑에 결부시키는 것도 무지한 발상이다. 우리는 아직도 보이지 않는 집의 가치에 대한 근거 자료를 수학적으로 밝혀낸 적이 없다. 레스터 c 더로 교수의 제로섬 이론은 경제이론으로 족하다.

바둑과 컴퓨터

문제 21

이 그림은 급소 찾기에 적합한 문제이다.
고전과 유사한 형태인 관계로 수순에
착오가 생길 수 있으니
유의하기 바란다.

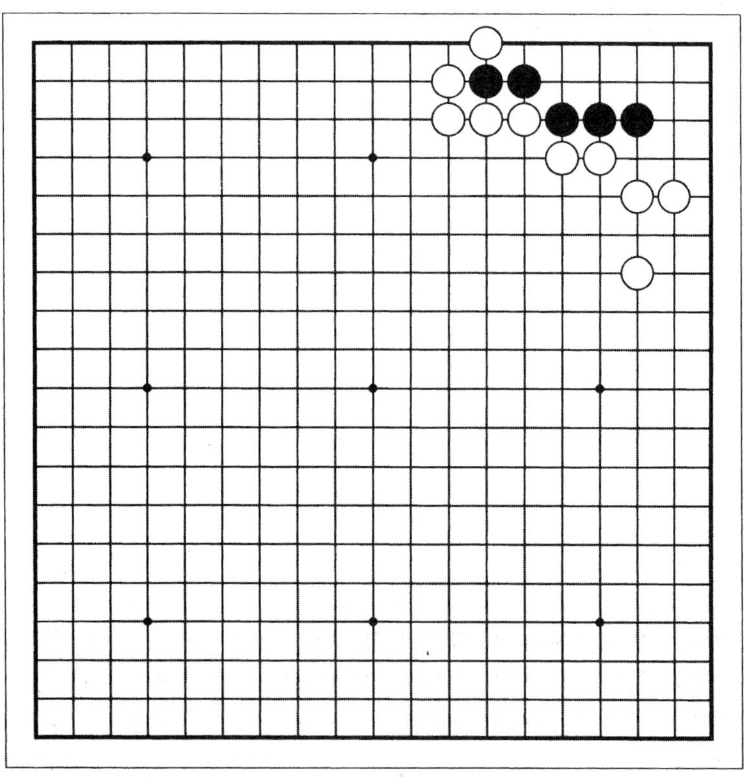

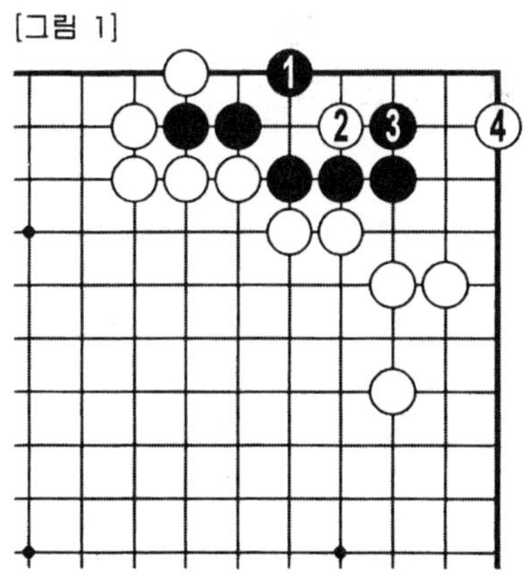
[그림 1]

[그림 1] (실격)

②, ④로 죽는다는 것은 배운 수순이다.

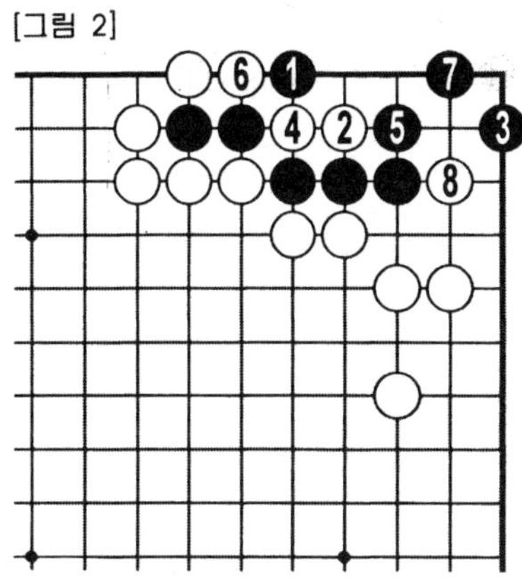
[그림 2]

[그림 2] (실격)

이 경우 ❸의 급소는 ⑧에 의해 절명이다.

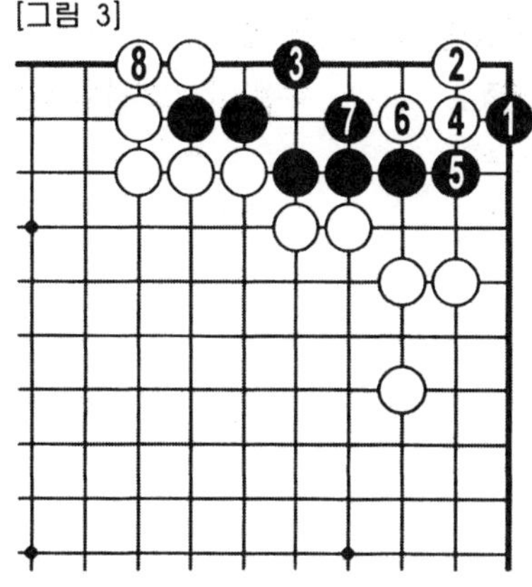
[그림 3]

[그림 3] (실격)

❸이 틀렸다. ④가 듣게 되어 패이다.

[그림 4]

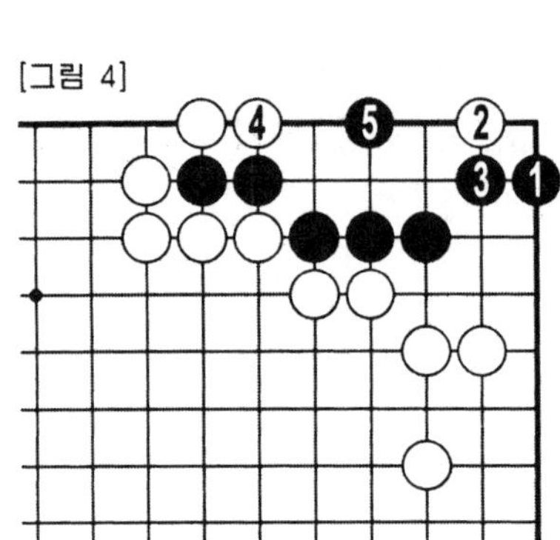

[그림 4] (정해)

❸이 긴요하다.

[그림 5]

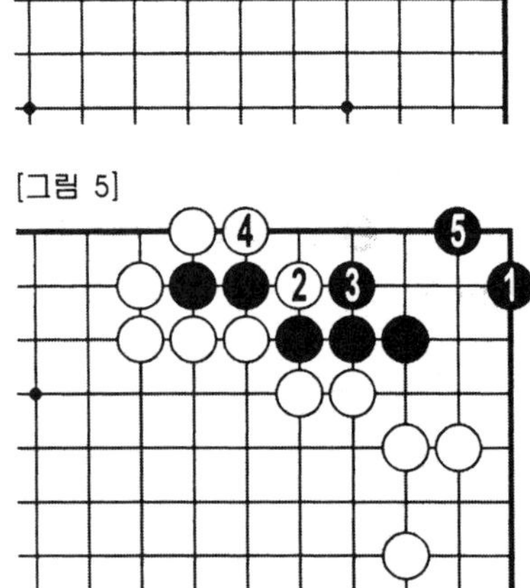

[그림 5] (변화도)

❺로 사는 수법을 기억하는가?

[그림 6]

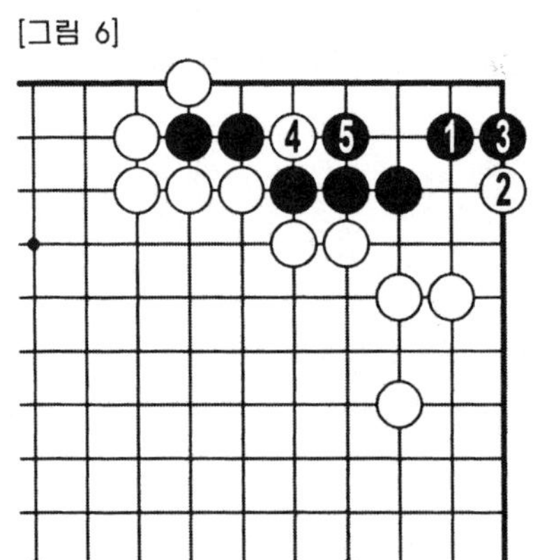

[그림 6] (다른 정해)

❶로 사는 수법이 간결할지도 모른다.

문제 22

이런 유형의 문제를 대할 때는 반드시
첫 수에 안 되는 수를 빨리 포기하는 것이 중요하다.
그렇다면 첫 수는 한 군데뿐이다.
그 다음 백의 공격 수단을 보면 된다.

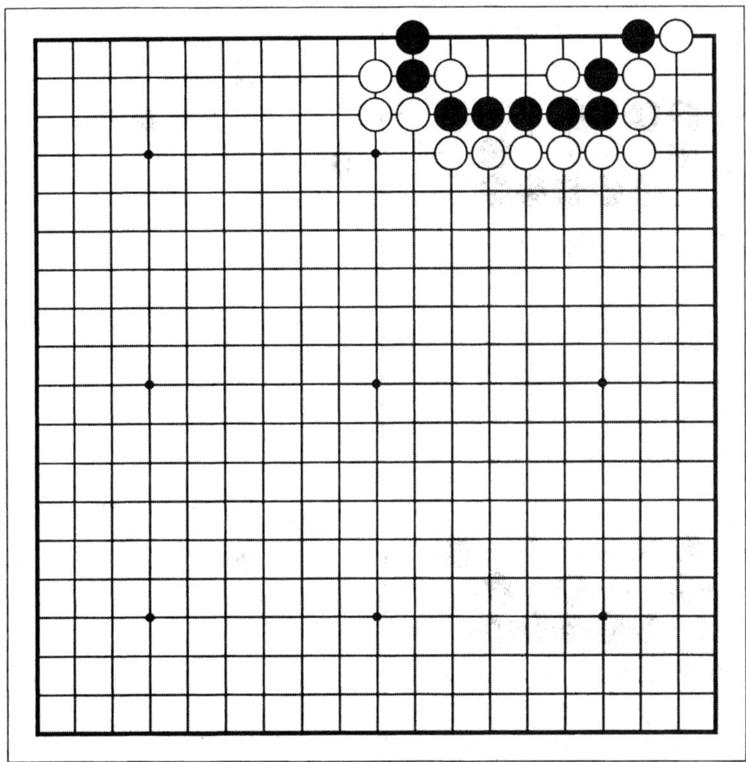

[그림 1]

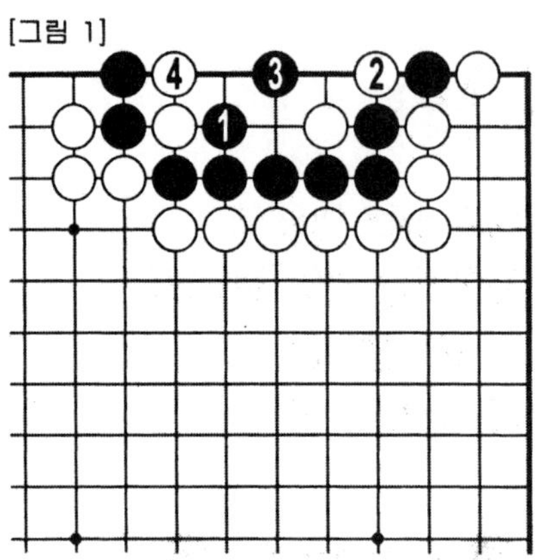

[그림 1] (실격)

④의 단수가 먼저 듣게 되어 삶이 없다.

[그림 2]

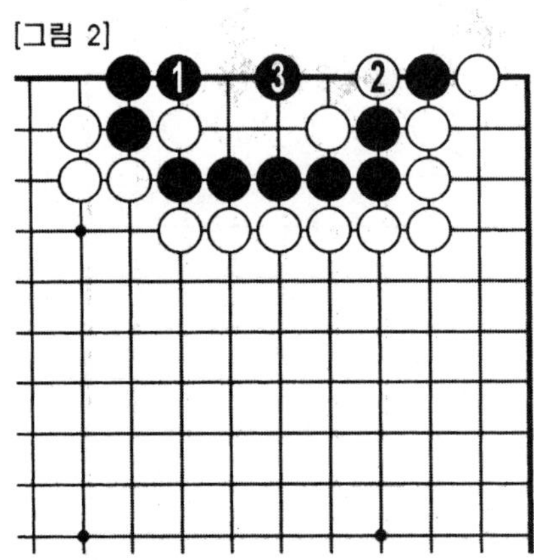

[그림 2] (백의 실격)

첫 수는 오직 ❶뿐이다. ②라면 ❸이 좋은 수이다.

[그림 3]

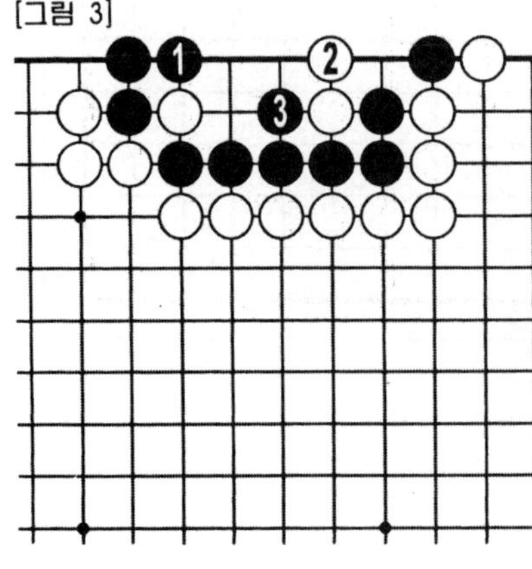

[그림 3] (백의 실격)

②에 ❸이면 안전하다. 따라서 백도 ②로는,

[그림 4]

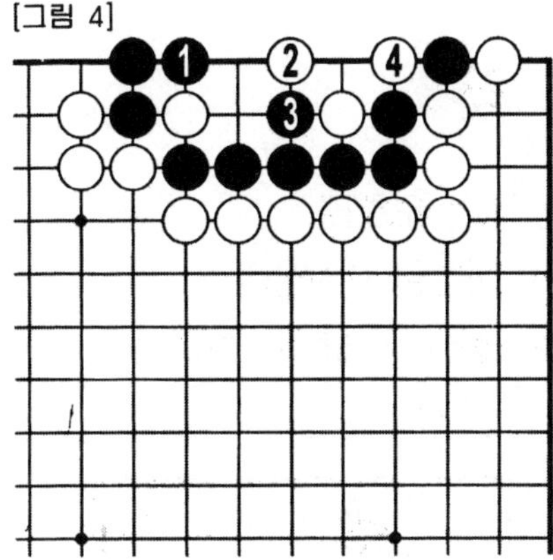

[그림 4] (정해)

②로 공격한다. ④까지 패가 쌍방 최선이다.

♠ 공배까지 다 메우고 투석하는 사람에게는 이렇게 말하라. "당신은 밥상을 다 차리고 나서야 벌써 먹었다고 할 사람이다."

문제 23

갇혀 있는 백 한 점이 오히려
흑의 삶에 도움이 된다면 이상한 이치일까?
그러나 자충은 바로 이러한 것을 가능하게 한다.

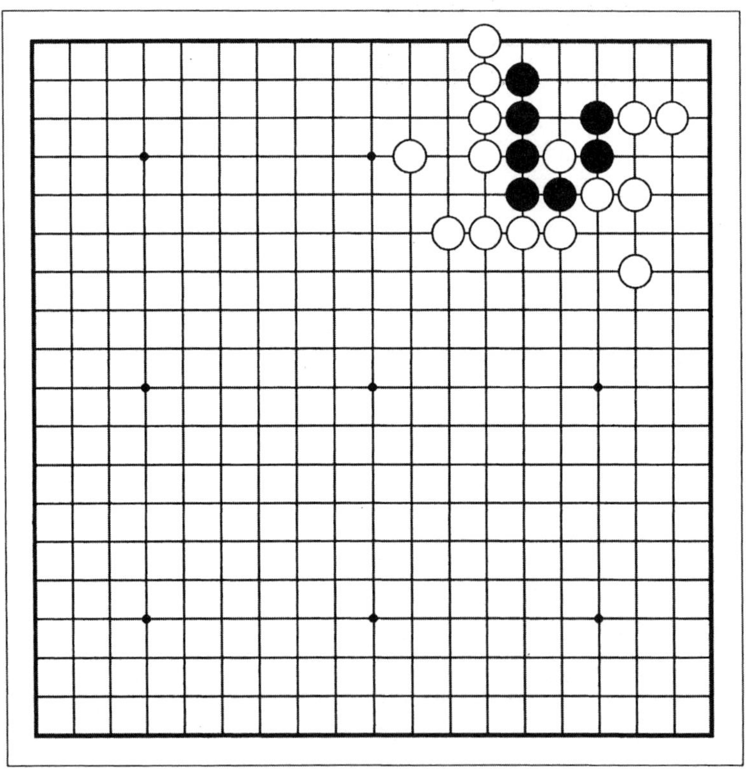

[그림 1]

[그림 1] (실격)

이런 경우 ❸의 지킴은 ④ 쪽의 백이 강하여 살 수 없다.

[그림 2]

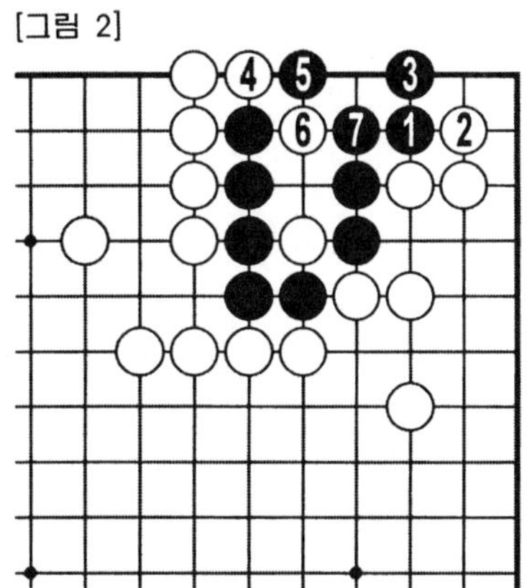

[그림 2] (실격)

패는 되었지만 실격이다.

[그림 3]

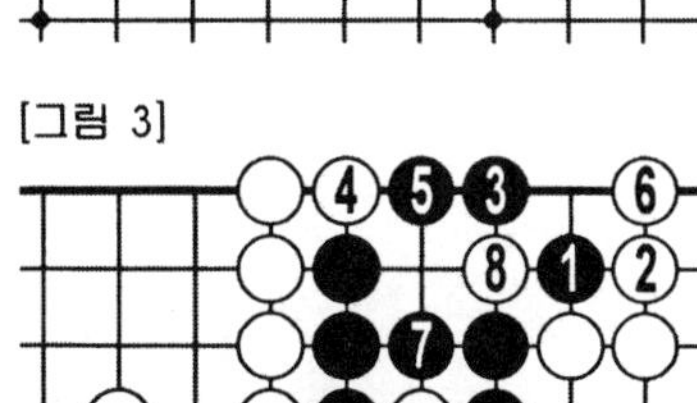

[그림 3] (실격)

마지막에 수순을 그르쳤다. ❼의 수로는,

[그림 4]

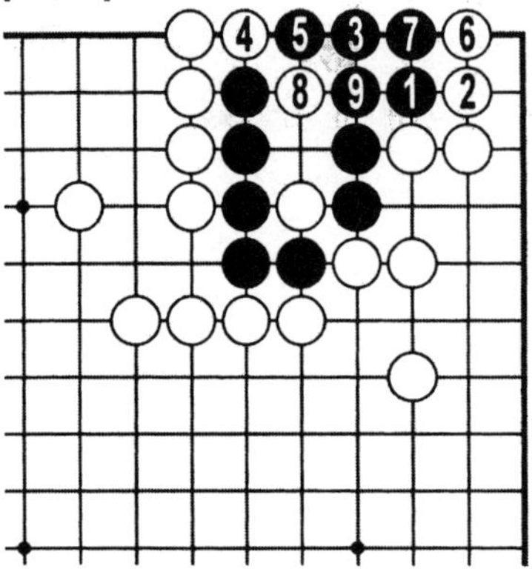

[그림 4] (정해)

❼로 막는 것이 정수이다. ❾까지 백 2점이 자충이다.

♠ 이기고 싶은 것은 욕망(desire)이고 이겨야겠다는 것은 의지(will)다. 이길 수 있는 것은 능력(ability)이며, 이기는 것은 현상(appearance)이다. 이중에서 당신은 어느 쪽인가?

문제 24

이 그림은 앞의 문제와 비교하여
백 한 점의 포로가 없는데,
그 차이는 어느 정도일까?

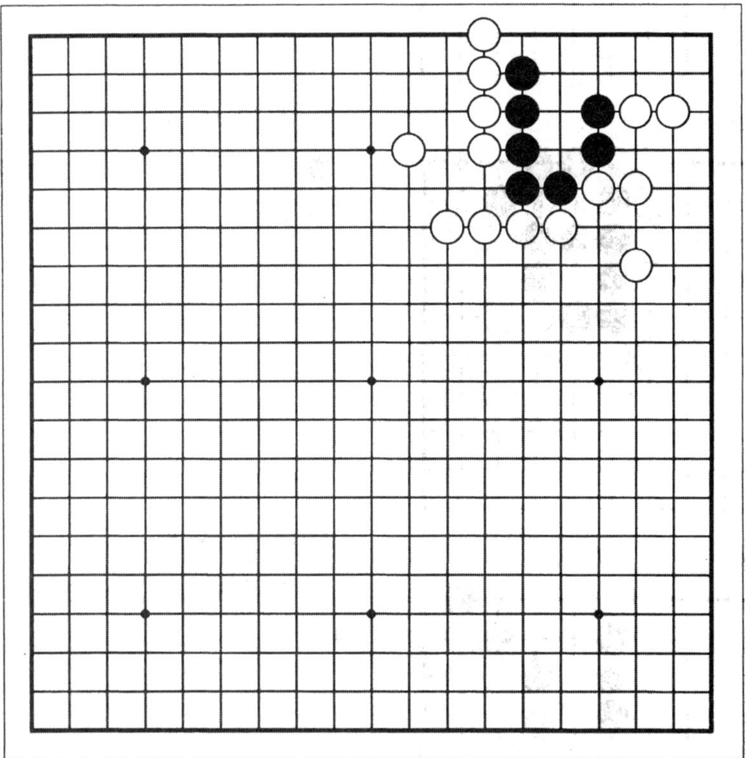

[그림 1]

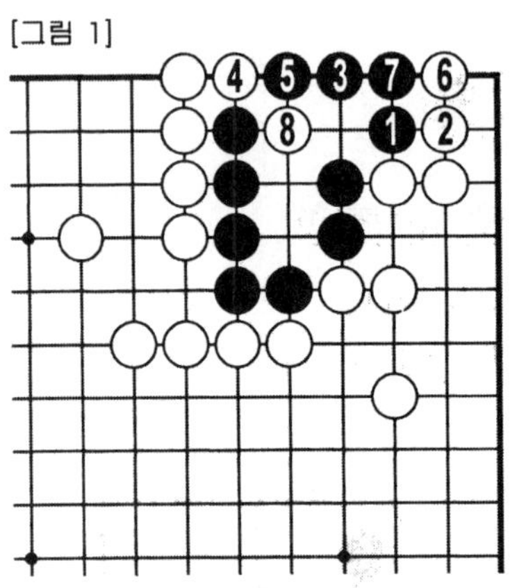

[그림 1] (실격)

우선 앞의 풀이법으로 해 보면, 이렇게 간단히 죽고 만다.

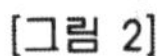

[그림 2]

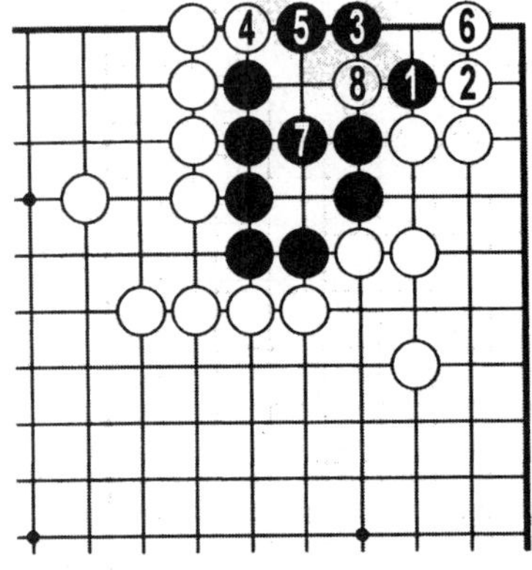

[그림 2] (실격)

❼의 수도 ⑧의 먹여침에 속수무책이다.

[그림 3]

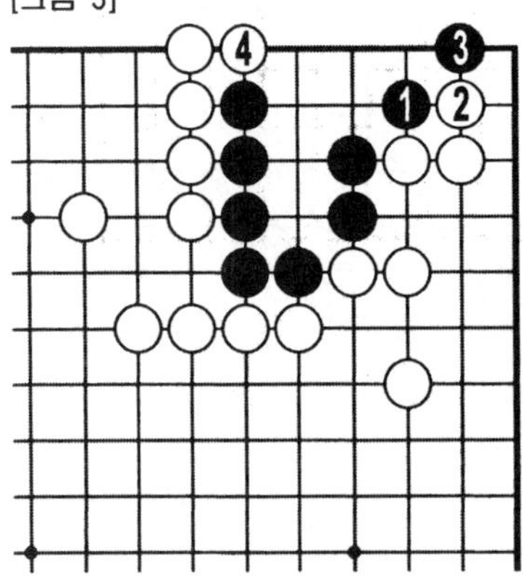

[그림 3] (실격)

④ 쪽의 백이 강하다는 것을 잊지 말라.

[그림 4]

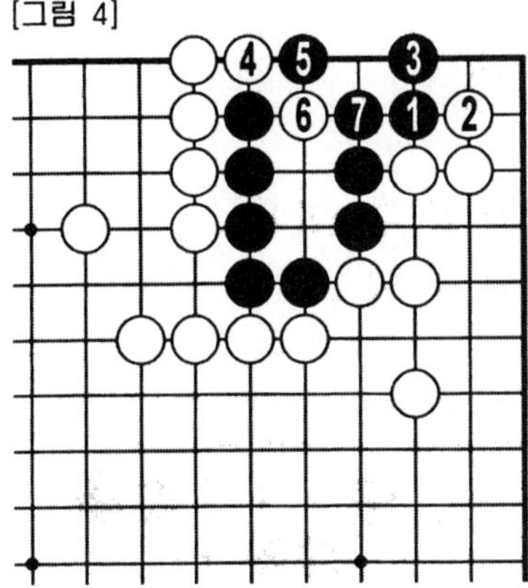

[그림 4] (정해)

이 경우는 이렇게 패로 버티는 수가 최선이다.

♠ 의(義)란 모나게 실행되어야 그 가치가 있고, 지혜란 둥글게 사용되어야 그 가치가 있다. 육신은 움직임에 그 가치가 있고, 정신은 고요함에 그 가치가 있다. 바둑에 있어서도 사고는 치열함에 그 가치가 있고, 마음은 잔잔함에 그 가치가 있다.

문제 25

이런 그림의 급소를 한눈에 볼 수 있다면,
연습에 충실했다고 볼 수 있다.

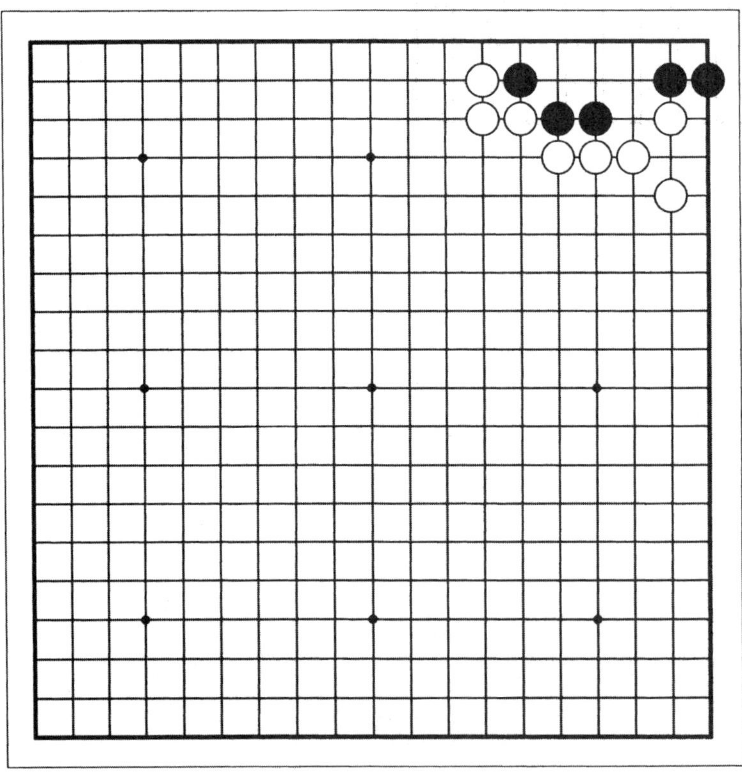

[그림 1]

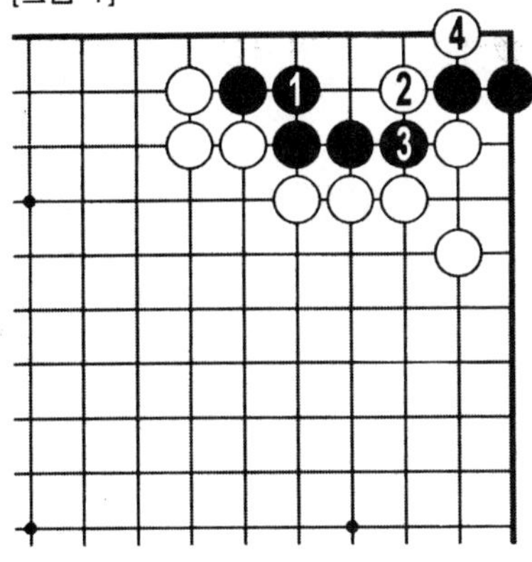

[그림 1] (실격)

②, ④의 공격은 이 형태의 상용 수법이다.

[그림 2]

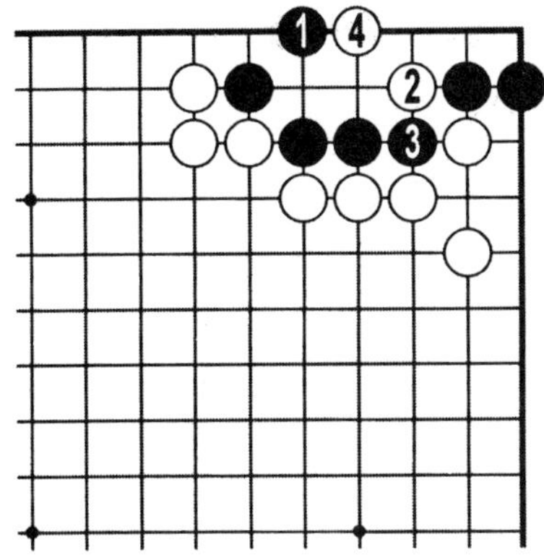

[그림 2] (실격)

④의 환격을 이용한 맥을 못 보았다.

[그림 3]

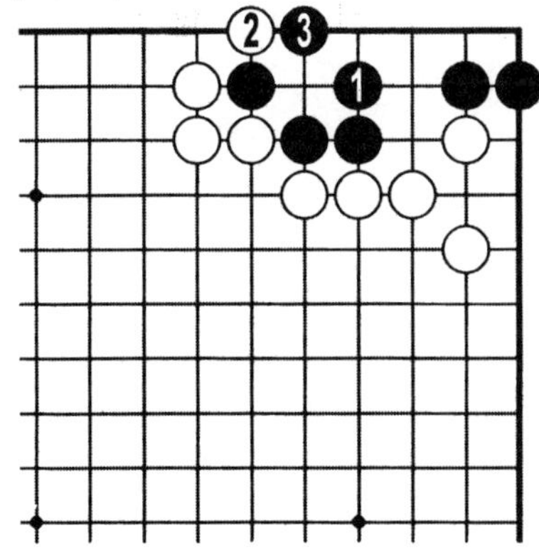

[그림 3] (실격)

패로 버티는 것은 실격이다.

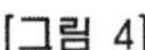

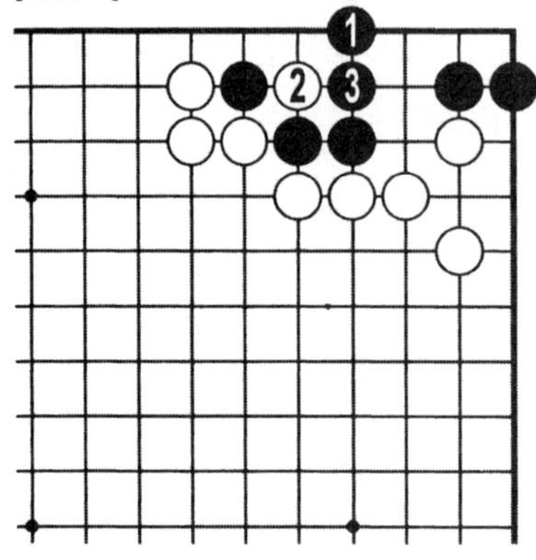

[그림 4] (정해)

❶의 곳이 들여다봄의 급소이다.

[그림 5]

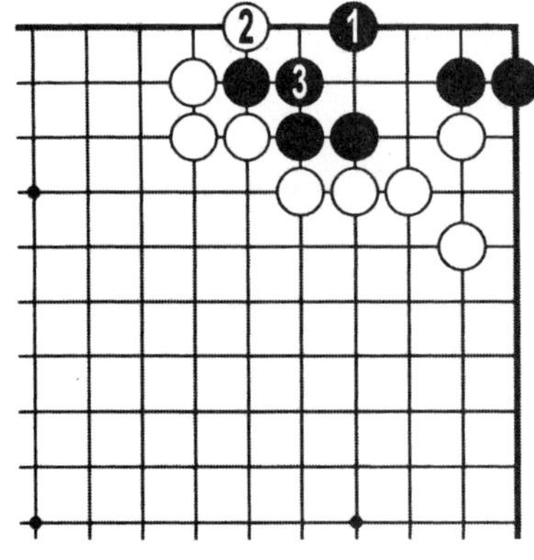

[그림 5] (변화도)

②에는 이제 ❸으로 이어도 안전하다.

[그림 6]

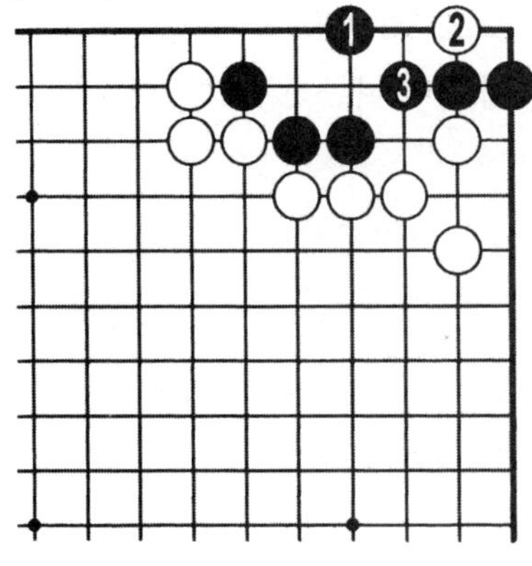

[그림 6] (변화도)

②의 곳 치중에도 ❸이면 걱정 없다.

문제 26

이 그림도 형태의 급소를 연습할 수 있는
실전형의 좋은 문제이다.

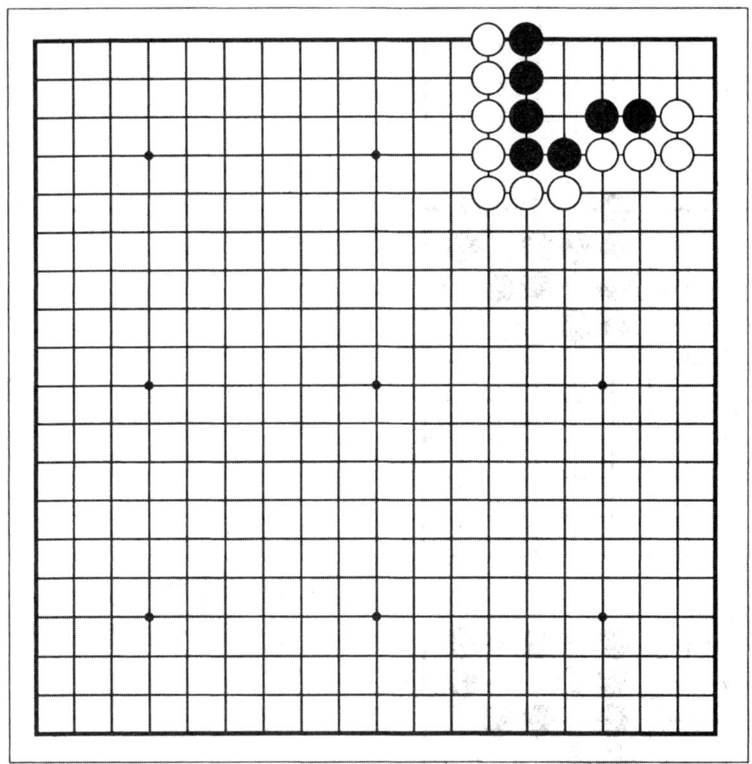

[그림 1]

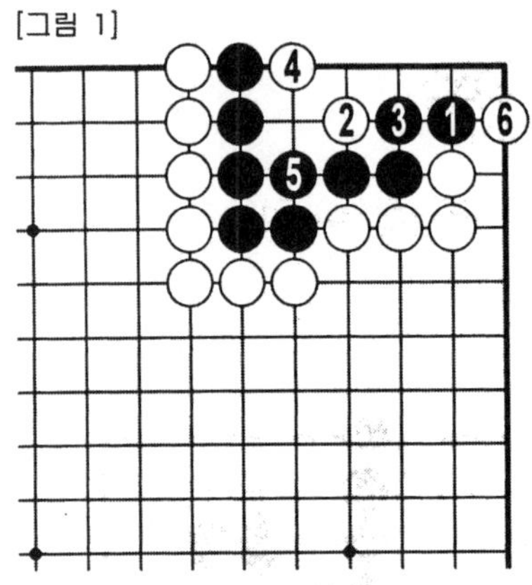

[그림 1] (실격)

이 그림에서 배워야 할 수는 ②이다. 이 수를 모르면 이렇게 허무하게 죽고 만다.

[그림 2]

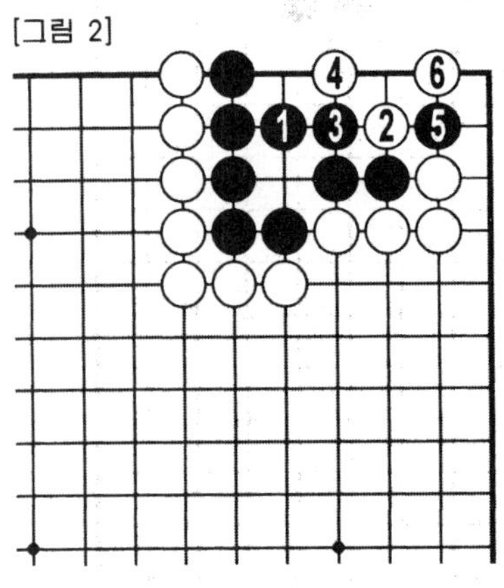

[그림 2] (실격)

그렇다고 ①에 지키는 것은 패가 되어 실격이다.

[그림 3]

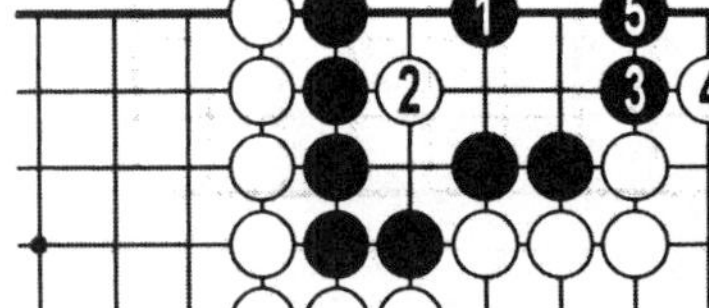

[그림 3] (정해)

①의 곳을 한눈에 알아보겠는가?

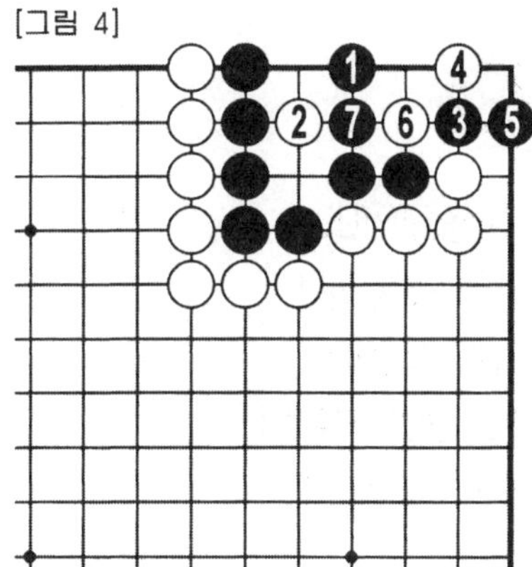

[그림 4] (변화도)

④ 쪽으로 공격해 오는 것도 ❼까지 무사하다.

♠ 바둑이 불리하면 되지도 않는 수로 상대의 심사를 뒤틀리게 하는 사람들이 있다. 바둑을 고양 있게 즐기려는 순수한 아마추어들은 상대가 이런 식으로 나오면 대개가 열을 받아 역전 당하기 십상이다. 그러나 아쉽게도 바둑에는 그런 경우 월드컵처럼 옐로 카드나 레드 카드를 줄 규칙이 없다. 심리전도 승부사에겐 필수적이라는 얘긴지 알 수 없는 노릇이지만, 여기서 한 가지 묘안을 제시하겠다. 그런 사람을 상대로 계속 두려면 떼를 쓸 때 장고를 하라는 것이다.

원래 남의 심사를 잘 건드리는 사람이 자기가 당하는 것은 더 못 견디는 법이다. 물론 그러려면 어느 정도의 인내는 있어야겠지만.

바둑과 컴퓨터

문제 27

앞의 문제가 변으로 이동되었다.
이 경우에도 같은 수비가 통할까?
앞에서는 성립하지 않던 맥점이
이 그림에서는 죽음과 연결되어 버린다.
이 점이 귀와 변의 뚜렷한 차이점이다.

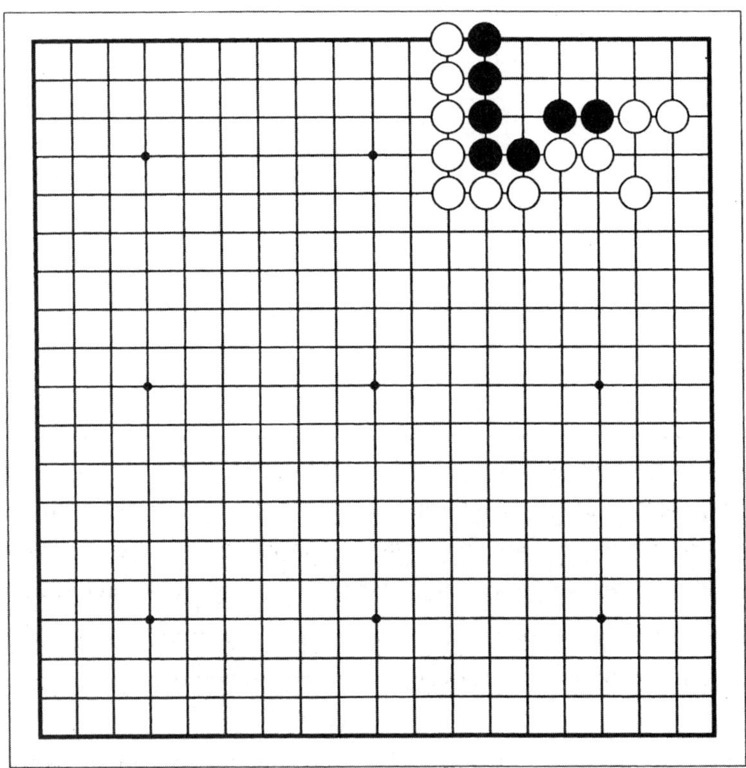

[그림 1]

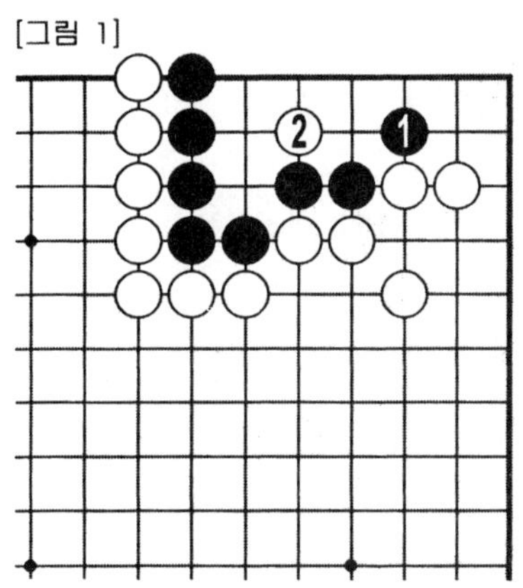

[그림 1] (실격)

❶의 젖힘은 이 그림에서도 역시 ②가 치명적이다.

[그림 2]

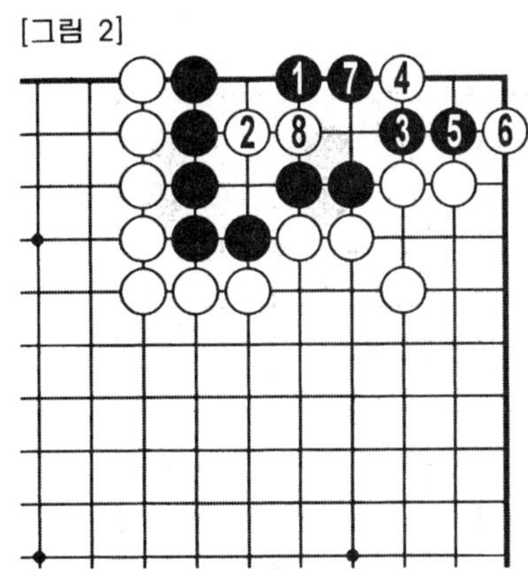

[그림 2] (실격)

앞에서는 ❶로 살았지만, 지금은 상황이 다르다. ④가 치명적인 급소로 변해 버렸기 때문이다.

[그림 3]

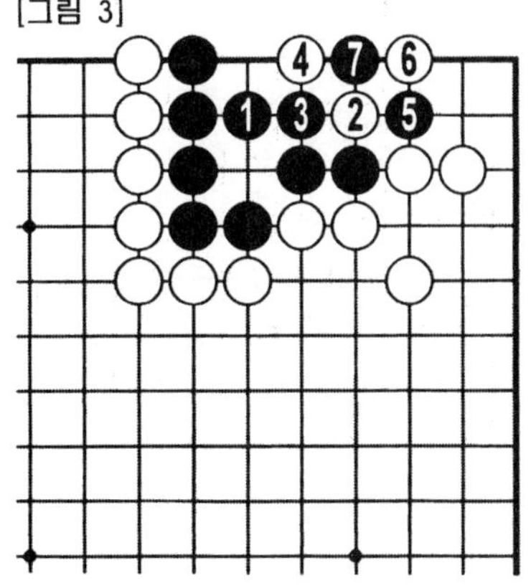

[그림 3] (정해)

억울하겠지만, 이 경우에는 이렇게 패로 버틸 수밖에 없다. 이처럼 귀와 변이 다른 결과를 가질 수 있다는 것에 주의하기 바란다.

문제 28

지금까지 연습한 사는 형태 갖추기의 수법 중
가장 변화가 많고 까다롭다.
궁도 사활과 급소 사활이 함께 병행된다. 그러나
자충은 발전된 형태의 호구임을 기억한다면 어려움은 없다.
실전에 응용되는 변화가 많이 숨어 있기 때문에
꼭 배워둘 만한 가치가 있는 문제이다.

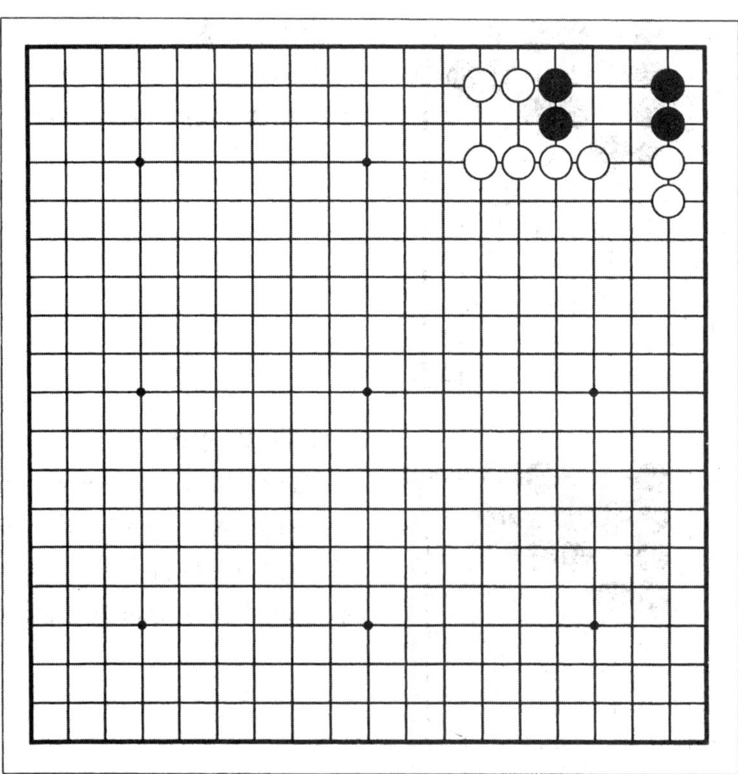

[그림 1]

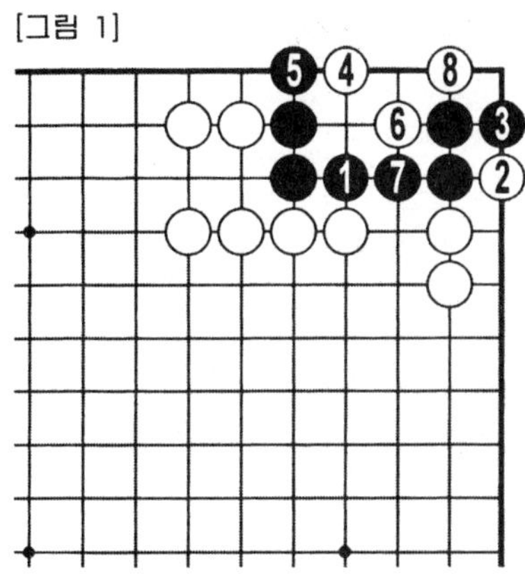

[그림 1] (실격)

❶로 지킬 때 ②, ④의 수순으로 죽음의 궁도가 만들어짐을 기억하는가?

[그림 2]

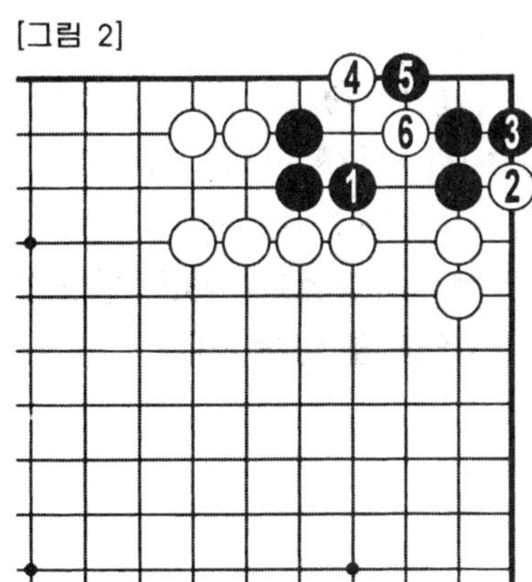

[그림 2] (실격)

[그림 3]

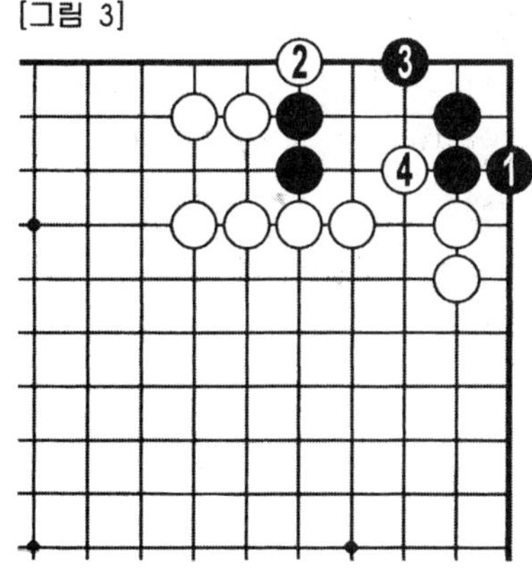

[그림 3] (실격)

❶ 쪽을 수비하는 방법도 ②의 젖힘에 궁도를 기대할 수 없다.

[그림 4]

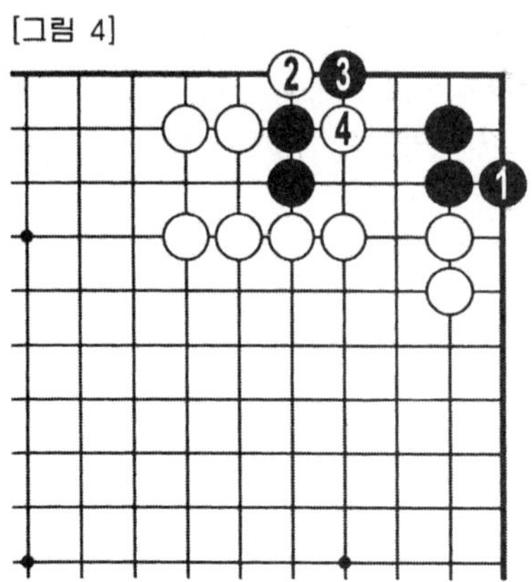

[그림 4] (실격)

[그림 5]

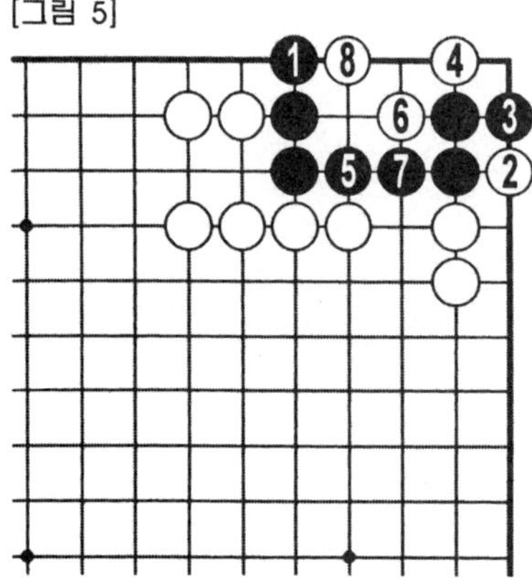

[그림 5] (실격)

이번에는 ❶로 지켜 보지만, ②, ④의 수순에 의해 그림 1처럼 죽음의 궁도로 환원된다. 그런데 **바로 여기서 사활에 관한 중요한 하나의 단서를 잡게 된다.**

[그림 6]

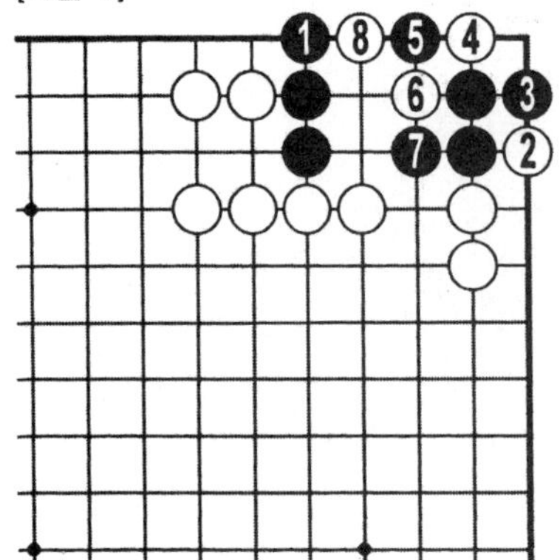

[그림 6] (실격)

양쪽의 젖힘 중 어느 하나라도 허용한다면 삶이 없어지며, 따라서 ❶ ② 곳의 젖힘을 동시에 방어할 수 있는 곳을 우선 찾아야 한다.

[그림 7]

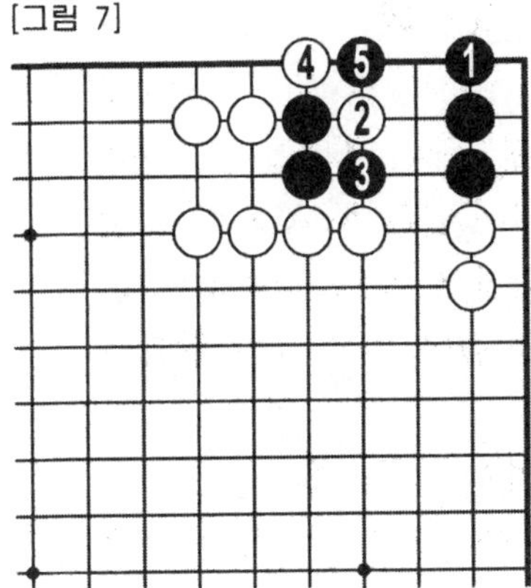

[그림 7] (정해)

바로 ❶의 곳이다. 이 곳은 오른쪽의 젓힘에도 귀 끝의 한 집을 보장받고 있으며, 또한 왼쪽의 공격에는 촉촉수의 반격을 노릴 수 있는 곳이다.

[그림 8]

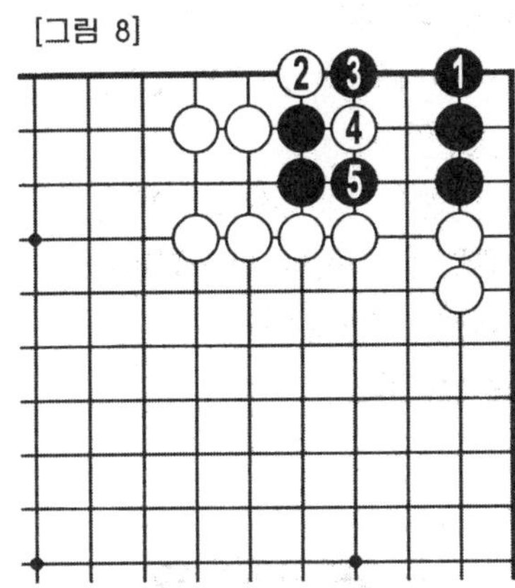

[그림 8] (변화도)

이 곳의 수읽기는 우선 ❶의 곳을 찾는 안목이 필요하며, 그 다음 촉촉수를 검토하는 **사고의 수순**이 요구된다.

■ 자충이란 무엇인가? ■

자충을 이야기하기에 앞서 단수에 대해 생각해 본 적이 있는가? 단수가 돌을 잡기 직전의 상황임은 누구나 알고 있는 상식이다. 우리가 흔히 빵때림이라고 부르는 형태가 만들어지기 직전이다. 또한 호구 속에 돌이 들어 있는 형태라고 말할 수도 있다.

그렇다면 빵때림은 어떤 성질을 가지고 있을까?

바둑의 규칙에서는 단 한 개의 공배도 없을 경우에 한해서 빵때림을 허용하고 있다. 다시 말해 빵때림에는 공배가 없다는 것이다. 그런데 자충은 한 수를 더 놓는 순간 빵때리게 되어 있는 상태이다. 여기서 우리는 자충과 호구가 동일한 성격을 가지고 있다는 것을 알 수 있다.

자충의 대표적인 형태로 환격과 후절수가 있지만, 여기서는 궁도 사활과 한 집 만들기에 관련된 부분만 다루었다.

그러나 어떤 경우의 자충도 호구임에는 틀림없다.

다만 **자충은 발전된 형태의 호구일 뿐이다.**

(1) 호구 (2) 자충

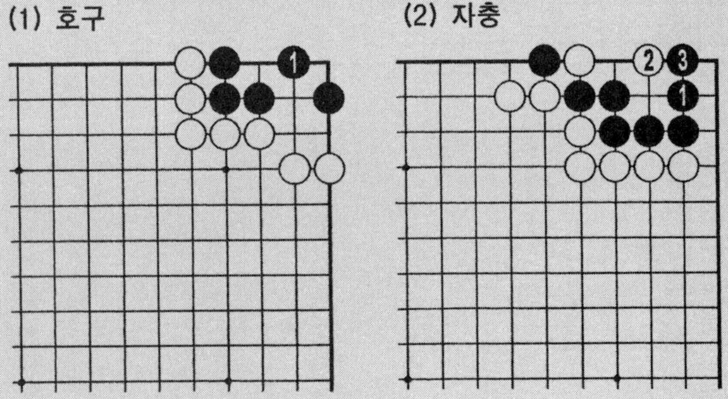

6. 응용 문제

지금까지는 모두 삶의 수법을 연습해 보았다. 그렇다면 잡는 수는 무엇이겠는가? 역시 동일한 수법일 뿐이다.

지금까지 연습한 기량으로 다음 문제들을 직접 풀어 보자. 흑으로 먼저 두어 백을 잡는 문제이다(해답은 340페이지부터 있음).

[응용 문제 1]

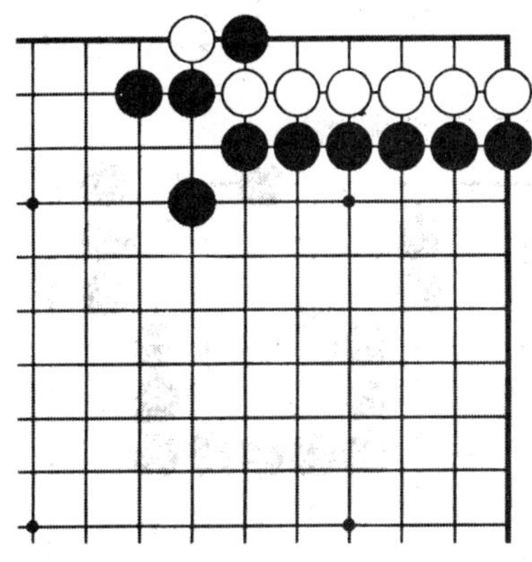

[응용 문제 2]

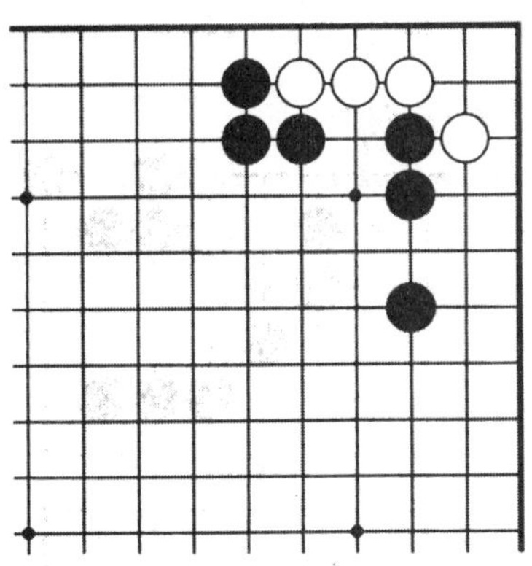

[응용 문제 3]

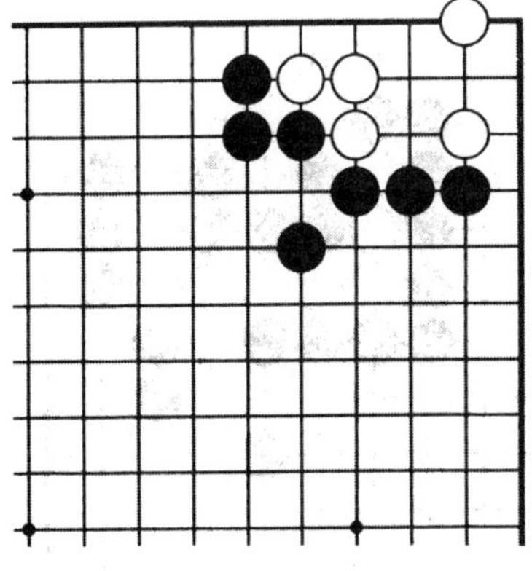

[응용 문제 4]

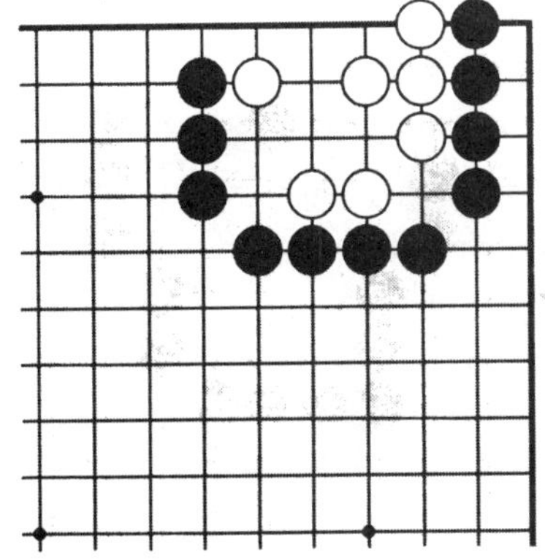

[응용 문제 5]

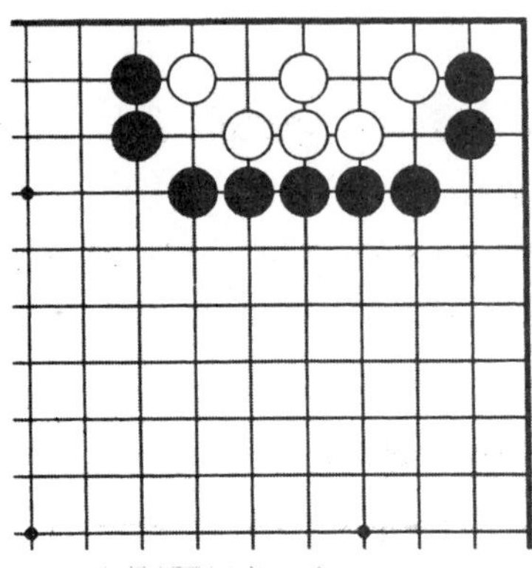

[응용 문제 6]

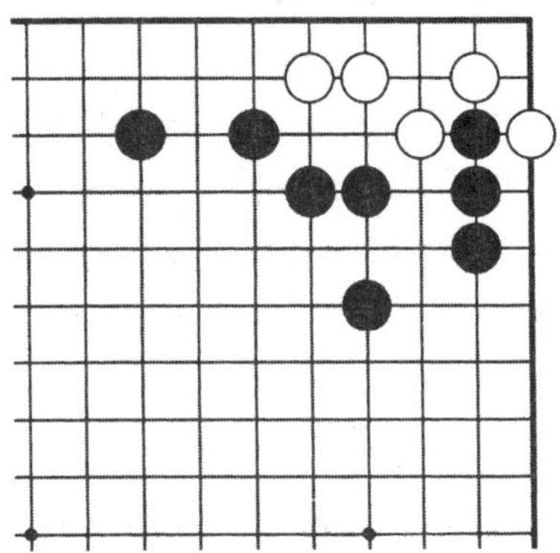

[응용 문제 7]

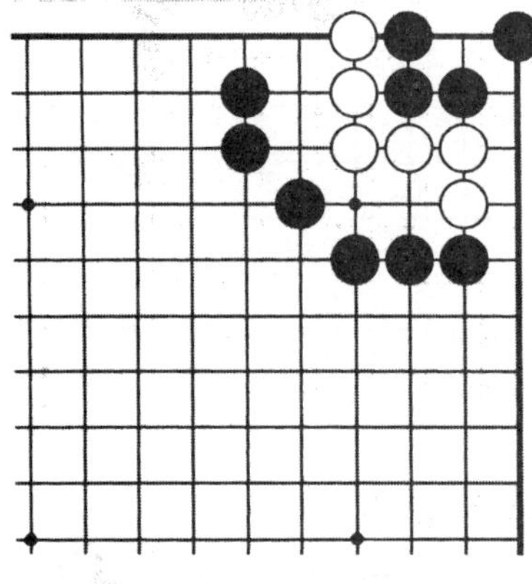

[응용 문제 8]

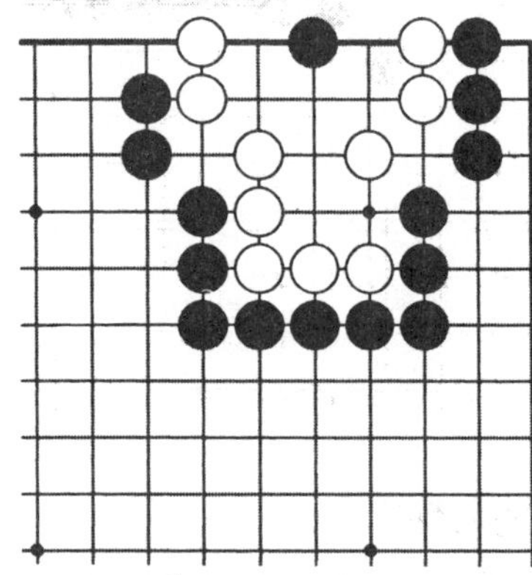

[응용 문제 9]

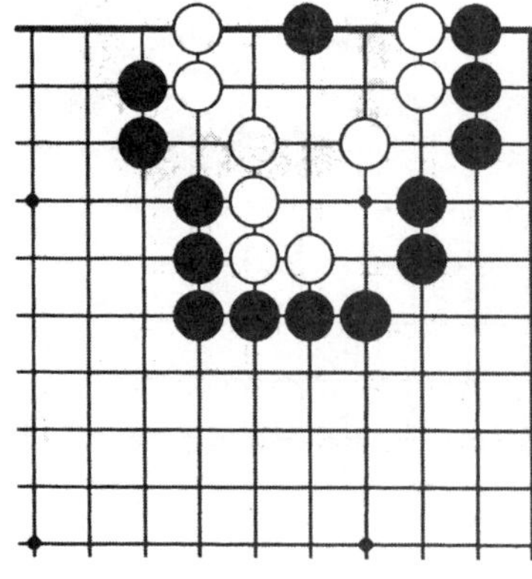

[응용 문제 10]

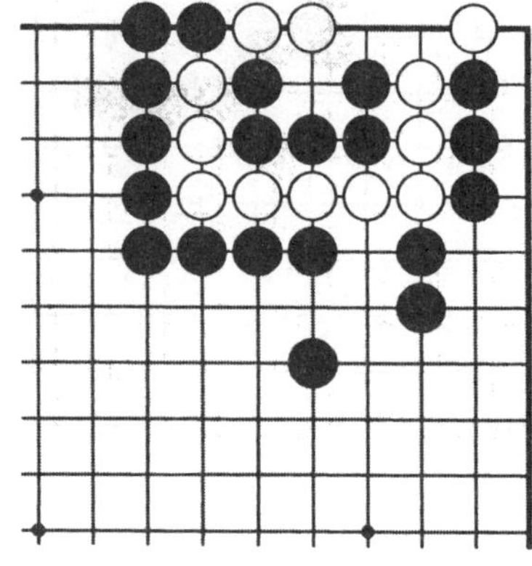

[응용 문제 11]

[응용 문제 12]

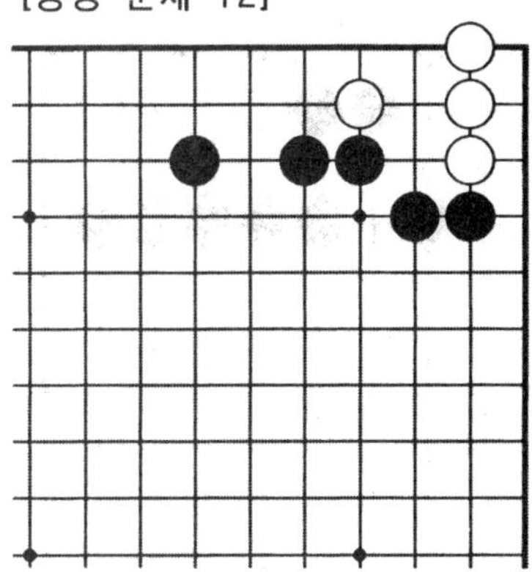

[응용 문제 13]

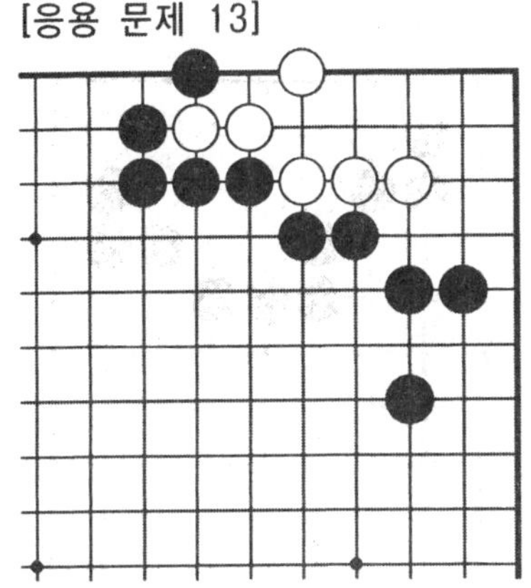

[응용 문제 14]

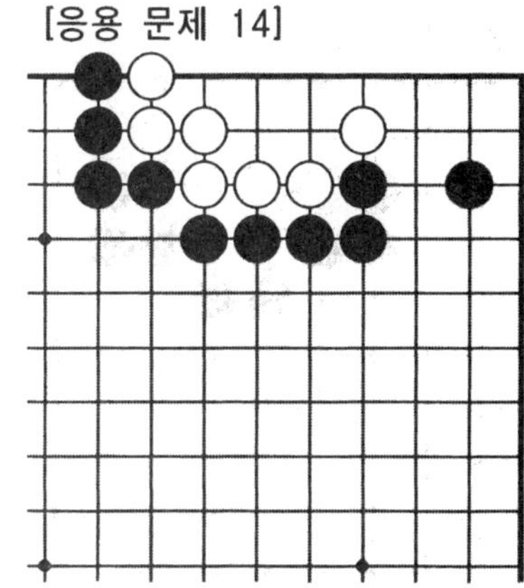

[응용 문제 15]

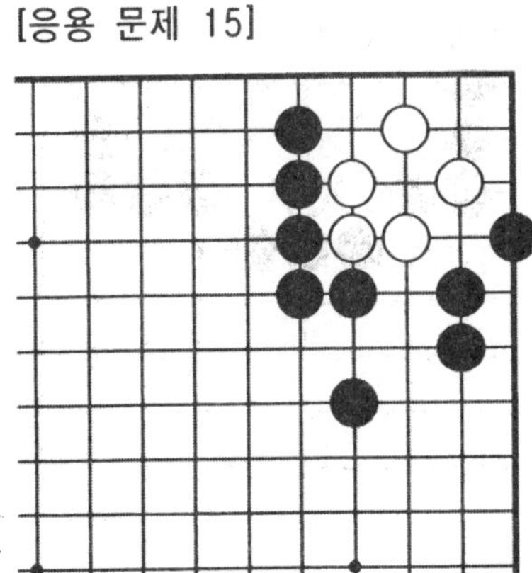

[응용 문제 16]

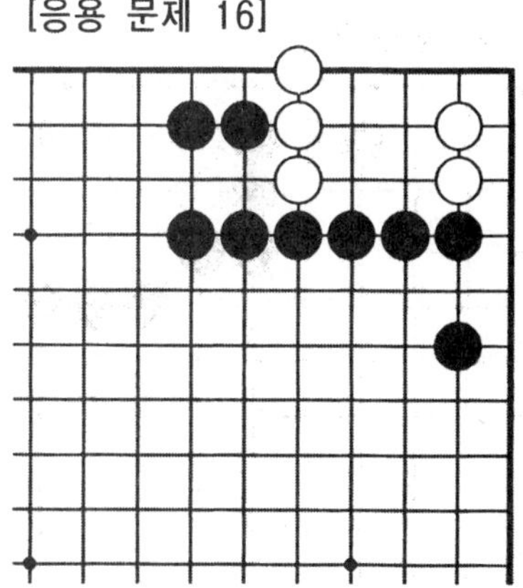

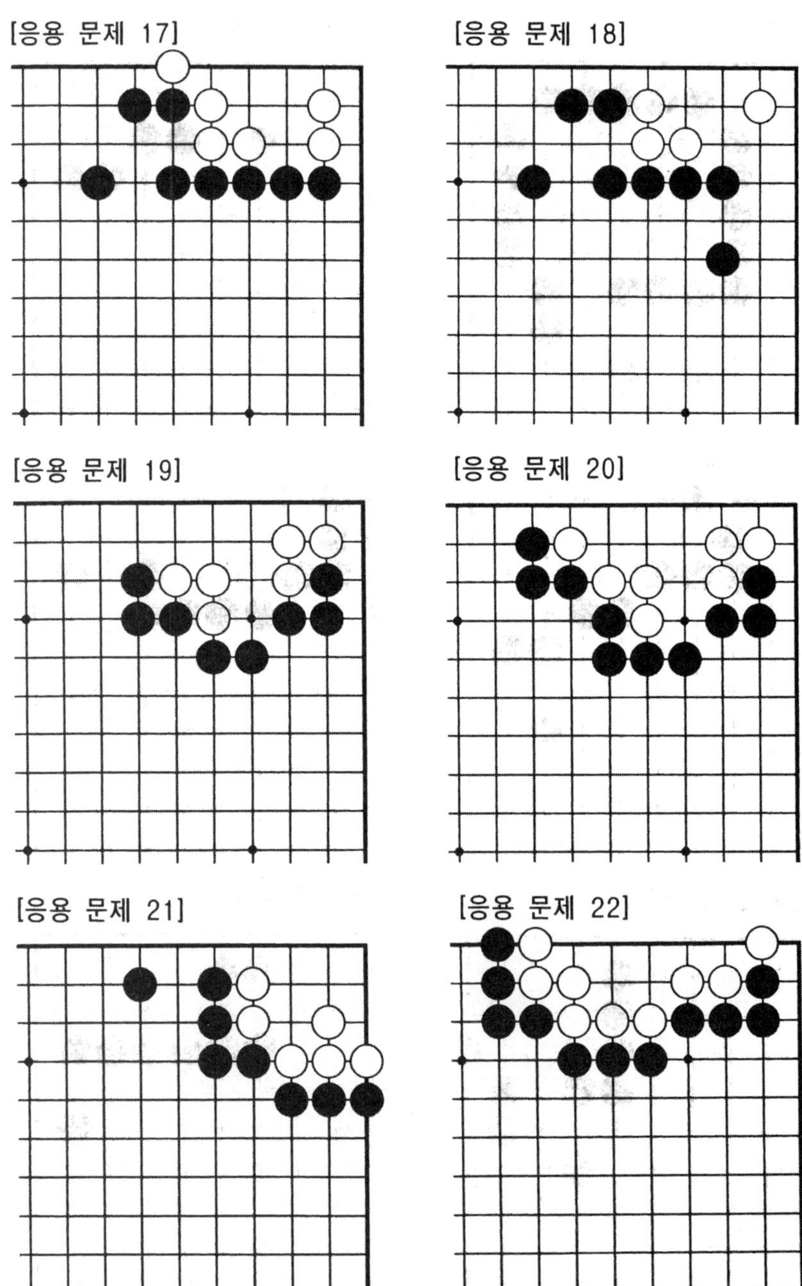
[응용 문제 17]
[응용 문제 18]
[응용 문제 19]
[응용 문제 20]
[응용 문제 21]
[응용 문제 22]

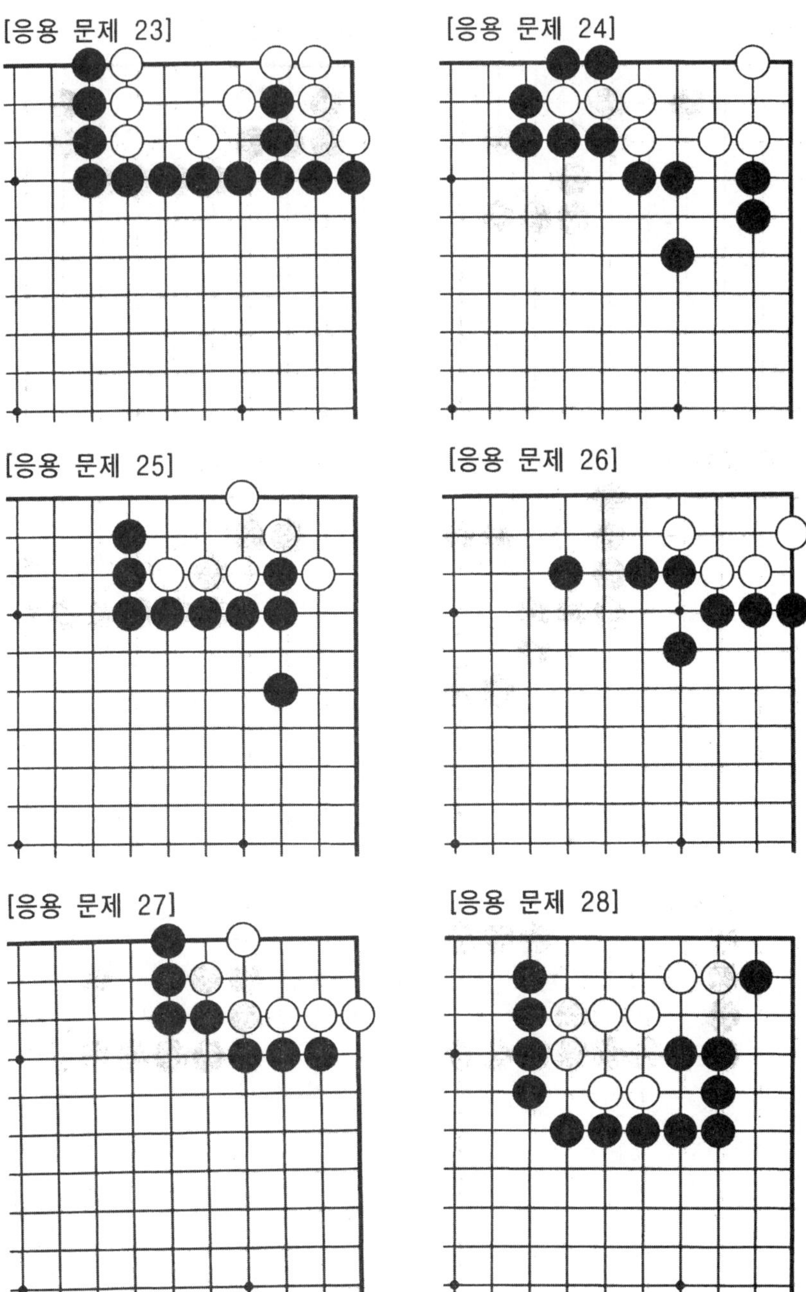
[응용 문제 23]
[응용 문제 24]
[응용 문제 25]
[응용 문제 26]
[응용 문제 27]
[응용 문제 28]

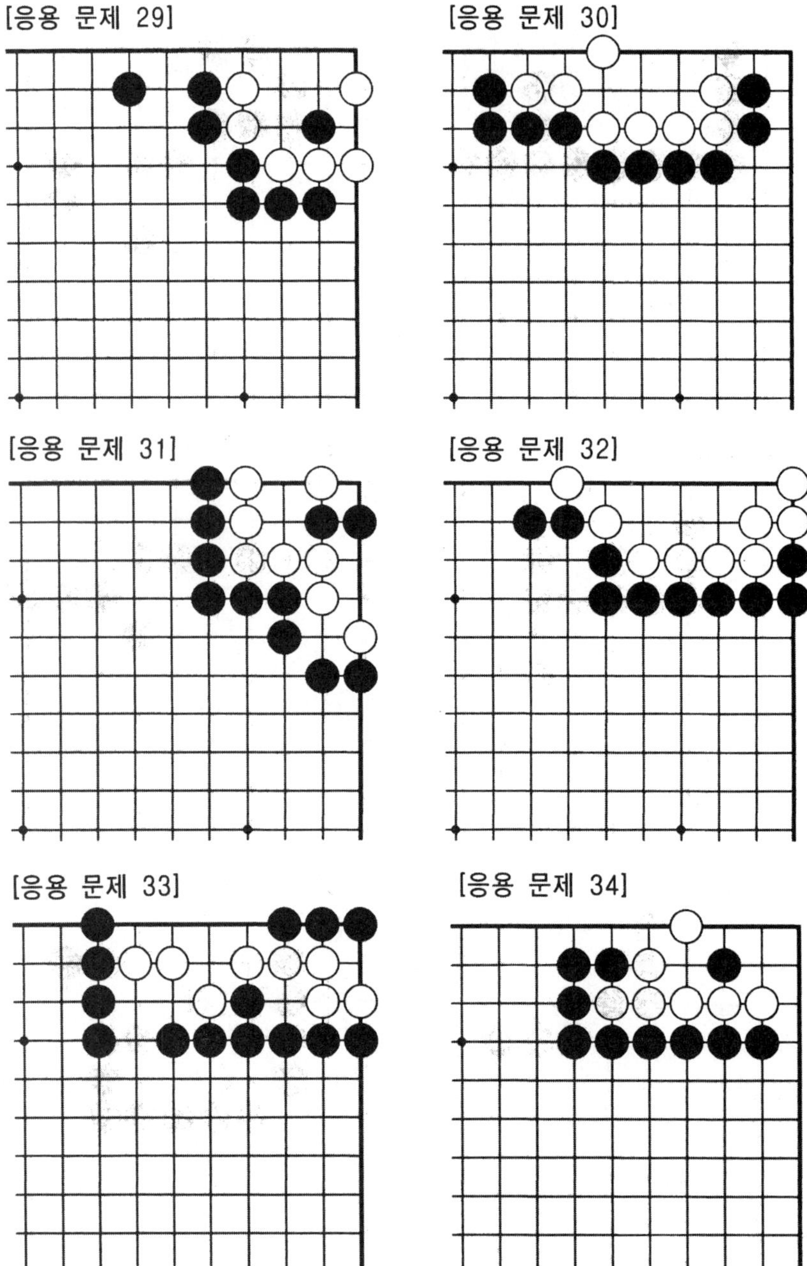
[응용 문제 29]
[응용 문제 30]
[응용 문제 31]
[응용 문제 32]
[응용 문제 33]
[응용 문제 34]

[응용 문제 35]

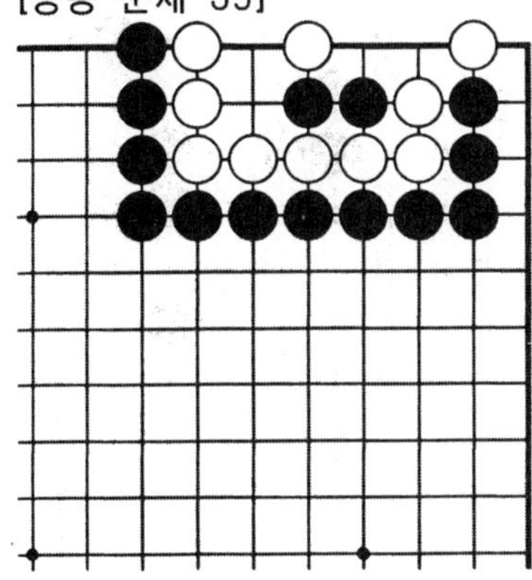

[응용 문제 36]

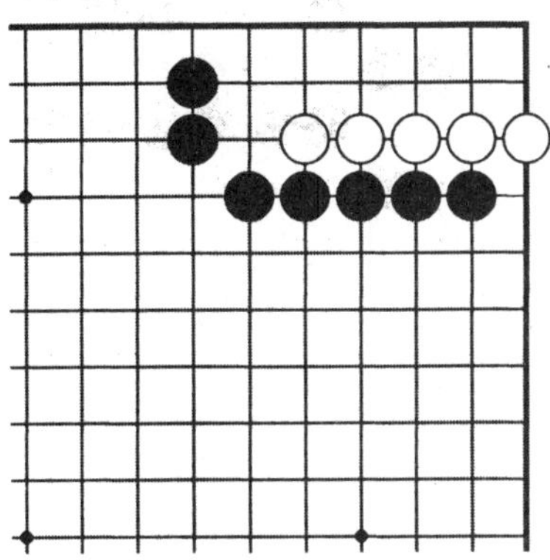

[응용 문제 37]

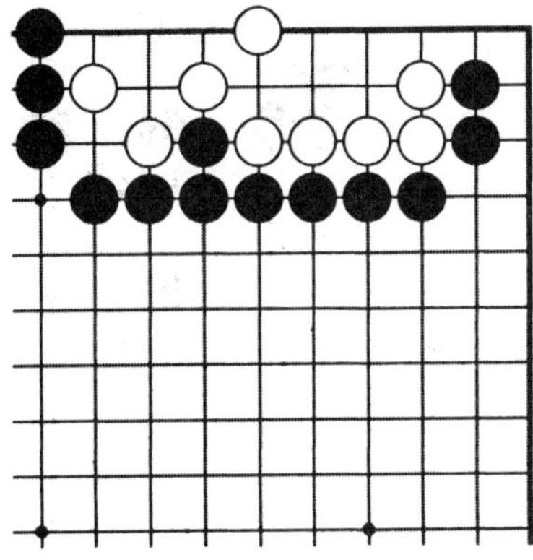

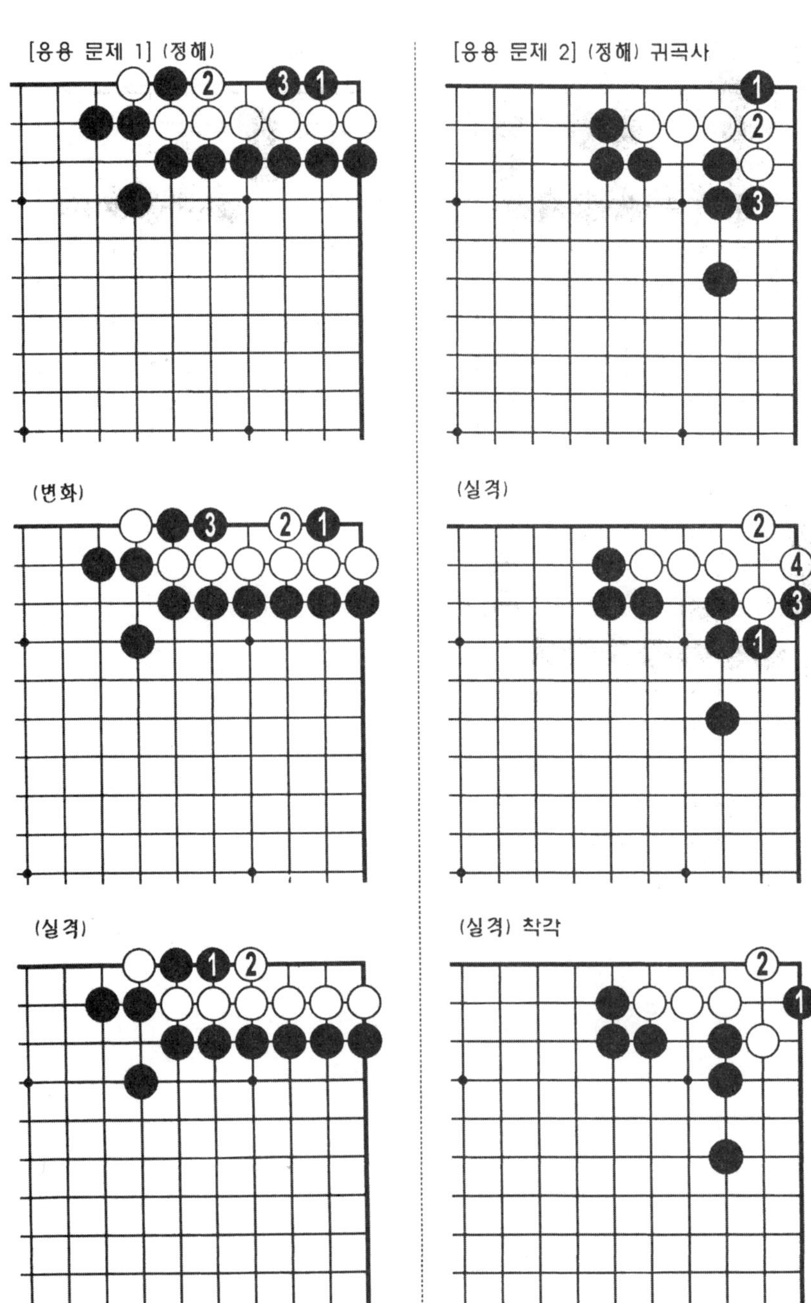
[응용 문제 1] (정해)
[응용 문제 2] (정해) 귀곡사
(변화)
(실격)
(실격)
(실격) 착각

[응용 문제 3] (정해) 지프형

[응용 문제 4] (정해) 세운 빗끌

(실격)

(실격)

(실격)

(실격)

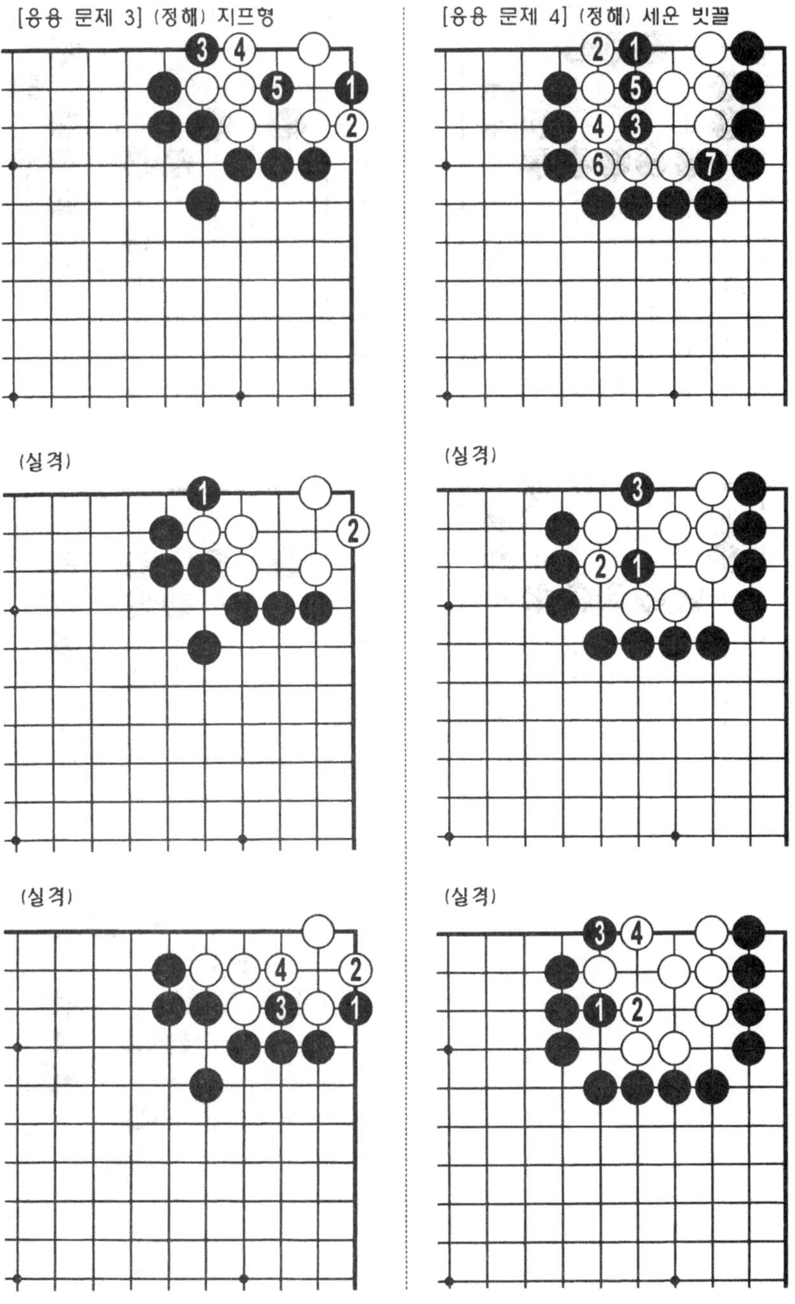

[응용 문제 5] (정해) 누운 빗끌

(실격)

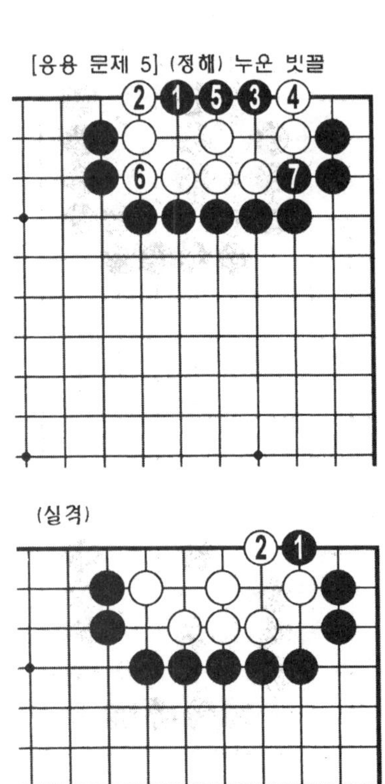

[응용 문제 6] (정해) 삿갓형

(실격)

(실격)

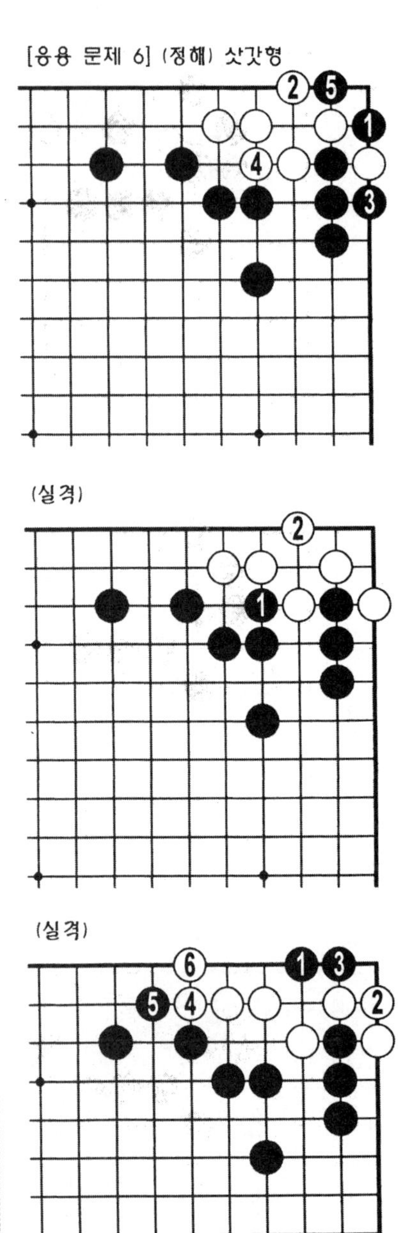

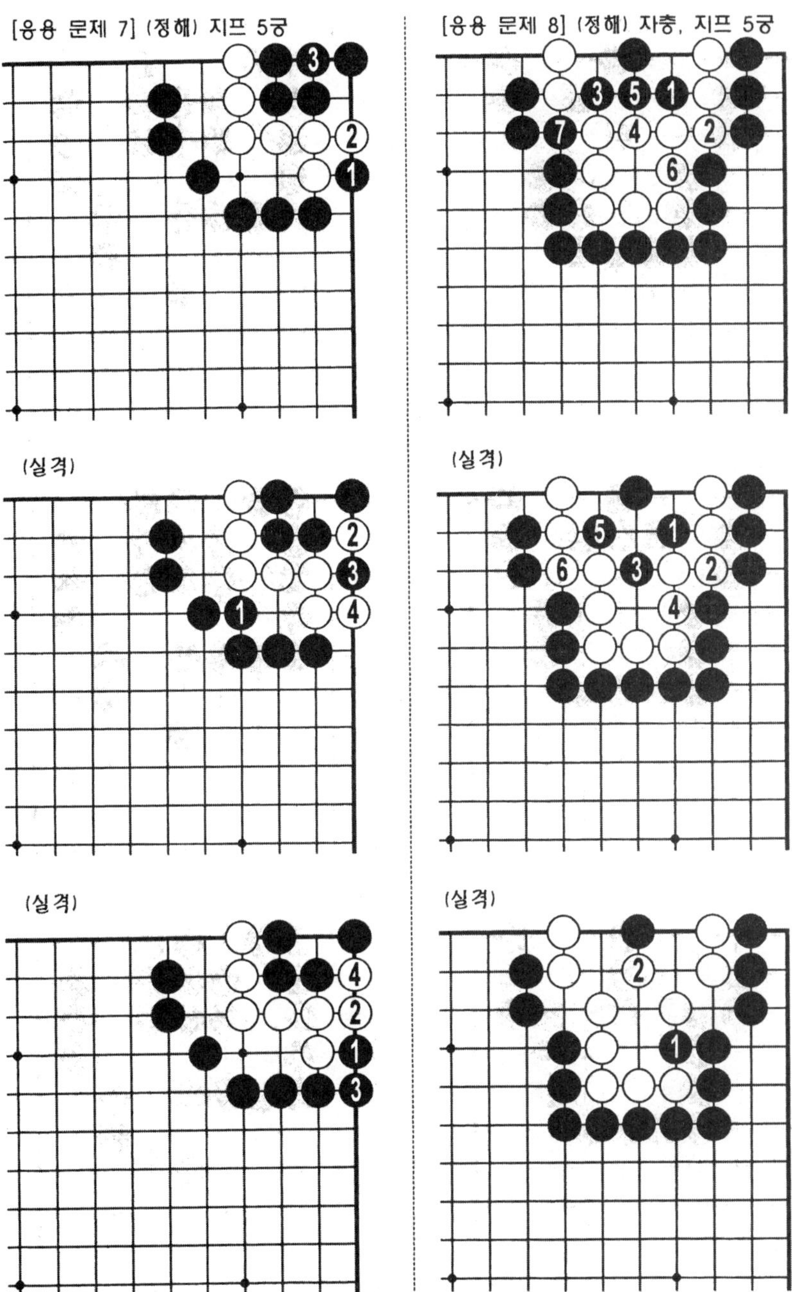
[응용 문제 7] (정해) 지프 5궁
[응용 문제 8] (정해) 자충, 지프 5궁
(실격)
(실격)
(실격)
(실격)

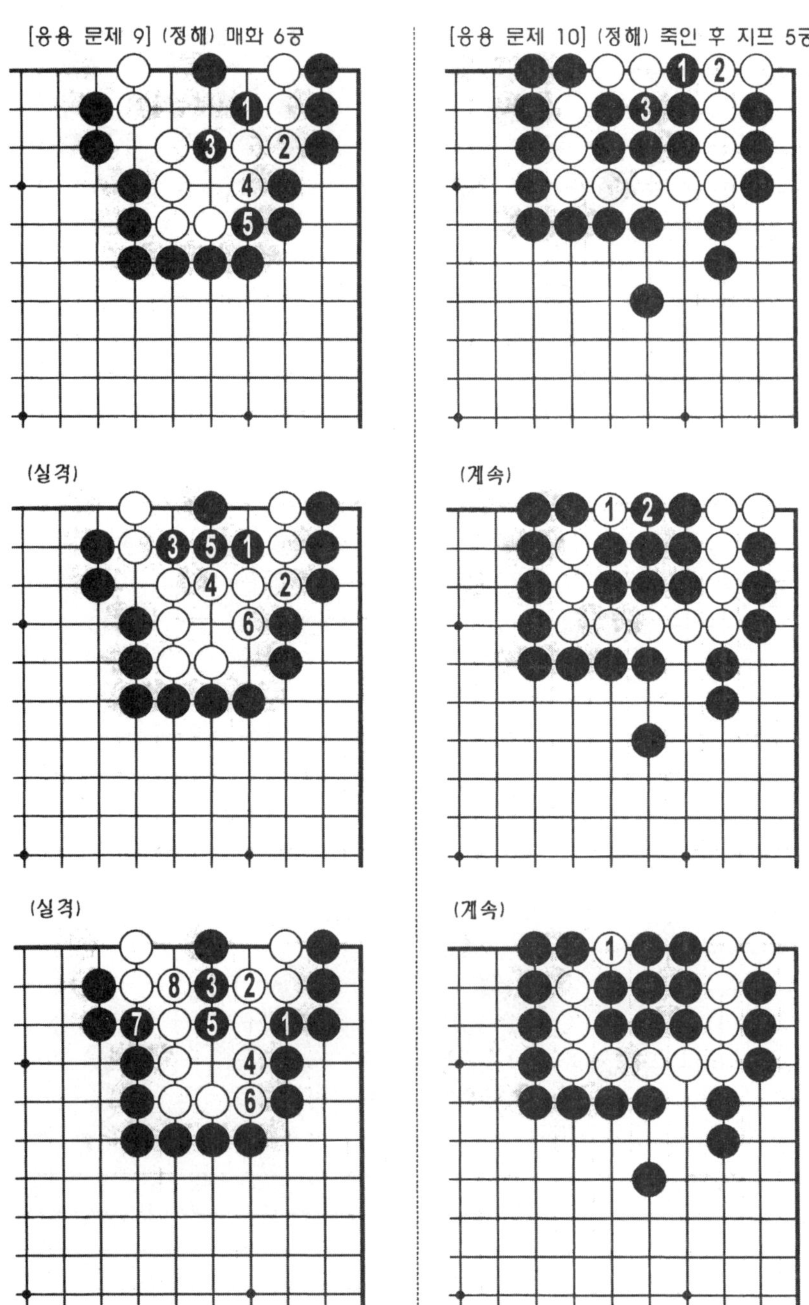

[응용 문제 9] (정해) 매화 6궁

(실격)

(실격)

[응용 문제 10] (정해) 죽인 후 지프 5궁

(계속)

(계속)

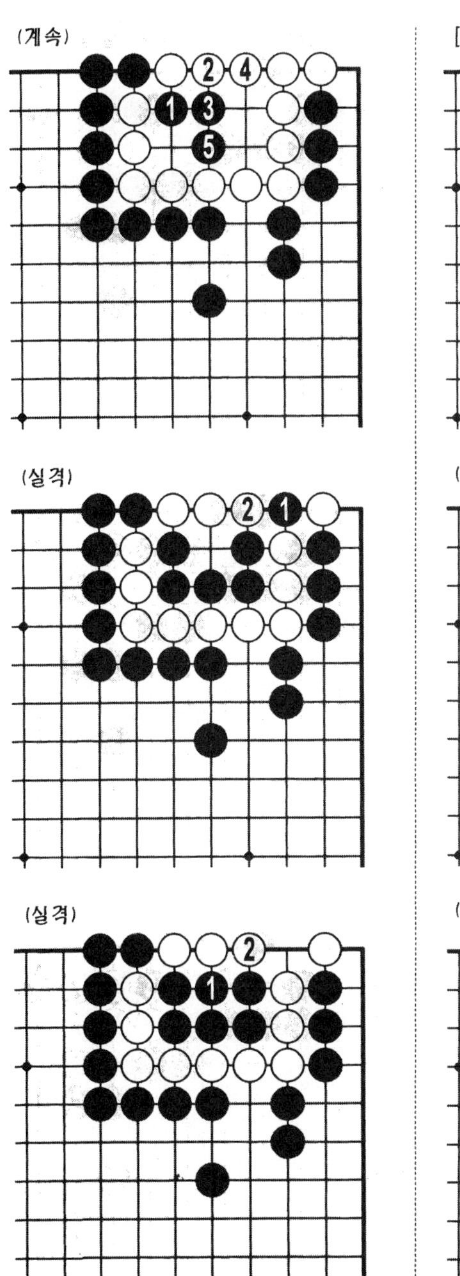

[응용 문제 11] (정해) 중앙 지프 5궁

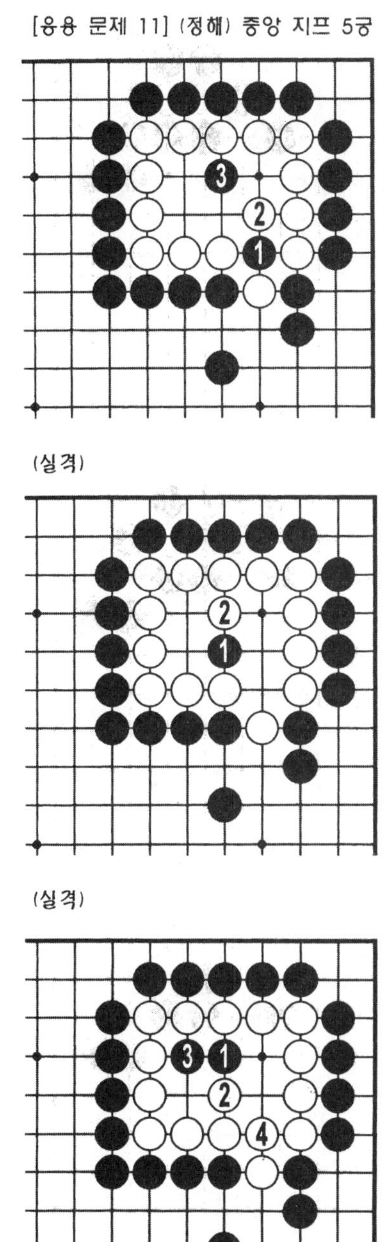

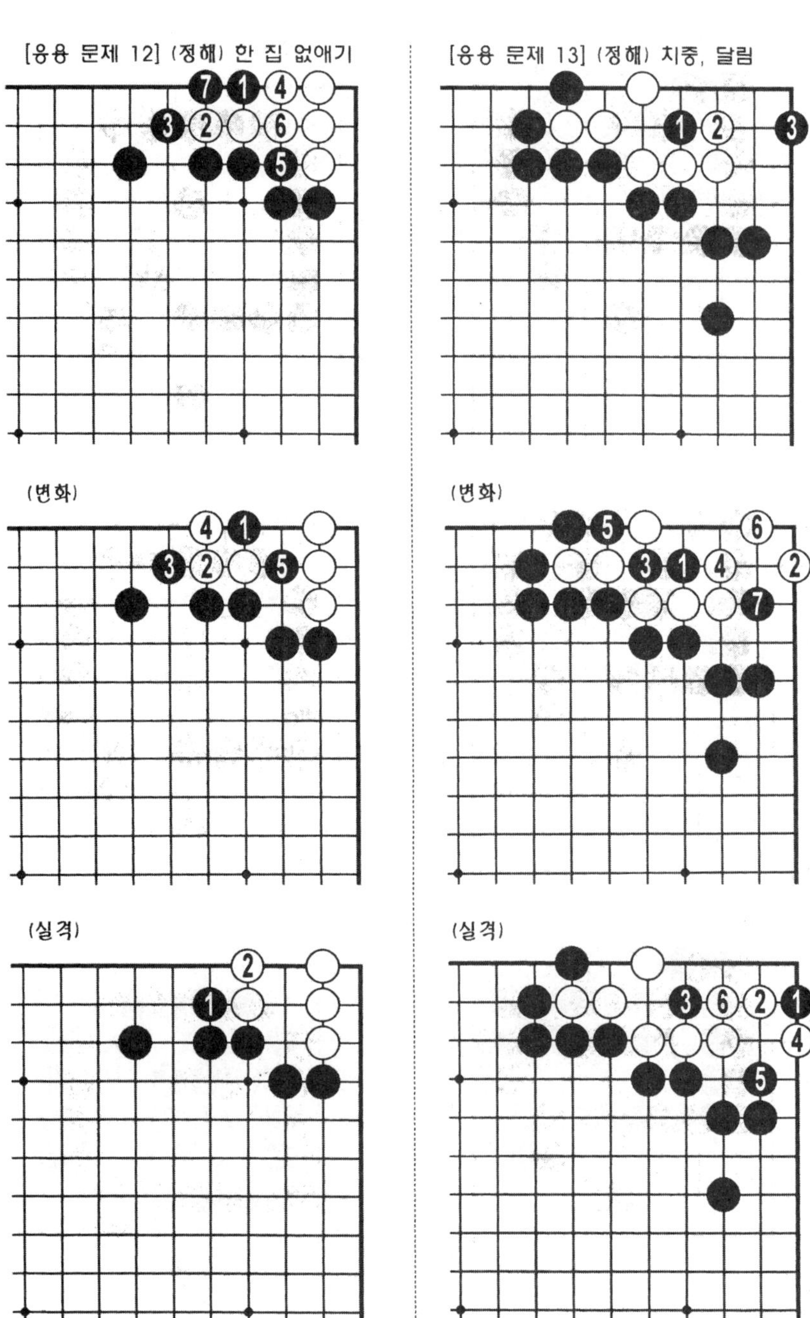

[응용 문제 12] (정해) 한 집 없애기

(변화)

(실격)

[응용 문제 13] (정해) 치중, 달림

(변화)

(실격)

[응용 문제 14] (정해) 지프형

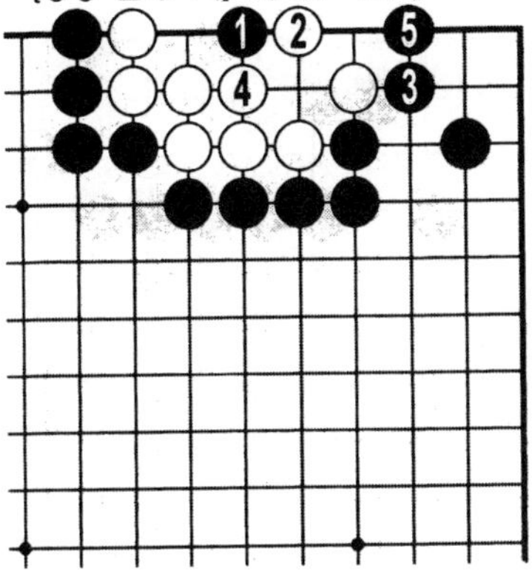

(변화)

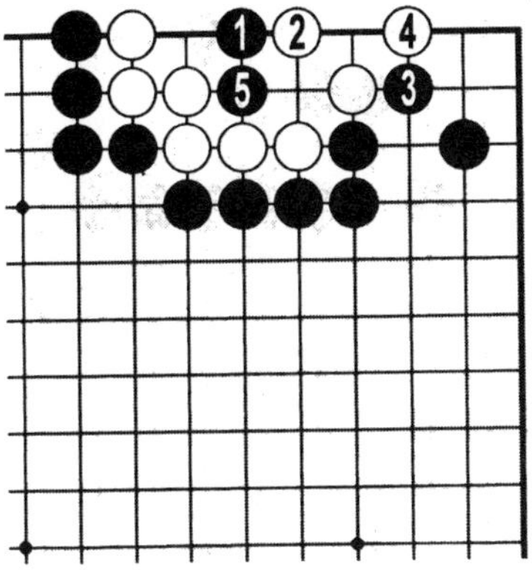

(실격)

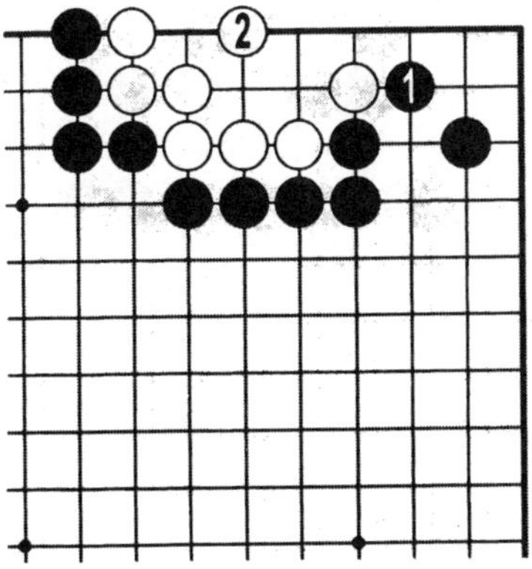

[응용 문제 15] (정해) 치중

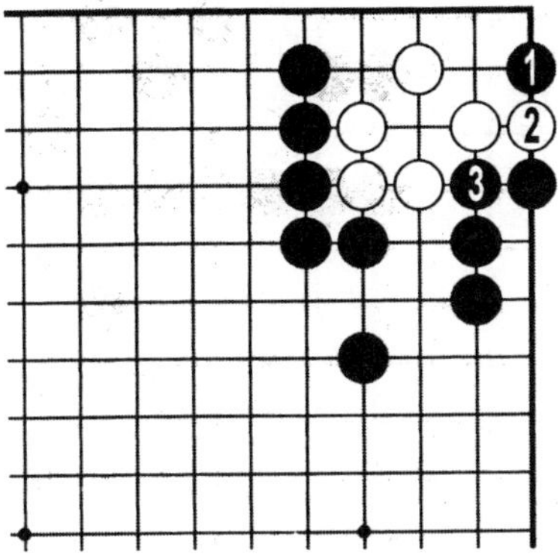

(실격)

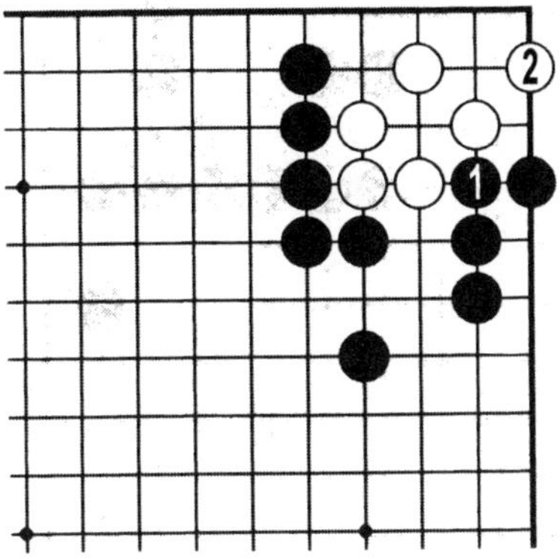

(실격)

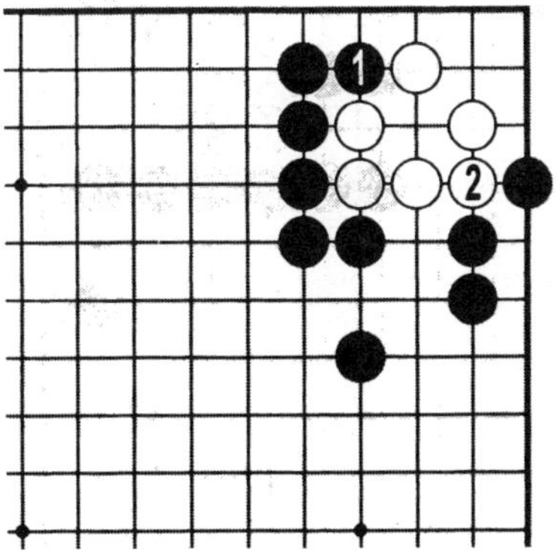

[응용 문제 16] (정해) 죽음의 궁도

(실격)

(실격)

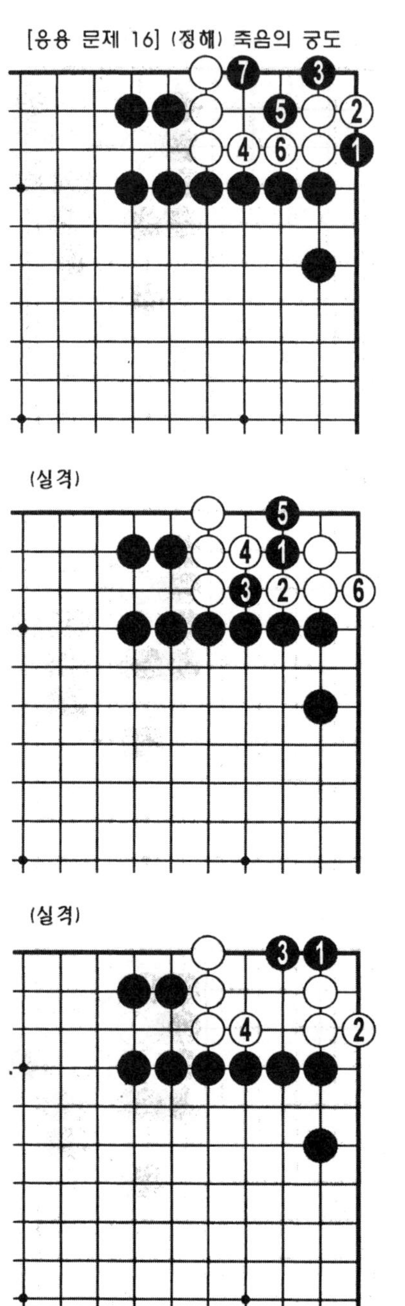

[응용 문제 17] (정해) 죽음의 궁도

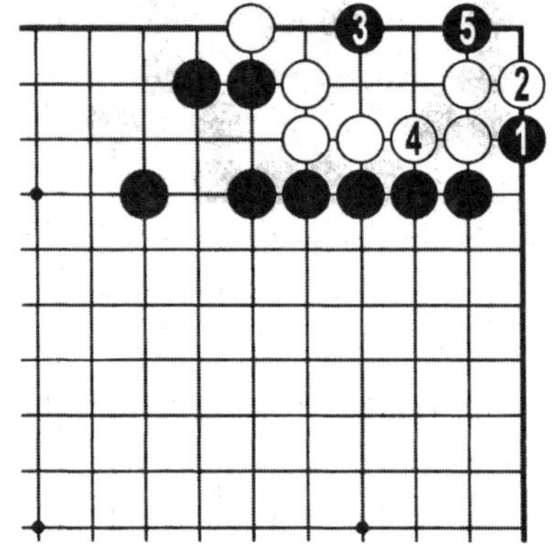

(실격)

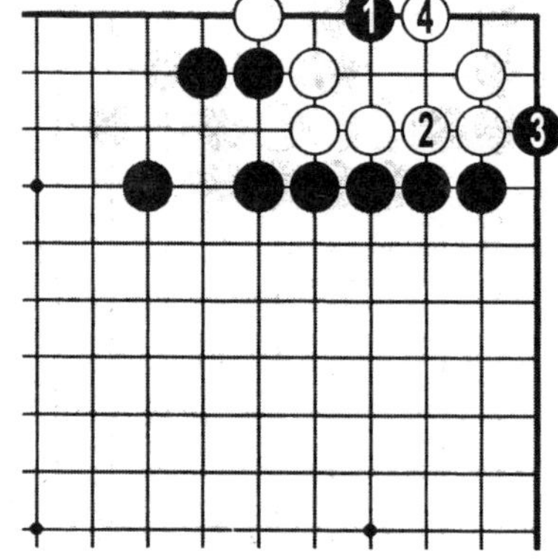

(실격)

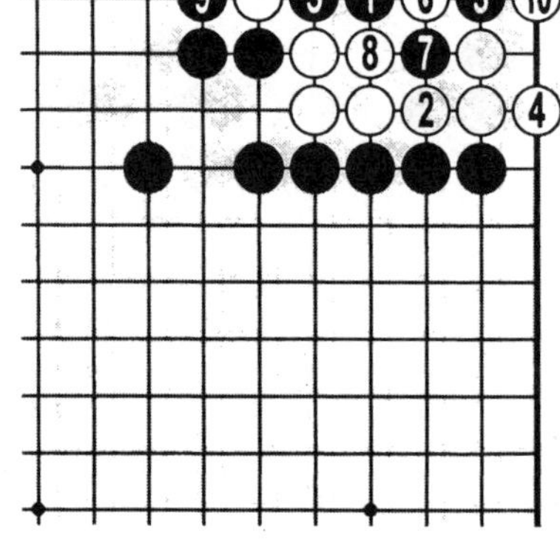

[응용 문제 18] (정해) 죽음의 궁도

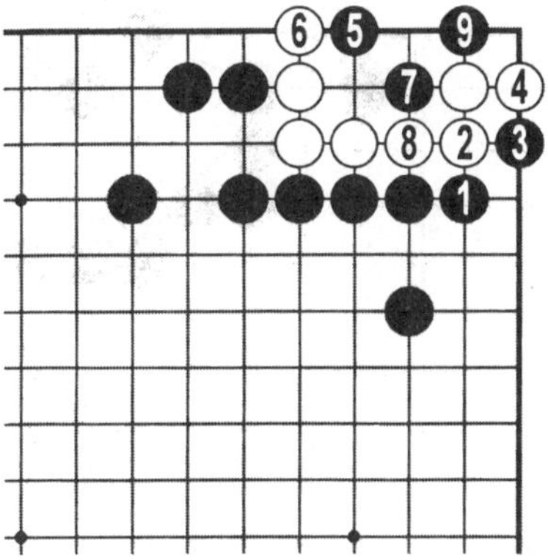

(변화)

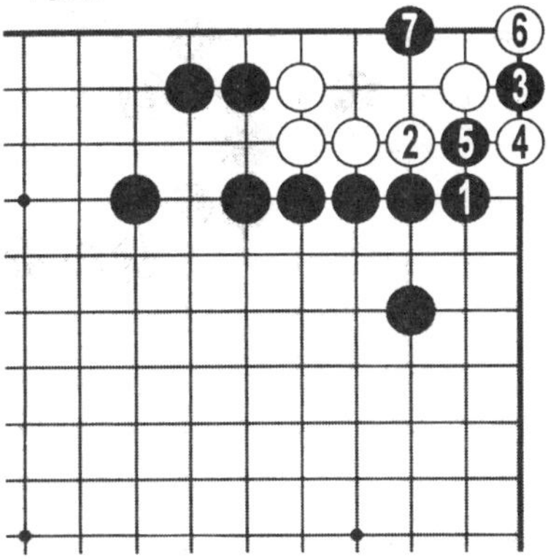

(실격)

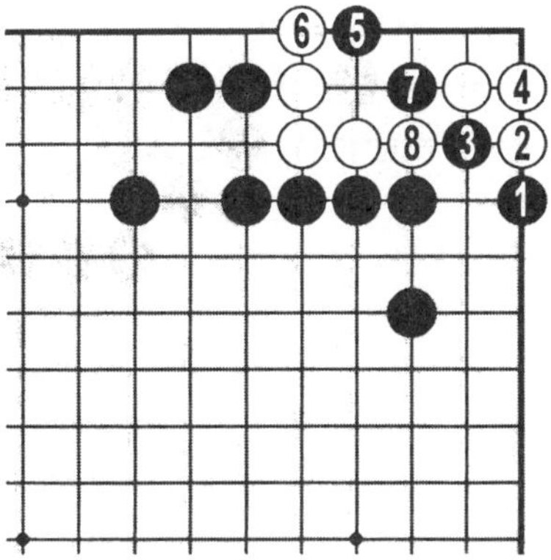

[응용 문제 19] (정해) 지프형

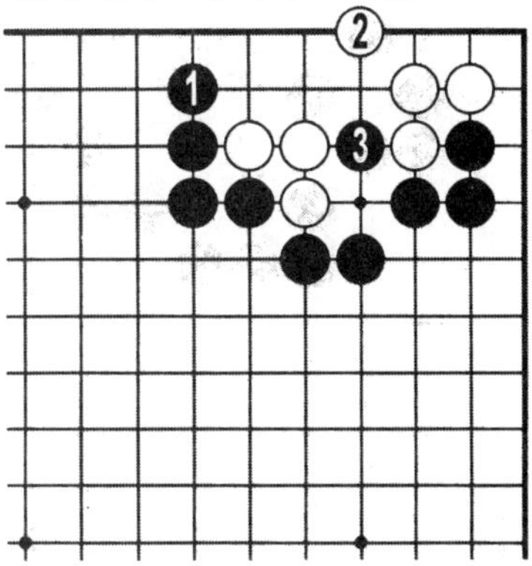

(변화)

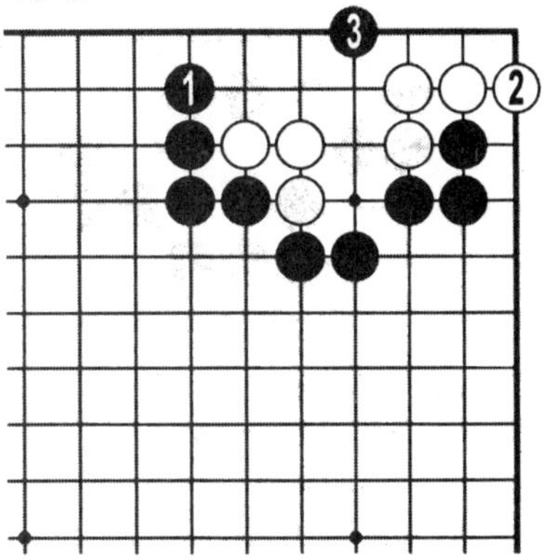

(변화)

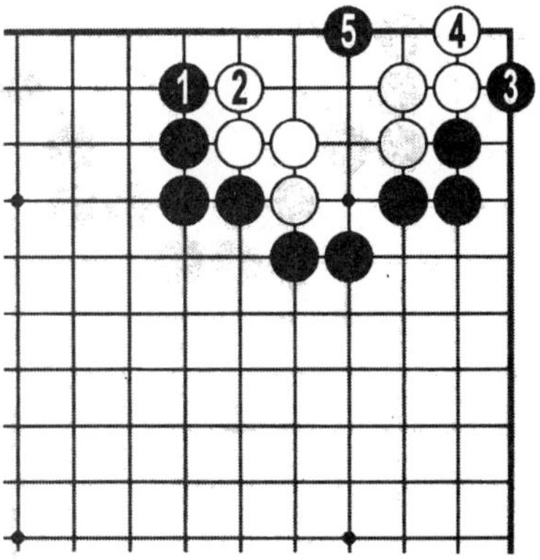

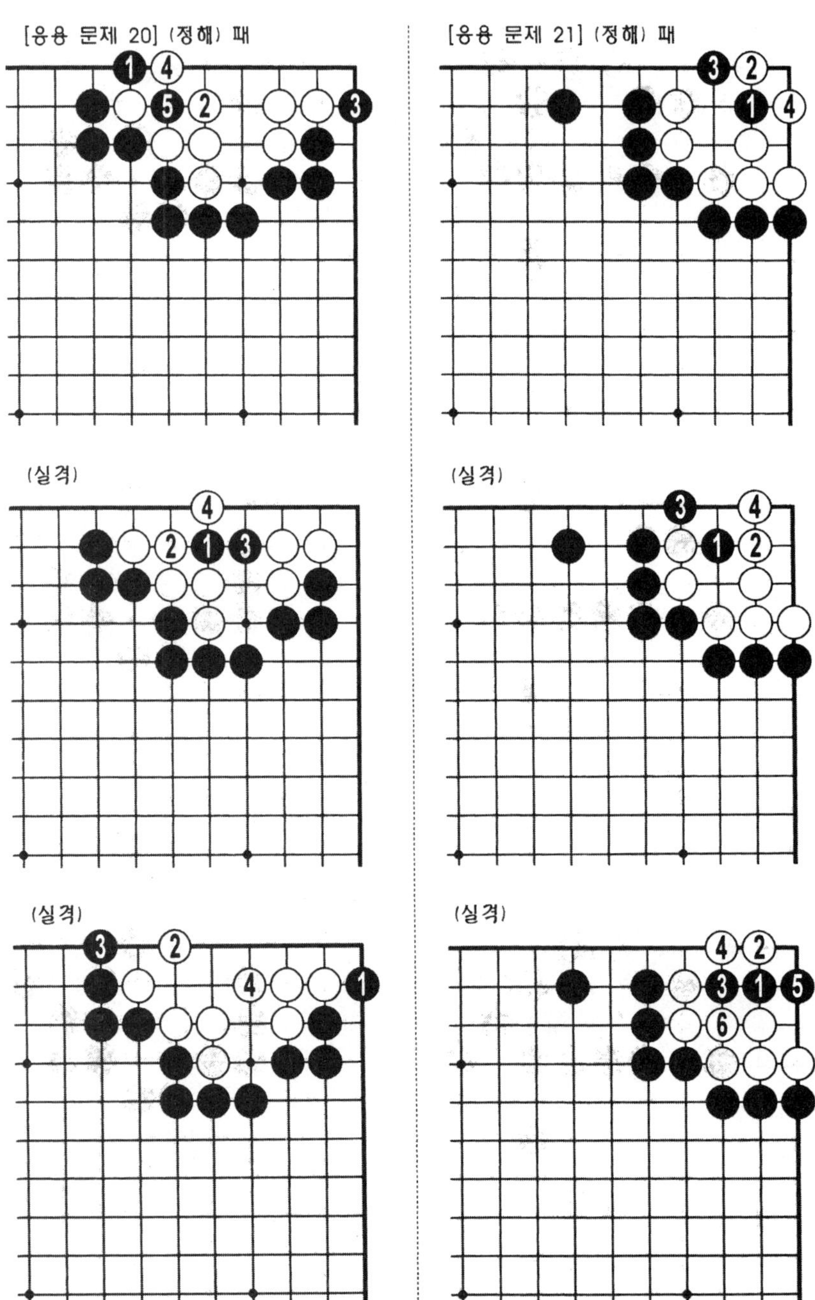
[응용 문제 20] (정해) 패
(실격)
(실격)
[응용 문제 21] (정해) 패
(실격)
(실격)

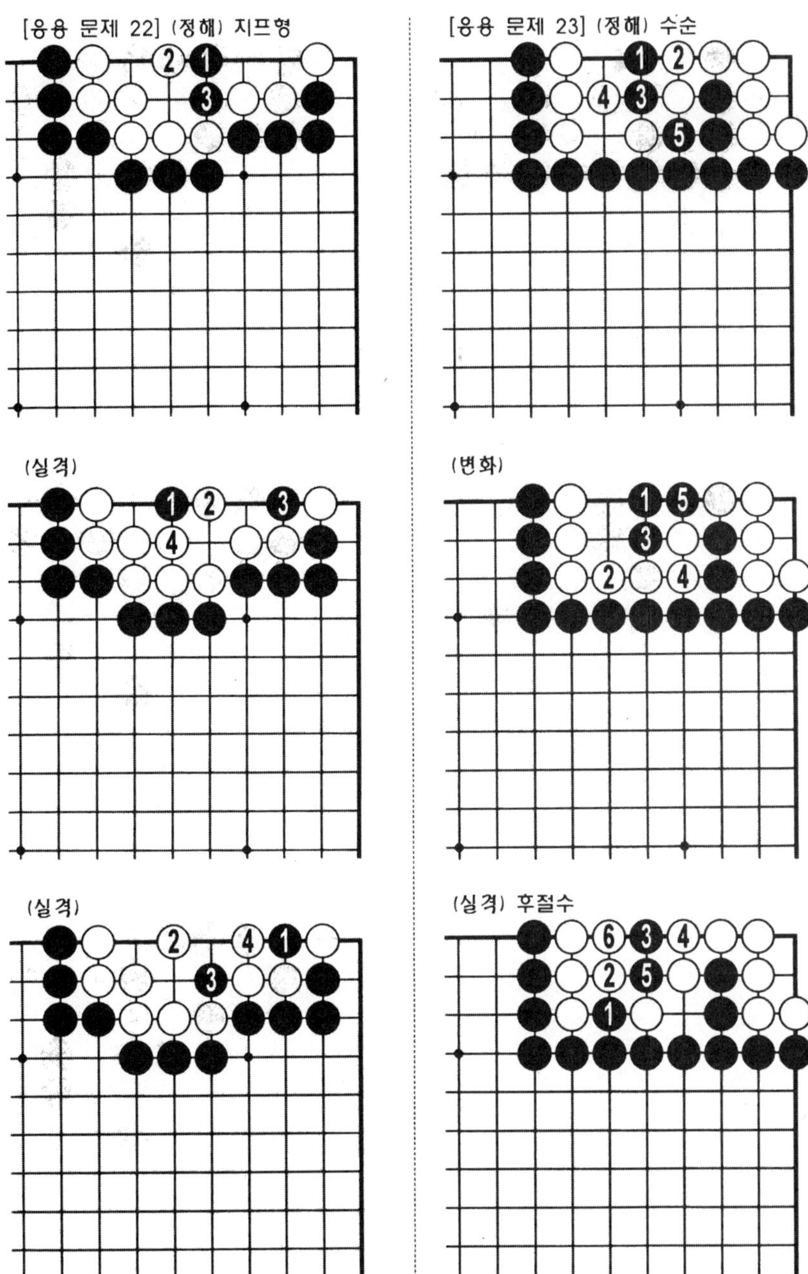
[응용 문제 22] (정해) 지프형
[응용 문제 23] (정해) 수순
(실격)
(변화)
(실격)
(실격) 후절수

(계속)

(계속)

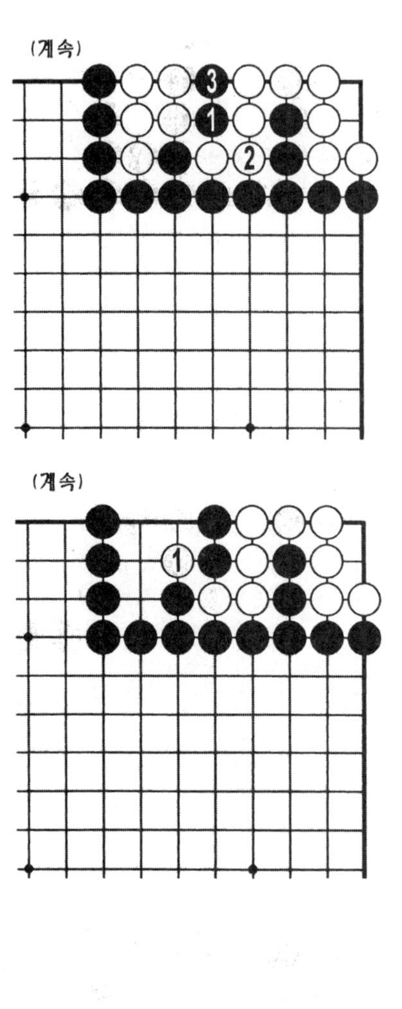

[응용 문제 24] (정해) 치중

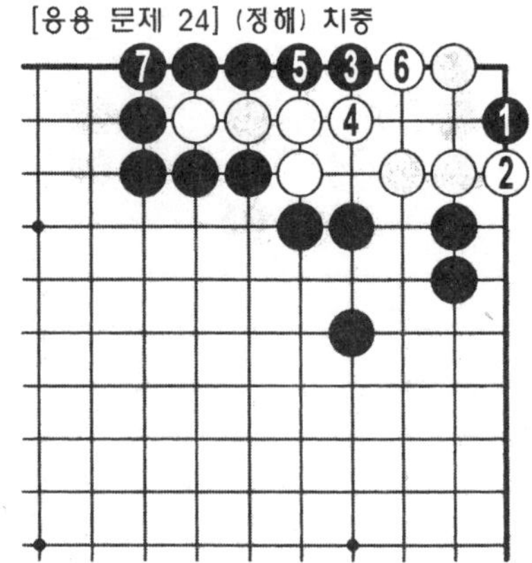

(실격)

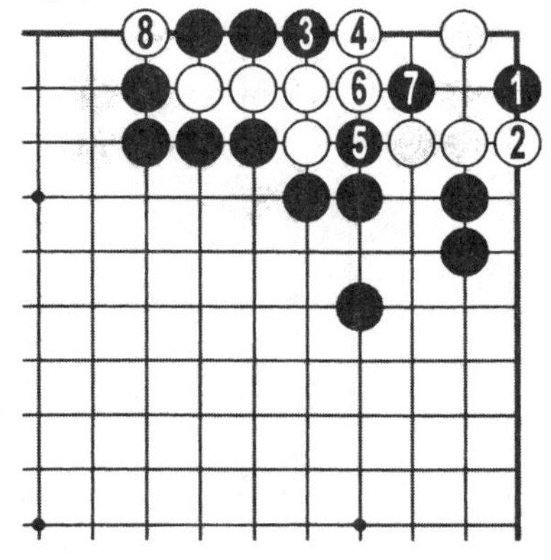

(실격)

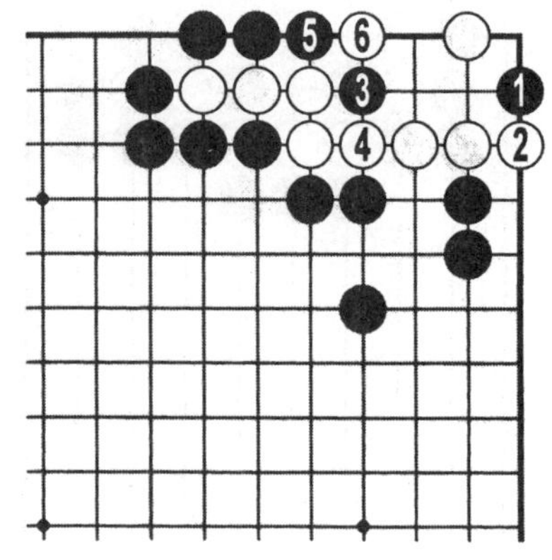

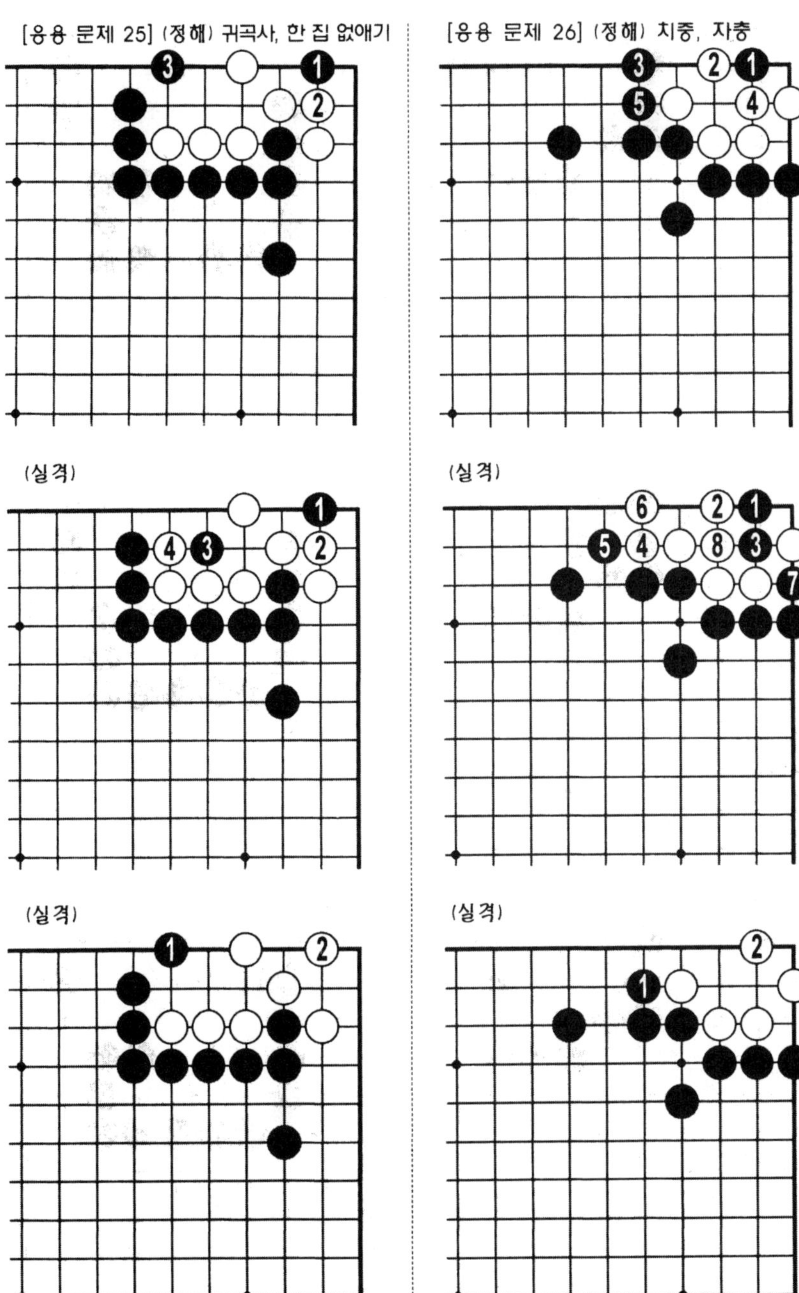
[응용 문제 25] (정해) 귀곡사, 한 집 없애기
[응용 문제 26] (정해) 치중, 자충
(실격)
(실격)
(실격)
(실격)

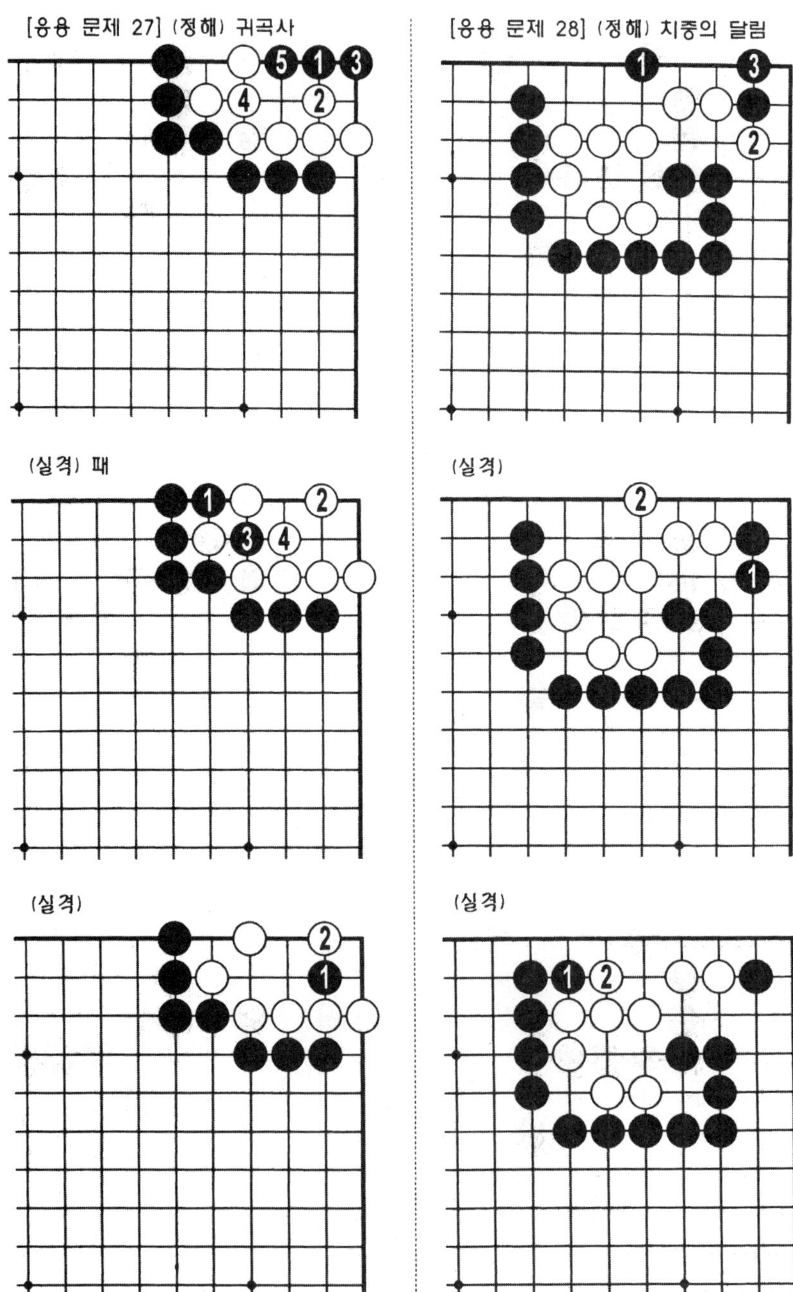

[응용 문제 27] (정해) 귀곡사

(실격) 패

(실격)

[응용 문제 28] (정해) 치중의 달림

(실격)

(실격)

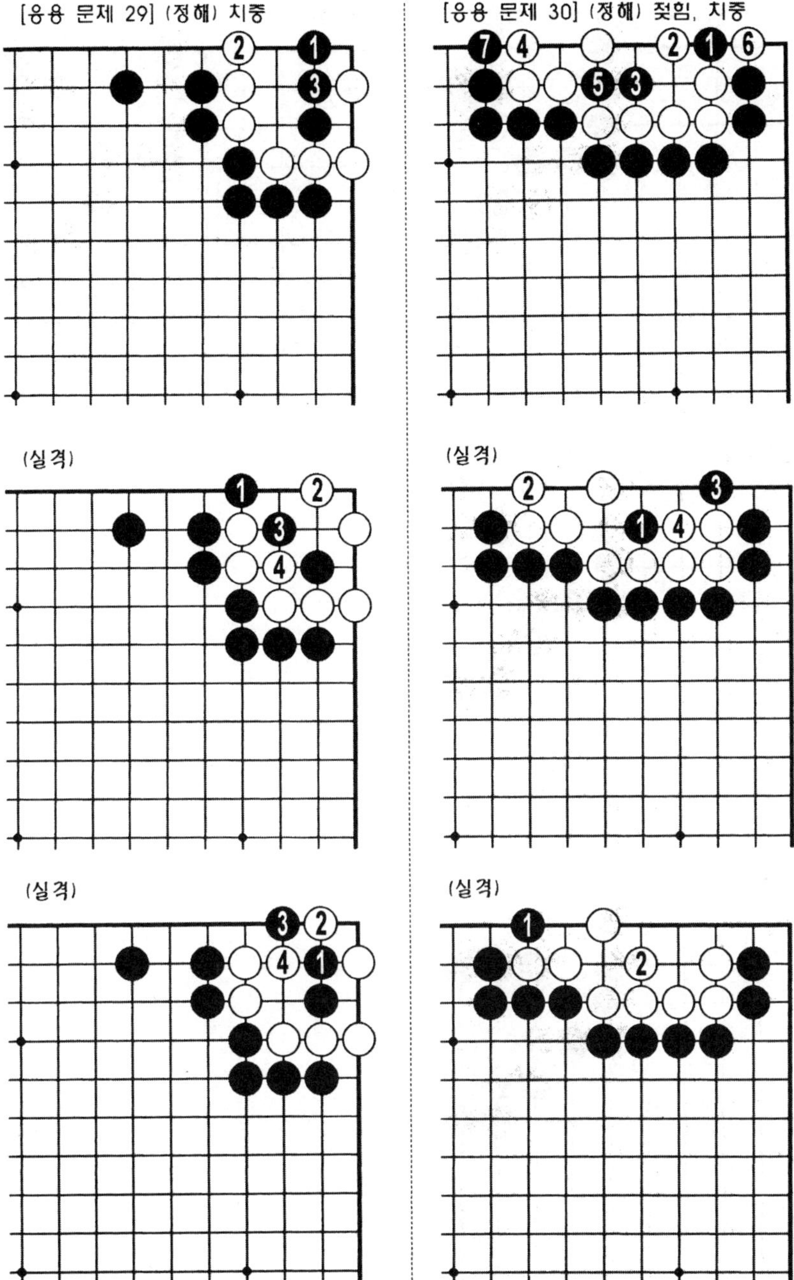

[응용 문제 29] (정해) 치중

[응용 문제 30] (정해) 젖힘, 치중

(실격)

(실격)

(실격)

(실격)

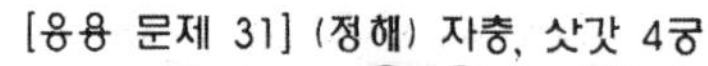
[응용 문제 31] (정해) 자충, 삿갓 4궁

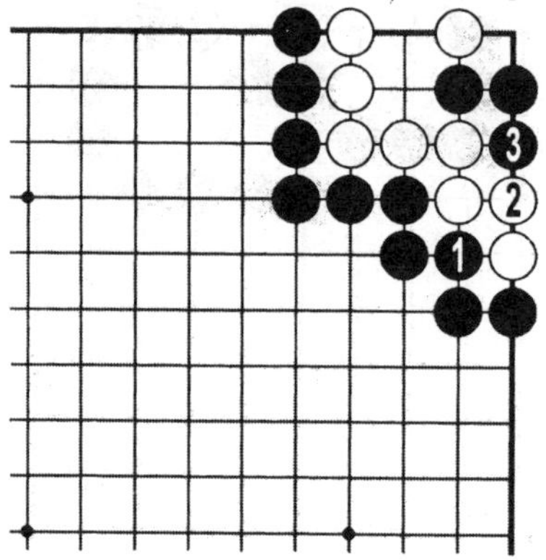

(실격) ❸으로 두는 것은 패가 되어 실격이다.

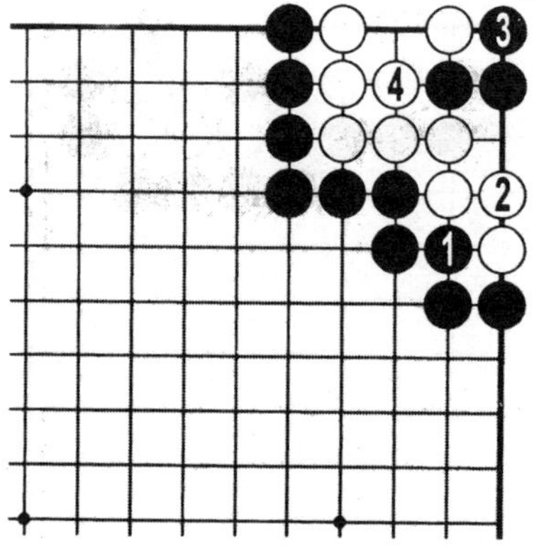

(실격)

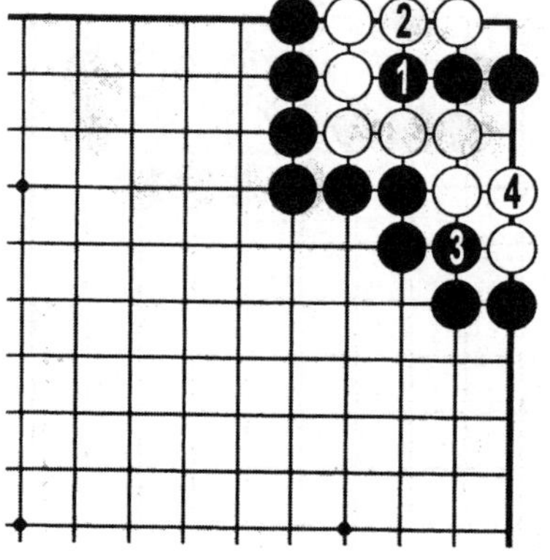

(실격)

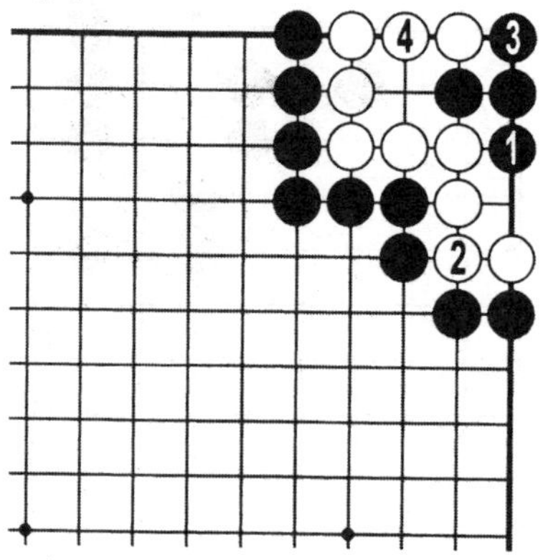

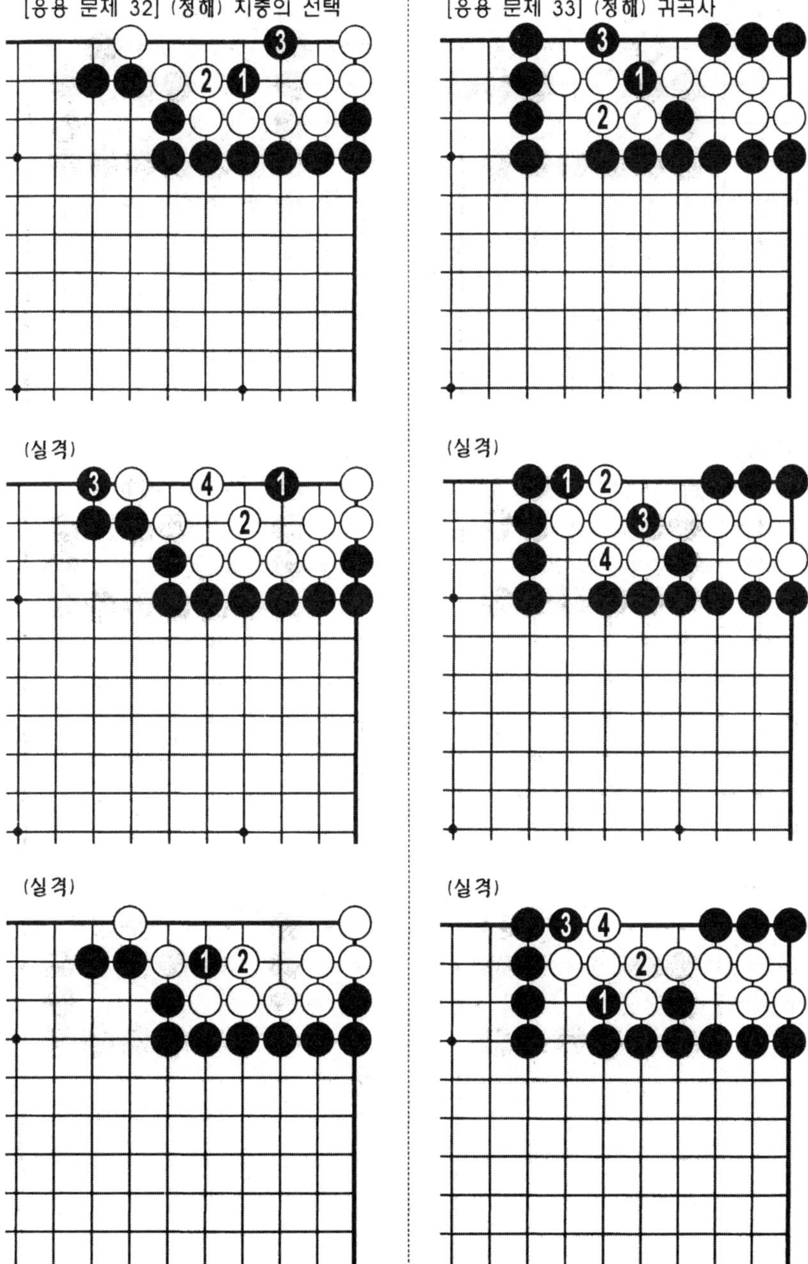
[응용 문제 32] (정해) 치중의 선택
[응용 문제 33] (정해) 귀곡사
(실격)
(실격)
(실격)
(실격)

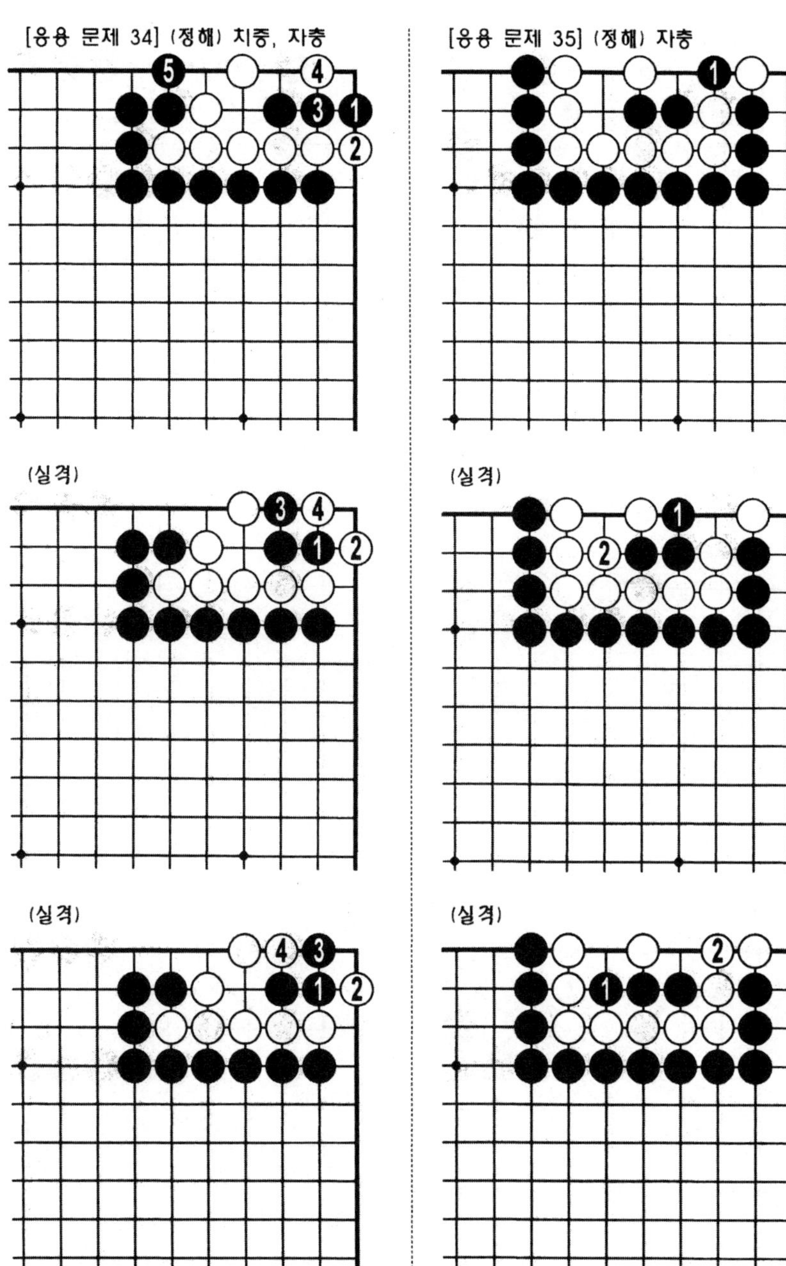

[응용 문제 34] (정해) 치중, 자충

(실격)

(실격)

[응용 문제 35] (정해) 자충

(실격)

(실격)

[응용 문제 36] (정해) 달림, 지프 5궁

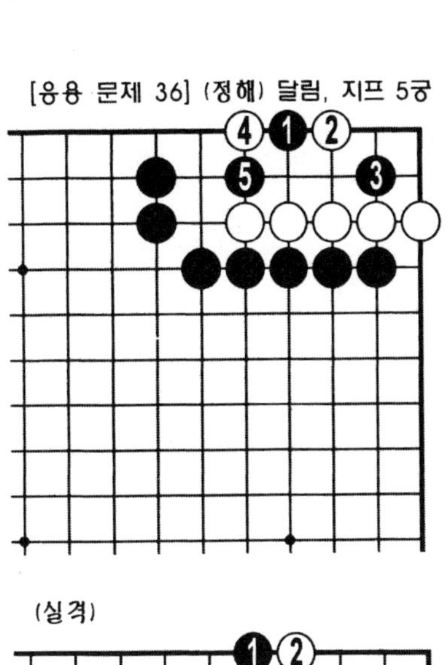

(실격)

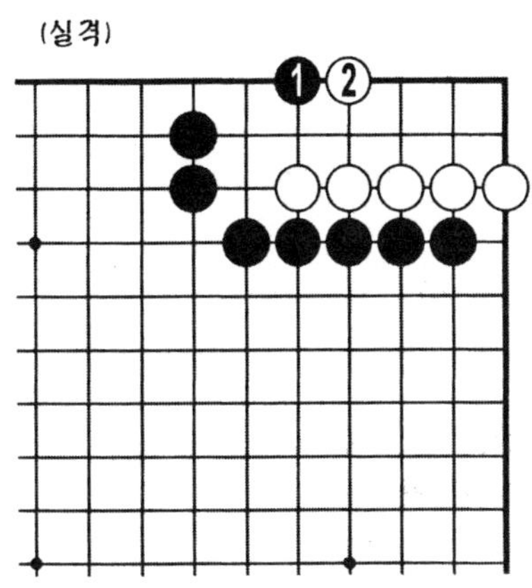

(실격)

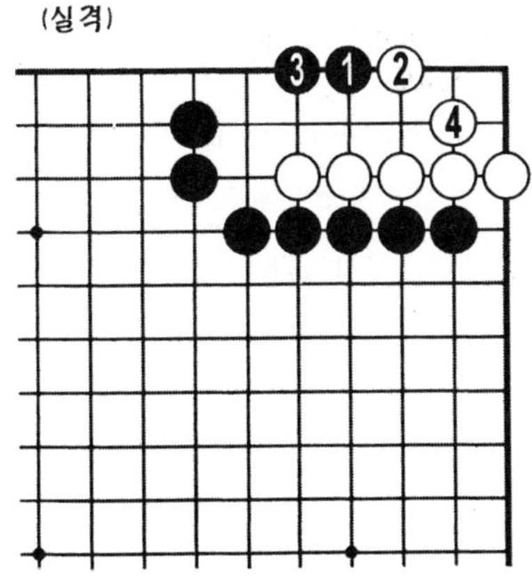

[응용 문제 37] (정해) 젖힘, 치중, 패

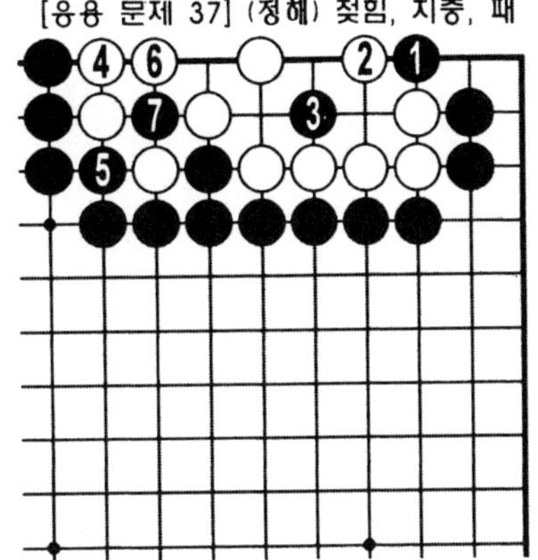

(실격)

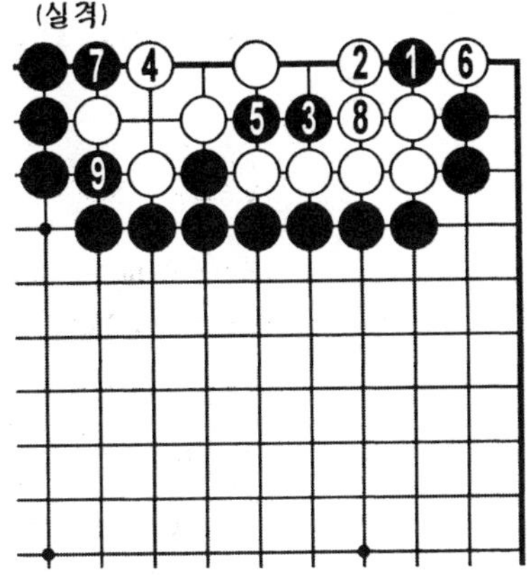

(백의 실격)

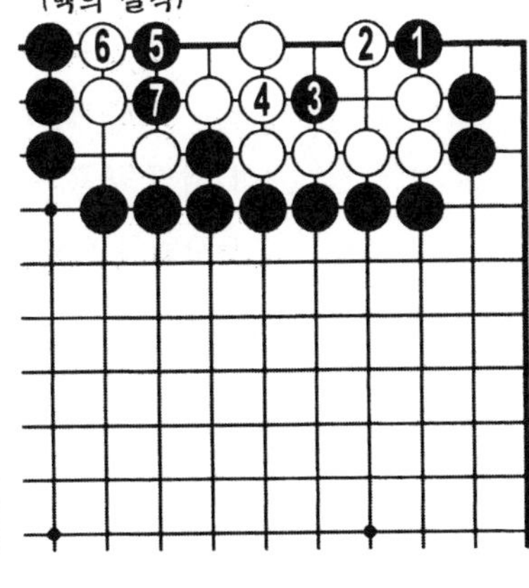

사활 모르고 바둑 두지마라

2016년 8월 20일 2판 1쇄 발행

지은이 : 바둑과 컴퓨터 (김상천 외)
편낸이 : 남병덕
펴낸곳 : 전원문화사

07689 서울시 강서구 화곡로 43가길 30. 2층
T.02) 6735-2100 F.6735-2103

E-mail * jwonbook@naver.com

등록 : 1999년 11월 16일 제 1999-053호